웨스트민스터
소교리문답 강해

● **독자 여러분들께 알립니다!**

'**CH북스**'는 기존 '**크리스천다이제스트**'의 영문명 앞 2글자와
도서를 의미하는 '**북스**'를 결합한 출판사의 새로운 이름입니다.

세계기독교고전 22

웨스트민스터 소교리문답 강해

1판 1쇄 발행 2022년 5월 20일

발행인 박명곤 **CEO** 박지성 **CFO** 김영은
기획편집 채대광, 김준원, 박일귀, 이은빈, 김수연, 이지은
디자인 구경표, 한승주
마케팅 임우열, 유진선, 이호
펴낸곳 CH북스
출판등록 제406-1999-000038호
전화 070-4917-2074 **팩스** 0303-3444-2136
주소 서울시 강서구 마곡중앙6로 40, 장흥빌딩 10층
홈페이지 www.hdjisung.com **이메일** main@hdjisung.com
제작처 영신사

'그리스도와 그의 나라를 위하여'
CH북스는 여러분의 의견 하나하나를 소중히 받고 있습니다.
원고 투고, 오탈자 제보, 제휴 제안은 main@hdjisung.com으로 보내 주세요.

세계
기독교
고전

22

AN EXPOSITION ON THE SHORTER CATECHISM

웨스트민스터
소교리문답 강해

알렉산더 화이트 | 박문재 옮김

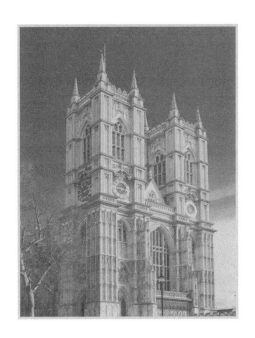

CH북스
크리스천
다이제스트

세계 기독교 고전을 발행하면서

한국에 기독교가 전해진 지 벌써 100년이 넘었습니다. 그동안 수많은 기독교 서적들이 간행되어 한국 교회와 성도들의 영적 성숙을 도왔습니다. 그러나 기독교 역사가 150년을 바라보는 이때, 우리 교회와 성도들의 더 큰 영적 성숙과 진정한 신앙을 위해서는 가치 있는 기독교 서적이 더욱 많이 나와야 합니다. 그리하여 영혼의 양식이 될 훌륭한 기독교 서적들이 모든 성도의 가정뿐 아니라 믿지 아니하는 가정에도 흘러넘쳐야 합니다.

믿는 성도들은 신앙의 성장과 영적 유익을 위해 끊임없이 좋은 신앙 서적을 읽고 명상해야 하며, 친구와 이웃의 구원을 위하여 신앙 서적 선물하기를 즐기고 읽도록 권해야 합니다. 이것은 하나님의 백성으로서 살기 원하는 사람의 의무입니다.

존 웨슬리는 "성도들이 책을 읽지 않으면 은총의 사업은 한 세대도 못가서 사라져 버릴 것이다. 책을 읽는 그리스도인만이 진리를 아는 그리스도인이다."라고 말했습니다. 우리는 이제 한국 최초로 세계의 기독교 고전을 총망라하여 한국 교회와 성도들에게 소개하고자 합니다. 전세계의 기독교 고전은 모든 기독교인의 영원한 보물이며, 신앙의 성숙과 영혼의 구원을 돕는 귀한 지침입니다.

이러한 취지로 어언 2천여 년의 세월이 지나는 동안 세계 각국에서 저술된 가장 뛰어나고 영속적 가치가 있는 위대한 신앙의 글만을 모아 세계 기독교 고전 전집으로 편찬하고자 합니다.

우리는 이 세계 기독교 고전 전집을 알차고, 품위 있게 제작하여 오늘날 한국 교회와 성도들에게 제공하고 후손들에게도 물려줄 기획을 하고 있습니다. 우리는 다시 한번 다니엘 웹스터가 한 말을 깊이 생각해보아야 할 것입니다.

"만약 신앙 서적들이 우리나라 대중들에게 광범위하게 유포되지 않고, 사람들이 신앙적으로 되지 않는다면, 우리나라가 어떤 나라가 될지 걱정스럽다 ⋯ 만약 진리가 확산되지 않는다면, 오류가 지배할 것이요, 하나님과 그의 말씀이 전파되고 인정받지 못한다면, 마귀와 그의 궤계가 우세할 것이요, 복음의 서적들이 모든 집에 들어가지 못한다면, 타락하고 음란한 서적들이 거기에 있을 것이요, 우리나라에서 복음의 능력이 나타나지 못한다면, 혼란과 무질서와 부패와 어둠이 끝없이 지배할 것이다."

독자들의 성원과 지도 편달을 바라마지 않습니다.

CH북스
발행인 박명곤

차례

웨스트민스터
소교리문답 강해

제1문

문 사람의 으뜸가는 목적은 무엇입니까?

답 사람의 으뜸가는 목적은[1] 하나님을 영화롭게 하고[2] 하나님을 영원토록 즐거워하는 것입니다.[3]

만일 고대 그리스 철학자들이 자녀들을 위해 신앙과 도덕에 관한 교리문답을 작성하려고 아테네에 모였다면, 틀림없이 이 질문을 던졌을 것이다. 도덕철학의 아버지들 사이에서 이루어진 거의 모든 대화와 논의는 "사람의 궁극적인 기원과 으뜸가는 목적은 무엇인가"라는 영원히 최고일 질문을 중심으로 이루어졌기 때문이다. 도덕철학도 이 질문을 던질 수 있지만, 오직 성경으로부터 도출되는 신학만이 이 질문에 대답할 수 있다. "사람의 으뜸가는 목적은 하나님을 영화롭게 하고 하나님을 영원토록 즐거워하는 것입니다."

소교리문답은 성숙하고 무르익은 기독교 교리로 가득하지만, 동시에 철저하게 학문적인 형태로 표현되었다는 지적을 자주 받았다. 웨스트민스터 회의에 참석해 이 문서를 작성했던 성직자들은 박학다식하고 학문

---

1 대교리문답과 소교리문답은 거의 모든 질문을 대답에서 다시 한 번 반복해서 사용함으로써 대답을 그 자체로 완전한 명제 또는 문장으로 만든다. 이것은 교리문답을 배우는 과정에서 학습자의 지식과 경건을 증대함으로써 가능한 한 모든 기회를 다 활용하여 문답을 익히게 하기 위한 것이다. 웨스트민스터 신앙고백과 대교리문답, 소교리문답을 만든 웨스트민스터 회의에 관한 뛰어난 해설서인 존 맥퍼슨(John MacPherson)의 『웨스트민스터 신앙고백서 해설』(*Exposition of the Westminster Confession*)의 서론을 읽어볼 것을 권한다.

2 "그런즉 너희가 먹든지 마시든지 무엇을 하든지 다 하나님의 영광을 위하여 하라"(고전 10:31), "이는 만물이 주에게서 나오고 주로 말미암고 주에게로 돌아감이라 그에게 영광이 세세에 있을지어다 아멘"(롬 11:36).

3 "하늘에서는 주 외에 누가 내게 있으리요 땅에서는 주 밖에 내가 사모할 이 없나이다 내 육체와 마음은 쇠약하나 하나님은 내 마음의 반석이시요 영원한 분깃이시라…하나님께 가까이 함이 내게 복이라 내가 주 여호와를 나의 피난처로 삼아 주의 모든 행적을 전파하리이다"(시 73:25-26, 28).

이 깊었다. "일부 독자는 소교리문답이라는 소박한 신앙 입문서의 구성이 아리스토텔레스주의와 베이컨주의를 신중하게 구별하고 있다는 사실을 잘 모를 것이다"(패터슨의 『교리문답』에 대한 맥파랜의 서문 중에서).

"사람의 으뜸가는 목적"("으뜸가고 가장 높은 목적", 대교리문답)

우리가 잘 알고 있는 "end"(목적)라는 단어는 대체로 "한계, 경계, 종결"이라는 의미를 지닌다. 하지만 이 단어는 "목적, 의도, 계획"을 의미하기도 한다. 여기에서는 후자의 의미로 사용된다. 따라서 제1문답은 사람에게 "으뜸가는" 목적 외에도 다른 목적들이 있음을 인정한다. 부차적이고 종속적인 목적들이 존재하지 않는다면, "으뜸가는" 목적이라는 말은 부적절하기 때문이다. 교리문답은 부차적인 목적들에 관심을 두지는 않지만, 그런 목적들의 존재를 인정하고, 그것들을 사용해 으뜸가는 목적을 추구해야 함을 말한다.

"하나님을 영화롭게 하고"

성경에서 사용하는 "영광"이라는 단어는 하나님께 속한 것을 표현하거나, 표현하려고 애쓰는 신성한 단어다. 하나님의 영광은 창조와 섭리, 구속 사역에서 하나님의 완전하심이 나타남을 가리킨다. 원래 하나님의 영광은 하나님이 모든 존재, 지혜, 권능, 거룩하심, 의로우심, 선하심, 진리를 소유하고 계심에 있다. 그리고 하나님은 그를 받아들이고 응답하는 모든 피조물에게 자신을 나타내심으로써 영광을 받으신다.

칼뱅은 "우리가 하나님이 어떤 분이신지 알 때 하나님의 영광이 존재한다"라고 말한다. "영광은 신성이 드러난 것이다"(벵겔). 요한복음 17장 4절은 하나님이 창조하신 모든 피조물이 마땅히 해야 할 일을 보여준다. 이 위대한 장에서 주님은 "내가 아버지를 이 세상에서 영화롭게 하였다"라고 말씀하신다. 그 후 마치 그것이 무엇인지 설명하시려는 듯 "아버지께서 내게 하라고 주신 일을 내가 이루었다"라는 말씀을 덧붙이신다. 이는 "영광"

웨스트민스터 소교리문답 강해

이 어떤 의미인지 우리가 이해할 수 있는 범위 안에서 가장 분명하게 보여줌으로써 하나님이 창조하신 모든 피조물이 각자 주어진 본성과 능력에 따라 행하는 것이 하나님의 영광을 드러내는 일이라고 말한다. "사람의 으뜸가는 목적은 하나님이 사람에게 하라고 주신 일을 이루는 것이고, 그 일이 무엇인지는 대교리문답과 소교리문답이 제시하고 있다."

"하나님을 즐거워하는"

"기쁨"(joy)은 마음을 사로잡는 가장 순수하고 깊고 만족스러운 즐거움이다 (여기에서 "즐거워하는"으로 번역된 단어는 "enjoy"이다—옮긴이). 성경은 끊임없이 사람의 으뜸가는 기쁨으로 하나님을 제시한다. 그래서 "주의 임재 안에 충만한 기쁨이 있나이다…그러므로 내가 나의 지극한 기쁨이신 하나님께 가리이다…주의 영광의 임재 앞에서 지극한 기쁨으로…너는 네 주의 기쁨으로 들어가라"라고 말한다. 제38문의 답을 보라. "영원토록 하나님을 온전히 즐거워하는 가운데 완전한 복을 누리게 될 것입니다."

"영원토록"

"끝없이, 영원히, 영속적으로." "영원토록"이라는 어구는 소교리문답에서 모두 네 번 등장하는데 여기에서는 하나님을 즐거워함에 결코 끝이 없음을 보증한다. 이 동일한 어구가 제19문의 답에서는 지옥의 고통과 관련해, 제21문의 답에서는 그리스도 안에서 서로 구별되는 두 본성의 지속과 관련해, 제107문의 답에서는 하나님의 나라와 권능과 영광과 관련해 사용된다.

적용

1. 토머스 칼라일(Thomas Carlyle)은 1876년에 물질만능주의를 비판하면서 이렇게 고백했다. "나이가 들어 영원의 문턱에 가까이 갈수록, 내가 어릴 때 배웠던 교리문답의 첫 문장이 더 자주 떠오르고, 그 의미가 더 충만하고 깊게 다가온다. '사람의 으뜸가는 목적

이 무엇입니까? 하나님을 영화롭게 하고 하나님을 영원토록 즐거워하는 것입니다.'"

비니(Binnie)는 이렇게 말한다. "수많은 교회를 매료시켜온 웨스트민스터 소교리문답이 가진 수많은 탁월한 점 중에서도 이 소교리문답이 인간 본성의 고귀함에 대한 엄숙한 선언으로 시작한다는 것이 가장 매력적으로 느껴진다. 나는 이토록 장엄하게 시작되는 다른 교리문답을 알지 못한다."

2. "이는 계시의 문제이다. 하나님이 우리가 보고 있는 놀라운 만유의 질서를 창조하시면서 무엇을 의도하셨는지 알기 위해서는 하나님이 우리에게 무엇을 말씀하셨고, 그 건축자가 누구인지 주목해야 한다. 만유는 하나님이 지으셨기 때문에, 만유를 가장 잘 아시는 분은 하나님이시다"(에드워즈).

제2문

문 우리가 어떻게 하나님을 영화롭게 하고 즐거워할 수 있는지를 지도하시려고 하나님이 우리에게 주신 준칙은 무엇입니까?

답 구약성경과 신약성경에 담겨 있는 하나님의 말씀이[4] 우리가 어떻게 하나님을 영화롭게 하고 즐거워할 수 있는지를 지도해주는 유일한 준칙입니다.[5]

소교리문답을 이해하고 깨달으려는 학습자는 끊임없이 이 질서정연하고 정교한 구성과 전개에 주목해야 한다. 자연적으로든 계시에 의하든 모든 신앙의 토대는 "사람의 으뜸가는 목적은 하나님을 영화롭게 하고 하나님

---

4 "모든 성경은 하나님의 감동으로 된 것으로 교훈과 책망과 바르게 함과 의로 교육하기에 유익하니"(딤후 3:16), "너희는 사도들과 선지자들의 터 위에 세우심을 입은 자라 그리스도 예수께서 친히 모퉁잇돌이 되셨느니라"(엡 2:20).

5 "우리가 보고 들은 바를 너희에게도 전함은 너희로 우리와 사귐이 있게 하려 함이니 우리의 사귐은 아버지와 그의 아들 예수 그리스도와 더불어 누림이라 우리가 이것을 씀은 우리의 기쁨이 충만하게 하려 함이라"(요일 1:3-4).

웨스트민스터 소교리문답 강해

을 영원토록 즐거워하는 것입니다"라는 가르침을 통해 이미 제시되었다. 그리고 제2문은 자연스럽고 논리적으로 이렇게 묻는다. "우리가 어떻게 하나님을 영화롭게 하고 즐거워할 수 있는지를 지도하시려고 하나님이 우리에게 주신 준칙은 무엇입니까?"

"말씀"

"하나님의 말씀"은 이차적으로 역사 속에서 주님이 전해주셔서 성경에 기록된 것을 가리키는 명칭으로 사용되기 전부터 하나님이시고 영원한 위격이신 주님을 가리키는 명칭이었다(요 1:1, 14; 요일 1:1; 계 19:13). 그리고 기록된 말씀의 모든 신성과 권위는 궁극적으로는 영원하시고 살아 계신 말씀이시며 하나님이신 주님이 원래 가지고 계시는 신성과 권위로부터 나온다.

"따라서 하늘로부터 주어진 모든 계시를 하나님의 말씀이라는 명칭으로 지칭하는 것이 합당한 것과 마찬가지로, 모든 영감의 근원이시고 그 어떤 변화도 없으신 가운데 영원토록 동일한 분으로 하나님과 함께 계시고 하나님이신 참된 말씀에 최고의 지위를 돌리는 것이 마땅하다"(칼뱅).

하지만 이 문답에서 말하는 하나님의 말씀이 그런 깊은 의미는 아니다. "구약성경과 신약성경으로 이루어진 성경이 신앙과 순종의 유일한 준칙인 하나님의 말씀이다"(대교리문답).

"성경"

"모든 기록, 글, 문서." 하지만 지금은 보편적으로 구약성경과 신약성경의 정경을 가리키는 특별한 의미로 사용된다.

"구약성경과 신약성경"

"구약"과 "신약"이라는 명칭에서 "약"을 가리키는 "testament"는 원래 법률 용어였다. 법률용어로 사용되는 경우에는 사람이 죽은 후에 재산을 어떻게 처분할지에 대한 뜻을 밝혀놓은 것, 즉 "유언"을 가리킨다. 히브리서에 서는 그런 의미로 반복 사용된다.

그런데 "testament"라는 단어가 어떻게 성경에서 "언약"(covenant)을 의미하게 되었는지 제대로 설명하기 위해서는 먼저 성경의 라틴어 역본들, 다음으로는 라틴어 역본에서 번역된 영역 성경들을 살펴보아야 한다. 하지만 이 해설서에서 그런 설명을 자세하게 하는 것은 부적절하다.

따라서 여기에서는 원래 헬라어에서 "언약"을 가리키던 말이 스코틀랜드의 법률용어인 "disposition"을 통해 영어의 "testament"가 되었고, 하나님이 자기 백성을 이끄신 두 가지 연속적인 위대한 경륜 또는 언약에 속한 두 개의 정경 모음집을 지칭하는 데 "구약"과 "신약"이라는 용어가 사용되었다는 것만을 말해둔다(신앙고백서 제7장 4-6절을 보라).

"언약을 가리키는 헬라어가 서양과 아프리카 교회에서 사용하던 라틴어 속으로 그대로 유입되지는 않았다. 그래서 이 교회의 저술가들은 한동안 그 헬라어를 번역하는 데 어떤 라틴어를 사용해야 할지 혼란스러웠다. 그래서 '포에두스'(foedus, 언약), '인스트루멘툼'(instrumentum, 행위), '테스타멘툼'(testamentum, 유언) 등을 함께 사용했다. 테르툴리아누스 같은 초기 라틴어 저술가들은 두 번째와 세 번째 단어를 둘 다 사용하지만, 마지막 단어가 좀 더 일반적인 용어였다고 말한다. '테스타멘툼'이라는 역어는 먼저 성경의 초기 라틴어 역본들 속으로 들어갔고, 다음으로는 히에로니무스의 불가타 역본 속으로 들어갔다. 이로써 라틴어를 사용하는 기독교계 전체에서 친숙해졌다"(플럼프트레).

"'테스타멘툼'이라는 단어는 이전부터 통용된 것으로 보이지만, 이 단어를 신구약성경을 가리키는 일상적 용어로 사용한 최초의 저술가는 테르툴리아누스(160-240년)였다"(웨스트코트).

"어떻게 하나님을 영화롭게 하고 즐거워할 수 있는지를 우리에게 지도해주는 유일한 준칙"

"준칙"으로 번역된 "rule"은 원래 한 점에서 또 다른 점까지 거리가 가장 짧은 직선을 그을 때 사용하는 도구를 가리킨다(이 단어와 관련된 일련의 영어 단어 "cane"[지팡이], "canal"[운하], "channel"[수로], "cannon"[대포] 등은 모두 갈대 또는 잣대를 가리키는 헬라어 '카논'에서 유래했고, 모두 "곧은 것"이라는 개념을 함축하고 있다). 따라서 이 단어는 도덕적이고 종교적인 의미로 사용할 때, 사람이 특정 목적을 가장 잘 달성할 수 있게 하는 "지시, 교훈, 명령"이라는 의미이다.

"유일한 준칙"이라는 변증적 어구 속에는 종교개혁자들과 청교도들이 교황주의와 성직위계질서를 신봉하는 신학자들과 벌인 치열한 논쟁의 흔적이 남아 있다. "유일한 준칙"이라는 어구는 정경 외에도 외경과 구전 전승을 신앙 준칙에 포함시켰던 로마 가톨릭과 성공회에 대항하는 데 사용되었다.

영국 신학의 가장 위대한 저작이자 영국 문학을 빛낸 최고의 걸작 중 하나인 후커(Hooker)의 『교회 정체』(*Ecclesiastical Polity*)는 이 뜨거운 논쟁 속에서 생겨났다. 이 책은 성공회 교리에 관한 표준적 저작으로, 한편으로는 로마 가톨릭 사상, 다른 한편으로는 청교도 사상 사이에서 "중도"의 길을 보여준다.

반면 웨스트민스터 신앙고백과 대소교리문답은 다른 쟁점에서와 마찬가지로 철저하게 개신교적인 신조이다. 이 교리문답의 가르침은 로마 가톨릭의 입장을 정면으로 반박한다. 로마 가톨릭은 계시가 부분적으로는 기록되었고 부분적으로는 기록되지 않은 까닭에, 성경과 전승 모두가 신앙의 준칙이라고 주장한다.

"교황주의자들은 언제나 전승이 성경의 해석일 뿐 아니라 보완물이라고 주장한다. 따라서 로마 교회에 의하면, 성경은 불완전하다. 성경은 교회가 믿어야 하는 모든 것을 담고 있지 않거나, 그 가르침들이 온전하게 또는 분명하게 알려지지 않았다는 것이다"(찰스 하지).

　한때 이 문제에 중도적 입장이었던 한 사람은 중도적 입장이었을 때조차 이렇게 썼다. "성경은 전승이 가지고 있지 않은 장점을 가지고 있다. 성경은 확정적이고, 유형적이며, 접근 가능하고, 적용이 쉬우며 모든 부분과 관계에서 완벽하게 참되다. 한마디로 성경은 신성한 텍스트다. 전승은 우리가 다룰 수 있고 논증의 근거로 삼을 수 있는 것을 거의 또는 전혀 주지 않는다. 우리는 오직 텍스트에 의해서만 논증할 수 있고, 오직 하나님의 감동으로 된 텍스트로부터만 자유롭게 논증할 수 있다. 이렇게 성경은 우리가 우리 신조에서 부여한 역할에 합당하다. 다각적이고 다양한 가르침의 저장소, 증명의 수단, 논증의 기준, 모든 비상 상황에서 참과 거짓을 판결해주는 심판관이자 시금석이다."

적용

1. "애석하고 슬프다! 많은 사람이 성경을 가지고 있지만 거의 사용하지 않고, 많은 사람이 성경을 잘못 사용한다. 성경의 제대로 된 이름을 모르기 때문이다. 성경은 그 내용으로 보아 우리 주이자 구주이신 예수 그리스도의 구약성경과 신약성경이라 불리는 것이 합당하다. 하지만 그 표제를 읽으면서, 하나님의 은혜의 언약을 그리스도의 유언으로 바꿈으로써 언약 속에 있던 모든 복된 말씀과 복된 것을 인치고 확증한 그리스도 예수의 피의 적용과 효력을 마음에 떠올리는 사람이 과연 몇이나 될까!"(트레일).

2. "이 세상에 사는 인간의 실제적 상태와 관련해 그들이 짓는 수많은 죄와 스스로의 힘으로는 하나님을 절대로 기쁘시게 할 수 없다는 깨달음을 주지 않는 준칙은 참되지 않다. 그리고 사람이 자기 자신에 대해 만족하게 하고 그 어떤 두려움이나 염려를 갖게 하지 못하며 낮아지게 하지도 않는 삶의 준칙도 참되지 않다. 그런 준칙은 눈먼 자가 눈먼 자를 인도하는 격이다. 하지만 이 세상의 모든 종교는 이런 면에서 기독교회의 울타리를 벗어나 있다"(뉴먼).

제3문

문 성경은 일차적으로 무엇을 가르칩니까?

답 성경은 일차적으로 사람이 하나님에 관하여 무엇을 믿어야 하고, 하나님이 사람에게 어떤 의무를 명령하시는지를 가르칩니다.[6]

앞에서 지적했듯이, 처음 두 질문은 소교리문답 전체에서 서론에 해당한다. 제3문에서는 소교리문답의 전체적인 구조가 개략적으로 드러난다. "사람이 하나님에 관하여 무엇을 믿어야 하고, 하나님이 사람에게 어떤 의무를 명령하시는지." 개략적으로 말해, 제4문에서 제38문까지는 믿음에 속한 문제(신학)를 다루고, 제39문에서 마지막까지는 주로 의무(도덕)를 다룬다. 이렇게 소교리문답은 크게 두 개의 대단락으로 나뉘고, 각각의 대단락은 또다시 더 작은 하위단락들로 나뉜다. 이 하위단락들에 대해서는 뒤에서 설명할 것이다.

"일차적으로"

신구약성경은 다양한 내용을 다룬다. 하지만 이 수식어가 보여주듯이, 신구약성경의 일차적 의도는 "사람이 하나님에 관하여 무엇을 믿어야 하고, 하나님이 사람에게 어떠한 의무를 명령하시는지"를 가르치는 것이다. 사람의 으뜸가는 목적은 하나님을 영화롭게 하고 하나님을 영원토록 즐거워하는 것이고, 성경은 사람이 그렇게 하려면 어떻게 해야 하는지를 가르친다. 사람과 성경은 일차적인 목적 외에도 부수적이고 우연적이며 종속적인 목적들을 추구하지만, 소교리문답은 사람과 성경의 일차적인 목적

---

6 "모든 성경은 하나님의 감동으로 된 것으로 교훈과 책망과 바르게 함과 의로 교육하기에 유익하니"(딤후 3:16), "너는 그리스도 예수 안에 있는 믿음과 사랑으로써 내게 들은 바 바른 말을 본받아 지키고"(딤후 1:13).

을 분명하고 정확하게 제시한다.

"따라서 성경에 다양한 내용과 법이 차고 넘친다 해도, 성경의 일차적인 내용은 초자연적인 의무들에 관한 법을 전달하는 것이다……성경의 책들은 각각 특정한 계기와 특정한 목적으로 기록되었고, 각 책이 의도한 특정 목적을 달성하기 위한 내용을 담고 있다. 이렇듯 성경은 다양한 것들을 다루기 때문에, 성경의 모든 책은 온갖 진리―자연적인 것(엡 5:29), 역사적인 것(딤후 3:8), 이국적인 것(딛 1:12), 초자연적인 것(벧후 2:4)―를 담고 있다"(후커).

"이는 성경이 우리가 하나님에 관하여 무엇을 믿어야 하고, 무엇을 하나님에 대한 의무로 여겨야 하는지 외에도 여러 가지를 가르친다는 의미를 내포한다. 성경은 많은 전기와 역사, 족보를 담고 있다. 성경에 담긴 모든 것은 순전한 진리이고, 그중 쓸모없는 것은 아무것도 없다. 하지만 '우리가 여겨야 한다'는 말은 성경의 어떤 부분들은 다른 부분들보다 훨씬 중요하다는 의미이고, 이것은 의심할 여지 없이 사실이다. 가장 중요한 부분, 즉 일차적인 부분은 우리에게 믿음과 실천을 가르치는 부분들이다"(애쉬벨 그린의 『강의』).

"모든 성경은 하나님의 말씀이고, 따라서 모두 동일하게 참되기 때문에 보지 않아도 되는 부분은 하나도 없다. 하지만 성경 안에 있는 모든 것이 동일하게 중요한 것도 아니고, 영원한 구원과 동일하게 연결된 것도 아니다. 사람이 구원을 받기 위해 반드시 믿어야 하고 행해야 하는 것들이 바로 성경의 일차적인 가르침이다"(패터슨).

"하나님에 관하여 믿어야"

"믿는다는 것"(belief)은 자격 있고 신뢰할 수 있는 권위로 우리에게 말하는 바를 마음으로 동의하는 것이다. 믿는다는 것은 어떤 사실에 대해 직접적이고 개인적으로 알지 못하는데도 그 사실을 확신하는 것이다. 믿는다는 것(belief)과 믿음(faith)은 정확히 동일한 마음 상태다. 명칭은 서로 다르지

웨스트민스터 소교리문답 강해

만, 실체는 동일하다. 신학자들은 인간적인 믿음과 하나님에게서 오는 믿음을 구별해 전자는 사람의 증언에 의한 믿음이고, 후자는 하나님의 말씀에 의한 믿음이라고 말한다. 이 문답에서 "믿어야"라고 했을 때의 믿음은 후자를 가리킨다. 하나님에게서 오는 믿음에 대한 가장 폭넓고 일반적인 설명과 예시로는 히브리서 11장을 보라. 그리고 하나님 앞에서 죄인을 의롭다고 해주는 특별한 믿음에 대한 신학적 정의로는 제33문과 제86문을 보라.

"의무"

우리가 해야 하는 것. 의무로 주어진 것. 우리는 옳은 것을 볼 때마다 그것을 하는 것이 의무라고 느끼도록 지음받았다. "정통적 신앙과 순종하는 삶은 인간의 전적인 의무다."

적용

1. "역사적으로 형성된 성경의 전체 의도는 하나님의 세계라는 단일한 관점에서 이 세계를 설명하는 것이라고 할 수 있다. 그런 점에서 성경은 그것을 본받아 기록된 책을 제외하고는 지금까지 본 다른 모든 책과 본질적으로 구별된다"(버틀러).
2. "너희가 성경에서 영생을 얻는 줄 생각하고 성경을 연구하거니와 이 성경이 곧 내게 대하여 증언하는 것이니라"(요 5:39).
3. 디모데후서 3:14-17.

제4문

문 하나님은 어떤 분이십니까?
답 하나님은 존재[7]와 지혜[8]와 능력[9]과 거룩하심[10]과 정의와 선하심과 진리[11]에서 무한하시고[12] 영원하시며[13] 변함이 없으신[14] 영[15]이십니다.

소교리문답의 작성자들은 우리 주님이 사마리아 여자에게 하신 말씀을 가져와 가장 고귀한 질문에 대한 대답의 기초로 삼았다. 그 후에 성경에서 수집한 하나님의 속성들로 하나님에 관한 정의를 구축했는데, 찰스 하지 박사는 이것이 지금까지 하나님에 대하여 사람이 쓴 최고의 정의라고 말했다. 최고 권위자들에 따르면, 이 대답을 웨스트민스터 회의에서 조지 길레스피(George Gillespie)가 한 기도와 연결시킨 전승은 지어낸 이야기이다.

"하나님"

"색슨족의 고대어에서 'God'은 원래 'good'과 의미가 동일했다. '하나님'은 선하신 분, 의인화된 선이다. 이는 단지 언어유희가 아니라 깊은 진리를 품고 있다"(프레더릭 로버트슨).

하지만 웹스터는 이렇게 말한다. "앵글로색슨어에서 이 단어와 'good'

---

7 "하나님이 모세에게 이르시되 나는 스스로 있는 자이니라 또 이르시되 너는 이스라엘 자손에게 이같이 이르기를 스스로 있는 자가 나를 너희에게 보내셨다 하라"(출 3:14).

8 "우리 주는 위대하시며 능력이 많으시며 그의 지혜가 무궁하시도다"(시 147:5).

9 "네 생물은 각각 여섯 날개를 가졌고 그 안과 주위에는 눈들이 가득하더라 그들이 밤낮 쉬지 않고 이르기를 거룩하다 거룩하다 거룩하다 주 하나님 곧 전능하신 이여 전에도 계셨고 이제도 계시고 장차 오실 이시라 하고"(계 4:8).

10 "주여 누가 주의 이름을 두려워하지 아니하며 영화롭게 하지 아니하오리이까 오직 주만 거룩하시니이다 주의 의로우신 일이 나타났으매 만국이 와서 주께 경배하리이다 하더라"(계 15:4).

11 "여호와께서 그의 앞으로 지나시며 선포하시되 여호와라 여호와라 자비롭고 은혜롭고 노하기를 더디고 인자와 진실이 많은 하나님이라"(출 34:6).

12 "네가 하나님의 오묘함을 어찌 능히 측량하며 전능자를 어찌 능히 완전히 알겠느냐 하늘보다 높으시니 네가 무엇을 하겠으며 스올보다 깊으시니 네가 어찌 알겠느냐 그의 크심은 땅보다 길고 바다보다 넓으니라"(욥 11:7-9).

13 "산이 생기기 전, 땅과 세계도 주께서 조성하시기 전 곧 영원부터 영원까지 주는 하나님이시니이다"(시 90:2).

14 "온갖 좋은 은사와 온전한 선물이 다 위로부터 빛들의 아버지께로부터 내려오나니 그는 변함도 없으시고 회전하는 그림자도 없으시니라"(약 1:17).

15 "하나님은 영이시니 예배하는 자가 영과 진리로 예배할지니라"(요 4:24).

을 동일한 철자로 썼기 때문에 사람들은 하나님의 선하심에서 하나님이라는 이름이 왔다고 추론해왔다. 하지만 그런 추론은 초창기 인류의 실제 인식과는 너무나 동떨어진 생각이다. 여호와라는 이름을 제외하고[제44문을 보라], 최고신의 이름은 통상적으로 지존자나 최고 권력과 연결되어 군주나 통치자와 동등한 존재로 인식되었기 때문이다. 페르시아어에서 신을 가리키는 'Godd'이 주, 주인, 일인자, 통치자를 의미함은 이것이 'God'의 진짜 의미라는 것을 보여주는 증거이다."

최근 어원학 관련 최고 권위자인 스키트(Skeat)는 이렇게 말한다. "하나님, 지존······. 이 이름의 유래는 알려지지 않았다. 사람들은 흔히 'good'이라는 단어와의 연관성을 추정하지만, 하나님이라는 이름은 'good'과는 아무 상관이 없다."

하나님은 "영"(a Spirit)이시다. 하지만 문법적으로나 신학적으로나 "하나님은 영(Spirit)이시다"라고 말하는 것이 더 낫다. "여기에서는 하나님의 인격이 아니라 본질에 대해 말하고 있고, '영'은 하나님의 본질이기 때문에 '하나님은 영(a Spirit)이시다'보다는 '하나님은 순수한 영(Spirit)이시다'라고 말하는 것이 더 낫다"(앨포드).

요한일서 1장 5절에 나오는 "하나님은 빛이시라"는 정의와 4장 16절에 나오는 "하나님은 사랑이시라"는 정의를 비교해보라. 웨스트코트(Westcott)는 교리문답에 나오는 정의를 방금 말한 두 가지와 "비교해 서로 결합해야" 한다고 말한다.

성경과 신학에서 사용된 "인간의 언어 중 가장 심오한 단어"(스티어)인 "영"은 성경과 신학의 여타 많은 어휘와 마찬가지로 비유적이고 은유적인 의미를 지닌다. 이 단어는 다음과 같이 성장했다. 처음에는 지구의 대기를 이루고 있는 공기, 모든 살아 있는 피조물의 숨을 의미했다. 그러다 "내가 내 영을 주님의 손에 맡기나이다"와 같은 부르짖음에서 볼 수 있듯이 사람의 생명 또는 사람의 영혼의 생명을 가리키는 의미로 넘어갔다.

사람들은 세속에서 가장 고귀한 의미로 사용된 이 단어를 가져와 종교적 의미를 부여하여 하나님의 삶의 방식을 설명하는 데 사용하였다. "하나님은 영이시다". "영"이라는 표현은 하나님의 본성이 물질적이고 유형적인 것과는 전혀 상관이 없음을 나타냄으로써 우리에게 큰 유익을 준다. 우리 주님이 하신 말씀 속에 이것이 잘 드러난다. "영은 살과 뼈가 없으되 너희 보는 바와 같이 나는 있느니라"(눅 24:39). 이런 의미에서 하나님은 영이시다.

　　"하나님에게 몸이 있는가 또는 육안으로 하나님을 볼 수 있는가'라는 질문에 대해, '하나님은 사람이나 다른 모든 피조물과 달리 몸이나 몸의 부분들이 없고 눈으로 볼 수 없는 영이시다'라고 대답하기로 결정한다. '우리 눈으로 하나님을 볼 수 없다고 말하는데, 그러면 하나님이 존재한다는 것을 어떻게 아는가'라는 질문에 대해서는, '이 세계에 존재하는 것들은 하나님 없이는 존재할 수 없고 유지될 수 없으며 지금처럼 질서를 지닐 수 없기 때문에, 하나님이 존재한다는 것을 확신한다'라고 대답한다"(1646년 9월 22일 화요일 아침, 『웨스트민스터 회의 회기 회의록』, 714).

"무한하시고"

한계나 경계가 없다. 우리는 어느 선을 넘을 수 없으면 이렇게 말한다. "이제 여기에는 하나님이 계시지 않는다. 여기에는 하나님이 건너지 못했고 건널 수 없는 한계가 존재한다." 트리스메기스투스(Trismegistus)는 "하나님은 원이고, 그 원의 중심은 어디에나 있지만, 그 원의 외곽은 어디에도 없다"고 말했다.

　　"무한하다"라는 단어는 철학적이고 사변적인 방식이 아니라 신학적이고 종교적인 방식으로 사용된다. 성경과 소교리문답에서 하나님의 무한하심은 지적인 만족이 아니라 사람들의 정서와 생각과 양심을 움직이게 하기 위해 제시된다. 이렇게 성경은 하나님의 무한하심이라는 놀랍고 두려운 가르침을 지극히 감동적이고 실천적인 방식으로 전달한다. "여호와의 말씀이니라 나는 가까운 데에 있는 하나님이요 먼 데에 있는 하나님은 아니냐 여호와의 말씀이니라 사람이 내게 보이지 아니하려고 누가 자신을 은밀한 곳에 숨길 수 있겠느냐 여호와가 말하노라 나는 천지에 충만하지 아니하냐"(렘 23:23-24). 하나님의 무한하심에 대한 올바르고 신앙적인 성찰과 묵상은 언제나 다음과 같이 경배와 경외심을 일깨워줄 것이다.

"여호와여 주께서 나를 살펴보셨으므로 나를 아시나이다……주께서 나의 앞뒤를 둘러싸시고 내게 안수하셨나이다 이 지식이 내게 너무 기이하니 높아서 내가 능히 미치지 못하나이다 내가 주의 영을 떠나 어디로 가며 주의 앞에서 어디로 피하리이까 내가 하늘에 올라갈지라도 거기 계시며 스올에 내 자리를 펼지라도 거기 계시니이다"(시 139:1, 5-8).

이렇게 소교리문답 학습자들은 가장 위대한 지성인들도 이해할 수 없던 것을 감동적이고 유익하게 배울 수 있다. "그 때 예수께서 대답하여 이르시되 천지의 주재이신 아버지여 이것을 지혜롭고 슬기 있는 자들에게는 숨기시고 어린 아이들에게는 나타내심을 감사하나이다"(마 11:25).

"영원하시며"
무한하심이 한계나 경계가 없는 공간과 연관되어 있다면, 영원하심은 시작도 없고 끝도 없는 시간과 연관되어 있다.

"오직 하나님의 본체가 무한해 그 어떤 한계도 없는 것과 마찬가지로 하나님의 존재는 영원에서 영원까지 미치기 때문에 시작도 알지 못하고 끝도 알지 못한다……이것으로부터 우리는 오직 하나님만이 참된 불멸성 또는 영원성을 가지고 계신다는 결론을 얻는다. 즉, 다른 모든 존재는 아무리 고귀하고 완전한 존재라고 할지라도 계속 존재함으로써 이전에 존재했던 시간이 늘어난다. 그래서 그것들은 이전에는 지금만큼 오래 존재했다고 말할 수 없고, 지금은 이후만큼 오래 존재했다고 말할 수 없다. 반면, 하나님은 존재하시는 시간이 계속 더해져도 존재하신 시간에 변함이 없으시다"(후커).

하나님의 이름인 "영존자"(The Eternal, 영원히 계시는 분)는 "여호와"라는 위대한 이름과 연결되어 있다. "여호와"는 "나는 존재한다," 스스로 있는 자, 홀로 진정 영원토록 있는 이, 스스로 존재하는 이, 영원히 계시는 분이라는 뜻이다.

"히브리인들은 하나님이 지니고 계신 창조의 능력보다도 하나님이 영원히 존재하신다는 사실에 더 높고 엄숙한 의미를 부여했다. 요한계시록 1장 8절에서는 하나님을 '알파와 오메가,' 시작과 끝, '이제도 있고 전에도 있었고 장차 올 자'라고 부른다. 이 세 가지 명칭 모두 하나님의 영원하심을 가리키고, 그 후에 권능을 가리키는 유일한 명칭인 '전능한 자'가 나올 뿐이다"(에발트).

출애굽기 3장 14절의 영역본에 "나는 스스로 있는 자이니라"로 번역된 구절이 아랍어 역본에서는 "결코 지나가지 않는 영존자"로 번역되었다.

"나는 조용한 곳에서 홀로 생각할 때 내가 혼자가 아님을 기억한다. 그래서 나와 늘 함께하시는 하나님과 그의 속성들, 특히 강력한 두 속성인 하나님의 지혜와 영원하심을 묵상하는 것을 잊지 않는다. 하나님의 지혜를 묵상하면 즐거워지지만, 하나님의 영원하심을 묵상하면 당혹스러워진다. 영원하심에는 시제의 구별이 없다. 구분될 수 없이 하나로 합쳐진 하나님의 영원하심 안에서는 마지막 나팔이 이미 울리고 있고, 버려진 자들은 지옥 불에 있으며, 복된 자들은 아브라함의 품속에 있기 때문이다"(『어느 박사의 신앙』).

"변함이 없으신"

이것도 오직 우리의 신앙 및 신뢰를 위해서만 언급된다. 하나님은 "빛들의 아버지"로서, "변함도 없으시고 회전하는 그림자도 없으시다"(약 1:17). 성경에서 하나님이 전에 말씀하신 복과 벌을 바꾸시거나 후회하시거나 철회하신다고 말하는 것은 단지 하나님의 모든 계시와 말씀을 사람이 알아들을 수 있는 방식으로 표현한다는 원칙을 충실하게 적용한 것일 뿐이다.

"존재"

앞에 나온 단어들—"무한하시고 영원하시며 변함이 없으신"—은 하나님의 존재와 지혜와 권능과 거룩하심과 의로우심과 선하심과 참되심을 수식하고 묘사한다. 하나님은 각 속성에서 무한하시고 영원하시며 변함이 없으시다.

　"존재"는 존재하지 않는 것과 반대되는 것으로 실제 존재하는 것을 가리킨다. 이렇게 "나는 스스로 있는 자니라"를 뜻하는 "여호와"는 하나님의 존재, 즉 여호와의 존재는 원래부터 있고, 영원하며, 변함 없고, 많은 열매를 맺는다는 것을 의미한다. 그래서 "스스로 있는 자"는 영존자일 수밖에 없다.

　"진정한 의미에서의 '존재'는 오직 하나님께만 사용할 수 있다. 피조물들은 참된 존재가 아니라 존재의 그림자들이고 존재하는 것처럼 보이는 것일 뿐이다. 오직 하나님만이 존재하신다"(굿윈).

"지혜"

"모든 것을 알고, 지극히 지혜로운 것"(대교리문답). 인간의 속성으로서의 지혜는 어느 정도 지성적인 특질을 포함하기는 하지만 도덕적인 특질이 훨씬 더 많이 부각된다. 지혜는 반드시 지성에서 시작해 마음의 깊이와 청결함에서 완성된다. 실제로 지식이 결여된 지혜는 존재할 수 없다. 하지만 학식과 지식이 엄청나게 축적되어도 지혜는 전혀 없을 수 있다. 지식은 흔히 교만하게 하지만, 지혜는 언제나 덕을 세운다.

　여기에서 하나님에게 적용된 지혜는 가장 순수하고 고귀한 의미에서의 지혜다. 구약성경, 그중에서도 후기 저작인 지혜서에서 신적인 지혜는 하나님의 다른 속성보다 훨씬 두드러지게 부각되고 생생하게 묘사됨으로써, 나중에 하나님의 지혜와 말씀이라고 알려지는 하나님이자 사람이신 분이 오실 길을 준비한다. 그러나 여기에서도 또다시 진리의 은혜롭고 신앙적이며 실천적인 측면들이 전면 부각되고, 철학적이고 사변적인 관념들은 부차적인 것이 된다.

"능력"

하나님은 능력에서 무한하시다. 그래서 성경에서는 흔히 하나님을 전능하신 분 또는 전능자라고 말한다. "전능자라는 말은 세 가지 개념을 알려준다. 하나님은 전능하시다는 것, 하나님의 통치는 보편적이라는 것, 하나님의 본질은 무한하다는 것."

"하나님의 능력은 오직 하나님의 의지에 의해서만 제한된다. 하나님은 자신이 행하실 수 있는 모든 것을 다 행하시지는 않는다. 그리스도께서는 '아버지께는 모든 것이 가능하오니'라고 말씀하셨다. 하나님은 하실 수 있는 것을 모두 행함으로써 전능함을 보여주시는 것이 아니라, 행하시는 모든 일에서 전능하신 능력을 보여주신다"(굿윈).

"거룩하심"

"이 단어는 중세 영어 'hool'(지금은 'whole'로 쓴다)로, 원래 의미는 '완전하다' 또는 '탁월하다'이다"(스키트). 따라서 거룩하심은 신학적으로나 신앙적으로는 물론이고, 어원론적으로도 내적인 건강함 또는 영적인 온전함을 뜻한다.

"시편 기자는 하나님의 거룩하심이야말로 자기가 가장 사모하는 것이라 생각했고, 자신의 본성 전체를 드려 하나님께 충성을 맹세한 가장 큰 동기였다고 생각했다. 이 때문에 그들이 하나님의 거룩하신 이름을 깊이 묵상했다는 것은 시사하는 바가 크다. 어린아이들도 하나님의 선하심을 찬송할 수 있지만, 은혜 안에 있는 아버지들은 하나님의 거룩하심을 찬양한다"(스펄전).

"거룩함은 지성적 아름다움이다. 하나님의 거룩하심은 가장 완전하기에 다른 모든 거룩함의 척도가 된다……하나님의 거룩하심은 가장 완전한 아름다움이고, '말로 표현할 수 없고 눈으로 볼 수 없는 불멸의 아름다움이다'—이것은 하나님의 거룩하심에 대한 이교도의 표현이다.

하나님의 거룩하심은 초월적인 속성이라고 할 수 있다. 즉, 그것은 다른 모든 속성을 관통하고, 다른 모든 속성에 영광을 부여하는 속성이다. 그것은 속성들의 속성이다. 따라서 거룩한 능력, 거룩한 진리, 거룩한 사랑이라고 말할 수 있다. 하나님의 거룩하심은 하나님이 지니신 다른 완전한 것들의 광채이자 영광이다. 하나님은 '거룩하심 속에서 영화로우시다'"(하우).

"정의"

사람을 차별하지 않는 진정한 재판관처럼 흠이 없고 올바름. 성경은 하나님의 법이 하나님께서 사람을 상대하시는 모든 것의 토대임을 보여준다. 하나님 안에 있는 어떤 것이 사람에게 나타나더라도, 거기에서 하나님의 정의가 배제되거나 망각되는 일은 결코 없다. 경건하지 않은 자들을 의롭다고 하실 때조차 하나님의 정의가 찬양된다.

"하나님의 정의만큼 정확히 진리를 따르는 것은 아무것도 없다. 하나님의 정의는 모든 것을 공평한 저울에 달아보시고, 모든 것을 있는 그대로 보시고 평가하신다"(에드워드).

히브리인에 대한 하나님의 경륜 바깥에 있던 사람 중 가장 위대한 도덕 교사였던 인물도 "모든 미덕은 정의로 요약될 수 있다"라고 가르쳤다.

"선하심"

"선하심은 긍휼, 은혜, 오래 참으심, 인자하심, 참되심 등을 포괄하는 단어다. 이것들은 '선하심'이라는 뿌리로부터 나온 '가지들'이다"(굿윈).

"창세로부터 지금까지 하나님으로부터 나온 모든 것은 하나님의 선하심을 나타내는 표현으로, 하나님의 선하심이 여러 상황에 맞춰 다양한 옷을 입고 나온 것이다. 하나님이 사람을 지으신 것은 그들을 행복하게 하고, 하나님의 긍휼로부터 나오는 것으로 하나님께 영광을 돌리게 하기 위함 외의 다른 목적이 없었다……은혜는 영원한 은택으로부터 나오는 위대하고 놀라운 선하심의 보고이고 "하나님의 선하심이 부요한 것"이다. 이것을 멸시하는 자는 누구든지 자신을 멸시하는 것이고, 자기에게 지극한 행복을 줄 최대의 유익을 멸시하는 것이다. 그런 자는 회개하지 않고 죄 가운데 죽으며, 자신의 어리석음 가운데 망하게 될 것이다"(제러미 테일러).

"'하나님은 선하심이라'는 말은 '하나님은 사랑이시라'를 구약적으로 표현한 것 아니겠는가?"(앤드루 보너).

"진리"

하나님의 속성으로서의 "진리"는 일상생활에서 사용하는 평범한 의미보다 훨씬 더 고상하다. 여기에서 "진리"를 단지 오류나 거짓, 속임과 반대되는 의미로만 받아들여서는 안 된다. 주님이 아버지 하나님께 기도하시면서 "아버지의 말씀은 진리니이다"(요 17:17)라고 하셨을 때, 단지 하나님의 말씀은 참되고 신뢰할 만하다는 것보다 훨씬 더 심오한 무엇인가를 드러내고자 하셨다. 이 문답과 주님의 기도에서 "진리"는 하나님이 어느 때이든지 온갖 방식으로 사람에게 주신 계시 전체, 하나님의 영광을 드러내고 사람이 믿고 누리게 될 복을 보여주는 모든 계시를 포괄한다. 가장 고귀하고 확실한 진리는 하나님이 참되시다는 것과 예수 그리스도가 하나님의 진리시라는 것이다. "내가 곧 길이요 진리요 생명이니"(요 14:6).

"진리는 약속과 성취라는 옷을 입은 은혜다"(벵겔).

"하나님 외에도 영들이 존재한다. 천사와 사람의 영혼도 영이다. 하지만 하나님과 다른 영들의 차이는 이것이다. 하나님은 무한하시고 영원하시며 변함이 없으신 반면에, 다른 영들은 그렇지 않다. 하나님의 신성의 완전함으로서 하나님의 속성은 두 종류다. 하나는 교류될 수 없는 것이고, 다른 하나는 교류될 수 있는 것이다. 교류될 수 없는 속성은 하나님의 무한하심, 영원하심, 변함 없으심으로, 피조물에게서는 이것들의 흔적조차 존재하지 않는다. 교류될 수 있는 속성은 하나님의 존재, 지혜, 능력, 거룩하심, 정의, 선하심, 진리로, 이것들은 피조물에게도 조금은 존재한다. 하나님 안에 있는 것들과 피조물 안에 있는 것에는 차이가 있다. 하나님 안에 있는 것은 모두 무한하고 영원하며 변함이 없지만, 피조물 안에 있는 것은 그렇지 않다"(보스턴).

적용

이 질문을 시작으로 소교리문답의 교리 부분으로 들어간다. 하나님이 받으시는 유익한 예배를 위해서는 여기에서 자세히 제시된 근본적 교리를 따라 예배를 드려야 한다고 우리 주님께서 사마리아 여자에게 가르치셨다. 이때 우리 주님은 모든 교리 중 가장 심오한 것을 가르치셨고, 소교리문답은 우리 주님의 모범을 따라 그 교리를 신앙과 예배의 으뜸가는 원리 중 하나로 제시한다.

이 대답 속에 하나님을 알고 온 힘을 다해 예배하고자 하는 사람에게 도움이 되지 않는 내용은 한 단어도 없다. 올바르게 사용하기만 한다면, 교회의 신조와 교리문답은 경건을 이끌어주는 진정한 지침들이다. 계시의 가르침은 신앙을 지닌 마음의 제단에서 하늘의 불로 타오르는 숯이다. "신앙을 요약한 글은 신학자에게는 단지 교조일 뿐일지라도 예배자에게는 자신이 예배해야 할 분이 어떤 분이신지를 분명하게 보여준다……신학은 신앙의 생명이 없는 실증학문에 머무를 수 있지만, 신앙은 신학이라는 토대 없이 설 수 없다"(뉴먼).

제5문

문 　 하나님 한 분 외에 다른 하나님이 있습니까?

답 　 오직 한 분 하나님, 살아 계시고 참되신 하나님만이 계십니다.[16]

---

16 "이스라엘아 들으라 우리 하나님 여호와는 오직 유일한 여호와이시니"(신 6:4), "오직 여호

앞에서 하나님이 어떤 분이신지에 대한 우리 주님의 정의와 설명을 제시했고, 성경에 나오는 하나님의 속성들로 그 정의를 보완하는 작업까지 마쳤다. 이제는 그런 하나님이 "오직 한 분"이신지, 아니면 "다른 하나님이 있는지"를 묻는 데로 나아간다. 소교리문답은 "오직 한 분 하나님, 살아 계시고 참되신 하나님만이 계십니다"라고 대답한다.

기독교 진리를 탁월하게 가르친 한 교사는 이렇게 말한다. "우리는 언제나 성삼위일체에 관한 모든 가르침에서 시작해야 한다. 하지만 삼위 하나님이 계신다는 말로 시작한 후, 나중에 한 분 하나님만이 계신다고 말해서는 안 된다. 그렇게 하면 한 분 하나님의 본성에 대해 그릇된 개념을 심어주게 된다. 우리는 단순하고 엄밀한 의미에서 오직 한 분 하나님만이 계신다는 위대한 진리를 먼저 말해야 하고, 그 후 삼위에 대해 말해야 한다. 이것이 성경이 이 신비를 점진적으로 계시할 때 사용한 방법이다. 구약성경에서는 한 분 하나님에 대해 읽고, 신약성경에서는 성령의 조명을 받아 삼위일체를 아는 지식을 얻는다."

구약성경은 "하나님은 존재와 지혜와 능력과 거룩하심과 정의와 선하심과 진리에서 무한하시고 영원하시며 변함이 없으신 영이시다"라고 가르쳤다. 하나님이 오직 한 분이시라는 것과 하나님이 영이시라는 것은 은혜와 진리의 초기 경륜에서 교회가 서느냐 넘어지느냐를 결정하는 신조였다.

"오직 한 분 하나님"

"성경에서 하나님에게 사용되는 '한 분'과 '오직'이라는 단어는 성자나 성령을 염두에 둔 것이 아니라, 하나님이 아닌 것들 및 거짓되게 하나님으로 불리는 것들과 관련해 사용된다"(바실리우스).

와는 참 하나님이시요 살아 계신 하나님이시요 영원한 왕이시라 그 진노하심에 땅이 진동하며 그 분노하심을 이방이 능히 당하지 못하느니라(렘 10:10).

"한 분"은 숫자 1이라는 의미가 아니고, 복수성이나 누적성과 반대되는 절대적인 단독성(aloneness)을 가리킨다. 이것은 초월적인 단일성(unity) 또는 나눌 수 없는 단일함(oneness)이라 불린다.

그래서 어떤 이는 이렇게 말했다. "하나님께 산술적인 개념을 사용하는 것은 불경할 뿐 아니라 비철학적이다……피조물이 여럿이라고 말하는 것과 동일한 방식으로 하나님이 한 분이라고 말해서는 안 된다. 피조물이 하나라고 말할 때, 그것은 둘 또는 셋 그리고 일련의 숫자들과 대비해 하나라는 말이다. 하지만 하나님은 자신의 피조물과 그런 관계에 있지 않다. 철학적으로 말하자면, 하나님과 피조물을 대비하는 것조차 허용되지 않는다"(뉴먼).

"따라서 신학자들은 산술적인 의미에서 하나님과 우리를 비교하거나 대비하지 않는다. 하나님과 우리를 동일한 차원에서 숫자로 표현하지도 않는다. 그들은 피조물이 하나님에 대해 숫자로 설명하거나 표현하는 것은 합당하지 않다고 여긴다. 그래서 하나님은 모든 산술적인 의미를 초월해 피조물과는 완전히 따로 계신 유일무이하신 분이라는 의미에서 '오직한 분'이라고 말한다. 즉, 하나님의 초월적인 존재는 우리의 논리 아래로 들어오지 않는다"(굿윈).

"살아 계시고 참되신 하나님"

하나님은 생명을 지니시고, 모든 피조물에게 주시는 생명의 원천이시라는 최고의 의미에서 "살아 계신" 하나님이다. "우리가 그를 힘입어 살며 기동하며 존재하느니라"(행 17:28). "살아 계신 하나님이라는 명칭처럼 신인동형론적 표현 또는 하나님과 걸맞지 않거나 저급한 표현에 의한 오염으로부터 자유로운 명칭은 없다"(골드윈 스미스).

"참되신"은 모든 거짓된 신과 구별된다는 것이다. 이 가르침은 구약성경에서 모든 예언적인 말씀이나 논쟁의 토대였다. "이스라엘아 들으라 우리 하나님 여호와는 오직 유일한 여호와이시니"(신 6:4 그리고 제44문을 보라).

바울은 우상에게 바쳐진 제물을 다루면서 히브리 신앙과 기독교 신앙의 근본적인 입장을 재천명했다. "그러므로 우상의 제물을 먹는 일에 대하여는 우리가 우상은 세상에 아무 것도 아니며 또한 하나님은 한 분밖에 없는 줄 아노라……그러나 우리에게는 한 하나님 곧 아버지가 계시니 만물이 그에게서 났고 우리도 그를 위하여 있고"(고전 8:4, 6).

제6문

문   하나님이라는 신격 안에는 얼마나 많은 위격이 계십니까?

답   하나님이라는 신격 안에는 성부와 성자와 성령, 이렇게 세 위격이 계십니다. 이 세 위격은 한 분 하나님이시고, 본질에서 동일하시며, 능력과 영광에서 동등하십니다.[17]

이 문답은 우리에게는 친숙한 삼위일체 교리지만, 초기 교회가 이 근본적인 진리를 성경에서 가져와 신조에 삽입하기까지 얼마나 값비싼 대가를 치러야 했는지를 결코 잊어서는 안 된다. 이 교리는 박식한 신학자들의 뼈를 깎는 노력 끝에 엄청난 비용을 치르고서야 최종적으로 그리스도의 교회에서 보편적으로 받아들여졌다.

찰스 하지 박사는 삼위일체 교리가 성경의 종교에 특유한 것이고, 성경의 모든 진리와 마찬가지로 추상적이고 사변적이며 관념적인 진리가 아니라 기독교 신앙 전체에서 가장 근본적이고 결정적으로 중요한 진리라고 말한다. 그리고 마이어(Meyer)는 "삼위일체는 기독교의 모든 사상과 관심을 하나로 결합시키는 지점으로, 모든 통찰의 시작과 끝을 하나로 묶어 기

---

17 "그러므로 너희는 가서 모든 민족을 제자로 삼아 아버지와 아들과 성령의 이름으로 세례를 베풀고"(마 28:19).

웨스트민스터 소교리문답 강해

독교 신앙이 되게 한다"라고 말했는데, 찰스 하지 또한 그의 말에 동의했다.

"세 위격"

"'위격'을 뜻하는 라틴어 '페르-소나'(per-sona)는 배우가 사용하는 가면 또는 배우가 연기하는 등장인물을 가리키는 단어였다. 배우들은 입이 큰 가면을 사용했는데, 그 가면에서 나오는 소리 때문에 '페르-소나'('소리를 통해서'라는 뜻－옮긴이)라 불리게 되었다"(스키트).

이러한 의미로부터 우리가 친숙하게 사용하는 의미, 즉 인류 개개인 (person)을 의미하기까지는 오랜 역사가 필요했다. 하지만 이 단어의 통상적인 용법이 성경과 신학에 받아들여져 하나님의 본성 안에 있는 삼위를 가리키는 데 사용되기까지는 한층 더 오랜 시간이 필요했다.

"위격"이라는 단어는 삼위가 실제로 존재하는 방식을 표현하기에 부적절하다. 하지만 라틴어를 사용하는 신학자들은 그들의 언어 중 이 단어보다 더 나은 단어를 발견할 수 없었고, 기독교계에서 사용하는 현대어 중에서도 이 단어보다 더 적절한 용어를 아직 발견해내지 못했다. 따라서 우리는 성부와 성자와 성령을 "위격"이라고 부르는 것으로 만족해야 한다. 그러나 이 단어를 사용하면서도, 성부와 성자와 성령은 인간이 알고 있는 그 어떤 인격체들(personalities)과도 완전히 다르다는 것을 늘 기억해야 한다.

"오늘날 철학적인 용법에서 인격(person, 하나님에 대해 사용될 때는 '위격'으로 번역된다－옮긴이)은 서로 구별되어 독립적인 사고를 하는 개인을 의미한다. 하지만 한 분 하나님을 이루고 있는 세 인격은 아브라함이나 이삭이나 야곱같이 본질이 서로 다른, 수적으로 세 분인 존재가 아니다. 그것은 삼위일체가 아니라 삼신론이다. 사벨리우스주의나 스베덴보리주의적인 의미에서 한 분 하나님이 세 가지 모양이나 형태를 지니고 있음을 의미하는 것도 아니다. 세 위격은 한 분 하나님 안에서 각각 말로 표현할 수 없지만 서로 구별되는 가운데 객관적으로 영원히 실존하신다"(샤프).

"성경에 나오는 사실들은 다음과 같다. 첫째, 성부도 '나'라고 말씀하시고, 성자도 '나'라고 말씀하시며, 성령도 '나'라고 말씀하신다. 둘째, 성부도 성자에게 '너'라고 말씀하시고, 성자도 성부에게 '당신'이라고 말씀하시며, 성부와 성자는 성령을 지칭할 때 '그'라는 대명사를 사용한다. 셋째, 성부는 성자를 사랑하시고, 성자는 성부를 사랑하시며, 성령은 성자에 대해 증언하신다……이는 다음과 같은 명제로 요약할 수 있다. 한 분 하나님이 성부와 성자와 성령, 세 위격으로 존재하신다"(찰스 하지).

"하나님이라는 신격"

"신성, 신적인 본성……'the Godhead'에서 쓰인 접미사 'head'는 영어의 일반적인 용법과는 완전히 달라서, 'hood'와 동일한 의미를 지닌다. 어원론적으로 이 접미사는 앵글로색슨어에서 '직임, 신분, 존엄'을 뜻하는 'hád'에서 왔다"(스키트).

"하나님이라는 신격"은 하나님의 본성 자체를 가리킨다. 그리고 "하나님이라는 신격" 안에 있는 "위격"은 "위격의 속성"과 구별되는 하나님의 본성 자체다. 하나님이라는 신격은 여러 부분도 아니고 그렇게 구분될 수도 없다. 삼위 각각의 위격은 자신 안에 구분될 수 없는 하나님이라는 신격 전체를 지니고 있다. 하지만 앞에서 말했듯, 삼위는 위격적 속성에 의해 서로 구별된다. 즉, 성부의 위격적 속성은 성자를 낳은 것이고(히 1:5), 성자의 위격적 속성은 성부에게서 출생했다는 것이며(요 1:14), 성령의 위격적 속성은 성부와 성자로부터 유출되었다는 것이다(요 15:26; 갈 4:6).

"따라서 위격적 속성은 삼위 간 동등성을 훼손하지 않는다. 이 속성은 일시적이거나 우연한 것이 아니라 영원하고 필연적이며 존재할 수밖에 없어서, 삼위를 이루고 있는 각각의 위격은 영원하시고 지고하시며 지극히 높으신 하나님이시기 때문이다"(보스턴).

인격(manhood)은 사람의 본성을 의미하고, 우리는 그 인격을 지님으로써 사람이 된다. 그 비슷한 방식으로 "하나님이라는 신격"은 하나님의 본성이고, 세 위격은 동등하게 그 신격을 지니고 계심으로써 동등하게 영원토록 하나님이시다. 인격과 관련해서는 셀 수 없을 정도로 많은 사람이 존재하지만, 하나님이라는 신격과 관련해서는 오직 성부와 성자와 성령이라는 세 위격이 존재한다.

"성부"

"성부"라는 이름은 아버지와 아들이라는 관계에서 아버지의 지위를 나타내는 명칭이다. 아버지라는 지위는 기원과 산출의 관계를 나타내지만, 모든 종류의 산출이 고유한 의미에서 아버지라는 지위를 얻는 것은 아니다. 아버지라는 지위는 출생에 의한 산출을 통해서만 얻어진다.

성경은 제1위와 제2위 간에 영원토록 존재하는 관계를 아버지로서의 지위와 아들로서의 지위라고 부른다. 그리고 그 관계는 "출생"을 통해 생겨났다고 가르친다. 하지만 우리는 아버지이신 하나님과 아들이신 하나님을 다루기 때문에, 이 땅에서 사용되는 온갖 비유와 표현은 그 관계를 결코 제대로 나타낼 수 없다.

성자는 성부의 아들이고, 성부는 성자의 신성의 원천이다. 하지만 성자가 어떻게 출생했느냐 같은 질문 앞에서는 이성과 계시가 둘 다 침묵한다. 성경에는 하나님이라는 신격 안에 끊임없이 성부라고 불리는 위격이 계시고, 끊임없이 성자라 불리는 위격이 계신다는 것보다 더 명확한 설명은 나오지 않는다. 제1위는 제2위를 자신의 아들이라 부르시고, 그를 언제나 자신의 아들로 취급해, 그를 보내시고, 붙잡으시며, 다시 받으시고, 그에게 상을 주신다. 반면, 제2위는 제1위를 자기 아버지라 부르고 섬기며 순종하며 의뢰하고, 마지막에는 그에게로 다시 돌아간다.

이것은 단순히 경륜에 따른 조건적, 비유적 관계가 아니다. 성경은 우리에 대한 제1위와 제2위 간의 역사적이고 구속적인 관계와는 상관없이, 이 두 위격이 삼위일체 하나님 안에서 아버지와 아들의 관계로 영원히 존재한다고 말하기 때문이다.

"성자"

성자는 영원토록 끊임없이 성부에게서 "출생한" 분으로 묘사된다. 우리로서는 그 의미를 이해할 수 없지만 성경의 생생한 표현에 의하면, 성자는 "아버지의 품속에" 계신다. 그리고 성자의 이 영원한 출생은 성자가 지닌 하나님으로서의 지위와 신분의 궁극적인 근거다. 즉, 성자는 하나님의 아들이기 때문에 하나님이시고, 영원하신 출생을 통해 하나님이라는 신격을 지니고 계시기 때문에 성자다.

그래서 성자는 "나와 아버지는 하나"라고 말씀하심과 동시에 "아버지는 나보다 더 크시다"라고 말씀하셨다. 성자는 성부로부터 출생해 본질에서 동일하고 능력과 영광에서 동등하다는 점에서 성부와 하나다. 하지만 성부는 성자보다 먼저 존재했고, 영원토록 끊임없이 하나님이라는 신격과 성자의 삶의 근원이라는 점에서 성자보다 더 크시다.

칼뱅은 아우구스티누스의 다음과 같은 설명을 칭찬한다. "그리스도는 그 자신과 관련해서는 하나님이라 불리지만, 성부와 관련해서는 성자라 불린다. 성부는 그 자신과 관련해서는 하나님이라 불리지만, 성자와 관련해서는 성부라 불린다. 성자와 관련해 성부라 불리는 분은 아들이 아니다. 성부와 관련해 성자라 불리는 분은 동일한 하나님이시다."

"성령"

"삼위일체 중 제3위는 두 가지 이유에서 성령이라 불린다. 첫째로는 하나님의 실제적인 능력이시기 때문이고, 둘째로는 삼위일체의 다른 위격에 대한 자신의 관계를 표현하기 위함이다. 성자는 하나님의 계시자 또는 형상이라는 의미에서 말씀이라 불리고, 제3위는 하나님의 숨 또는 능력이라는 의미에서 성령이라 불린다. 특히 제3위가 성령이라 불리는 것은 자신의 본성과 작용을 보여주기 위함이다. 그의 본성은 절대적으로 거룩하고, 그는 모든 피조물에 있는 거룩함의 원인이다. 이런 이유로 그는 진리의 영, 지혜의 영, 평화의 영, 사랑의 영, 영광의 영이라 불린다"(찰스 하지).

"성령은 성부로부터 성자가 받는 것과 동일한 본질을 받아 성부 및 말씀과 동일한 하나님이 된다. 하지만 성부로부터 성령과 성자에게 주어진 본질은 동일하다고 해도, 주어진 방식에서는 서로 차이가 있다. 말씀은 출생(generation)을 통한 하나님이시지만, 성령은 유출(procession)에 의한 하나님이시다. 모든 출생된 것은 유출되지만, 모든 유출된 것이 출생된 것은 아니다. 그래서 성경과 교회에서는 성령이 성부에게서 출생한 것이 아니라 유출되었다고 말하고, 성령을 아들이라 부르지 않으며 하나님의 선물이라 부른다"(피어슨).

"하나님의 영은 신약성경에서 '거룩하다'라는 이름을 지닌다. 신약성경에서 그 영의 좀 더 구체적인 명칭은 '거룩한 영,' 즉 '성령'이고, 영역 성경에서도 그렇게 번역했다. 하지만 성부도 거룩하시고, 성자도 거룩하시며, 두 분 다 성령과 동등하게 거룩하시지 않은가? 그렇다. 성부와 성자와 성령은 본질적으로나 인격적으로나 그 자체로 거룩하시다. 삼위는 모두 '거룩하다 거룩하다 거룩하다'(사 6:3)라고 선포된다. 그렇다면 제3위에게만 '거룩하다'라는 단어가 들어간 명칭이 주어진 이유는 무엇인가? 그 명칭은 유일하게 거룩하다거나, 인격적이고 본질적인 측면을 나타내는 것이 아니고, 성령의 고유한 사역과 관련된 상대적인 것이다. 성령은 우리를 성별하시고 거룩하게 하시기 때문이다. 그래서 그리스도는 구주라는 명칭으로, 성부는 아버지라는 명칭으로 불릴 자격이 있는 것처럼, 그는 성령이라는 이름으로 불릴 자격이 있다"(굿윈).

"이 세 위격은 한 분 하나님이시고"

"우리가 삼위일체 하나님 안에서 한 분 하나님을 예배하고, 한 분 하나님 안에서 삼위일체 하나님을 예배한다는 것은 보편 신앙이다. 위격들은 뒤엉켜 있지 않고, 본질은 나뉘어 있지 않다"(아타나시우스 신조).

"이에 대해 그레고리우스 나지안주스가 가장 훌륭하게 말했다. '삼위일체로 찬란하게 빛남이 없는 한 분 하나님을 생각할 수 없고, 한 분 하나님께로 귀결됨 없이는 삼위 하나님을 구별할 수 없다'"(칼뱅).

"성부는 그 자체로 유일하신 온전한 하나님이시고, 성자도 마찬가지다. 성부와 성자는 어떤 의미로도 신성을 나누어 갖고 계시지 않는다. 성부와 성자는 각각 온전한 하나님이시다. 이것은 이신론이나 삼신론이 아니다. 성부와 성자는 서로 동일한 하나님이시기 때문이다. 이것은 사벨리우스주의가 아니다. 성부와 성자는 영원토록 서로 구별되어 실존하시는 위격이시기 때문이다. 하지만 이것은 우리의 지성을 뛰어넘는 깊이와 높이를 지니고 있다. 어떻게 온전한 의미에서 두 분이 한 분이실 수 있는지, 또 성부와 성자가 각각 동일하고 온전한 하나님의 본성을 지니고 계시는데도 어떻게 하나님의 본성은 나뉘지 않을 수 있는지 우리의 지성으로는 알 수 없기 때문이다"(뉴먼, 『아타나시우스 신조 해설』).

모든 것이 신비이기 때문에, 어떤 부분이 더 신비하다고 말하는 것은 부적절하다. 하지만 성경이 우리에게 보여주실 찬송받으실 삼위일체 하나님의 모든 신비한 측면 중 가장 신비한 것은 삼위 하나님의 "상호 내주"이다. 헬라 신학과 라틴 신학은 둘 다 이 신비를 표현하기 위한 용어를 만들어내야 했다. 삼위 하나님 간의 친밀한 연합을 헬라 교부들은 '페리코레시스'라고 지칭했고, 라틴 교부들은 '인하비타티오'(Inhabitatio)라고 지칭했다. 이 학문적인 용어들은 성자가 언제나 성부 안에 계시고 성부는 언제나 성자 안에 계시며, 찬송 받으실 삼위 하나님은 서로에게 내주하신다고 하는 성경적인 사실을 표현하기 위해 만들어졌다.

이번에도 아타나시우스와 그의 글을 주석한 뉴먼 박사에게로 돌아가 보자. "위격들의 '페리코레시스'는 본질의 연합에 내포되어 있다. 이것은 자주 인용되는 성경의 두 본문을 연결한 것이다. "아들과 아버지는 하나" (요 10:30, '나와 아버지는 하나이니라')이기 때문에, '아들은 아버지 안에 있고 아버지는 아들 안에 계신다"(요 17:21, '아버지께서 내 안에, 내가 아버지 안에 있는 것 같이'). 이러한 연합과 '페리코레시스'의 원인은 신적 출생이다. "'페리코레시스'는 정통 신앙의 시금석이었다."

웨스트민스터 소교리문답 강해

"본질에서 동일하시고"

여기에서 사용된 "본질"이라는 단어는 학문적이고 신학적인 용어다. 성경에는 나오지 않는 단어이지만, 성경 연구자들이 성경의 진리를 표현하기 위해 만들어냈다. "본질"로 번역된 "substance"는 어원론적으로 '현상적으로 나타나는 모든 것의 근저에서 그것들을 붙들고 있는 물질이나 정신'을 의미한다.

대중적으로는 이 단어를 정신보다는 물질과 더 많이 결부하지만, 둘 중 어느 쪽에서도 똑같이 적절하고 유익하다. 철학에서 "substance"는 물질의 모든 속성이나 특질의 근저에 있으면서 그것들을 밑받침해주는 어떤 것을 의미한다. 로크(Locke)는 물질의 일차적인 특질로 외연, 형태, 가분성, 운동, 단단함, 부드러움, 유동성을 제시한다.

따라서 "본질"은 모든 특질의 배후에서 그것들을 붙들고 있는 신비하고 접근 불가능한 어떤 것이다. 영적인 세계에서도 마찬가지다. 소교리문답에서 다루는 본질은 외연이나 색, 형태나 유동성이 아닌 다른 것을 특질로 지니고 있는 두렵고 신비한 본질이다. 하나님의 본질이 밑받침하는 특질은 무한하고 영원한 지혜, 능력, 거룩하심, 정의, 선하심, 진리다. 이러한 특질은 우리로서는 헤아릴 수 없는 하나님의 본질을 보여주는 현상들이다. 따라서 하나님은 본질과 관련해서는 신적인 영이시고, 스스로 계시며 영원하신 하나님의 본질이 밑받침하는 현상이나 특질, 속성은 앞에서 이미 배웠다.

아타나시우스는 주후 4세기에 니케아 공의회 앞에서 "본질에서 동일하다"라는 어구에 대해 훌륭하고 성공적인 주장을 펼쳤다. 아타나시우스는 소교리문답과 그 후에 나온 기독교회의 모든 신조와 신앙고백에 자신의 흔적을 남겼다. 그는 "동일 본질"만이 예수 그리스도가 완전하고 영원하신 하나님이라는 성경의 가르침을 단언함으로써 부정의 소지를 없앨 유일한 단어임을 알았다. 하나님이 아타나시우스의 위대한 재능과 영웅적인 태도에 복을 주셔서 "동일 본질"이라는 방패를 만들어냈고, 그 보호 아래 우리 주님이 하나님이시라는 진리가 교회의 신조 속에 안전하게 각인되었다.

이렇게 성경적이고 아타나시우스적이며 니케아적인 교리에 따라, 우리는 하나님이라는 신격 안에 본질에서 동일한 세 위격이 계시고, 그 동일한 본질은 각 위격 안에서 신적인 지혜, 능력, 거룩하심, 정의, 선하심, 진리라는 동일한 속성을 붙잡고 있다는 가르침을 받는다.

"능력과 영광에서 동등하십니다"

"성부와 성자와 성령의 신성은 하나이고, 영광도 동등하며, 위엄도 동등하다……삼위일체 안에서는 선후도 없고, 크고 작음도 없다. 삼위는 모두 동등하게 영원하시고 서로 동등하시다"(아타나시우스 신조).

"지극히 거룩하신 삼위일체 하나님의 세 위격이 지닌 위엄은 모두 동등한가? 그렇다. 모두 절대적으로 동등한 신적인 위엄을 지니고 계신다. 성부는 참 하나님이시고, 성자도 동등하게 참 하나님이시며, 성령도 참 하나님이시다. 하지만 오직 삼위일체이신 한 분 하나님이 세 위격으로 존재하신다"(동방교회 교리문답).

질문: 성자와 성령이 성부와 동등한 하나님이시라는 것을 어떻게 알 수 있는가?

대답: 성경은 오직 하나님께만 합당한 이름과 속성과 사역과 예배를 성자와 성령에게도 돌림으로써, 성자와 성령이 성부와 동등한 하나님이시라는 것을 보여준다(웨스트민스터 대교리문답).

적용

1. "하나님의 말씀에 담긴 모든 계시의 목적은 사람들의 구원이다. 진리는 거룩함을 위해 존재한다. 하나님은 사람들에게 학문을 가르치기 위해서가 아니라 그들을 하나님을 아는 구원의 지식으로 이끄시기 위하여 자신의 존재와 속성들을 사람들에게 알리신다……이것은 특히 삼위일체 교리에 해당된다"(찰스 하지).

2. "당신에게 겸손함이 없어서 삼위일체 하나님을 노엽게 한다면, 당신이 삼위일체에 관해 심오한 논쟁을 벌일 수 있다고 해도 무슨 유익이 있겠는가? 고상한 말은 한 사람을 거룩하고 의롭게 만들지 못하지만, 덕스러운 삶은 한 사람이 하나님의 사랑을 받게 만든다"(켐피스).

3. "경외하는 마음 없이 이 같은 주제에 대해 말해서는 안 된다. 사랑 없이 논쟁해서는 안 된다. 그 지식을 우리 사고에 축적함과 동시에, 하나님의 도우심으로 우리 지식을 거룩하게 하고, 그 지식을 우리 마음에 새기고자 하는 신중한 노력 없이 탐구해서는 안 된다"(뉴먼).

제7문

문   하나님의 작정은 무엇입니까?

답   하나님의 작정은 자기 뜻을 따라 계획하신 하나님의 영원하신 목적입니다. 이것을 통해 하나님은 자신의 영광을 위하여 장차 일어날 모든 일을 미리 정해두셨습니다.[18]

"하나님의 작정들"

"작정"(decree)은 결정, 칙령, 준칙이다. 그것은 최고의 권위를 지닌 자가 아랫사람에게 어떤 것을 하도록 결정해서 내리는 명령이다.

"신약성경에서는 이 대답에서 사용된 의미를 지닌 '작정' 또는 '작정들'이라는 단어가 발견되지 않는다. 이 단어는 신학자들이 복합적인 개념을 전달하기 위해, 즉 하나의 용어에 여러 가지 개념을 담아 전달하기 위해

---

18 "창세 전에 그리스도 안에서 우리를 택하사……모든 일을 그의 뜻의 결정대로 일하시는 이의 계획을 따라 우리가 예정을 입어 그 안에서 기업이 되었으니"(엡 1:4, 11), "영광 받기로 예비하신 바 긍휼의 그릇에 대하여 그 영광의 풍성함을 알게 하고자 하셨을지라도 무슨 말을 하리요"(롬 9:23).

사용한 전문용어다. 이 대답이 추구하는 명백한 목적은 영감 어린 단어로 이 용어를 설명하는 것이다"(그린의 강의).

"성경은 사람들의 인식 수준에 맞추어 하나님의 작정을 말하고 있다……하지만 이 작정에 대해 사람들이 가진 불완전한 인식은 초월적인 방식으로 완전하게 이루어지는 하나님의 일을 반영하고 있다고 보아야 한다"(굿윈).

"하나님은 자신이 행하시는 일이나 명령을 우연히, 무심코 또는 의도 없이 또는 의도와는 다르게 행하거나 명령하지 않으신다. 하나님이 어떤 것을 행하시거나 명령하시기 전에 어떤 의도가 있다면, 그것이 바로 하나님의 뜻 또는 작정이다"(에드워즈).

"이 위대한 교리에 대한 고찰은 무한하시고 이해할 수 없는 여호와의 본성과 속성, 목적과 행위라는 가장 심오하고 접근 불가능한 주제, 특히 하나님이 지으신 지성을 지닌 존재들의 영원한 운명을 사람의 지성으로 생각하는 것이다……많은 사람이 이것과 관련해 지극히 주제넘고 불경스러운 사변에 몰두해왔다. 이 주제만큼 언제나 지성인들의 관심을 끌어온 주제는 아마도 없을 것이다……최고의 능력, 독창성, 명민함이 이 논의에 사용되었다. 하지만 이 주제가 지닌 난점은 결코 해결되지 못했다. 하나님이 우리에게 더 온전한 계시나 더 큰 능력을 주시지 않는다면, 앞으로도 결코 해결하지 못할 것이다. 이 사안의 본질로 볼 때, 유한한 존재는 무한한 지성을 온전히 이해할 수 없기에, 유한한 존재인 인간은 이 문제를 결코 온전히 해결할 수 없다"(커닝엄).

대주교 레이턴(Leighton)은 하나님의 작정에 관한 소교리문답의 설명이 간결하고 절제되어 있으며 명료하고 확실하다는 점에서 이 주제에 걸맞는다고 말한다.

"하나님의 영원하신 목적"

"이 교리에 포함된 두 번째 핵심은 하나님의 작정들이 모두 하나의 목적

웨스트민스터 소교리문답 강해

으로 수렴된다는 것이다……이 작정들은 어떤 사건이 일어날 때마다 그때그때 만들어지는 것이 아니라, 모든 것을 포괄하는 하나의 계획을 이루는 각각의 부분이다……하지만 이 목적 하나가 무한히 많은 사건을 포함하고, 이 사건들은 서로 연결되기에 하나님의 작정은 질서를 지니고 있다"(찰스 하지).

"자신의 뜻을 따라 계획하신"
"'계획'은 '이해, 판단'과 관련된다. '계획'은 자기가 무엇을, 어떻게 하려고 하며, 그 일을 가장 좋은 방식으로 지혜롭게 행하려면 어떻게 해야 하는지를 깊이 생각하는 것이다. 이것이 원래 '계획'의 의미다. 사람과 관련한 계획 중에는 하나님께 돌리면 안 되는 것도 있고, 하나님께 돌릴 수 있는 것도 있다. 하나님께 돌리는 모든 것에서 불완전한 것을 제거해야 하기 때문이다.

사람과 관련한 계획에는 두 가지 요소가 있다. 첫 번째는 최고를 지향하는 궁리와 탐구인데, 자신의 이성으로 이런저런 생각을 하는 것이다. 두 번째는 모든 것을 고려한 후에 어느 것이 최고라고 판단하는 것이다.

첫 번째 요소를 하나님의 계획에 적용해서는 안 된다. 하나님은 사람과는 달리 자신의 지성으로 이런저런 것들을 하나하나 고려하고 생각해보지 않으신다. 하나님은 자신의 모든 일을 영원 전부터 아시기 때문이다.

그렇다면 어떤 것을 하나님의 '계획'에 돌릴 수 있는가? 사람의 지성이나 판단, 탐구로부터 생겨나는 결과, 탐구로 무르익어서 최종적으로 생겨나는 최고의 결과, 탐구로 무르익고 성숙해서 완전한 계획이라고 여겨지는 요소, 판단만이 하나님께 돌려진다. 이것은 최고로 행하기 좋은 확실한 판단(라틴어로 '유디키움'[judicium])이다"(굿윈).

"자신의 영광을 위하여"
하나님이 하시는 외적 행위의 일반적인 목적은 하나님이 지니신 지극히 영화로우시고 풍성하신 미덕의 실행이다……거기에서 하나님께 이익이 돌아가는 것은 하나도 없고, 모든 것은 하나님이 자신의 선하심과 은혜를 보여주시기 위함이다"(후커). 제1문을 보라.

"장차 일어날 모든 일"

이것에 대해 찰스 하지는 이렇게 설명한다. "작정에 의한 하나님의 뜻은 명령에 의한 하나님의 뜻과 결코 모순될 수 없다. 하나님은 자신이 금지하시는 것을 결코 작정하지도 않으시고, 사람에게 하라고 하지도 않으시기 때문이다. 죄는 하나님이 금지하신 것이지만, 하나님은 사람이 죄 짓는 것을 허용하신다. 하지만 하나님은 사람이 죄를 짓도록 작정하실 수는 없다." 제13문을 보라.

적용

1. "이 깊고 신비한 교리는 특별히 신중하게 다루어야 한다"(웨스트민스터 신앙고백). 투레티누스(Turretine)는 이 교리를 가르쳐야 한다고 말하면서도, 이 교리가 강단이 아니라 신학교에 더 적합한 주제라고 말한다.

2. "하나님은 모든 것을 자신의 뜻을 따라 행하시는가? 그렇다면 하나님 앞에서 당신의 뜻을 버리라. '여호와여 내가 알거니와 사람의 길이 자신에게 있지 아니하니 걸음을 지도함이 걷는 자에게 있지 아니하니이다'(렘 10:23). 당신의 걸음을 지도하시는 분은 하나님이시다. 하나님께서 모든 것을 자신의 뜻을 따라 행하시기 때문이다. 만일 어떤 사람의 총명과 뜻이 준칙이고, 그 판단이 절대로 틀릴 수 없음을 안다면, 나는 분명 모든 생각과 판단을 버리고, 그의 말만 따를 것이다. 지각을 지닌 사람을 따라야 하는 것처럼, 그런 총명을 지닌 사람을 따라야 한다. 하나님께서 그런 총명을 지니고 계신다. 하나님은 모든 것을 자신의 뜻을 따라 계획하신 대로 지극히 효과적으로 행하신다. 그러므로 당신이 스스로 생각해낸 모든 길을 하나님 앞에서 버리라"(굿윈).

제8문

문   하나님은 자신의 작정을 어떻게 실행하십니까?

답   하나님은 자신의 작정을 창조의 일과 섭리의 일을 통해 실행하십니다.

제9문

문   창조의 일은 무엇입니까?

답   창조의 일은 하나님이 엿새 동안 자신의 능력의 말씀으로 무에서 만물을 지극히 선하게 지으신 것입니다.[19]

"창조"

창조의 일은 자신의 본성 외에 만물을 존재하게 한 하나님의 행위이다. "태초에 하나님이 천지를 창조하시니라"(창 1:1).

"무에서"

"'무에서'는 창조 행위를 정의하는 결정적인 어구이다"(셰드). 이것은 고대 이교 철학을 반박한다. 그들은 물질이 영원하다고 가르치며 신과 물질이 영원한 두 가지 존재라고 말했다. 하지만 성경과 소교리문답은 영원한 존재가 오직 한 분뿐이고, 그 분이 자기 자신을 제외한 모든 것을 지으신 절대적 창조주라고 가르친다.

굿윈은 로마서 11장 36절에 대해 이렇게 말한다. "하나님이 창조하시기 전에는 어떠한 물질도 존재하지 않았다." 그리고 피조물에 관한 대단

---

19 창세기 1장, "믿음으로 모든 세계가 하나님의 말씀으로 지어진 줄을 우리가 아나니 보이는 것은 나타난 것으로 말미암아 된 것이 아니니라"(히 11:3).

히 훌륭한 글에서 이렇게 말한다. "만물은 한때 '무'였다. 만물이 겪는 온갖 환난과 불행은 최초의 상태였던 '무'를 향해 나아가는 움직임이나 동요이다……피조세계 전체는 '무'라는 수렁 위에 건설되었고, 언제나 그 수렁으로 빠져버릴 준비를 하고 있다. 예레미야가 그랬듯이(렘 10:24) 하나님이 진노하시면, 피조 세계의 전부 또는 일부가 흔들리고 요동한다."

"하나님 아버지께서는 전능하신 능력을 기이하고 경이롭게 사용하셔서 무에서 진흙을 만드셨고, 그 진흙으로 사람을 지으셨다"(피어슨).

"엿새 동안"

"성경적 연대기에 의하면, 지구가 존재한 기간은 단지 수천 년밖에 되지 않는다. 하지만 지질학자에 의하면, 지구는 헤아릴 수 없이 오랜 세월 존재해왔다. 또한 창세기 1장에 대한 일반적 해석에 의하면, 창조 과정은 엿새 만에 끝났다. 반면, 지질학에서는 계산할 수 없을 정도로 오랜 기간에 걸쳐 창조 과정이 진행되었다고 가르친다……물론 창조 기사만을 놓고 보면, '하루'라는 단어를 통상적인 의미로 이해하는 것이 가장 자연스럽다. 하지만 그런 의미로 해석했을 때 모세의 창조 기사가 사실과 충돌을 일으키고, 다른 해석으로 그런 충돌을 피할 수 있다면, 우리는 당연히 후자를 선택해야 한다. '하루'라는 단어가 성경의 다른 본문에서도 의심할 여지 없이 '무한히 긴 시간'이라는 의미로 사용된다. 여기에서도 그런 의미로 해석하면, 모세의 창조 기사와 지질학에서 말하는 사실 간에는 어떤 편차도 없을 뿐만 아니라, 둘은 놀라울 정도로 서로 일치한다"(찰스 하지).

"만물을 지극히 선하게"

페르시아의 철학자인 마니(마니교의 창시자)는 이원론적인 창조론을 가르쳤다. 그는 두 영원한 원리 또는 능력이 존재하는데, 하나는 선이고, 다른 하나는 악이라고 주장했다. 눈에 보이든 보이지 않든, 물질적이든 영적이든, 모든 피조물은 이 두 근원으로부터 생겨났다고 말했다. 이 이원론적인 창조론에서는 영원 전부터 본질적으로 서로 반대되는 이 두 근원을 빛과 어둠, 선과 악, 하나님과 물질로 지칭했다.

이 교리는 교부 시대에 많은 해악을 끼쳤다. 아우구스티누스는 청년 시절을 마니교 전파에 헌신했고, 그가 전파한 교리들이 삶으로도 드러났다. 성경이 말하는 창조 교리는 이 모든 사변을 뒤엎는다. "하나님이 행하시는 일에서 법 역할을 하는 것은 하나님 자신이다. 하나님이 행하시는 일에 완전함을 부여하는 것은 바로 하나님의 완전하심이기 때문이다"(후커).

적용

버틀러(Butler)는 이렇게 말한다. 성경은 하나님이 이 세계와 사람을 창조하신 기사로 시작된다. 이것은 사람에게 자신의 기원을 알게 하고, 자신의 생명을 유지하는 것이 자기를 지으신 창조주에게 달려 있음을 알게 한다. 또 모든 사람이 성경 전체가 다루는 하나님 및 성경 전체에 가득한 하나님의 법, 계시와 연결되어 있음을 알게 한다. 창조에 관한 역사가 기록된 것은 학문적인 연구를 불필요하게 만들기 위함이 아니라, 유식한 사람이든 무식한 사람이든 이 세계와 자신의 창조, 보존에 대해 신앙적으로 묵상하고 생각할 지침을 주기 위함이다.

제10문

문   하나님은 사람을 어떻게 지으셨습니까?
답   하나님은 사람을 지식과 의와 거룩함에서 자신의 형상을 따라 남자와 여자로 지으셔서 피조물들을 다스리게 하셨습니다.[20]

---

20 "하나님이 이르시되 우리의 형상을 따라 우리의 모양대로 우리가 사람을 만들고 그들로 바다의 물고기와 하늘의 새와 가축과 온 땅과 땅에 기는 모든 것을 다스리게 하자 하시고 하나님이 자기 형상 곧 하나님의 형상대로 사람을 창조하시되 남자와 여자를 창조하시고 하나님이 그들에게 복을 주시며 하나님이 그들에게 이르시되 생육하고 번성하여 땅에 충만

"하나님은 사람을 지으셔서"

사람의 창조와 다른 피조물의 창조를 구별하려는 듯이, 여섯째 날에 일어
난 일을 기록한 방식은 다섯째 날까지를 기록한 방식과 확연하게 다르다.
지금까지 창조주는 "자신의 능력의 말씀으로" 말씀하셨고, 그 즉시 모든
것이 명령대로 이루어졌다. 하지만 여섯째 날에 이루어진 창조 사역을 접
하는 순간, 우리는 하나님이 일하시는 방식에서 주목할 만한 변화를 발견
한다. 지금까지는 말씀으로 모든 것을 창조하셨던 반면, 이제는 하나님이
계획하시고 숙고하시며 결단하신다.

창조주는 지금까지 해오셨던 모든 창조 사역과는 완전히 구별될 뿐만
아니라 그 모든 것을 무한히 능가하는 일을 하시려는 듯이 말씀하신다.
하나님은 "우리의 형상을 따라 우리의 모양대로 우리가 사람을 만들자"라
고 말씀하신 후에, "자기 형상 곧 하나님의 형상대로 사람을 창조하시되
남자와 여자를 창조하셨기" 때문이다. 다른 본문에는 이것이 더 자세하게
기록되어 있다. "여호와 하나님이 땅의 흙으로 사람을 지으시고 생기를
그 코에 불어넣으시니 사람이 생령이 되니라"(창 2:7).

특별한 창조 방식을 통해 지어진 인간은 모든 면에서 다른 피조물과
구별되고, 모든 피조물의 군주이자 목적으로서 창조 과정의 완성이다. 그
리고 하나님은 사람을 창조하는 과정에서 깊이 숙고하며 서로 상의하는
모습을 보여주신다. 하나님은 사람을 자신의 형상을 따라 창조하심으로
써 하나님과 사람을 아주 긴밀하게 연결시키신다. 하나님은 만유의 왕의
자격으로 아담에게 다른 피조물을 다스리는 권세를 주신다. 사람이 하나
님에 의해 창조되었고 하늘과 관련된 존재임을 명확하게 보여주는 헌장
이었다.

하라, 땅을 정복하라, 바다의 물고기와 하늘의 새와 땅에 움직이는 모든 생물을 다스리라
하시니라"(창 1:26-28), "새 사람을 입었으니 이는 자기를 창조하신 이의 형상을 따라 지식
에까지 새롭게 하심을 입은 자니라"(골 3:10), "하나님을 따라 의와 진리의 거룩함으로 지
으심을 받은 새 사람을 입으라"(엡 4:24).

"사람"

"'사람'이라는 단어는 '생각하는 동물'이라는 뜻으로, '생각하다'를 의미하는 산스크리트어 '만'(man)에서 유래했다. 지성을 지닌 동물이라는 의미이다"(스키트).

"자신의 형상을 따라"

"형상"은 다른 것을 본뜨거나 닮거나 비슷한 것으로, 어떤 사람이나 물체를 나타내기 위해 그리거나 조각하거나 만들어낸 것이다. "형상"이라는 단어는 아주 많은 의미와 다양한 용법으로 사용된다. 그중 가장 고귀한 한 가지를 설명하려고 한다.

사람의 창조에는 두 번에 걸친 행위 또는 절차가 있었다. 이 절차로 두 가지 본성이 사람 속으로 들어왔고, 사람은 복합적인 존재가 되었다. "여호와 하나님이 땅의 흙으로 사람을 지으시고 생기를 그 코에 불어넣으시니 사람이 생령이 되니라"(창 2:7).

"우리는 하나님의 형상을 사람에게서 찾을 때 '땅의 흙으로' 지어진 것은 배제해야 한다." 흙을 아무리 잘 정제해서 살과 피로 정교하게 만들었다고 할지라도 흙으로 만들어진 것은 하나님의 형상을 지닐 수 없다. 따라서 사람의 몸은 똑바로 설 수 있고, 고귀하며, 아름답고, 지성의 빛을 발하며, 힘이 있다고 할지라도, 거기에는 하나님의 형상이 들어 있지 않다. 반면, 사람의 영혼과 지성과 양심과 마음, 소교리문답의 표현을 따르자면 사람의 "지식과 의로움과 거룩함"에는 하나님의 형상이 깃들어 있다.

또 지금 아담을 보아서는 사람 안에 하나님의 형상이 있다는 교리를 온전히 알 수 없다. 아담 안에 원래 있던 하나님의 형상이 무엇이었는지 제대로 알기 위해서는, 하나님의 형상을 원래대로 보존해 우리에게 보여주신 분, 즉 아담보다 훨씬 더 크신 분을 보지 않으면 안 된다. 우리는 아담을 지나 아담을 지으신 분, 즉 영원토록 "성부 하나님의 본체의 형상"이신 분에게로 가야 한다. 타락하기 이전 아담의 상태를 제대로 알기 위해서는 아담이 잃어버린 지식과 의로움과 거룩함과 통치권을 회복하시고 사람을 원래 상태로 되돌리시기 위하여 나중에 오신 "둘째 아담"을 보면 된다.

"모세는 하나님이 다른 모든 것을 창조하신 후에 사람이 하나님의 형상을 따라 하나님의 모양대로 지어졌다고 정확하게 말한다. 이 땅에서 태어난 것 중 사람보다 더 하나님을 닮은 것은 없다. 하지만 아무도 사람 몸이 지닌 특질 속에서 하나님의 형상을 찾을 수 있다고 생각해서는 안 된다. 하나님은 사람의 모습을 지닌 존재도 아니시고, 사람의 몸이 하나님의 모습을 닮은 것도 아니기 때문이다. 하나님을 닮은 것은 영혼의 가장 중요한 부분, 즉 지성에 있다……모든 형상이 그 원형을 닮은 것은 아니기 때문에 모세는 '하나님의 형상을 따라'라는 어구에 '하나님의 모양대로'라는 표현을 덧붙였다. 이 표현은 하나님의 형상이 정확하게 각인되어 모양에서 분명하고 명백하게 드러남을 의미한다"(필로).

그리고 이 동일한 저자는 지금은 없어진 자신의 저작 중 주목할 만한 단편에서 이렇게 말한다. "그렇다면 하나님은 왜 '내가 하나님의 형상을 따라 사람을 만들었다'는 표현을 사용하셨는가? 마치 하나님이 자기 자신을 닮은 모양으로 사람을 만드신 것이 아니라, 어떤 다른 하나님의 형상을 따라 사람을 만드신 것처럼 말이다. 이 표현은 큰 아름다움과 지혜를 보여준다. 만유의 아버지이신 지극히 높으신 하나님을 닮은 모습으로 유한한 인간을 만드는 것은 불가능한 일이었고, 오직 그 하나님의 말씀이신 두 번째 하나님을 닮은 모습으로만 유한한 인간을 만들 수 있었기 때문이었다. 즉, 사람의 영혼 속에 있는 이성에 하나님의 말씀을 각인시키는 것이 합당했기 때문이었다."

"오직 영들만이 하나님의 형상을 따라 지어져 하나님의 족속이나 하나님의 권속에 속한 자녀의 지위를 얻을 수 있다. 오직 영들만이 하나님을 자유롭게 섬길 수 있고, 하나님의 본성을 본받아 행할 수 있기 때문이다. 한 영혼이 천하보다 더 귀한 이유는 영혼이 그 세계를 표현할 뿐 아니라 그 세계를 알고, 그 세계 안에서 하나님의 명령을 따라 다스림을 받기 때문이다. 따라서 만물은 만유를 표현하고, 하나님이 아니라 이 세계를 표현하는 반면에, 영들은 이 세계가 아니라 하나님을 표현한다"(라이프니츠).

"지식"

하나님의 손에서 온 원래 사람에게는 내면에서 솟아나오는 풍부한 지식의 샘이 있었다. 그 샘에서 나오는 진리는 그의 지각과 마음과 양심을 가득 채웠다. 하나님은 모든 것을 직관적이고 직접적이며 즉각적으로 보고 아신다. 이런 하나님이 자신의 형상을 따라 사람을 지으셨기 때문에, 사람도 하나님과 자기 본분, 지금은 아주 힘겹고 어렵게 얻을 수 있는 많은 것을 즉각적이고 직관적으로 알고 있었다.

인간의 지성과 관련된 문제에서 해박한 사람들은 모든 사람의 영혼 안에는 여전히 직관적인 진리의 깊은 우물, 즉 선천적으로 알고 있는 개념들이 저절로 솟아나는 원천이 존재한다고 단언한다. 우리 조상 아담도 이 샘에서 마셨고, 그 샘을 막기 위한 온갖 조치에도 불구하고 이 샘은 여전히 우리 영혼 안에서 솟아나고 있다.

"아담의 마음은 인류가 지닌 공통적인 법궤였기 때문에, 십계명이 적힌 돌판이 사라졌다 할지라도, 우리의 무지가 그 법을 전혀 무효로 만들지 못한다. 자연법은 영원히 구속력을 가지기 때문이다. 즉, 하나님이 자신의 법을 아담의 마음에 새기신 것은 아담만을 위해서가 아니라 우리도 알게 하시기 위함이었다"(굿윈).

"의로움"

"의로움"(righteousness)이라는 단어는 어원론적으로나 실제로나 "올바름, 순종"을 의미한다. 의로움은 어떤 사람의 상태가 자신을 주관하는 법과 모든 점에서 합치한다는 의미이다. 따라서 이 문답은 사람이 하나님의 피조물로서 영원히 지키고 순종하며 살아가야 할 도덕법과 가장 완전하게 합치하는 상태로 창조되었음을 가르친다. 창조주이시고 입법자이시며 심판주이신 하나님은 사람을 창조하신 후에 즉시 자신의 법에 비추어 "지극히 선하다"("심히 좋았더라," 창 1:31)라고 판단하셨다. 이런 의미에서 우리 신학자들은 아담이 "본성적으로 의로웠다"라고 말한다.

"거룩함"

이 고귀하고 내면적인 단어의 어근과 원래 의미에 대해서는 제4문의 답을 보라.

사람이 지닌 원의(original righteousness)와 거룩함은 복음으로 구속받은 사람의 의로움 및 거룩함과 대응된다. 거룩함은 의로움보다 더 인격적이고 내면적이며 영적이다. 거룩함은 외적인 의로움의 숨겨진 뿌리다. 그가 의의 나무인 것은 여호와께서 그를 심으셨기에 뿌리와 수액과 자양분 또한 거룩하기 때문이다. 거룩함이 손상되거나 오염되지 않고 보존되는 동안에만 의로울 수 있고, 열매를 많이 맺을 수 있으며, 하나님께 받아들여질 수 있다.

벵겔은 "의로움"은 하나님의 뜻에 대응되고, "거룩함"은 하나님의 본성 전체와 대응된다고 말한다. "사람의 영혼에 각인된 하나님의 형상은 그의 지성에 있는 지식, 의지에 있는 의로움, 정서에 있는 거룩함이었다"(보스턴).

"피조물들을 다스리게"

하나님의 형상이 지닌 마지막 특징을 나타내는 단어는 하나님이 아버지로서 아담과 하와에게 수여하신 "풍부한 축복"에서 빌려왔다. "하나님이 그들에게 복을 주시며 하나님이 그들에게 이르시되 생육하고 번성하여 땅에 충만하라, 땅을 정복하라, 바다의 물고기와 하늘의 새와 땅에 움직이는 모든 생물을 다스리라 하시니라"(창 1:28과 시 8편을 보라).

"하나님은 사람을 이 세계의 주로 임명하셨고, 이 권위는 아담만이 아니라 그 자손들에게도 주어졌다. 이로써 우리는 하나님이 만물을 창조하신 목적이 무엇이었는지 추론할 수 있다. 하나님은 사람이 살아가는 데 필요한 것들이 부족하지 않게 하시기 위하여 만물을 창조하셨다. 창조의 순서를 보면 하나님이 아버지로서 사람을 얼마나 깊이 생각하고 염려하셨는지 두드러지게 드러난다. 하나님은 사람에게 필요한 모든 것으로 이 세계를 가득 채우실 뿐만 아니라, 모든 것을 이루 말할 수 없이 풍부하게 마련하신 후에야 비로소 사람을 지으셨다. 사람은 태어나기 전부터 이미 부요했다. 하나님이 우리가 존재하기 전부터 이미 우리를 위해 이렇게 마음을 쓰셨다면, 우리를 이 세상에 두신 후에는 먹을 것이나 우리 삶에 필요한 것들을 결코 부족하지 않게 하실 것은 너무나 분명하다. 그러므로 하나님이 종종 우리에게 환난이나 궁핍을 주시는 것이 우리의 죄 때문이 아니고 무엇 때문이겠는가?"(칼뱅).

적용

1. "모든 사람은 우리가 하나님의 소생이라는 가르침에 동의한다. 실제로 여기에 동의한다면, 자신을 하찮거나 비천한 존재라고 생각하는 사람은 아무도 없을 것이다. 많은 사람은 자신이 유한하고 불행한 존재인 동물과 닮았다고 생각하고, 행복한 신들과 닮았다고 생각하지 않는다. 하지만 아무리 당신이 동물과 닮았다고 생각할지라도, 당신 자신은 야만적이고 짐승 같으며 제멋대로 날뛰는 존재가 아님을 알아야 한다"(에픽테토스).
2. 한 사람이 회심할 때마다 그것은 새로운 창조 사역이다. "우리는 그가 만드신 바라 그리스도 예수 안에서……지으심을 받은 자니"(엡 2:10).
3. 죄악된 생각이나 언행을 할 때마다 우리의 영혼 안에 있는 하나님의 형상이 타격을 입는다.

제11문

문 섭리의 일은 무엇입니까?

답 섭리의 일은 하나님이 자신의 모든 피조물과 그것들의 모든 행위[21]를 지극히 거룩하고[22] 지혜로우며[23] 능력 있게 보존하시고[24] 다스리시는 것입니다.

"섭리"

"섭리"는 잘 알려진 단어다. 그 속에 자리 잡고 있는 관념은 "미리 본다"이다. 장차 오게 될 것을 미리 보고, 거기에 합당한 대비를 하는 것이다. "섭리"를 성경적인 단어라고 하기는 힘들다. 이 단어를 신학적인 용어로 사용하게 된 것은 영역성경이 나온 이후이지만, 『실낙원』에서는 이 단어가 이미 고도로 신학적인 의미로 사용되었다. 밀턴은 『실낙원』 제1권 시작 부분에 나오는 장면, 즉 고귀하게 성령을 부르며 기도하는 장면에서 이렇게 말한다.

내 속에 있는 어두운 것에 빛을 비추고

내 안에 있는 비천한 것을 들어 올려

나로 하여금 이 위대한 주제를 제대로 다루어

---

21 "여호와께서 그의 보좌를 하늘에 세우시고 그의 왕권으로 만유를 다스리시도다"(시 103:19), "참새 두 마리가 한 앗사리온에 팔리지 않느냐 그러나 너희 아버지께서 허락하지 아니하시면 그 하나도 땅에 떨어지지 아니하리라 너희에게는 머리털까지 다 세신 바 되었나니 두려워하지 말라 너희는 많은 참새보다 귀하니라"(마 10:29-31).

22 "여호와께서는 그 모든 행위에 의로우시며 그 모든 일에 은혜로우시도다"(시 145:17).

23 "여호와여 주께서 하신 일이 어찌 그리 많은지요 주께서 지혜로 그들을 다 지으셨으니 주께서 지으신 것들이 땅에 가득하니이다"(시 104:24), "이도 만군의 여호와께로부터 난 것이라 그의 경영은 기묘하며 지혜는 광대하니라"(사 28:29).

24 "이는 하나님의 영광의 광채시요 그 본체의 형상이시라 그의 능력의 말씀으로 만물을 붙드시며 죄를 정결하게 하는 일을 하시고 높은 곳에 계신 지극히 크신 이의 우편에 앉으셨느니라"(히 1:3).

영원한 섭리를 분명하게 드러내고
하나님의 길들이 옳음을 인간들에게 드러내게 하라.

이것은 이 단어가 지닐 수 있는 가장 고상한 의미다. 또한 이 단어는 그 동일한 저작 끝부분에서 좀 더 친숙한 의미로 사용된다.

그들 앞에는 온 세상이 펼쳐져 있었고,
그들은 이제 그중 어느 곳을
안식처로 선택할지를 정해야 했지만,
섭리가 그들을 안내해줄 것이었다.

소교리문답이 제시한 정의에 의하면, "섭리의 일"은 서로 구별되는 두 기능을 한다. 하나는 자신의 모든 피조물을 보존하는 것이고, 다른 하나는 자신의 모든 피조물과 그것들의 모든 행위를 다스리는 것이다. 그리고 이 기능 둘 다 하나님의 거룩하심과 지혜와 능력으로 충만하다.

"보존하시고"

"섭리가 미치는 범위는 창조의 범위와 동일할 수밖에 없다. 섭리라는 것은 하나님이 존재를 부여하신 것들을 보존하는 것으로서 창조의 후속 활동이기 때문이다"(리처드 십스).

하지만 찰스 하지 박사는 이렇게 말한다. "창조, 보존, 통치는 실제로 다르다. 이를 동일시하는 것은 혼란으로 이어질 뿐만 아니라 오류로 이어진다. 창조와 보존은 다르다. 첫째로, 전자는 존재하지 않았던 것을 존재하게 한 반면에, 후자는 이미 존재하는 것을 계속 존재하게 하는 것이다. 둘째로, 창조에는 협력이 존재하지 않고 존재할 수도 없는 반면에, 보존에는 첫 번째 원인과 두 번째 원인 간 협력(라틴어로 '콘쿠르수스'[concursus])이 존재한다. 따라서 성경은 이 둘을 결코 뒤섞어 사용하지 않는다. 하나님은 만물을 창조하셨고, 만물은 하나님으로 말미암아 계속 존재한다."

"다스리시는"

"다스리다"(govern)는 "배를 조종하다"라는 의미를 가진 라틴어 '구베르나레'(gubernare)에서 온 것으로 "조종하다, 지도하다, 통치하다"라는 의미이다. "만물을 통치하는 지존자인 신 또는 완전한 지성이 존재하고, 이 신이 만물에 질서를 부여하며 그것을 자신의 뜻대로 만들어간다"(커드워스).

"자신의 모든 피조물"

모든 피조물은 하나님의 섭리 안에 포함된다. 하지만 모든 것이 동일하게 돌봄과 통치를 받는 것은 아니다. 창조의 단계가 올라갈수록, 좀 더 고귀한 피조물을 보존하고 다스리는 데는 점점 더 많은 돌봄과 통치가 필요하다는 것이 분명해진다. 그래서 웨스트민스터 신앙고백에서는 이것을 별도 항목으로 다루며 이렇게 말한다. "하나님의 섭리는 일반적으로 모든 피조물에 미친다. 하지만 교회를 특별한 방식으로 돌보고, 모든 것을 교회의 유익을 위해 안배한다."

"그것들의 모든 행위"

이 어구가 표현하고 있는 진리는 너무나 심오하며 경탄할 만하다. 우리는 이 진리를 상상할 수조차 없다. 성경의 증언을 따라 이 진리를 받아들일 뿐이다. 이성적 추론으로 이 두렵고 놀라운 진리들을 도출해냄으로써 사람의 마음과 양심과 생각과 의지를 사로잡은 예는 인류 역사상 단 한 번도 없었다.

　이 진리를 바르게 깨닫기 위해서는 우리 자신이 개별적으로 아들의 마음을 지니고 믿음으로 하나님의 섭리 아래 살아가는 수밖에 없다. 그렇게 살아가는 삶이 지속될 때 어떤 불신앙이나 의심으로도 부정할 수 없을 만큼 많은 증거를 축적하게 된다. 그런 식으로 이 위대한 진리의 힘 아래에 놓여 있을 때, 날마다 점점 더 커지는 경외감과 경이로움, 기대감을 가지고, 우리를 보존하시고 다스리시는 하나님의 섭리를 지켜볼 수 있다. 우리의 모든 것을 살피시고 꿰뚫어보셔서 그때그때 다르게 우리를 다루어가시는 하나님의 섭리의 역사는 매일 우리에게 예배와 신성한 기쁨이 된다.

종종 다른 삶이 우리 복을 위해, 환난과 시험을 위해, 우리를 검증하고 유익하게 하기 위해, 상이나 벌을 위해 보존되고 다스려지는 것 같아 보인다. 우리가 하나님이 다스리신다는 이 위대한 법 안에 완벽하게 들어와 있기 때문에 우리 자신이 모든 섭리의 중심, "모든 것이 합력하여 선을 이루는" 그 중심이라고 느낀다.

변증적이고 철학적이며 신학적인 지성으로는 이것을 깨달을 수 없다. 하나님은 민감하게 반응하는 양심과 언제나 새롭고 깨어 있는 마음에만 자신의 거룩한 섭리를 보여주는 분명한 증거들을 드러내신다. "그때 예수께서 대답하여 이르시되 천지의 주재이신 아버지여 이것을 지혜롭고 슬기 있는 자들에게는 숨기시고 어린 아이들에게는 나타내심을 감사하나이다"(마 11:25).

적용

1. 우리를 위한 위대한 교훈은 이 문답에 나오는 핵심 단어의 어원을 통해 주어진다. 이 단어는 하나님께서 우리가 우리 길을 걷기 이전에 이미 우리 길을 아시는 분임을 말해준다. 또한 이 단어는 우리가 하나님이 우리에게 정해주신 길을 걸을 때 필요한 모든 것을 하나님께서 이미 친히 마련해두셨음을 말해준다.

심지어 이교 세계조차 이 진리를 어느 정도 파악하고 있었다. 그래서 사려 깊고 경건한 사람들은 하나님이 모든 사람의 운명과 삶의 여정을 자신의 뜻대로 이끌어 가신다는 것을 확신하고서, 하나님의 마음과 뜻을 알아내기 위해 점술과 복술을 가르치고 행하였다.

그래서 바울은 아테네 사람들에게 모든 민족이 하나님을 찾고 있다고 말했다. 섭리에 관한 교리와 경험은 하나님이 그 누구에게서도 멀리 계시지 않는다는 것을 가르친다.

우리는 하나님 안에서 살아가고 움직이며 존재하기 때문이다.

2. 어떤 사람은 자신이 무엇을 해야 할지 발견하기 위해 섭리를 기다린다고 말한다. 하지만 섭리는 삶의 지침이 아니다. 섭리는 우리가 나아가야 할 길을 보여주는 것이 아니라 하나님의 길을 보여준다. 우리 신앙과 삶의 준칙은 작정 안에 숨겨져 있거나 섭리 안에서 이루어지는 하나님의 목적이 아니라 하나님의 말씀이다.

"섭리에만 의지해 어떤 일을 실행해서는 안 된다. 섭리는 죄를 지을 좋은 기회를 제공하기도 한다. 요나가 다시스로 가고자 했을 때, 그에게는 그렇게 할 수 있는 최상의 섭리들이 준비되어 있었다. 때마침 다시스로 가는 배가 그를 기다리고 있었다. 하지만 그가 다시스로 가는 것은 하나님의 말씀에 대한 불순종이었다. 섭리는 시험과 검증의 기회일 수도 있다. 우리는 섭리가 아닌 오직 말씀에 의지해 행해야 한다"(굿윈).

3. "하나님의 섭리는 각 사람에 대한 하나님의 사랑이 은밀하게 나타난 것이다"(파베르).

4. 성경에는 모든 섭리에 은혜가 섞여 있어, 그 섭리들을 복된 결과로 이끈다는 것을 보여주는 사례가 가득하다. 성경의 많은 본문은 우리의 구속주가 우리의 왕이시고 보호자라는 확신을 준다(요 17:1-2; 롬 8:28; 계 7:1-3).

제12문

문 원래 창조된 상태로 있던 사람에게 하나님은 어떤 특별한 섭리를 행하셨습니까?

답 하나님은 사람을 창조하신 후에 완전한 순종을 조건으로 한 생명의 언약을 사람과 맺으셨고, 죽음의 형벌로써 선악을 알게 하는 나무의 열매를 먹는 것을 금지하셨습니다.[25]

---

25 "율법은 믿음에서 난 것이 아니니 율법을 행하는 자는 그 가운데 살리라 하였느니라"(갈 3:12), "선악을 알게 하는 나무의 열매는 먹지 말라 네가 먹는 날에는 반드시 죽으리라 하시니라"(창 2:17).

소교리문답은 제11문의 답을 통해 섭리에 대한 정의를 제시한 직후, 제12문에서는 사례 하나를 보여준다. 즉, "하나님은 어떤 특별한 섭리를 행하셨습니까"라고 묻고, 거기에 대한 답을 제시한다. 원래 창조된 상태로 있던 사람에게 행하신 하나님의 섭리에 관한 좀 더 자세한 설명은 대교리문답 제20문을 보라.

"생명의 언약"

"창세기 3장까지는 '언약'이라는 단어가 발견되지 않지만, 이 단어의 의미는 거기에 담겨 있고, 구약성경의 다른 부분들은 하나님과 사람 간 거래를 지칭할 때 이 용어를 명시적으로 사용한다. 호세아서 6장 7절의 난외주를 보라"(테일러 루이스).

이 언약은 장차 있을 은혜 언약과 구별하기 위해 행위 언약으로 지칭되고, 이 명칭으로 더 잘 알려져 있다. 행위 언약이나 은혜 언약은 둘 다 생명의 언약이다. 둘 다 생명이 상으로 주어지기 때문이다.

"성령은 이 복된 옛 행위 언약을 생명이라고 부르고, 결코 구원이라고 부르지 않는다. 당신은 은혜로 말미암아 구원받기 때문이다"(굿윈).

여기에서 생명의 언약을 "특별한 섭리"라고 부르는 이유는 이 언약 외에도 아담을 둘러싼 다른 섭리와 의무들이 있었기 때문이다. 하나님은 아담을 창조한 후 그에게 차고 넘치는 풍요로움과 위로를 주셨다. 그리고 그가 지니고 있던 "원의"에도 불구하고, 그에게 율법 하나를 수여하시고서는 그가 가진 모든 복, 심지어 생명조차 그 율법을 지키느냐에 좌우되게 하는 것이 선하다고 보셨다. 이 특별한 섭리는 아담에게 스스로 절제하여 이기고 하나님의 뜻에 무조건적으로 순종할 것을 가르치기 위함이었다.

"신학자들은 하나님이 아담을 창조하시고 그와 맺으신 첫 번째 언약을 '포에두스 나투라에'(foedus naturae), 즉 자연 언약이라 부른다. 하나님이 원래 창조하신 상태, 자연적이고 본성적인 상태에서 맺어진 언약이라는 의미이다. 하지만 나는 그것을 창조의 법(라틴어로 '유스 크레아티오니스'[jus creationis]), 즉 한편으로는 창조주이신 하나님, 다른 한편으로는 의지와 지각을 받은 지성을 지닌 피조물 간에 공평하게 존재했던 창조의 법이라고 부르고 싶다"(굿윈). 대교리문답 제20문을 보라.

"완전한 순종을 조건으로"

"순종에 예외를 두어서는 하나님이 영광을 받으실 수 없다. 또한 하나님은 우리가 하나님의 법 가운데 좋아하지 않는 것을 배제하기를 용납하지 않으신다. 하나님은 자신의 율법 중 한 부분만을 제시하면서 '이것이 길이니, 너희는 그 길로 행하라'라고 말씀하지 않으신다(약 2:10)"(칼뱅).

"오직 한 개의 얼룩만 있어도 그 사람에게는 이미 오점이 있다. 오직 윗부분만 깨어졌다고 해도 그 잔은 깨진 것이다. 하나의 질병에 걸려도 그 사람은 병에 걸린 것이다. 헤매는 길은 많이 있지만, 생명과 영원으로 이어진 길은 오직 하나다"(제러미 테일러).

"율법의 모든 것은 단단하게 연결되어 있어서, 일점일획을 어기는 것도 용납되지 않는다. 율법을 지키려면 전부를 다 지켜야 한다"(앨포드).

"선악을 알게 하는 나무의 열매를 먹는 것을 금지하셨습니다"

선악을 알게 하는 나무는 "네가 먹는 날에는 반드시 죽으리라"(창 2:17)라는 엄명의 증표이자 인침, 순종을 시험하는 시금석으로 동산 중앙에 있었다. 생명의 나무와 선악을 알게 하는 나무라는 이름이 붙은 것은 생명을 주는 효능이나 선악을 알게 하는 효능이 그 나무 속에 있었기 때문이 아니라, 전적으로 주 하나님의 뜻과 경륜에 따른 것이었다. 이 두 나무가 동산에 있던 다른 나무와 구별된 것은 그 나무의 본성 속에 존재하는 어떤 것 때문이 아니라, 오로지 아담과 하나님이 맺은 언약과 경륜 속에서 이 나무들이 신성한 의미를 부여받았기 때문이다. 선악을 알게 하는 나무는 시험을 위한 나무였고, 아담이 선하거나 악하다고 드러나는 것은 그 나무

웨스트민스터 소교리문답 강해

의 열매를 어떻게 하느냐에 달려 있었다.

　　"하나님이 이와 같은 명령으로 아담의 순종을 시험하신 것은 지극히 합당했다. 어떤 명령으로 시험할지는 전적으로 입법자의 뜻에 달려 있기 때문이다. 아담은 그 자체로 악한 것을 본성적으로 꺼리고 피하는 성향을 지니고 있었다. 그래서 하나님은 그 자체로 악한 것이 아니라 오직 하나님이 금지하셨기 때문에 악한 것이 되는 일로 아담을 시험하셨다. 이 명령은 사소한 것처럼 보였기 때문에 아담의 순종을 검증하는 데 더 적합했다"(매튜 헨리).

　　"여기에서 '지식'('알게 하는')은 사람이 스스로 획득하기 시작한 비참한 경험을 폄하하는 나쁜 의미로 사용된다"(칼뱅).

"죽음의 형벌로써"

"고의적으로 죄를 짓는 죄인은 죽는 것이 마땅하였다. 하나님이 아담에게 생명을 선물로 주셨는데 도리어 그 선물을 악용해 하나님을 거스르고 반기를 든다면, 그 선물을 거두어가시는 것이 의롭다. 그래서 하나님은 이렇게 선언하신다. '죄를 짓는 날에는 네가 정녕 죽으리라.' 이렇게 엄격한 공의를 따라 각각의 죄에 대해 죽음이 선고되고, 죄를 지은 자는 폭력적이고 즉각적인 죽음을 맞게 된다"(고데).

　　하지만 여기에서 말하는 "죽음"은 육신의 해체에서 끝나는 것이 아니라 그것보다 훨씬 더 깊고 두려운 것이다. 성경적인 의미에서 죽음은 사악함, 죄책, 내적인 부패로부터 생겨나는 온갖 불행을 가리킨다.

　　"이 죽음에 대한 정의는 죽음과 반대되는 것으로부터 이끌어내야 한다. 즉, 우리가 어떤 삶으로부터 떨어졌는지를 기억해야 한다……사람이 이 땅에서 살아가는 동안 영혼과 육신이 겪는 불행과 해악은 죽음이 그를 온전히 빨아들이기 전, 그곳으로 들어가는 입구에 지나지 않는다……따라서 하나님께서 아담이 금지된 열매를 만지는 날에 정녕 죽으리라고 경고하셨는데도 그 열매를 따먹은 아담이 즉시 죽지 않고 형벌이 오랜 기간

미루어진 것이 어떻게 된 일인가 하고 묻는 것은 쓸데없다. 아담이 그 금지된 열매를 따먹었을 때, 그 즉시 죽음이 그를 지배하기 시작했고, 하나님의 은혜가 주어지지 않는 한 죽음의 지배에서 벗어날 길이 없어졌기 때문이다"(칼뱅).

적용

1. "인격적인 하나님과의 언약이라는 개념이 없는 신앙은 존재할 수 없다. 따라서 콩트, 밀, 스펜서 같은 이가 제시한 온갖 도덕적이고 종교적인 견해 및 그 비슷한 모든 견해는 전적으로 무신론이다. 그들은 하나님의 인격성을 인정하지 않는다. 그들은 하나님에 대해 말하거나 하나님을 향해 말할 때 인칭대명사를 사용할 수 없다. 사실 아무리 타락한 신앙이라고 할지라도, 모든 신앙은 언약이라고 말할 수 있다"(테일러 루이스).

2. "성경이 진리를 표현하고 제시하는 방식을 고수하는 것은 아주 중요하다. 유대교로 훈련받은 성경 기자들이 진리를 제시할 때 사용한 외적인 형태를 벗어나 성경의 진리를 철학적으로 표현한다는 미명 아래 합리주의가 교회로 들어왔고, 사람들은 과거 진리를 제시했던 방식을 진부한 체계라고 부르며 폐기처분해버렸다……성경의 진리를 성경적 방식과 표현으로 제시하는 것은 단순히 방법론의 문제가 아니라, 그것보다 훨씬 더 중요한 문제다"(찰스 하지).

3. "범죄하기 전 순수한 상태로 있던 아담조차 하나님의 경고를 듣고 겁먹었음에 주목하라. 두려움은 영혼을 제어하는 장치다. 죄를 짓기 전 아담조차 이러한 울타리가 필요했다면, 지금 우리에게는 그런 울타리가 얼마나 더 절실하게 필요하겠는가"(매튜 헨리).

제13문

문   우리 시조들은 원래 창조된 상태로 계속 있었습니까?

답   우리 시조들은 의지의 자유가 주어져 있었는데도 하나님을 거슬러 죄를 지음으로써 원래 창조된 상태로부터 타락했습니다.[26]

"의지의 자유가 주어져 있었는데도"

하나님이 인류를 지으시고 그들에게 자유의지라는 위험한 선물을 수여하심으로써, "자신의 영원하신 삶 속에 한 가지 혁신적인 새로움을 도입하신" 것은 정말 신비롭고 불가사의한 일이다. 그것은 진정 위험천만한 선물이었을 뿐 아니라, 결국 우려가 현실로 이루어진 치명적으로 해로운 선물이었다. 그 후 일어난 일들이 증명해주듯, 자유의지를 소유한 인류는 자신을 지으신 창조주를 거스르고 반역을 일으켜 하나님의 뜻을 반대하고 방해하였으며, 생명과 사랑과 거룩함이 있어야 할 곳을 죄와 불행과 죽음이 지배하는 곳으로 만들어버렸다.

"의지의 자유는 의지가 어떠한 강제 없이 오로지 자신의 생각과 판단에 따라 스스로 택하거나 거부할 수 있는 상태를 가리킨다. 그리고 사람은 자신이 어떤 상태에 있든지 그런 의지의 자유를 지닌다. 죄를 짓기 전, 죄가 없던 상태에서 그 의지의 자유는 선이나 악에 미치고, 본성이 부패된 상태에서는 오직 악에만 미친다. 은혜의 상태에서는 부분적으로는 선에, 부분적으로는 악에 미치고, 영광의 상태에서는 오직 선에만 미친다"(보스턴).

"이 문제를 설명할 때 타락하기 전 상태와 타락한 후 상태에서 사람이 지닌 의지의 자유를 구별하는 관행, 실제 서로 다른 네 단계 또는 시기에 있는 사람의 상태—타락하기 전 상태, 타락한 후 상태, 거듭난 상태, 영화롭게 된 상태—에서 의지의 자유를 각기 다르게 보는 관행은 기독교회 거의 모든 시대에서 통용되었다. 이런 견해를 자세하게 제시하고 적용한

---

26 "여자가 그 나무를 본즉 먹음직도 하고 보암직도 하고 지혜롭게 할 만큼 탐스럽기도 한 나무인지라 여자가 그 열매를 따먹고 자기와 함께 있는 남편에게도 주매 그도 먹은지라……그들이 그 날 바람이 불 때 동산에 거니시는 여호와 하나님의 소리를 듣고 아담과 그의 아내가 여호와 하나님의 낯을 피하여 동산 나무 사이에 숨은지라"(창 3:6, 8), "내가 깨달은 것은 오직 이것이라 곧 하나님은 사람을 정직하게 지으셨으나 사람이 많은 꾀들을 낸 것이니라"(전 7:29).

인물은 아우구스티누스였다……종교개혁자 전체, 즉 루터파와 칼뱅주의가 이 견해를 받아들임으로써 널리 보급되었다……이 견해는 웨스트민스터 신앙고백에서 중요한 지위를 얻어, '자유의지에 대하여'라는 제목이 붙은 제9장 전체가 이 견해를 제시하는 데 할애되었다"(커닝엄의 『칼빈주의와 철학적 필연성의 교리』[Calvinism, and the Doctrine of Philosophical Necessity]).

"타락했습니다"

"타락"은 창세기 3장에 자세하게 설명되어 있고 성경 전체에 걸쳐 전제된 재난을 가리키는 전문 신학 용어다. 이 단어가 이러한 의미로 사용된 예는 정경에서는 발견되지 않고, 지혜서 10장 1절에 가서야 비로소 나온다.

"'하나님을 거슬러 죄를 지음으로써……타락했습니다.' 유다는 범죄함으로 타락했다(행 1:25). 범죄와 범죄자라는 단어는 모든 언어에 있다. 하지만 죄와 죄인이라는 단어는 오로지 기독교 어휘에만 있다"(드 메스트르).

"'죄'라는 단어는 도덕법을 어긴 도덕적 악이 하나님과 관련되어 있음을 가리키기 때문에 일부 철학학파가 사용하는 어휘에서 배제되고, 세상 사람들 입에서는 거의 들을 수 없다"(비니).

적용

1. "많은 사람이 아담으로 하여금 죄를 짓게 만든 하나님의 섭리를 불평한다. 어리석은 혀들이여! 하나님이 아담에게 이성을 주신 것은 선택의 자유를 주심이었다. 이성은 선택하는 것이기 때문이다. 그렇지 않았다면, 아담은 단지 움직이는 꼭두각시에 불과했을 것이다"(존 밀턴의 「아레오파지티카」[Areopagitica]).
2. "최고의 의지에는 자유가 주어어야 한다. 하나님은 우리 의지에 자유를 허락하심으로써 우리로 하여금 하나님의 의지를 존중하는 법을 가르치고 계시는 것이 분명하다"(드러먼드의 『자연법』[Natural Law]).
3. "타락과 죄에 관한 성경 기사는 사람의 본성을 폄하하는 것이 아니라 사람과 그의 본질이 얼마나 고귀한지를 보여준다……하지만 사람이 도덕적 악을 경험한 것을 타락

(fall)이 아니라 상승(rise)이라고 생각하거나 말하는 것은 그저 진실을 왜곡하는 것이다"
(레이들로).

4. 버틀러는 타락을 전제하는 것이 기독교 경륜의 토대임을 보여준다.

5. 에드워드 어빙(Edward Irving)은 이렇게 말한다. "타락 사건의 목적은 창조주와 피조물
간 합당한 거리를 설정해, 피조물의 시작과 보존이 오직 하나님으로부터 오며 스스로에
게서 오지 않는다는 것을 보여주는 데 있다. 누군가 내게 '타락 없이 그런 것을 보여줄
수 없었느냐'라고 묻는다면, 나는 기꺼이 '알 수는 없지만, 그것이 최선의 방식이었음을
나는 믿는다'라고 대답할 것이다."

제14문

문   죄가 무엇입니까?

답   죄는 하나님의 율법에 조금이라도 부합하지 않거나 어기는 것입니다.[27]

"죄"

악, 도덕적으로 잘못된 것, 범죄. 스키트(Skeat)는 쿠르티우스(Curtius)의 견
해를 따라 이 단어의 어원을 튜턴족의 언어 중 "이다, 있다"를 뜻하는 단어
에서 찾는다. "언어에서는 '죄 지은' 사람을 '이전과는 다른' 사람으로 여
긴다"(창 3:12, 13; 삼하 12:7; 롬 7:9을 참고하라).

하지만 웨지우드(Wedgewood)는 노르웨이어에서 "갈라진, 분리된"을 뜻
하는 "Sund"가 이 단어의 어원이라고 보고, "죄"를 뜻하는 독일어 "Sünde"
도 여기에서 나왔다고 말한다. 영어사전에서 "Sound of Mull"은 문자적으
로는 멀 섬과 스코틀랜드 본토를 갈라놓는 물이지만, 도덕적인 의미에서
는 죄책이 갈라놓는 것을 가리킨다고 설명한다. "오직 너희 죄악이 너희

---

27 "죄를 짓는 자마다 불법을 행하나니 죄는 불법이라"(요일 3:4).

와 너희 하나님 사이를 갈라 놓았고"(사 59:2). (제25문의 답을 보라.)

"부합하지 않는 것"

죄를 짓는 것은 율법을 어기는 것이기도 하다. 죄는 율법을 어기는 것이고, 율법이 없는 곳에는 어기는 것도 없기 때문이다. 하나님의 율법은 모든 행위의 준칙으로 주어졌기 때문에, 사람의 행위가 그 준칙에 부합하지 않는다면, 이는 죄를 짓는 것이다.

죄를 짓는다는 것은 두 가지다. 하나는 하지 않아야 할 것을 하는 것이고, 다른 하나는 해야 할 것을 하지 않는 것이다. 이렇게 우리는 어떤 것을 행함(commission)으로써 죄를 지을 수도 있고, 행하지 않음(omission)으로써 죄를 지을 수도 있다.

여기에서 "부합하지 않는 것"은 행하지 않음으로써 짓는 죄를 의미하고, "어기는 것"은 실제로 죄가 되는 행위를 하는 것을 의미한다. 이 양면적 정의는 소교리문답 실천편에 제시된 십계명 분석에서 아주 잘 드러난다. 거기에서는 각각의 계명과 관련해 "무엇을 명령하는가?"와 "무엇을 금지하는가?"라고 묻는다. 달리 말하면, 이 질문은 "이 계명에 '부합하는 것'은 무엇인가?"와 "이 계명을 '어기는 것'은 무엇인가?"라는 의미이다.

아우구스티누스는 죄를 "하나님의 율법에 어긋나는 모든 일이나 말이나 욕구"(라틴어로는 '팍툼 벨 딕툼 벨 콘쿠피툼 알리퀴드 콘트라 아에테르남 레겜' [factum vel dictum vel concupitum aliquid contra aeternam legem])로 정의한다. 트렌치(Trench)는 『신약성서의 유의어들』(*New Testament Synonyms*)이라는 책에 성경에서 죄를 묘사하거나 설명하는 "통탄스러울 정도로 많은" 단어를 모아놓았다. 죄는 과녁이나 목표를 빗나가는 것이다. 죄는 선을 넘어서거나 벗어나는 것이다. 죄는 음성에 불순종하는 것이다. 죄는 자신이 마땅히 서 있어야 하는 곳을 벗어나는 것이다. 죄는 자신이 알아야 할 것을 알지 못하는 것이다. 죄는 어떤 것에 못 미치는 것이다. 죄는 율법 중 어느 하나라도 지키지 않는 것이다. 죄는 부합하지 않는 것이다. 그 밖에도 죄는 "헤아릴 수조차 없이 많은" 악한 일과 길을 가리킨다.

"죄는 도덕적 주체가 의무로 규정한 율법이나 준칙에 합치하지 않는 것이다. 따라서 죄의 정도는 그 준칙에 따라 판단해야 한다. 어떤 일이 준칙에 비추어 보았을 때 모자라든지 넘치든지, 그 준칙과 합치하지 않는 정도가 심할수록 그만큼 큰 죄가 된다……죄는 가증스러운 결핍이다. 성도, 특히 뛰어난 성도에게는 죄가 그렇게 보인다"(에드워즈).

적용

"내가 죄에 대해 말할 때 죄는 어떤 악이라고 말해야 하는가? 죄는 그 본성과 본질에 있어서 이 세상에 있는 모든 악을 담고 있다. 성경에서는 이 세상 모든 악이 오로지 죄를 섬기고, 죄에 대해 응답하며, 죄라는 이름으로 불리기 때문이다. 그래서 죄는 독이라 불리고, 죄인은 뱀이라 불린다. 죄는 토해낸 것이라 불리고, 죄인은 개라 불린다. 죄는 무덤에서 나는 악취이고, 죄인은 썩고 부패한 무덤이다. 죄는 시궁창이고, 죄인은 그 시궁창에서 뒹구는 자이다. 죄는 어둠과 눈먼 것과 수치와 벌거벗음과 어리석음과 미친 것과 죽음과 온갖 더럽고 결핍되며 오염되고 괴로운 것이다……죄는 너무나 악해서 죄라는 명칭보다 더 나쁜 명칭은 없다. 그래서 사도는 죄에 대해 가장 나쁘게 말하고자 했을 때 죄라는 이름을 그대로 써서 '죄로 심히 죄 되게 하려'(롬 7:13)라는 표현을 사용한다……죄라는 이름보다 죄를 더 나쁘게 부를 수 있는 명칭이 없기 때문이다"(굿윈).

제15문

문   우리 시조들이 원래 창조된 상태로부터 타락하게 만든 죄는 무엇이었습니까?
답   우리 시조들이 원래 창조된 상태로부터 타락하게 만든 죄는 그들이 그 금지된 열매를 먹은 것이었습니다.[28]

---

28 "여자가 그 나무를 본즉 먹음직도 하고 보암직도 하고 지혜롭게 할 만큼 탐스럽기도 한 나무

"그 금지된 열매"

"그 열매 자체에는 해악이 없었다. 해악은 사람이 하나님의 명시적인 명령을 어기고 그 열매를 먹은 것에 있었다. 하나님은 사람이 순종하는지 아닌지를 시험하기 위해 그 열매를 먹지 말라고 명령하셨다. 하나님이 사람을 이렇게 시험하심이 참으로 적절했음은 열매 자체에는 해악이 없었지만, 그 열매를 먹지 말라는 하나님의 뜻에 순종해 그 열매를 먹지 말아야 했다는 것에서 드러난다"(보스턴).

"옛 사람 중에는 우리 시조들이 식욕을 참지 못해 유혹에 넘어갔다고 생각한 사람도 있었다. 그런 생각은 유치하기 짝이 없다. 교만이 모든 악의 시작이었고, 교만으로 인류가 망했다고 한 아우구스티누스의 말이 더 옳고 정확하다……오직 믿음만이 우리를 하나님과 연합되게 하듯이, 불신앙은 배신과 변절의 뿌리였다"(칼뱅).

제16문

문　아담의 최초의 범죄 때 모든 사람이 타락했습니까?

답　아담과 맺으신 언약은 오직 그만을 위한 것이 아니라 그의 자손을 위한 것이어서, 통상적인 출생을 통해 그의 자손이 된 모든 사람은 아담의 최초의 범죄 때 그의 안에서 죄를 지었고 그와 함께 타락했습니다.[29]

인지라 여자가 그 열매를 따먹고 자기와 함께 있는 남편에게도 주매 그도 먹은지라……아담이 이르되 하나님이 주셔서 나와 함께 있게 하신 여자 그가 그 나무 열매를 내게 주므로 내가 먹었나이다"(창 3:6, 12).

29　"그러므로 한 사람으로 말미암아 죄가 세상에 들어오고 죄로 말미암아 사망이 들어왔나니 이와 같이 모든 사람이 죄를 지었으므로 사망이 모든 사람에게 이르렀느니라"(롬 5:12), "사망이 한 사람으로 말미암았으니 죽은 자의 부활도 한 사람으로 말미암는도다 아담 안에서 모든 사람이 죽은 것 같이 그리스도 안에서 모든 사람이 삶을 얻으리라"(고전 15:21-22).

"언약"

"언약"에 대해서는 제12문의 답을 보라.

"아담"

"아담"이라는 히브리어는 땅의 색깔인 "붉은 색"을 의미한다. 하지만 최초의 사람을 총칭하는 "아담"이라는 단어는 동사에서 유래한 명사다. 이 명칭은 하나님이 사람을 창조하신 내력을 나타낸다. 반면 어떤 학자들은 이 명칭이 "닮음"을 의미하는 히브리어 어근에서 왔고, 하나님이 사람을 자신의 모양대로 창조하신 것을 나타낸다고 주장한다. "우리의 모양대로 우리가 사람을 만들고"(창 1:26).

"오직 그만을 위한 것이 아니라 그의 자손을 위한 것이어서"

"아담은 공인이어서"(대교리문답). 로마서 5장 12절부터 19절을 읽으라. 하나님은 아담을 공인으로 지으시고 세우셨다. 이것은 단지 하나님의 뜻이었을 뿐만 아니라, 본성적이고 필연적인 일이었다. 즉, 의지적이라기보다는 본성적인 것이었다……아담이 본성적이고 필연적으로 공인일 수밖에 없었던 이유는 본성의 원천이시고 본성을 지으신 분인 하나님이 사람으로 하여금 자신의 형상을 따라 자신의 모양대로 자손을 낳도록 자연법, 즉 본성의 법으로 제정하셨기 때문이다……그래서 사람의 본성 전체가 이 최초의 사람 안에 들어 있었다. 따라서 아담의 모든 행위는 그의 본성에 반영되고, 그 본성은 자손들에게 대물림될 수밖에 없었다"(굿윈).

"통상적인 출생을 통해"

이 예외를 여기에 넣은 것은 통상적이지 않은 출생을 통한 우리 주님의 성육신을 제외하기 위함이다. 하나님은 우리 주님의 출생을 주관하셔서, 사람의 아들로 태어나게 하셨으면서도 원죄가 없게 하셨다. 하나님은 아담을 통해 자신의 영원하신 아들을 이 땅에 보내지 않으셨고, 우리가 도저히 이해할 수 없는 방법을 사용하셨다. 모든 사람이 원죄를 지니고 태어나는 것과는 달리, 자신의 아들이 인간의 본성을 지니고 태어나게 하시면서도 그 안에 원죄가 없도록 특별히 예외적인 방식으로 그 아들을 이 땅에 보내셨다. 그리스도의 출생은 그리스도께서 입고 태어나신 사람의 옛 본성을 하나님이 거룩하게 하신 것이 아니라 사람의 새로운 본성을 창조하신 것이었다. 그의 육신은 하나님의 아들이라는 위격에 의해 거룩하게 되고 연합된 아담 종족의 육신이었다. 아담은 그리스도의 모형이었지만, 그리스도의 아버지는 아니었다.

"사람이신 그리스도는 행위 언약의 머리인 아담이 지닌 대표성 안에 포함되지 않았다(고전 15:22, 45). 그리스도께서는 행위 언약이 온전히 살아 있는 동안에 하나님이 아담에게 주신 생육하고 번성하라는 축복을 따라 오신 것이 아니라, 행위 언약이 깨진 후에 하나님이 주신 특별한 약속을 따라 오셨기 때문이다(창 1:28; 3:15). 따라서 아담의 죄는 사람이신 그리스도께 전가될 수 없었다. 아담과 하나님 간의 언약에서 아담이 대표한 인류 속에 그리스도가 포함되어 있지 않았기 때문이다"(보스턴).

"그리스도의 인성이 만들어진 것은 이적을 만들어내는 초자연적인 창조의 힘이 작용한 결과였다. 따라서 그리스도는 사람이셨지만, 하나님이 땅의 흙으로부터 창조하신 모든 사람과 달리 아담이 지은 죄의 영향을 받지 않으셨다. 동정녀의 모태에서 그리스도의 인성을 만들어낸 것은 이적을 만들어내는 초자연적인 힘이었기 때문이다. 예수께서는 그렇게 지음을 받으셨기 때문에 사람으로 태어나셨지만, 아담의 죄나 타락, 그것들과 관련 있는 어떤 것과도 상관이 없으셨다"(리쥘리).

"모든 사람이……그의 안에서 죄를 지었고"
이것은 우리가 아담 안에 있었기 때문에, 그가 행한 것을 우리도 행했다는 의미이다. 인간의 삶은 이러한 대리와 연대 책임으로 가득한데, 이것은 그중에서 최초이자 가장 끔찍한 예였다.

"아담의 죄를 범했다는 것은 라틴 교부의 인간론에서 아담과 같은 죄를 범했음을 의미했다. 그것은 아담과 그의 자손들이 하나이기 때문에 아담의 죄는 곧 인류 전체의 행위이고, 따라서 그 죄로 인한 죄책은 인류 전체에 속함을 의미했다"(셰드).

"그와 함께 타락했습니다"

"최초의 범죄 때 그와 함께 타락했다"(대교리문답). "오, 너 아담아, 네가 무슨 짓을 한 것이냐. 죄를 지은 것은 너였지만, 오직 너만 타락한 것이 아니라, 네게서 나올 우리 모두가 타락한 것이기 때문이다"(에스드라2서 7:48).

"아담이 그 금지된 열매를 먹은 것이 개인적인 행위였다고 말하는 것은 합당하지 않다. 개인적으로는 그의 행위였지만, 그때 내가 아담 안에 있었기 때문에 그것은 전가에 의해 나의 행위가 되었다. 아담이 개인적으로 그 금지된 열매를 먹은 결과는 나의 인격 안에서 발견되는 더러움과 타락이다"(존 번연).

"아담의 최초의 범죄 때"

이 문제를 가장 깊이 파고든 신학자들은 인류의 머리인 아담의 지위가 그의 타락과 함께 끝났다는 충분한 성경적이고 신학적인 근거가 있다고 믿는다.

적용

"우리는 본성 자체가 죄악이다. 원죄 교리의 중요성이 여기에 있다. 이 교리는 사람을 지극히 낮아지게 하기 때문에, 복음 전도의 유일하고 참된 서론이 된다. 사람들은 자기가 태어나 속한 종족이 원래부터 타락했다는 말을 듣고 싶어하지 않는다. 우리는 사람들이 자기가 비천하게 태어났다거나 불명예스러운 것과 연결되어 있음을 얼마나 수치스럽게 생각하는지를 잘 안다. 그런데 아담의 모든 자손은 그런 수치를 뒤집어쓰지 않을 수 없다. 우리 각 사람의 이마에는 '너의 시조는 범죄했다'는 글귀가 쓰여 있다"(뉴먼).

제17문

문 타락으로 인해 인류는 어떠한 상태로 떨어졌습니까?

답 타락으로 인해 인류는 죄와 불행의 상태로 떨어졌습니다.[30]

"죄와 불행"

죄는 죄책이자 질병이다. 따라서 소교리문답이 계속 설명하고 있듯이, 사람의 타락은 하나님이 원수를 갚으시는 대상임과 동시에 불쌍히 여기시는 대상이다.

제18문

문 사람이 타락해서 떨어진 상태의 죄악됨은 어디에 있습니까?

답 사람이 타락해서 떨어진 상태의 죄악됨은 아담의 최초의 죄로 인한 죄책, 원의의 결여, 아담의 본성 전체의 부패, 즉 일반적으로 원죄라 불리는 것 그리고 원죄에서 나오는 모든 자범죄에 있습니다.[31]

---

30 "그러므로 한 사람으로 말미암아 죄가 세상에 들어오고 죄로 말미암아 사망이 들어왔나니 이와 같이 모든 사람이 죄를 지었으므로 사망이 모든 사람에게 이르렀느니라"(롬 5:12).

31 "그러므로 한 사람으로 말미암아 죄가 세상에 들어오고 죄로 말미암아 사망이 들어왔나니 이와 같이 모든 사람이 죄를 지었으므로 사망이 모든 사람에게 이르렀느니라······ 한 사람이 순종하지 아니함으로 많은 사람이 죄인 된 것 같이 한 사람이 순종하심으로 많은 사람이 의인이 되리라"(롬 5:12, 19), "그는 허물과 죄로 죽었던 너희를 살리셨도다 그때 너희는 그 가운데 행하여 이 세상 풍조를 따르고 공중의 권세 잡은 자를 따랐으니 곧 지금 불순종의 아들들 가운데 역사하는 영이라 전에는 우리도 다 그 가운데 우리 육체의 욕심을 따라 지내며 육체와 마음의 원하는 것을 하여 다른 이들과 같이 본질상 진노의 자녀이었더니" (로마서 5:10-20, 엡 2:1-3), "오직 각 사람이 시험을 받는 것은 자기 욕심에 끌려 미혹됨이니 욕심이 잉태한즉 죄를 낳고 죄가 장성한즉 사망을 낳느니라"(약 1:14-15), "마음에서 나오는 것은 악한 생각과 살인과 간음과 음란과 도둑질과 거짓 증언과 비방이니"(마 15:19).

웨스트민스터 소교리문답 강해

제18문은 계시와 경험의 종교에서 가장 심오하고 중요한 문제 몇 가지를 다룬다. 그리고 제18문의 답은 바울과 아우구스티누스와 칼뱅의 가르침에 대한 명료하고 신중하며 경탄스러운 설명을 제공한다. 여기에는 아담의 죄책과 부패, 그로 말미암은 모든 사람의 죄책과 부패가 가장 성경적이면서도 신학적으로 정확하게 제시된다. 또한 여기에서는 우리 앞에 곧 드러날 복음 진리의 숭고한 토대가 놓인다.

이렇게 많은 것을 압축해놓은 교리를 담은 제18문을 해설할 때 우리가 할 수 있는 것은 무엇이겠는가? 기껏해야 여기에 제시된 여러 교리의 요지를 학습자에게 환기시키는 것이다. 특히 여기에 열거된 심오하면서도 모든 사람에게 절실한 진리에 관한 최고의 가르침을 어디에서 발견할 수 있는지를 보여주는 것이다.

"아담의 최초의 죄로 인한 죄책"

"죄책. 원래 속함받아야 할 행위, 속전을 지불해야 하는 행위. 채무, 동등한 가치를 지닌 것으로 돌려주어야 함"(웨지우드).

"범죄, 형벌을 받을 수 있는 잘못. 이 단어의 원래 의미는 어떤 사람이 자신의 잘못으로 발생한 손해를 배상하기 위해 지불하는 벌금이었다. 따라서 배상금을 뜻하는 'gyld'와 연관되어 있다. 이 두 단어는 튜턴족의 언어에서 '지불하다'를 뜻하는 'gald'에서 왔다"(스키트).

하지만 인간의 삶이 확대되고 풍부해지거나 축소되고 빈곤해짐에 따라 언어도 확대되거나 축소된다. 따라서 이 문답에 나오는 "죄책"이라는 단어 또한 그 어원론적인 의미를 내포하기는 하지만, 대표, 보증, 연대라는 추가적인 의미도 지니고 있다.

신학적 언어 중 가장 의미가 확고한 단어는 바로 "죄책"이다. 그리고 "아담의 죄로 인한 죄책이 우리에게 미쳤다"라고 단언할 때, 그 죄로 인한 형벌이 우리에게 미쳤다는 의미라는 데 칼뱅주의자들의 견해가 일치한다.

이 단어의 첫 번째 의미이자 가장 흔히 사용되는 의미는 의심할 여지 없이 어떤 사람이 불법적인 행위를 저지름으로써 형벌을 받을 처지에 놓였다는 것이다. 하지만 모든 역사와 문헌과 경험은 이 단어가 지닌 칼뱅주의적 용법을 지지한다. 우리 모두는 날마다 다른 사람의 잘못된 행위로 피해를 입는다. 그리고 흔히 우리가 살아가고 있는 곳에서 우리와 관련 있는 일들 가운데 다른 사람들—정치인, 부모, 대표자—의 죄책은 정확히 바울과 소교리문답이 말하는 의미에서 우리에게 전가된다.

투레티누스(Turretine)는 전가의 토대가 되는 연합 또는 관계가 세 가지라고 말한다. 아버지와 자녀들 간 자연적 관계, 왕과 신하들 간 도덕적이고 정치적인 관계, 친구들 또는 죄 지은 자와 그를 대신한 자 간 자발적인 관계. 아담과 그의 자손들 간의 연대 관계는 두 가지다. 하나는 아담은 조상이고, 우리는 그의 자손들이기 때문에 생겨나는 자연적 관계이고, 다른 하나는 아담이 온 인류의 왕이자 대표자인 머리였기 때문에 생겨나는 정치적이고 법정적인 관계다.

오웬(Owen)은 위대한 저작 『칭의론』(On Justification)에서 우리의 것이 아닌 것도 완전한 의의 준칙에 의거해 우리에게 전가될 수 있다고 말한다. "언약의 관계로 말미암아"(라틴어로 '프롭테르 렐라티오넴 포에데랄렘'[propter relationem foederalem]) 한 사람이 행한 일들이 다른 사람에게 전가될 수 있다는 것이다. 아담의 죄는 그의 모든 자손들에게 전가되었고, 전가되고 있다. 그리고 그 토대는 우리가 본성적, 도덕적으로 우리의 머리이자 대표자인 아담과 동일한 언약 안에 있다는 것이다.

"원의의 결여"

소교리문답은 인간이 창조될 때 수여받았던 "의"를 잃어버렸다고 가르친다. 우리는 인류 전체적으로 그 의를 상속받지 못한 권속일 뿐만 아니라, 개인적으로도 타락했고 부도덕해졌다. 우리는 죄 안에서 태어난다. 우리는 죄인으로 태어난다. 우리 안에 있는 하나님의 형상과 그 가장 좋은 특징까지도 완전히 지워졌다. 우리가 어떤 것을 가지고 있고 어떤 것을 잃어버렸는지는 제10문의 답을 참조하라.

"아담의 본성 전체의 부패"

"부패. 부패하거나 썩은 상태, 부패의 과정, 순전함과 온전함의 상실, 타락함, 사악함"(웹스터). 이 단어는 도덕과 종교에서 비유적인 의미로 사용되어 도덕적인 부패와 오염을 의미한다.

"어떤 사람이 바른 행동을 할 수 있는데 잘못된 행동을 한다면, 실제 그가 죄를 지었다고 해도 그의 본성이 부패했다고 말할 수는 없다. 혈기나 감정이 강한 것은 그가 가진 본성의 약점일 수 있다. 하지만 혈기나 감정이 강하다고 할지라도, 의지로 그 혈기나 감정을 억제할 수 있다면 그의 본성은 부패한 것이 아니다……따라서 본성이 건강한지 부패했는지를 평가하기 위한 시금석은 의지가 지닌 능력의 유무다. 본성의 부패는 자유의지의 상실을 의미한다. 서방 교회는 이 교리를 표현하면서 이 중요한 사실을 빼먹었다. 그리하여 이 교리가 온전해지기 위해서는 아우구스티누스를 기다려야 했다"(모즐리).

"인간 본성의 부패는 신학 교리이지만, 자연사 속에서도 하나의 사실이었다. 만일 목성이나 토성에서 온 박물학자가 지구에서 살아가는 생물들을 관찰했다면, 그는 오직 인간만이 자기 자신과 자신이 속한 종을 해롭게 하고, 해로운 행위들을 끊임없이 행하게 만드는 본능과 경향성을 지니고 있다고 기록했을 것이다. 이러한 부패는 자연사 속 하나의 사실이었다"(아가일의 공작이 1883년 6월 28일에 상원에서 한 말).

"사람들이 후히 베푸는 일에 뛰어나고, 존귀한 일들을 행하며, 미덕의 증거들을 나타낸다고 해도 이 교리의 반대 증거가 되지 못한다…… 미덕이라는 이름으로 우리를 즐겁게 하는 모든 것은 썩은 포도주에 첨가한 향일 뿐이기 때문이다"(칼뱅).

무어(Moore)는 스가랴서 14장 12절을 주해하면서 이렇게 말한다. "형벌의 가장 처음 요소는 부패다. 부패는 살아 있는 것이 죽어가는 끔찍한 모습, 두렵고 비정상적인 상태로 묘사된다. 그것은 죽음에 의해 썩어 문드러지는 것이 생명의 생생하고 의식적인 감각과 결합되어 있는 끔찍한 상태다. 죄인이 지금 자신의 몸이 무덤에 들어갈 때까지 서서히 썩어 문드러져가는 것을 느끼듯이, 장래에는 죄에 의해 자신의 영혼이 역겨울 정도로 부패되어 있음을 인식하고 느끼게 될 것이다."

에드워즈는 인간 본성이 부패한 기원을 설명하고, 자신의 가르침을 온갖 오해로부터 보호하기 위해 이렇게 말한다. "공정하게 사고하는 모든 탐구자가 사물들의 본성을 조금만 유심히 관찰해본다면, 긍정적인 선한 원리가 결여되어 있고 자기애와 식욕 등의 본성적인 원리만이 남겨진 경우 반드시 완전한 마음의 부패가 뒤따르게 될 것임을 충분히 깨닫게 될 것이다."

"본성 전체"

"어떤 사람들은 전적 타락에 관한 교리를 아주 싫어한다……이 교리의 참된 의미를 오해하기 때문이다. 전적 타락은 강한 정도가 아니라 범위를 나타내는 표현이다. 부분적인 타락과 반대되고, 사람이 어떤 때는 죄악되고 어떤 때는 무죄하다거나, 어떤 행위에서는 죄악되지만 또 다른 행위에서는 무죄하다는 개념과 반대된다. 이 교리는 사람은 모든 때 모든 일에서 잘못되었다고 단언한다. 이것은 사람이 마귀처럼 악하다거나, 모든 사람이 다 똑같은 정도로 악하다거나, 가장 극악무도하게 악하다는 것을 의미하지는 않는다. 그것은 사람의 심령 전체가 악하고, 거기에 선한 것이 없음을 의미한다. 성경과 모든 깨어 있는 양심이 그렇게 말한다"(테일러 루이스).

"일반적으로 원죄라 불리는 것"

이렇게 신학적으로 구별하고 명칭을 만든 것은 아우구스티누스였다. 그렇다면 원죄는 무엇인가? 소교리문답은 원죄란 인간의 대물림되는 도덕적이고 영적인 본성 전체의 부패라고 대답한다. 그리고 대교리문답은 그 대답을 다음과 같이 확장한다. "원죄는 사람 본성의 부패이고, 이것으로 인해 사람은 영적으로 선한 모든 것을 전혀 하고 싶어하지 않고, 할 수 없으며, 반대하고, 전적으로 그리고 끊임없이 악에 끌린다."

이것은 모든 사람에게 예외 없이 가해지는 두려운 고발이다. 하지만 인류 역사상 가장 유능하고 훌륭한 사람들은 이 교리가 조금도 과장되지 않고, 어느 한 부분에서도 실제 사실이나 매일의 경험과 어긋나지 않는다고 고백해왔다. 이 끔찍한 교리가 과연 참된지 의심하거나, 인간의 본성에 대한 이 엄청난 고발을 당혹스러워하는 사람이 있다면, 잠시 판단을 보류했다가, 조나단 에드워즈(Jonathan Edwards)가 이 주제에 관해 쓴 걸작을 다 읽고 판단해주기를 권한다.

"원죄"

커닝엄(Cunningham)은 이렇게 말한다. 문법적 구문의 문제로만 보았을 때는 "일반적으로 원죄라 불리는 것"이라는 어구가 단지 직전에 나온 어구인 "아담의 본성 전체의 부패"만을 가리키는 것인지, 아니면 앞에서 언급했듯이 사람이 타락해서 떨어진 상태 전체의 죄악됨에 포함되는 다른 구성 성분이나 요소, 즉 아담이 지은 최초의 죄로 인한 죄책, 원의의 결여까지 포함하는지 의심스러울 수 있다. 하지만 이런 모호성은 대교리문답에 나오는 더 자세한 설명을 통해 제거된다. 그 대답에서는 일반적으로 "원죄"라 불리는 것을 오직 우리 본성의 부패, 즉 자범죄의 직접적인 원천인 우리 안에 내재된 부패에만 적용하고 있다.

"원죄는 세 부분으로 구성되어 있다. 아담의 최초의 죄로 인한 죄책, 원의의 결여, 우리 본성 전체의 부패. 이 중 마지막이 일반적으로 원죄라 불리는데, 원죄를 구성하는 부분에서도 최악인 부분이다"(보스턴).

"사람에게서 하늘의 형상이 지워진 후에, 하나님은 사람에게서 그를 빛내주던 것들, 즉 지혜, 미덕, 참됨, 정의, 거룩함을 거두어가시고, 맹목, 무

능력, 허영, 부정함, 불의 같은 끔찍하고 해로운 것들이 그 자리를 대신하게 하는 벌을 내리셨다. 또한 아담뿐 아니라 그의 자손들도 동일한 벌을 받아 아담과 동일하게 비참한 상태에 던져졌다. 이것이 초기 기독교 저술가들이 원죄라고 불렀던 유전적인 부패다. 원죄는 이전에 선하고 순수했던 본성의 타락과 부패를 의미한다"(칼뱅).

"죄의 원초적이고 중요한 원리는 자기애(self-love)다. 자기애는 원죄의 영혼이자 핵심이다"(굿윈).

"자범죄들"

"여기에서 죄를 수식하는 '실제의'(actual, 자범죄들은 actual transgressions를 번역한 것이다—옮긴이)라는 단어의 어원론적 의미는 마음으로 짓는 죄나 마음으로부터 오는 본성적인 성향과 구별되는 개별적이고 서로 다른 선택과 행위임을 아는 것이 중요하다"(셰드).

"원죄에서 나오는"

"속에서, 곧 사람의 마음에서 나오는 것은 악한 생각 곧 음란과 도둑질과 살인과 간음과 탐욕과 악독과 속임과 음탕과 질투와 비방과 교만과 우매함이니 이 모든 악한 것이 다 속에서 나와서 사람을 더럽게 하느니라"(막 7:21-23, 우리 주님이 제자들을 가르치시며 하신 말씀).

"당신이 전에 저질렀던 죄 중에서 가장 흉악한 죄, 하나님 앞에 무릎을 꿇고 납작 엎드려 탄식하고 눈물을 흘리며 하나님께 회개하느라고 눈물바다를 이루게 했던 그런 죄를 한번 생각해보라. 그리고 그 저주받은 열매를 키워낸 당신의 마음과 본성의 악한 성향과 그 흉악한 죄를 비교해보라⋯⋯독이 들어 있는 그 뿌리를 들춰내보라. 당신은 그 뿌리의 아주 작은 부분조차도 모든 잎과 가지에 있는 독을 똑같이 지니고 있음을 발견할 것이다⋯⋯사실 그 뿌리는 당신이 지금까지 저질러온 온갖 죄의 원인일 뿐만 아니라 하나님이 당신을 억제하심으로써 실행하지 못하고 감지

웨스트민스터 소교리문답 강해

할 수 없었던 헤아릴 수 없이 많은 잠재적인 죄의 근본적인 뿌리다"(굿윈).

적용

1. 어떤 이들은 거듭남이라는 명칭이 내포하는 것과 같은 하나님의 은혜의 역사가 우리 영혼에 일어날 때, 우리 스스로는 느끼지 못하고 그렇게 생각하지 않는다고 할지라도, 우리가 본성적으로 출생했을 때 지니고 태어난 부패와 죄에 끌리는 성향이 박멸되고 축출된다고 말한다. 기독교회에는 이런 허황된 교리를 가르치는 무지하고 이단적인 무리들이 있어왔고 지금도 있다. 그런 교리는 성경 및 경험 전체와 반대되는데도, 그들은 그렇게 가르친다. 하지만 우리 영혼 속에서 복음에 의한 은혜의 심오한 역사가 일어날 때 우리에게 내주하는 결코 박멸될 수 없는 죄로 인해 이루 말할 수 없이 괴롭고 비참하고 처참한 싸움이 일어난다는 것이 진실이다.

2. "타락하기 이전의 아담도 지금 우리와 마찬가지로 사랑, 두려움, 소망, 기쁨, 싫어함을 느꼈다. 하지만 그때의 아담은 오직 적절한 수준에서 그런 감정을 느꼈다……반면 아담이 타락하고 나서는 그런 아름다운 질서와 평화가 깨져버렸다. 동일한 감정은 그대로 남아 있었지만, 작동하는 방식과 수준이 달라졌다. 그 감정들은 극단으로 치달았다. 때로는 지나치게 분출되었고, 때로는 반대로 작용했다. 의분은 살인적인 분노로, 자기를 사랑하는 마음은 이기심으로, 자존감은 교만으로, 부러움은 시기와 질투로 변질되었다. 아담의 영혼은 혼돈 상태가 되었고, 새로운 창조가 필요했다"(뉴먼).

3. "우리가 이 세상에 태어났을 때 진정으로 죄악되고 비참하고 불행한 자였다면, 우리 질병을 우리에게 온전히 드러내주려고 애쓰는 자만이 우리에게 호의적인 자다. 반대로 우리 질병을 우리에게서 숨기기 위해 최선을 다하는 자는 우리를 해치려는 자다. 우리 질병을 제때 고침받지 못하면 우리는 영원한 수치와 멸시를 당할 수밖에 없고, 결국 돌이킬 수 없는 완전한 멸망에 처하게 될 것이다. 그런데도 그런 질병을 우리에게서 은폐하려고 하는 자는 치료책을 찾는 것을 방해하는 자다"(에드워즈).

제19문

문 사람이 타락해서 떨어진 상태의 비참함은 무엇입니까?

답 모든 사람은 자신들의 타락으로 하나님과의 교제를 상실했고,[32] 하나님의 진노와 저주 아래 있으면서,[33] 현세에서 모든 비참한 일을 겪다가 결국 죽음에 이르고, 영원히 지옥의 형벌을 당하게 됩니다.[34]

"모든 사람은 자신들의 타락으로"

"타락"에 대해서는 제13문의 답을 보라.

"하나님과의 교제를 상실했고"

교제하려는 마음은 영이 동일해야 생겨나기 때문에, 교제는 마음이 서로 합하고 통할 때만 가능하다. 소교리문답이 그런 식으로 표현하지는 않지만, 사람이 타락으로 겪게 된 큰 손실은 바로 사람의 마음에 내주하면서 하나님의 형상을 만들고 유지해주던 성령이 떠나버린 것이었다. 이것이 "성령의 교제"가 사도신경의 한 부분을 차지하고 있는 이유다. 사람이 타

---

32 "그들이 그 날 바람이 불 때 동산에 거니시는 여호와 하나님의 소리를 듣고 아담과 그의 아내가 여호와 하나님의 낯을 피하여 동산 나무 사이에 숨은지라……이르되 내가 동산에서 하나님의 소리를 듣고 내가 벗었으므로 두려워하여 숨었나이다……이같이 하나님이 그 사람을 쫓아내시고 에덴 동산 동쪽에 그룹들과 두루 도는 불 칼을 두어 생명 나무의 길을 지키게 하시니라"(창 3:8, 10, 24).

33 "전에는 우리도 다 그 가운데 우리 육체의 욕심을 따라 지내며 육체와 마음의 원하는 것을 하여 다른 이들과 같이 본질상 진노의 자녀이었더니"(엡 2:3), "무릇 율법 행위에 속한 자들은 저주 아래에 있나니 기록된 바 누구든지 율법 책에 기록된 대로 모든 일을 항상 행하지 아니하는 자는 저주 아래에 있는 자라 하였음이라"(갈 3:10).

34 "살아 있는 사람은 자기 죄들 때문에 벌을 받나니 어찌 원망하랴"(애 3:39), "죄의 삯은 사망이요 하나님의 은사는 그리스도 예수 우리 주 안에 있는 영생이니라"(롬 6:23), "또 왼편에 있는 자들에게 이르시되 저주를 받은 자들아 나를 떠나 마귀와 그 사자들을 위하여 예비된 영원한 불에 들어가라……그들은 영벌에, 의인들은 영생에 들어가리라 하시니라"(마 25:41, 46).

락했을 때 성령은 사람의 영혼을 떠났고, 우리가 거듭나서 두 번째 머리이신 그리스도와 연합될 때 다시 돌아오신다. "하나님과의 교제는 지각에 의한 믿음과 의지에 의한 사랑으로 이루어진다"(굿윈).

"진노와 저주"

"진노"는 고대 영어에서 "분노, 분개"를 의미한다. "하나님의 진노가 얼마나 두려운지 알지 못하는 사람들은 그들을 지으신 조물주 희롱하기를 별로 두려워하지 않는다. 만일 내가 하나님의 진노 아래 한순간이라도 있는 것과 엠페도클레스처럼 에트나 화산에 뛰어드는 것, 이렇게 둘 중 하나를 선택해야 하는 상황에 놓인다면, 나는 아무런 주저 없이 후자를 택할 것이다. 성경은 하나님의 긍휼에 비해 하나님의 진노를 가볍게 다룬다. 성경은 하나님의 진노가 아니라 용서를 드러내는 책이기 때문이다"(쿠퍼).

  "'저주'는 스웨덴어로는 감탄사 'kors'(십자가!)이고, 동사 'corsian'은 십자가 표시로 저주함을 뜻한다"(웨지우드). "이 단어가 나온 동사는 '잘라내다'라는 의미로, 이 단어는 일상적인 용도에서 구별해 하나님께 성별하여 바치는 것(라틴어로는 '사크라레'[sacrare])을 가리킨다. 능동적인 의미로 사용된 경우, 어떤 것을 여호와께 바침을 의미한다. 여호와가 그것을 자신의 소유로 선언하는 것이고, 그 결과는 파괴였다······이 단어가 수동적인 의미로 사용되면 여호와께 바쳐져 그의 소유로 선언되어 파멸 아래 놓이게 된 것을 가리킨다."

"현세에서 모든 비참한 일을 겪다가"

"'비참한 일들'(miseries)이라는 단어는 '구두쇠(miser), 탐욕스러운 사람, 인색한 사람'과 관련 있다. 이 단어는 종종 스펜서의 글에 나오는 것처럼 비참하고 불쌍한 사람을 의미한다. 아마도 헬라어에서 '미움'을 뜻하는 '미소스'와 연관이 있는 것으로 보인다. 헬라어 '미소스'에서 비참함을 뜻하는 라틴어 '미세리아'가 나왔다"(스키트).

"이 세상에서 죄에 대한 형벌은 무엇인가? 이 세상에서 죄에 대한 형벌은 내적으로는 마음의 눈이 먼 것, 버림받았다는 의식, 강력한 미혹, 마음의 완고함, 양심이 두려워하는 것, 사악한 감정, 외적으로는 우리로 인해 피조물에게 임한 하나님의 저주, 우리의 육신과 이름과 상태와 관계와 일에 임하는 온갖 해악들 그리고 결국 죽음 자체다"(대교리문답).

"결국 죽음에 이르고"

"욕심이 잉태한즉 죄를 낳고 죄가 장성한즉 사망을 낳느니라"(약 1:15). "사람들은 죽음을 모든 형벌의 끝이라고 생각하지만, 하나님의 법정에서 볼 때 죽음은 형벌의 시작조차도 아니다"(필로).

"영원히 지옥의 형벌을 당하게"

"'형벌'(pain), 프랑스어 'peine'은 '고통, 벌, 형벌'이다. 라틴어에서 '응보'를 뜻하는 '포에나'(poena)에서 왔다. 종교적인 가르침에서는 '응보'라는 개념이 두드러지기 때문에, '포에나' 또한 모든 유럽어에서 쉽게 받아들여졌다"(웨지우드).

"'지옥'은 죽은 자들이 거주하는 곳이고 악한 영들의 거처다······튜턴족 언어에서 '숨기다'를 뜻하는 어근인 'hal'에서 왔다. 따라서 이 단어의 원래 의미는 숨겨져 있거나 눈에 보이지 않는 곳이다"(스키트).

"나는 여러분이 무대 뒤편 지옥에서 들려오는 소리에 귀를 기울임으로써, 죄가 옛적 멸망의 자식들을 통해 자신의 언어로 말하는 소리를 들을 수 있기를 바란다. 자기 동생 아벨을 죽인 가인이 무엇이라고 말하는지, 다윗과 여호와의 제사장들을 박해한 사울이 무엇이라고 말하는지, 발람과 아히도벨이 자신들의 저주받을 모략과 방책에 대해 무엇이라고 말하는지, 나봇을 압제한 아합이 무엇이라고 말하는지, 우리 주님을 배신한 가롯 유다가 무엇이라고 말하는지, 지옥에 있는 가장 작은 죄가 무엇이라고 말하는지를 귀 기울여 들어보라"(굿윈).

　　　　　　　　　　　　　　　웨스트민스터 소교리문답 강해

제20문

문 하나님은 모든 사람이 죄와 비참함의 상태에서 멸망하도록 내버려두셨습니까?

답 하나님은 오직 자신의 선하신 뜻으로부터 영원 전에 어떤 사람들을 영생에 이르도록 택하시고,[35] 구속주로 말미암아 그들을 죄와 비참함의 상태에서 건지셔서 구원의 상태에 이르게 하시기 위해 은혜 언약을 맺으셨습니다.[36]

이 질문으로 우리는 그리스도에 관한 가르침인 기독론 또는 구원에 관한 가르침인 구원론의 영역, 즉 "신학 안에 있는 임마누엘의 땅"으로 들어간다.

"우리는 인간의 부패라는 바다를 항해해왔다. 나는 이 바다를 죽음의 바다라고 부르고 싶다. 그리고 우리는 이제 또 다른 바다, 전보다 훨씬 더 광대하고 깊은 바다, 즉 하나님의 사랑과 거저 주시는 은혜의 바다로 들어가고 있다"(굿윈).

"오직 자신의 선하신 뜻으로부터"

"오직 자신의 사랑과 긍휼하심으로부터"(대교리문답). 성경은 언제나 사람의 구원을 하나님의 주권적인 은혜에 돌린다. 그리스도 자신도 성부 하나님의 선물이다. "사랑은 여기 있으니 우리가 하나님을 사랑한 것이 아니요 하나님이 우리를 사랑하사 우리 죄를 속하기 위하여 화목 제물로 그

---

35 "곧 창세 전에 그리스도 안에서 우리를 택하사 우리로 사랑 안에서 그 앞에 거룩하고 흠이 없게 하시려고"(엡 1:4).

36 "이제는 율법 외에 하나님의 한 의가 나타났으니 율법과 선지자들에게 증거를 받은 것이라 곧 예수 그리스도를 믿음으로 말미암아 모든 믿는 자에게 미치는 하나님의 의니 차별이 없느니라"(롬 3:21-22), "그러나 성경이 모든 것을 죄 아래에 가두었으니 이는 예수 그리스도를 믿음으로 말미암는 약속을 믿는 자들에게 주려 함이라"(갈 3:22).

아들을 보내셨음이라"(요일 4:10).

"사도 바울은 사람의 구원이 하나님의 택하신 사랑으로부터 온다고 말하는 것이 얼마나 어려운지 누구보다 잘 알고 있었지만, 사람의 구원이 다른 데로부터 온다고 말하는 것은 한층 더 어려움을 알고 있었다……구원을 하나님의 택하심에 돌리는 것에는 여러 난점이 있을 수 있다. 하지만 구원을 사람의 선택으로 돌리는 데는 한층 더 큰 난점들이 있다"(무어).

"어떤 사람들을 영생에 이르도록 택하시고"

"택하다"(elect)라는 단어는 성경에 처음 나올 때 이미 가장 심오한 의미로 사용되었다. 이 단어는 이사야서에서 여호와가 메시아에 대해 말씀하실 때 처음으로 사용된다. "내 마음에 기뻐하는 자 곧 내가 택한 사람을 보라"(사 42:1). 그리고 베드로 사도는 우리 주님에 대해 말할 때 이사야서에서 이 단어가 나오는 구절을 가져와 사용한다. "성경에 기록되었으되 보라 내가 택한 보배로운 모퉁잇돌을 시온에 두노니 그를 믿는 자는 부끄러움을 당하지 아니하리라 하였으니"(벧전 2:6; 사 28:16). 이렇게 예수 그리스도는 신구약 전체에서 하나님의 택하신 자로 묘사된다.

바울 사도가 디모데에게 엄히 명령할 때, 이 고귀한 명칭은 타락하지 않은 천사들에 관해 사용된다. "하나님과 그리스도 예수와 택하심을 받은 천사들 앞에서 내가 엄히 명하노니"(딤전 5:21). 하나님의 백성인 이스라엘도 흔히 이 구별된 이름으로 불린다(사 45:4, 65:9). 신약성경에서 이 명칭은 로마서 8장 33절 등에서 모든 참된 신자에게 적용된다. "누가 능히 하나님께서 택하신 자들을 고발하리요 의롭다 하신 이는 하나님이시니." 사도는 이 명칭을 로마에 있던 그리스도인들에게 위로의 근거로 사용했던 것과 마찬가지로, 골로새 교회에게는 권면의 근거로 사용한다. "그러므로 너희는 하나님이 택하사 거룩하고 사랑 받는 자처럼 긍휼과 자비와 겸손과 온유와 오래 참음을 옷 입고"(골 3:12, "하나님이 택하신 거룩하고 사랑 받는 자들로서"—옮긴이). 끝으로, 요한이서에서는 그리스도의 은혜를 두드러지게 드러내는 삶을 살아가는 사람들을 가리키는 데 이 단어를 사용한다. "장로인 나는 택하심을 받은 부녀와 그의 자녀들에게 편지하노니"(요이 1:1), "택하심을 받은 네 자매의 자녀들이 네게 문안하느니라"(요이 1:13).

"이것은 바울, 아우구스티누스, 칼뱅주의처럼 유명한 교리 체계로서 성경의 가르침이다. 이 교리는 아우구스티누스에 의해 발전되어, 라틴 교회에게 공식적으로 재가받았고, 중세 시대에 진리의 증인들에 의해 고수되었다. 하지만 트렌트 공의회에서 로마 교회에게 거부당했다가 그 교회에 속한 얀센주의자에 의해 받아들여지고, 모든 종교개혁자에게 채택되어, 스위스, 프랑스, 네덜란드, 영국, 스코틀랜드에 있는 모든 개신교회의 신조에 편입되었다. 그리고 마침내 유럽과 미국 모든 장로교인들을 대표하는 웨스트민스트 회의의 표준문서에 수록되었다"(찰스 하지).

"어떤 사람들"

우리는 모리슨(Morison)이 다른 것과 관련해 설명한 것을 여기에 적용할 수 있다. "이것은 어떤 사람들과 많은 사람을 구별하고 있는 것이 아니라, 어떤 사람들과 모든 사람을 구별하고 있는 것이다. '어떤 사람들'이 아무리 많은 사람이라고 할지라도, 모든 사람은 아니기 때문이다."

"은혜 언약"

"언약"에 대해서는 제12문의 답을 보라.

"은혜"는 호의, 긍휼, 용서를 의미한다. 은혜와 사랑은 본질적으로 동일하다. 다만 은혜는 사랑이 특정한 상황에 맞춰 나타난 것이라는 점에서만 다르다. 예컨대 은혜와는 달리 사랑에는 한계나 법이 없다. 사랑은 동등한 사람들 간에도 존재할 수 있고, 윗사람에게로 올라갈 수도 있으며, 아랫사람에게로 흘러내려갈 수도 있다. 반면 은혜는 본질적으로 오직 한 방향으로만 움직인다. 즉, 은혜는 언제나 흘러내려간다. 은혜는 진정으로 사랑이지만, 스스로를 낮춘 사랑이다. 왕이 자신과 동등한 자를 사랑하는 것은 사랑이지만, 자신의 신민을 사랑하는 것은 은혜라 불린다.

그래서 성경에서는 하나님이 죄인들을 사랑하시는 것을 언제나 은혜라고 부른다. 그것은 진정으로 사랑이지만, 하나님의 사랑을 받을 자격이 없는 피조물들을 향한 사랑이다. 따라서 하나님이 그리스도 안에서 우리를 위해 행하시는 모든 것, 복음 안에서 하나님의 선의로 우리에게 주어지는 모든 것은 은혜라 불린다.

"은혜 언약은 하나님이 둘째 아담인 예수 그리스도와 맺으셨다. 이 계약의 당사자는 예수 그리스도셨다(시 89:3; 고전 15:45; 롬 5:15-21; 갈 3:16). 그리고 이 언약에서 그리스도는 신령한 족속인 모든 택함받은 자들의 대표이셨다. 따라서 구속 언약과 은혜 언약은 서로 다른 언약이 아니라, 하나의 동일한 언약을 서로 다른 측면에서 부르는 명칭이다. 구속 언약은 속전을 주고받는 거래를 의미한다. 이것은 오직 그리스도께만 적용되는 언약이었다(벧전 1:18-19). 은혜 언약은 모든 사람에게 자유를 수여하는 거래이다. 그리고 이 언약은 오직 가련한 죄인들에게만 적용된다(사 55:1)" (보스턴).

"사랑하는 찰스여, 그대와 나의 사랑하는 비디에게 나의 사랑을 전합니다. 내가 그녀에게서 주님에 대해 들었기 때문에 그녀는 내 마음의 기쁨이 되었습니다. 그녀에게 주 안에서 계속해서 기뻐하라고 전해주십시오. 그녀가 이 언약을 안다면, 기뻐할 수밖에 없기 때문입니다. 성부 하나님과 중보자 간에 피로 맺어진 확실하고 변함없을 언약은 바로 그녀를 위한 것입니다. 그러므로 성자를 의지하고 바라보며 갈급해하고 붙잡는 우리는 그의 자녀입니다. 그리고 이 언약은 모든 자녀에게 확실한 언약입니다. 이 언약은 자녀들을 위한 것입니다. 하나님은 그리스도께 신실하실 수밖에 없고, 그리스도 안에서 우리에게 신실하실 수밖에 없습니다. 하나님이 그리스도와 맺으신 언약은 우리를 위한 것입니다. 그 언약을 바라보십시오. 하나님은 그 언약 때문에 우리를 용서하시고, 우리 마음에 자신의 법을 기록하시며, 하나님을 두려워하는 마음을 심어두심으로써, 우리가 하나님

웨스트민스터 소교리문답 강해

을 결코 떠나지 못하게 하십니다"(올리버 크롬웰).

"구속주로 말미암아"

이것은 "우리를 다시 사시고, 속전을 지불하고 우리를 건져내시며, 우리를 위해 대속하신 분으로 말미암아"라는 뜻이다. 그분이 누구인지, 그가 어떻게 자신의 구속 사역을 행하셨는지에 대해서는 곧 듣게 될 것이다.

　"하나님은 자신이 긍휼을 베풀고자 하시는 자들에게 긍휼을 베푸신다는 하나님의 절대주권과 거저 주시는 은혜에 관한 교리 그리고 사람이 하나님의 성령의 역사에 절대적으로 의존한다는 교리는 언제나 내게 감미롭고 지극히 영광스러운 교리였다. 그러한 교리들은 나의 즐거움이 되었다……나는 복음의 교리들을 사랑해왔다. 그 교리들은 내 영혼에 푸른 풀밭 같았다. 그리스도께서 걸으신 구원의 길은 지금까지 내게 지극히 영화롭고 탁월하며 즐겁고 아름답게 보였다. 나는 만일 그리스도께서 다른 길을 통해 구원을 이루셨다면, 그것이 천국을 상당히 망쳐놓았을 것이라고 종종 생각했다"(에드워즈).

적용

1. "이 심오한 신비인 예정 교리는 특별한 지혜로움과 세심함으로 다루어야 하는데, 하나님의 말씀 안에서 계시되는 하나님의 뜻을 경청하고 거기에 순종을 드리는 사람들은 자신의 유효한 소명의 확실성으로부터 자신이 영원히 택함받음을 확신할 수 있다"(웨스트민스터 신앙고백, 3:8).

2. "창세 전에 그리스도 안에서 우리를 택하사 우리로 사랑 안에서 그 앞에 거룩하고 흠이 없게 하시려고"(엡 1:4), "우리는 그가 만드신 바라 그리스도 예수 안에서 선한 일을 위하여 지으심을 받은 자니 이 일은 하나님이 전에 예비하사 우리로 그 가운데 행하게 하려 하심이니라"(엡 2:10), "하나님 아버지의 미리 아심을 따라 성령이 거룩하게 하심으로 순종함과 예수 그리스도의 피 뿌림을 얻기 위하여 택하심을 받은 자들에게 편지하노니"(벧전 1:2).

이 본문들은 하나님이 우리를 택하신 목적이 무엇인지를 보여준다. 우리가 택함받은 것은 이 세상에서 우리가 존귀함이나 영광을 받게 하기 위함도 아니고, 다른 사람들의 시기를 불러일으킬 특권을 얻게 하기 위함도 아니다. 누구나 자신이 선택하기만 한다면, 택함받은 자로서의 분깃을 가질 수 있기 때문이다. 택하심은 누군가 복을 받는 것을 가로막지 않는다. 택하심은 택함받지 않은 자를 배제하려는 하나님의 작정이 결코 아니다. 택하심의 목적은 오로지 택함받은 자들이 택함받지 못하는 일이 없게 하는 도구일 뿐이다. 택하심은 아무도 배제하지 않고, 오직 택함받은 자들이 효과적으로 택함받을 수 있게 할 뿐이다.

3. 거룩함은 택함받음에서 나오는 확실한 결과다. 따라서 거룩함은 택함받았음을 보여주는 유일하고 확실한 증거다.

4. "예수 그리스도께서 여러분을 구원하실 수 있도록, 자신을 예수 그리스도께 드릴 수 있는가? 여러분이 예수 그리스도께 드려졌다면, 예수 그리스도로 말미암아 구속받은 것이다. 예수 그리스도를 믿는다는 것은 여러분이 예수 그리스도 안에서 택함받았음을 보여준다. 참된 믿음은 '하나님이 택하신 자들의 믿음'(딛 1:1)이다. 계속 예수 그리스도를 의뢰하고, 예수 그리스도를 믿음으로 살아가라. 예수 그리스도께서는 자기가 여러분을 사랑했고 여러분을 위해 자신을 주셨다는 것을 알게 해주실 것이다"(트레일).

제21문

문 하나님이 택하신 사람들의 구속주는 누구십니까?

답 하나님이 택하신 사람들의 유일한 구속주는 주 예수 그리스도이십니다.[37] 그는 하나님의 영원하신 아들로서 사람이 되셨는데,[38] 하나님과 사람이라는 두 구

---

37 "하나님은 한 분이시요 또 하나님과 사람 사이에 중보자도 한 분이시니 곧 사람이신 그리스도 예수라 그가 모든 사람을 위하여 자기를 대속물로 주셨으니 기약이 이르러 주신 증거니라"(딤전 2:5-6).
38 "말씀이 육신이 되어 우리 가운데 거하시매 우리가 그의 영광을 보니 아버지의 독생자의

별되는 본성과 한 인격이셨고, 영원토록 그러하십니다.[39]

속전, 구속, 사는 것에 관한 은유들은 성경 전체를 관통하면서 가장 교훈적이고 감동적인 표현들을 제공한다. 실제로 구속이라는 개념은 우리에게 구원이 필요하다는 인식과 하나님이 그 구원을 이루신 방법 속에 깊이 자리 잡고 있어서 구원 역사 전체의 핵심이 된다.

여호와가 처음으로 "구속주"라는 의미를 지닌 히브리어를 사용하신 때로부터 이 단어가 예수 그리스도께 적용됨으로써 온전한 기독교적 의미를 지니게 될 때까지 "구속주"라는 명칭이 생겨난 배경과 그 내용을 추적해보는 일은 흥미롭고, 교훈과 감동이 있을 것이다. 또한 학습자는 신약성경의 기자들이 수많은 논증과 예시를 동원해 이 개념을 우리에게 보여주면서 "구속주"에게 많은 경배를 드리고 있음도 알게 될 것이다.

"유일하신 구속주"

웨스트민스터 신앙고백, 제8장 "중보자 그리스도에 대하여"와 대교리문답 제36문을 참조하라.

"주"

소유자, 통치자, 주인. 우리 주님은 두 가지 이유에서 구속주라 불린다. 첫

영광이요 은혜와 진리가 충만하더라"(요 1:14), "때가 차매 하나님이 그 아들을 보내사 여자에게서 나게 하시고 율법 아래에 나게 하신 것은"(갈 4:4).

39 "조상들도 그들의 것이요 육신으로 하면 그리스도가 그들에게서 나셨으니 그는 만물 위에 계셔서 세세에 찬양을 받으실 하나님이시니라 아멘"(롬 9:5), "천사가 대답하여 이르되 성령이 네게 임하시고 지극히 높으신 이의 능력이 너를 덮으시리니 이러므로 나실 바 거룩한 이는 하나님의 아들이라 일컬어지리라"(눅 1:35), "그 안에는 신성의 모든 충만이 육체로 거하시고"(골 2:9), "예수는 영원히 계시므로 그 제사장 직분도 갈리지 아니하느니라 그러므로 자기를 힘입어 하나님께 나아가는 자들을 온전히 구원하실 수 있으니 이는 그가 항상 살아 계셔서 그들을 위하여 간구하심이라"(히 7:24-25).

째로, 우리 주님은 자신이 지니고 계시는 신성에 의해 우리의 주가 되신다. 그가 우리의 주인이고 우리에게 명령하시는 것은 그가 우리를 창조하셨기 때문이다. 우리가 우리 자신을 지은 것이 아니라 그가 우리를 지으셨다.

우리 주님은 또 다른 이유에서 우리의 주가 되시는데, 이 이유는 앞에서 말한 이유보다 훨씬 더 밀접하게 우리와 연관되어 있다. 우리 주님은 신성뿐 아니라 인성 때문에 우리의 주가 되신다. 이것은 우리 주님이 원래 지니신 권세에 더해진 것이다. 그는 우리의 구속주로서 우리를 위해 자신이 행하셨고 지금도 행하고 계시는 모든 일의 보상이자 결과로서 우리의 주가 되신다. 이를 증거하는 본문으로는 요한복음 3장 35절, 13장 3절, 17장 2절, 사도행전 2장 36절, 빌립보서 2장 9절, 11절 등이 있다. 이런 의미에서 예수 그리스도가 우리의 주시라는 것은 사도들이 선포한 주요 주제였다.

"예수"

"예수"는 히브리어로 '예호슈아'(민 13:16, "여호수아")의 축약형인 '요슈아'의 또 다른 형태인 '예슈아'(느 8:17)이고, "여호와의 도우심, 구원자"를 의미한다. "아들을 낳으리니 이름을 예수라 하라 이는 그가 자기 백성을 그들의 죄에서 구원할 자이심이라 하니라"(마 1:21). 우리 주님이 "예수"라는 이름으로 불릴 자격이 있다는 것에는 그 어떤 논란도 없었다. 엘리사벳이 자신의 장자를 요한이라 불렀듯이, 마리아는 자신의 장자를 예수라 불렀다. 이 "목수의 아들"은 나사렛 사람들 사이에서 요셉의 아들 예수로 알려져 있었다.

흔한 이름이었지만, 그가 그 이름을 지니게 된 방식은 다른 사람과 완전히 달랐다. 천사장 가브리엘이 요셉에게 와서 장차 태어날 아들을 이 이름으로 부르라고 명령했을 때, 이 이름의 원래 의미를 그에게 상기해주었다. 가브리엘은 이 이름을 설명해주었고, 요셉 가문에서 장차 태어날 아이에게 이 이름을 붙여주라고 명령했다. 이 이름은 원래 의미가 망각된

웨스트민스터 소교리문답 강해

채로 수많은 사람에게 붙여졌다. 하지만 이제 그 이름을 지니게 된 분 안에서 원래의 의미가 차고 넘치게 성취되었다. 그 후로는 모든 사람이 그 이름을 시인하고 그 이름에 영광을 돌리게 될 터였다.

"그리스도"

"그리스도"(Christ)는 헬라어 '크리스토스'가 음역되어 영어로 들어온 것인데, "기름을 붓다"를 뜻하는 헬라어 '키토'에서 유래해 "기름 부음 받은 자"를 의미한다. 헬라어 '크리스토스'와 영어 "그리스도"에 해당하는 히브리어는 "메시아"다. 구약의 예언에서는 메시아의 직분과 이름을 지니게 될 분이 출현하기 훨씬 전에 이미 메시아를 언급하고 그 직분을 설명했다. 우리 주 예수 그리스도께서 지니신 이 두 이름 중 "예수"는 사적인 이름이고, "그리스도"는 공적인 이름이다.

그리스도의 공적인 이름인 "메시아," 즉 "그리스도"는 우리에게와 마찬가지로 구약 교회에도 친숙했다. 다만 그들 시대에서는 그 이름을 어느 특정한 개인에게 붙일 수 없었다. 따라서 벵겔(Bengel)이 말했듯, 구약의 성도들은 직분을 먼저 알았고 그 후에 그 직분을 지닌 사람을 알게 되었던 반면에, 신약 시대의 성도들은 먼저 그 직분을 지닌 사람을 알았고 그런 후에 그 직분을 알았다. 우리 주님의 날에 유대인들은 나사렛 예수를 보았고 들었다. 그들에게 끊임없이 제시된 질문과 초대는 "그들은 예수를 '그리스도'로 받아들이고 인정하는가?"였다. 그리스도께서 장차 오시리라는 것은 모세와 이사야의 믿음이자 소망이었던 반면, 예수께서 그리스도시라는 것은 베드로와 바울의 선포였다.

스티어(Stier)는 요한복음 17장 3절에 대해 이렇게 말한다. "그리스도조차도 고유명사화해서 예수 그리스도라고 부른 사도들의 관행은 우리 주님이 하나님 앞에서 마치 자신을 제3자처럼 객관화시켜서 말씀하신 데서 유래했다. 성령은 이것을 사도들에게 생각나게 했다."

"그리스도는 어느 한 쪽을 나타내는 단어가 아니다. 그리스도는 하나의 명칭이지만, 하나님과 사람을 동시에 가리킨다. 그래서 그리스도는 사람이라 불리기도 하고, 그리스도는 하나님이라 불리기도 한다. 그리스도는 한 분이시지만 하나님이자 사람이시다"(아타나시우스).

"그는 하나님의 영원하신 아들로서"

제6문의 답을 보라. "오리게네스가 주도한 신학은 '영원하신 아들'이라는 표현을 도입했다. 하나님의 모든 내적인 관계들은 필연적으로 영원하기 때문이다"(포프). "하나님의 아들 예수 그리스도는 하나의 압축된 신조다"(웨스트코트).

원래부터 구속주는 영원히 하나님과 함께 계셨고, 하나님이셨다. 하지만 그는 성자라는 위격과 관계 속에서 하나님이셨다. 하나님 안에는 세 위격이 존재한다. 성부, 성자, 성령. 우리가 여기에서 다루고 있는 것은 성자라 불리는 분이다. 영원하신 성부께서는 "너는 내 아들이다"(시 2:7; 행 13:33)라고 말씀하시고, "오늘 내가 너를 낳았다"(히 1:5, 5:5)라고 말씀하신다. 또한 성경은 성자가 영원히 성부의 품 안에 계시고, 그렇기 때문에 성부의 독생자라고 말한다.

그리고 이 모든 것은 제1위이신 성부로부터 제2위이신 성자에게로 하나님 본성의 신비한 교류, 즉 인간의 출생이라는 비유로써만 우리 지성에 전달될 수 있는 성부와 성자 간에 끊임없이 이루어지는 헤아릴 수 없고 표현할 수 없는 교류가 있음을 우리에게 가르치기 위함이 분명하다. 이 세상에 존재하는 아버지와 아들의 관계는 하나님 안에서 제1위가 제2위에게 하나님의 본성을 전달하는 영원한 관계를 나타내기에 전적으로 부적절하고, 단지 예시로서만 활용할 수 있다.

성부가 자기 안에 생명을 가지고 계시는 것처럼, 성부는 성자에게 그 생명을 주어 성자로 하여금 자기 안에 생명을 갖게 하셨다. 성자는 자신의 존재를 성부로부터 가져오고, 오직 성부만이 자신의 존재를 자기 자신에게서 가져와 스스로 존재한다. 성자는 성부 하나님에게서 출생한 하나님이다. 성자가 이렇게 성부로부터 출생했다는 것은 성자라는 명칭과 성자가 누구신가에 대한 설명을 통해 우리에게 계시된다.

"그리고 그들은 처음으로 그를 연구했다. 거기에서 그들은 그가 가장 오래된 기록을 지닌 분임을 보였다. 내가 나의 꿈을 기억하듯이, 그들은 처음으로 그가 산들을 지으신 주의 혈통이라는 것, 옛적부터 계신 이의 아들로서 영원한 출생을 통해 오신 분이라는 것을 보였다"(번연).

"사람이 되셨는데"

"말씀이 육신이 되어 우리 가운데 거하시매"(요 1:14). "지금까지 인간의 손으로 쓰인 것 중 가장 숭고한 문장"(고데). 하나님이 자기 아들을 보내셔서 여자에게서 나게 하셨다. 신학적인 용어로는 성육신.

"기독론은 스스로 만들어낸 자신만의 고유한 신학 용어들을 지니고 있다. 그중 최고의 업적은 헬라어로 '테안트로포스,' 라틴어로 '데우스 호모'(Deus homo)라고 하는 하나님이자 사람(God-man)이라는 용어다. 기독론은 이 용어를 통해 성경 전체의 비밀을 말한다. 기독론에서는 신성과 인성의 거룩한 결합을 표현하는 단어를 선택하는 데 오랜 세월 비틀거리고 망설이며 주저했다. 수많은 시행착오 후에 '성육신'이라는 단어를 선택했다. 이 단어는 성령이 요한 사도를 통해 '말씀이 육신이 되어'라고 한 것으로부터 거의 벗어나지 않는다"(포프).

우리는 사람이고, 사람의 자손들이다. 어떤 사람이 "사람이 되었다"라고 말하는 것은 그가 우리와 같이 되었고 우리 중 한 사람이 되었다는 것을 의미한다. "말씀이 육신이 되어 우리 가운데 거하시매"(요 1:14)라는 말씀은 "경건의 비밀"이고, 영원하신 아들의 성육신이며, 그리스도인으로서 우리가 지닌 모든 소망의 토대다.

"그는 본성에 있어 진정 완벽한 사람이었지만, 우리가 사람인 것과 동일한 의미에서의 사람은 아니었음을 기억해야 한다. 그는 사람이었지만, 엄밀하게 말해 영어에서 의미하는 그런 '사람'(man)은 아니었다. 그는 우리 같은 사람이 아니었고, 우리 중 누구와도 같지 않은 사람이었다. 그의 인격은 우리와 같이 단순한 사람이 아니라 하나님이셨다. 그는 영원 전부터 하나님이셨고, 계속해서 하나님이셨지만, 거기에 인성을 덧입으셨다. 그의 성육신은 '하나님이 인성을 덧입으신' 것이었다······ 그는 하나님이 된 사람이 아니라, 사람이 된 하나님이셨다"(뉴먼).

"그리스도 안에 있는 우리의 본성, 즉 인성은 인성의 고유한 실체로 둘러싸여 있지 않고 울타리 없이 확 트인 밭과 같이 자리 잡고 있다"(굿윈).

"하나님과 사람이라는 두 구별되는 본성"

"두 본성이 우리 구속주 안에서 만났다. 각각의 속성은 유지되었지만, 각각의 본질로부터 아주 완벽한 하나가 만들어졌기 때문에, 복된 동정녀의 모태 속에서 말씀이 육신이 된 이후로 우리는 그를 인성 없는 하나님으로 생각할 수도 없고, 신성 없는 사람으로 생각할 수도 없다.

각각의 본성은 서로 구별되는 행위로 자신의 실체를 확증하지만, 어느 본성도 다른 본성으로부터 분리되지 않는다. 한 본성의 어떤 부분에도 다른 본성이 결여되어 있지 않다. 신성의 위엄 속에도 인성의 모든 비천함이 존재하고, 인성의 비천함 속에도 신성의 모든 위엄이 존재한다. 두 본성은 하나로 결합되어 있지만 혼합되어 있지 않고, 각각의 본성을 유지하고 있지만 하나로 결합되어 있다. 한편으로는 감정이나 고통을 느낄 수 있지만, 다른 속성을 침범할 수는 없다. 그는 영광 중에 있으면서도 낮아짐 가운데 있다. 그는 능력 가운데 있으면서도 연약함 가운데 있다. 그의 능력과 연약함은 둘 다 죽음을 이길 수 있고, 실제로 죽음을 정복했다.

하나님은 그의 신성에 온전한 인성을 더하셨다. 하나님은 그의 신성을 인성에 결합하고, 그의 인성을 신성에 결합해서, 비천함과 능력 가운데 있게 하셨다. 이렇게 해서 한 본성은 다른 본성에 있었고, 어느 한 본성에 있는 다른 본성은 자신의 고유성을 잃지 않았다"(레오).

"파스카시우스(Paschasius)는 '그리스도 안에는 두 인격이 아니라 신성과 인성이라는 두 본성이 존재하는데, 한 인격은 다른 인격을 소멸시키는 반면에, 한 본성은 다른 본성 안에서 소멸될 수 없다'라고 말했다. 그가 취한 본성은 그가 원래부터 지니고 있던 본성과 더불어 계속 존재했기 때문이다"(후커).

"그리스도는 한 인격 안에 서로 분명하게 구별되지만 나누어지지 않는 두 본성을 지니고 계신다"(번연의 『천로역정』에서 "담대" 씨가 한 말).

"한 인격"

"인격"에 대해서는 제6문의 답을 보라. "우리 주님께 적용된 '인격'이라는 용어는 관례적인 의미를 지닌다. 이것은 학문과 잘 부합하지 않지만, 학문에 어긋나지도 않는다. 진정한 철학에서 인격은 본성이 아니고, 본성 및 그 다양한 발전과 표현 형태를 담고 있다. 한 사람의 인격은 다른 것과 구별되어 오로지 자기 본성에 속하는 모든 것의 토대이고 기초다. 그리스도의 인격은 하나님과 사람이라는 두 실존에 속하는 모든 것의 토대이자 기초이고, 그리스도 자신이다"(포프).

"영원토록"

"분리할 수 없게 결합된"(웨스트민스터 신앙고백). "결코 나눌 수 없는"(39개조 신조). "이 본성들은 최초로 결합된 순간부터 영원토록 분리될 수 없었고, 분리될 수 없다"(후커).

"나는 소교리문답이 '두 구별되는 본성과 한 인격이셨고, 계속해서 영원토록 그러하십니다'라는 표현한 진리를 지금까지 인간의 언어로 표현한 어떤 진리와도 바꿀 마음이 없다. 나는 교회의 가장 위대한 개혁자, 언약의 시조, 영국 헌법을 기초한 사람이 되기보다는 가장 미천한 자로서 네 번의 교회 공의회에 참석해 이 진리를 옹호하는 자가 되고 싶다"(에드워드 어빙).

적용

1. 성자가 누구신지에 관한 교리를 치우침 없이 온전히 제시한 것은 하나님이신 분이 인간의 본성을 입으시고 인간의 역사 속으로 내려오셨다는 것을 생생하게 보여준다.

2. "누군가가 이 주제를 난해하고 사변적이며 무익한 것으로 생각한다면, 내게 이 주제는 근원부터 대단히 실제적이었다는 대답을 해주고 싶다……아무리 많은 말로 정확하게 표현한다고 해도, 말이 그 자체로 끝나버리고, 성육신 하신 성자의 모습을 우리 마음에 생생하게 비쳐주지 않는다면, 우리에게 무슨 유익이 있겠는가? 사실 그리스도가 하나님의 아들이라는 것은 우리의 지성이 그리스도의 정체성을 온전히 계속 간직할 수 있게 하기 위해 섭리적으로 준비된 부분이다"(뉴먼).

제22문

문　하나님의 아들이신 그리스도께서 어떻게 인간이 되셨습니까?

답　하나님의 아들이신 그리스도께서는 성령의 능력으로 동정녀 마리아의 태에서 잉태되어 참된 몸[40]과 이성을 지닌 영혼[41]을 취하셔서 마리아에게서 태어나심으로써[42] 사람이 되셨습니다. 하지만 죄는 없으셨습니다.[43]

40　"자녀들은 혈과 육에 속하였으매 그도 또한 같은 모양으로 혈과 육을 함께 지니심은 죽음을 통하여 죽음의 세력을 잡은 자 곧 마귀를 멸하시며……이는 확실히 천사들을 붙들어 주려 하심이 아니요 오직 아브라함의 자손을 붙들어 주려 하심이라"(히 2:14, 16), "그러므로 주께서 세상에 임하실 때 이르시되 하나님이 제사와 예물을 원하지 아니하시고 오직 나를 위하여 한 몸을 예비하셨도다"(히 10:5).

41　"이에 말씀하시되 내 마음이 매우 고민하여 죽게 되었으니 너희는 여기 머물러 나와 함께 깨어 있으라 하시고"(마 26:38).

42　"다윗의 자손 요셉이라 하는 사람과 약혼한 처녀에게 이르니 그 처녀의 이름은 마리아라……보라 네가 잉태하여 아들을 낳으리니 그 이름을 예수라 하라……천사가 대답하여 이르되 성령이 네게 임하시고 지극히 높으신 이의 능력이 너를 덮으시리니 이러므로 나실 바 거룩한 이는 하나님의 아들이라 일컬어지리라……큰 소리로 불러 이르되 여자 중에 네가 복이 있으며 네 태중의 아이도 복이 있도다"(눅 1:27, 31, 35, 42), "때가 차매 하나님이 그 아들을 보내사 여자에게서 나게 하시고 율법 아래에 나게 하신 것은"(갈 4:4).

"하나님의 아들이신 그리스도께서는……사람이 되셨습니다"

"그리스도는 처음에 사람이셨다가 나중에 하나님이 되신 것이 아니라 나중에 사람이 되셨다"(아타나시우스). "설령 '사람이 하나님이다'라고 말하거나 '하나님이 사람이다'라는 말이 옳다고 할지라도, '사람이 하나님이 되셨다'고 말하는 것은 옳지 않다. '하나님이 사람이 되셨다'고 말하는 것이 옳다"(뉴먼).

"취하셔서"

이는 성경에 나오는 어구다. "그는 혈과 육을 취하셨다"(히 2:14, 개역개정에는 "자녀들은 혈과 육에 속하였으매 그도 또한 같은 모양으로 혈과 육을 함께 지니심은"), "그는 아브라함의 자손을 취하셨다"(히 2:16, 개역개정에는 "오직 아브라함의 자손을 붙들어 주려 하심이라").

하지만 하나님의 아들은 우리의 본성을 취하셨을 때도 인간의 인격으로 그 본성을 둘러싸거나 에워싸지는 않으셨다. 그리스도는 하나님과 사람의 중보자로서 여러 일들을 하시는 데 사용하기 위한 도구로 "참된 몸"과 "이성 있는 영혼"을 취하셨다. 인성은 새로운 속성처럼 제2위의 신성에 추가되었다. 인성은 하나님의 아들의 신적인 지성과 마음에 드나드는 새로운 길이었다. 인성을 취하심으로써 감정과 정서의 역량이 확대되었고, 우리를 위해 행할 수 있는 능력도 증가하였다.

이렇게 해서 인성은 우리의 지각을 뛰어넘는 수준으로 그리스도에게 취해지고 고귀해지고 영화롭게 되었지만, 그것은 목적을 위한 수단일 뿐이었다. 우리 주님의 인성 속으로 들어가거나 그 안에서 일어나는 지식이나 경험, 공감은 그 어느 것도 인성에 남아 있지 않고 모두 우리 주님의 신성

---

43 "우리에게 있는 대제사장은 우리의 연약함을 동정하지 못하실 이가 아니요 모든 일에 우리와 똑같이 시험을 받으신 이로되 죄는 없으시니라"(히 4:15), "이러한 대제사장은 우리에게 합당하니 거룩하고 악이 없고 더러움이 없고 죄인에게서 떠나 계시고 하늘보다 높이 되신 이라"(히 7:26).

에 속한 의지를 움직이고 신성이 활동하게 만드는 동기가 되기 때문이다.

그래서 신성 안에 있던 영원한 사랑도 이 세상에서는 예수 그리스도의 인성을 통한 사랑이라는 형태로 표출된다. 우리를 사랑하셨고 우리를 사랑하시는 그리스도는 영원토록 변함없으신 하나님이시다. 하지만 성육신을 통해 인성이라는 새로운 속성이 추가된 그리스도는 성육신한 성자의 인간적인 마음에서 일어나 우리를 향해 표출됨으로써 모든 인간적인 속성을 지닌 사랑으로 우리를 사랑하신다. 신적인 사랑이 지닌 말로 표현할 수 없는 모든 속성 그리고 인간적인 사랑의 모든 사랑스럽고 친밀하며 자애롭고 갈망하는 속성이 함께 어우러져서 새로운 형태의 사랑, 사람으로서는 도저히 알 수 없는 사랑, 우리 주 그리스도 예수 안에 있는 하나님의 사랑을 만들어낸다.

"참된 몸"

이 어구는 교회가 치명적인 이단을 반박하고 대항하기 위해 지속적으로 사용해온 어구다. 가현설(Docetism, 헬라어로 "~처럼 보이다, ~의 외관을 입다"라는 뜻)은 주님이 오직 사람의 몸을 입은 것처럼 그 모양만을 취했다고 가르쳤다. 그들이 가현설을 채택한 것은 모든 물질이 본질적, 절대적으로 부정하다는 그들의 핵심적인 교리 때문이었다. 그래서 그들은 주님의 몸이 죄악된 사람들의 몸처럼 진정으로 실재하는 혈과 육일 수 없으며, 실제로 그런 몸이 아니었다고 믿었고, 그렇게 가르쳤다.

이미 사도 요한의 때에 이 중대한 오류가 교회에 출현했다. 사도 요한은 이 잘못된 교리를 반박하기 위해 이렇게 썼다. "태초부터 있는 생명의 말씀에 관하여는 우리가 들은 바요 눈으로 본 바요 자세히 보고 우리의 손으로 만진 바라"(요일 1:1). "이로써 너희가 하나님의 영을 알지니 곧 예수 그리스도께서 육체로 오신 것을 시인하는 영마다 하나님께 속한 것이요"(요일 4:2).

초기의 한 교부도 이 동일한 오류에 대항하여 싸우면서 이렇게 말했다.

"성육신이 허깨비라면, 구원도 허깨비다." 이렇게 참된 몸이라는 어구가 초기 신조들을 위해 만들어졌고, 그 후 교리문답에 편입되었다. 그리스도 께서는 "참된 몸"을 취하셨다.

"그리스도께서 자신의 것으로 취하기를 기뻐하셨던 몸, 그리스도께서 이 세상을 구원하시기 위해 취하신 몸, 영원한 생명의 뿌리였고 지금도 그러한 몸, 하나님이 일하시기 위해 도구로 사용하신 몸, 그리스도께서 죄를 없애기 위해 드리셨던 희생제물인 몸, 우리 영혼을 죽음에서 건져내기 위해 드려진 속전이었던 몸, 장차 부활하게 될 모든 몸들의 가장 앞에 있는 그리스도의 몸은 우리의 몸과 동일한 본질을 지녔다"(후커).

"이성을 지닌 영혼"

이성을 지닌, 이성을 따라 행하는. 신조에 채택된 이 어구는 원래 아폴리나리우스(Apollinarius) 이단, 즉 "아리우스가 느슨하게 주장한 것을 나중에 아폴리나리우스가 체계적으로 정립한" 이단을 반박하기 위한 것이었다. 고대 교회사를 공부하지 않은 사람은 교회가 그리스도의 인격에 관한 온갖 거짓된 교리에 맞서 행해야 했던 고되고 힘든 싸움들을 짐작조차 할 수 없다.

아폴리나리우스 이단은 가현설을 신봉하는 자들과 달리 주님이 "참된 몸"을 지니고 계셨다는 것을 인정했다. 하지만 그리스도 안에서는 신성이 영혼을 대신했다고 주장했다. 그들은 성경에 나오는 성육신 교리를 균형 있게 이해하지 못했다. 그들은 그리스도께서 유한한 지성과 인간적인 감정과 인간적인 의지를 지니셨다는 것을 받아들일 수 없었다. 그들은 그리스도의 몸과 관련해서는 성육신에 관한 정통적인 교리를 아무런 반대 없이 받아들였지만, 지성과 관련해서는 정통 교리를 받아들일 수 없었다.

고대 교회가 "이성을 지닌 영혼"이라는 어구를 기독론의 기본적인 조항에 삽입한 것은 이 가르침을 바로잡기 위함이었다. 교회는 이 성경적인 어구를 자신의 신조에 삽입하지 않을 수 없었다. 복음서 기사들이 도처에서 우리 주님의 몸만이 아니라 영혼과 관련해서도 인성의 실체를 증언하고 있기 때문이다.

우리 주님은 어느 때는 기뻐하셨고, 어느 때는 슬퍼하셨는데, 기쁨과 슬픔은 이성을 지닌 영혼의 감정들이다. 또한 주님은 자신의 신적인 의지와는 구별되는 인간적인 의지를 지니고 계셨다. 우리 주님은 "내 원대로 마시옵고 아버지의 원대로 되기를 원하나이다"(눅 22:42)라고 말씀하셨다. 우리 주님은 "내 마음이 매우 고민하여 죽게 되었으니"(마 26:38)라고 말씀하심으로써 자신이 느낀 것을 말씀하셨다. 또한 "아버지 내 영혼을 아버지 손에 부탁하나이다"(눅 23:46)라고 말씀하심으로써 자신이 어떻게 죽는지를 우리에게 보여주셨다.

"성령의 능력으로"

"성령이 네게 임하시고 지극히 높으신 이의 능력이 너를 덮으시리니 이러므로 나실 바 거룩한 이는 하나님의 아들이라 일컬어지리라"(눅 1:35). 수태고지를 하러 온 천사가 전한 이 말은 이전에도 행해진 적이 없었고 이후에도 결코 행해지지 않았던 신적인 능력이 행해질 것임을 보여주었다. 예수 그리스도는 혈통으로나 육정으로나 사람의 뜻이 아니라, 성경의 의지와 역사를 통해 태어나셨기 때문이다.

"성령은 첫 번째 창조에서 어둠이 깊음 위에 있었을 때 수면 위를 운행하셔서 혼돈으로부터 빛과 질서와 조화와 아름다움을 만들어냈다. 그것은 황량한 심연의 어둠과 혼돈과 무형으로부터 물질세계의 조화와 빛과 아름다움을 분리해낸 신적인 솜씨였다. 바로 그 성령이 동일한 신적 솜씨로 새 창조의 처음에 동정녀의 부패한 본질로부터 완벽하게 분리된 인간의 몸을 만들어냈다. 성령의 신적인 활동으로 그 몸이 잉태된 순간에 지극히 높으신 이의 능력이 완벽하게 순수하고 거룩하게 형성된 영혼을 그 몸과 결합시켰다. 그리고 그 순간에 그 몸과 영혼은 성자의 인격 안에 있는 신성과 결합되어 결코 나뉠 수 없는 하나의 인격이 탄생했다"(마커스 도즈).

웨스트민스터 소교리문답 강해

"동정녀 마리아"

로마 교회는 마리아에 대해 성경보다도 훨씬 더 많은 것을 들려준다. 하지만 마리아의 원죄 없는 잉태, 영속적인 처녀성, 승천에 관한 교황주의자들의 교리는 전설을 기반으로 하며 전혀 성경적이지 않다. 복음서 첫 부분에 나오는 기사를 펼칠 때까지는 마리아에 관한 사실적인 이야기가 전혀 존재하지 않는다. 가브리엘이 마리아를 우리에게 드러내줄 때까지는 마리아에 대해 전혀 알 수 없다. 어떤 사람들은 그 후에 마리아가 어떻게 되었는지에 관해 흥미를 가질 수도 있겠지만, 그런 이야기는 우리에게 지극히 부수적일 뿐이다.

기독교회의 일부 진영에서 마리아를 지나치게 중시한 것은 책망받아 마땅한 일이지만, 사람들이 그렇게 한 것은 그렇게 놀랄 일도 아니다. 다른 여자들은 단지 그리스도와 함께했고, 그리스도에게 접붙임을 받았으며, 그리스도의 영적인 충만에 참여했을 뿐이다. 반면 마리아는 그런 은혜를 누렸을 뿐만 아니라, 그녀의 주이자 구주의 인간적인 생명이 그녀에게서 나왔고, 그 뼈가 그녀의 뼈에서 나왔으며, 그 살이 그녀의 살에서 나왔고, 그가 그녀의 자녀이자 아들이라는 인간으로서는 누릴 수 없는 명예를 누렸다. "그녀의 얼굴은 그리스도의 얼굴과 가장 닮았다."

사람들이 마리아에게 분수에 맞지 않는 영광과 존귀를 돌림으로써, 지금 로마 교회의 신조 같은 터무니없고 자의적인 교리를 발전시켰지만, 사실 그 발단은 정통적인 관심과 올바른 의도에서 시작되었다. 헬라 교부들은 "자신들의 언어인 헬라어의 탁월한 조어 능력을 활용해서" 마리아를 '테오토코스'라고 불렀다. "하나님이신 분의 어머니"라는 의미를 지닌 이 명칭은 고대 교회에서 가장 중요하고 정통적인 몇몇 공의회에서 인준되었고, 처음에는 "성육신에 대한 참된 믿음의 판별 기준"으로 사용되었다. 이 명칭은 마리아에게 존귀를 돌리기 위함이 아니라 마리아의 아들로 태어나신 그리스도의 참된 신성을 증명하는 또 하나의 방법으로 사용되었다. 그리고 그 의도와 의미를 제대로 알고 이 명칭을 성경적으로 사용하는 것은 전혀 문제될 것이 없었다.

하지만 그 후에 벌어진 일들이 잘 보여주듯이, 이 기독론적인 명칭이 마리아를 부르는 성경적인 명칭에 추가되면서 중대한 오류와 잘못된 신앙이 생겨났다. 초기 공의회들이 이 명칭을 정통으로 공인함으로써, 그 의도와는 달리 동정녀 마리아의 신격화를 위한 확실한 길을 만들어주었다는 것은 분명하다.

성경이 마리아에 관해 가르치고 있는 것을 요약하면 다음과 같다. 그녀는 여자들 가운데 복을 받고 선택되어 우리 주님의 어머니가 되었다. 그리고 우리 주님의 어머니로서 마리아의 이름은 그녀의 아들을 믿고 예배하는 모든 사람의 사랑과 존경을 받게 될 것이다. 모든 세대는 우리 주님을 섬긴 것을 기억하고서 그녀를 복되다고 하는 것이 합당하다.

"마리아에게서 태어나심으로써"

"만일 이 출생이 없었다면, 우리 자신도 이 세상에 태어나지 않는 게 좋았을 것이다. 우리가 이 출생을 얼마나 간절히 바라고 소망했겠는가! 하지만 독자여, 그대는 그대가 정말 이 출생으로 인한 은택을 누리고 있는지를 확인해보는 것이 좋을 것이다!"(벵겔).

"하지만 죄는 없으셨습니다"

"오직 예수께만 드릴 수 있는 찬가"(벵겔). "그에게는 어머니가 있었고, 그의 어머니가 그를 잉태했다. 하지만 그녀는 죄 가운데 그를 잉태하지 않았다. 그 잉태는 통상적인 출생 방식으로 이루어지지 않았기 때문이다 (마 1:20). 그는 통상적인 출생의 법칙으로 오시지 않았다(그리고 이것은 우리에게 좋은 일이었다). 그래서 그는 원죄로 더럽혀지지 않으셨다"(굿윈).

이것이 지닌 온전한 의미를 알기 위해서는, 예수께서 태어나시기 전에는 여자에게서 태어난 모든 사람이 죄 가운데 태어났음을 기억해야 한다. 그때까지 사람으로 태어난다는 것은 죄인으로 태어남을 의미했다. 그가

웨스트민스터 소교리문답 강해

오시기 전까지 의인은 없었고 단 한 사람도 없었다. 하지만 그는 죄인이 아니었을 뿐만 아니라 "죄를 지을 수도 없는" 분이었다.

적용

1. 따라서 그는 "하나님이 택하신 자들의 구속주"이시다. 교리문답은 이 놀라운 인격이 무슨 일을 하셨는지 아직까지는 우리에게 말해주지 않는다. 이 시점에서는 그가 누구시고 어떤 분이신지만을 우리에게 말해줄 뿐이다. 그는 하나님이시고, 사람이시다. 그는 "참된 몸"과 "이성을 지닌 영혼"을 가진 사람으로 태어나셨고, 죄는 없으셨다. 우리는 그가 능력과 영광에서 성부와 동등한 하나님의 영원하신 아들이시라는 것을 알았고, 성령이 그를 위해 준비한 몸과 영혼을 취하셨다는 것을 알았기 때문에, 신성과 인성의 결합으로 상상조차 불가능한 어떤 큰일이 벌어지게 될 것임을 예감한다. 만일 그렇지 않다면, 이 사랑이 장차 어떻게 전개될지를 전혀 알지 못한 채 그저 기다려야 했을 것이다. 이제 지각과 믿음과 사랑을 가지고 앞으로의 전개를 따라가보자.

2. 또한 우리는 이것으로부터 사람이 필연적으로, 또 언제나 죄인이어야 하는 것은 아님을 알게 된다. 사람이라는 것과 죄인이라는 것이 언제나 필연적으로 동일하지는 않다. 한 아이가 태어났지만, 그에게는 죄가 없었다. "내가 죄악 가운데 잉태되었나이다"라고 고백할 필요가 없었던 한 사람이 이 땅에 있었다. 죄는 예수 그리스도의 몸을 지배하지 못했다. 그의 옷은 결코 육체로 더럽혀지지 않았다. 그는 모태로부터 거룩했고, 계속 그 거룩함을 지켜나갔으며, 악한 자가 그를 건드릴 수 없었다.

3. 하나님이자 사람이신 그리스도의 삶은 우리의 삶이고, 우리의 삶일 수 있다. 아담은 원죄의 쓰디쓴 원천이었다. 몸의 모든 연약함, 부정함, 무기력, 죽을 수밖에 없음 그리고 영혼의 모든 불신앙, 무지, 악의, 증오, 거짓, 이기심은 아담과 그의 죄에서 시작되었다. 마찬가지로, 우리의 모든 은혜, 믿음, 사랑, 평화, 거룩함, 소망의 원천은 예수 그리스도다. 그는 포도나무요, 우리는 가지들이다. 그는 머리이고, 우리는 지체들이다. 그는 아들이시고, 우리는 자녀들이다. 경건의 신비는 놀랍다. 육체로 나타나셔서 우리에게 지혜와 의로움과 거룩함과 구속함이 되신 하나님!

제23문

문 그리스도께서는 우리의 구속주로서 어떠한 직분들을 행하십니까?

답 그리스도께서는 우리의 구속주로서 자신의 낮아지신 상태와 높아지신 상태에서 선지자와 제사장과 왕의 직분을 행하십니다.[44]

"직분들"

영어의 "직분"(office)은 라틴어 '오피키움'(officium)에서 유래했다. 이 단어는 유래와 용도에서 다른 사람을 위해 수행하도록 주어지거나 맡겨진 특별한 임무, 의무, 소임을 의미한다. 이 명칭은 자기 자신을 위해 자발적으로 행하는 것에는 적용되지 않는다. "직분"이라는 명칭은 오직 다른 사람

---

44 "하나님이 영원 전부터 거룩한 선지자들의 입을 통하여 말씀하신 바 만물을 회복하실 때까지는 하늘이 마땅히 그를 받아 두리라 모세가 말하되 주 하나님이 너희를 위하여 너희 형제 가운데 나 같은 선지자 하나를 세울 것이니 너희가 무엇이든지 그의 모든 말을 들을 것이라"(행 3:21-22), "너희는 삼가 말씀하신 이를 거역하지 말라 땅에서 경고하신 이를 거역한 그들이 피하지 못하였거든 하물며 하늘로부터 경고하신 이를 배반하는 우리일까보냐"(히 12:25), "이는 그리스도께서 내 안에서 말씀하시는 증거를 너희가 구함이니 그는 너희에게 대하여 약하지 않고 도리어 너희 안에서 강하시니라"(고후 13:3), "또한 이와 같이 그리스도께서 대제사장 되심도 스스로 영광을 취하심이 아니요 오직 말씀하신 이가 그에게 이르시되 너는 내 아들이니 내가 오늘 너를 낳았다 하셨고 또한 이와 같이 다른 데서 말씀하시되 네가 영원히 멜기세덱의 반차를 따르는 제사장이라 하셨으니 그는 육체에 계실 때 자기를 죽음에서 능히 구원하실 이에게 심한 통곡과 눈물로 간구와 소원을 올렸고 그의 경건하심으로 말미암아 들으심을 얻었느니라"(히 5:5-7), "그러므로 자기를 힘입어 하나님께 나아가는 자들을 온전히 구원하실 수 있으니 이는 그가 항상 살아 계셔서 그들을 위하여 간구하심이라"(히 7:25), "내가 나의 왕을 내 거룩한 산 시온에 세웠다 하시리로다"(시 2:6), "이는 한 아기가 우리에게 났고 한 아들을 우리에게 주신 바 되었는데 그의 어깨에는 정사를 메었고 그의 이름은 기묘자라, 모사라, 전능하신 하나님이라, 영존하시는 아버지라, 평강의 왕이라 할 것임이라 그 정사와 평강의 더함이 무궁하며 또 다윗의 왕좌와 그의 나라에 군림하여 그 나라를 굳게 세우고 지금 이후로 영원히 정의와 공의로 그것을 보존하실 것이라 만군의 여호와의 열심이 이를 이루시리라"(사 9:6-7), "시온 딸에게 이르기를 네 왕이 네게 임하나니 그는 겸손하여 나귀, 곧 멍에 메는 짐승의 새끼를 탔도다 하라 하였느니라"(마 21:5), "내게 구하라 내가 이방 나라를 네 유업으로 주리니 네 소유가 땅 끝까지 이르리로다 네가 철장으로 그들을 깨뜨림이여 질그릇 같이 부수리라 하시도다"(시 2:8-9).

웨스트민스터 소교리문답 강해

을 위해 행하는 것에만 적용된다.

이 단어는 성경적 용어이고, 아주 오래전부터 자주 사용되었다. 그래서 성경은 보디발을 애굽 왕 바로의 "직분자"라고 말한다. 이스라엘의 장로들과 사사들도 이 명칭으로 불렸다. 또한 성경에서는 제사장의 직분, 목회자의 직분, 집사의 직분이라는 표현을 사용한다. 바울은 "내가 이방인인 너희에게 말하노라 내가 이방인의 사도인 만큼 내 직분을 영광스럽게 여기노니"(롬 11:13)라고 말한다.

"직분"이라는 단어는 성경에서 주님의 일이나 그중 한 부분을 가리키는 데 사용되지는 않기 때문에 신학적 저작들, 특히 교리문답으로 우리에게 친숙해졌다. 주님의 일을 선지자직, 제사장직, 왕직으로 분류하는 것은 어느 정도 자의적으로 여겨질 수 있다. 성경에서 우리 주님이 우리를 위해 행하셨고 지금도 여전히 행하고 계시는 모든 일을 이 세 가지 범주로 다 포괄할 수 없다고 말하는 것이 합당할 수 있다. 우리 주님이 행하셨거나 행하고 계시는 일이나 관계 가운데 분명 이 세 가지 직분으로는 포괄할 수 없는 명칭도 있다. 예컨대 주님이 좋아하신 "목자"라는 명칭 속에는 모든 직분이 함축되어 있다.

그럼에도 이 세 가지 직분으로 분류하는 것은 성경신학에서 오랫동안 통용되었고, 많은 점에서 학습자와 설교자에게 유익하다. 그리스도의 일을 이렇게 분류하는 것은 위대한 신학자들에게서 처음 시작되어 현대 복음 신학의 모든 체계에서 확실하게 자리를 잡았다.

"낮아지심과 높아지심"

"유대인들은 메시아를 두 가지 모습으로 묘사했다. 그들은 메시아의 비천한 상태나 고난과 관련된 모든 것을 그중 하나에 돌렸고, 능력과 영광은 다른 것에 돌렸다. 그리고 전자를 지칭할 때는 요셉의 아들이라고 했고, 후자를 지칭할 때는 다윗의 아들이라고 했다"(피어슨).

적용

"하나님이 어떻게 거룩하심을 보존하시면서도 죄를 용서할 수 있으신지, 나는 도무지 알 수가 없다. 이 지점에서 나는 아무런 말도 할 수 없고, 내 이성도 아무런 도움이 되지 않는다……이런 일이 어떻게 가능한지를 내게 말해달라. 그러면 나는 당신을 나의 선지자와 제사장과 왕으로 모실 것이다. 그런 일은 오직 나의 선지자이시고 제사장이시며 왕이신 분에게만 진정으로 가능하기 때문이다"(어빙).

제24문

문   그리스도께서는 선지자의 직분을 어떻게 행하십니까?

답   그리스도께서는 우리의 구원을 위한 하나님의 뜻을 자신의 말씀과 성령으로 우리에게 계시하심으로써 선지자의 직분을 행하십니다.[45]

"선지자의 직분"

"선지자"라는 명칭은 이 대답에서 주어진 직분을 제대로 정의하고 묘사한다. 직분이라는 것은 다른 사람을 위해 맡은 자리나 수행하는 직무인데,

---

45 "본래 하나님을 본 사람이 없으되 아버지 품 속에 있는 독생하신 하나님이 나타내셨느니라"(요 1:18), "이 구원에 대하여는 너희에게 임할 은혜를 예언하던 선지자들이 연구하고 부지런히 살펴서 자기 속에 계신 그리스도의 영이 그 받으실 고난과 후에 받으실 영광을 미리 증언하여 누구를 또는 어떠한 때를 지시하시는지 상고하니라 이 섬긴 바가 자기를 위한 것이 아니요 너희를 위한 것임이 계시로 알게 되었으니 이것은 하늘로부터 보내신 성령을 힘입어 복음을 전하는 자들로 이제 너희에게 알린 것이요 천사들도 살펴 보기를 원하는 것이니라"(벧전 1:10-12), "이제부터는 너희를 종이라 하지 아니하리니 종은 주인이 하는 것을 알지 못하라 너희를 친구라 하였노니 내가 내 아버지께 들은 것을 다 너희에게 알게 하였음이라"(요 15:15), "오직 이것을 기록함은 너희로 예수께서 하나님의 아들 그리스도이심을 믿게 하려 함이요 또 너희로 믿고 그 이름을 힘입어 생명을 얻게 하려 함이니라"(요 20:31).

선지자는 다른 이를 대신해 그의 뜻을 전하고 해석하는 사람이기 때문이다. "선지자 직분의 가장 온전한 의미는 사람들에게 하나님을 전해서 알게 하는 것이다"(웨스트코트가 요한복음 1장 7절과 관련해서 한 말). 그리스도께서 자신을 선지자라고 말씀하신 예들은 요한복음 7장 16절, 8장 28절, 12장 49절, 15장 10절, 24절에서 찾을 수 있다.

"그리스도는 다른 무엇보다도 선지자셨다. 즉, 이 세상에 오셔서 하나님의 뜻을 선포할 바로 그 선지자셨다. 그는 사람들이 타락시키고 변질시킨 자연법을 새롭게 널리 알리셨다. 자연법에 대한 지식이 상당히 상실되었기 때문이다. 그는 장래에 있을 하나님의 심판을 생각해 지금 이 세상에서 바르고 의롭고 경건하게 살아갈 것을 모든 사람에게 권위 있게 가르치셨다. 그는 이 자연의 도덕 체계가 참됨을 확증해주심으로써, 증언이라는 추가 증거를 우리에게 주셨다. 그는 하나님을 예배하는 방법, 회개의 효력, 내세에서의 상과 벌에 대해 분명하게 계시하셨다. 이렇듯 그는 인류 역사상 선지자라 불렸던 모든 사람 중 유례가 없었던 진정한 선지자셨다"(버틀러).

"그는 지금까지 선지자들이 보여주었던 모든 것을 자기 자신 안에 다 가지고 계셨다. 이사야의 비애, 호세아의 암울함, 예레미야의 온유함, 아모스의 쾌활함, 잠언 기자들의 통찰력, 시편 기자들의 정서 세계 전체가 모두 그 안에 있었다"(하우스라트).

"계시하심으로써"

"내 아버지께서 모든 것을 내게 주셨으니 아버지 외에는 아들이 누구인지 아는 자가 없고 아들과 또 아들의 소원대로 계시를 받는 자 외에는 아버지가 누구인지 아는 자가 없나이다 하시고"(눅 10:22). "본래 하나님을 본 사람이 없으되 아버지 품속에 있는 독생하신 하나님이 나타내셨느니라"(요 1:18). "예수 그리스도의 계시라 이는 하나님이 그에게 주사 반드시 속히 일어날 일들을 그 종들에게 보이시려고 그의 천사를 그 종 요한에게 보내어 알게 하신 것이라"(계 1:1).

"그리스도께서 알게 하신 구원의 길은 계시다. 그것은 이미 알려져 있던 것이 아니다. 이론도 아니고, 꾸며낸 이야기도 아니며, 깊이 생각해서 만들어낸 사변도 아니다. 구원의 길은 학문처럼 이성으로 발견해낸 것이 아니다. 그래서 신앙에서 개선이라는 것은 터무니없다"(크로마티의 스튜어트).

"자신의 말씀과 성령으로"
"성경은 부분적인 계시를 견고하게 구축한 것이다. 옛적에는 하늘로부터 온 꿈과 묵시와 음성이 있었고, 우림과 둠밈이 있었다. 이렇게 하나님은 '여러 부분'과 '여러 모양'으로 계시하였지만, 마지막 날에는 자기 아들을 통해 말씀하셨다……성경은 우리의 지각과 양심과 정서와 영혼 전체를 향해 말한다. 말씀이 있는 곳에는 성령의 감화도 있다. 성령의 감화는 말씀 속으로 흘러들어가 자신을 구체화한다. 성령의 약속을 주신 하나님을 찬송하라. 성령은 하나님의 권위와 전능하심과 은혜로 어둠에서 빛이 있으라고 명령한다. 당신이 그리스도의 영을 사랑하지 않는다면, 당신은 그리스도께 속한 자가 아니다"(스튜어트).

"우리의 구원을 위한 하나님의 뜻"
"정해진 때 성자는 성부로부터 오셔서 외부 세계에 자신의 모습을 나타내셨다. 처음에는 이 세계의 창조주로서, 다음으로는 교사, 비밀의 계시자, 중보자, 하나님의 영광을 드러내는 자, 하나님의 본체의 형상으로서. 성자와 영원하신 성부 사이에는 구름이나 형상이나 상징이나 말도 없다. 성자는 성부의 말씀이시기 때문에, 성부와 성자 사이에는 어떤 언어도 필요하지 않다. 성자는 본성적으로 영원 전부터 성부를 알고, 성부가 아는 모든 것을 알기 때문에, 성부는 성자에게 지식을 나누어줄 필요도 없다"(뉴먼).

"예수에 관한 교리가 고도로 종교적인 성격을 띤다는 말로는 충분하지 않다. 그 교리에는 다른 교리들과 비슷한 점도 있지만, 독특한 구원론적

특성도 존재한다……그것은 일반적인 종교적 진리가 아니라, 그리스도로 말미암아 빛을 보내는 구원에 관한 특별한 진리다"(오우스터제이).

적용

1. "예수 그리스도의 가장 고유하고 주된 직분 중 하나는 지각의 결함을 고치는 것이다……말씀 안에 있는 온갖 교훈과 책망과 가르침들은 그리스도께서 우리의 병든 판단력을 고치시기 위해 우리 머리에 붙이신 고약들이 아니고 무엇이겠는가? 그리스도께서는 우리의 판단력을 고치심으로써 다른 기능까지 고치시고자 했다"(굿윈).

2. "교회의 선지자이자 교사이신 그리스도께서 주신 가르침이 지닌 위대한 주제는 우리의 구원을 위한 하나님의 뜻이었다. 그는 학문이나 예술을 가르치기 위해 오신 것이 아니었다. 그런 정보를 얻기 위한 다른 수단은 이미 우리에게 주어져 있다"(스튜어트).

3. "이것이 주는 첫 번째 교훈은 무엇인가? 그리스도께서 그들의 선생이시라면, 아무도 자신의 본성적인 연약함 때문에 낙심할 필요가 없다(마 11:25)"(플라벨).

   "아무리 출신이 비천하고 교육을 받지 못한 사람이라도 하나님의 길과 일을 온전히 알 수 있다. 뿐만 아니라, 이 세상에서 가장 지혜로운 사람보다 훨씬 더 잘 알 수 있고 더 참되게 알 수 있다. 후자에게는 복음이 감춰져 있기 때문이다. 신앙은 놀라운 비밀들의 보고다. 그 비밀들은 다른 사람에게 전해줄 수 없지만, 너무나 즐겁고 유쾌한 것들이다. '너는 내게 부르짖으라 내가 네게 응답하겠고 네가 알지 못하는 크고 은밀한 일을 네게 보이리라'"(뉴먼).

제25문

문   그리스도께서는 제사장의 직분을 어떻게 행하십니까?

답   그리스도께서는 자신을 단번에 제물로 드려 하나님의 공의를 만족시키셔서,[46]

---

46 "하물며 영원하신 성령으로 말미암아 흠 없는 자기를 하나님께 드린 그리스도의 피가

우리를 하나님과 화해시키시고,[47] 우리를 위해 항상 중보하심으로써[48] 제사장의 직분을 행하십니다.

"제사장의 직분"

"구원이 유대인에게서 남이라"(요 4:22). 구원에 관해 우리가 쓰는 어휘는 하나님의 옛 백성이 쓰던 모국어였다. 유대인의 말, 유대인의 규례, 유대인의 경험이 신약성경과 기독교의 모든 사실 및 교리와 혼합되어 있다. 기독교의 속죄에 관한 교리에서 우리는 지금도 여전히 유대인의 방식을 좇아 생각하고 말한다. 보좌와 그 위에 앉아 계시는 입법자와 심판주, 보좌 옆에 서서 거기로 나아오는 모든 사람에게 속죄의 피를 뿌리는 제사장과 중보기도자―이 모든 비유와 장면을 설명하고 묘사하는 단어들은 모세 율법에 나오는 제사 의식에서 가져왔다.

이 개념들이 어찌나 신성하고 꼭 필요했던지, 성령의 감동을 받은 사도가 자신의 독자를 유대 전통으로부터 건져내려고 서신을 쓸 때조차 이를 계속 사용할 수밖에 없었다. 그는 하나님의 뜻을 따라 유대교에서 벗어나 자신의 길을 걸어가려고 했을 때조차 유대인으로서 글을 쓸 수밖에 없었다. 히브리서는 그 전체가 하나님의 감동을 받아, 유대인의 시대는 지나갔고, 유대인의 믿음과 예배는 낡아 없어지게 되었음을 논증하는 서신이다. 하지만 성경 중 그 언어와 사고방식에서 히브리서보다 더 유대적인 책은 없다.

어찌 너희 양심을 죽은 행실에서 깨끗하게 하고 살아 계신 하나님을 섬기게 하지 못하겠느냐⋯⋯이와 같이 그리스도도 많은 사람의 죄를 담당하시려고 단번에 드리신 바 되셨고 구원에 이르게 하기 위하여 죄와 상관 없이 자기를 바라는 자들에게 두 번째 나타나시리라"(히 9:14, 28).

47 "그러므로 그가 범사에 형제들과 같이 되심이 마땅하도다 이는 하나님의 일에 자비하고 신실한 대제사장이 되어 백성의 죄를 속량하려 하심이라"(히 2:17).

48 "예수는 영원히 계시므로 그 제사장 직분도 갈리지 아니하느니라 그러므로 자기를 힘입어 하나님께 나아가는 자들을 온전히 구원하실 수 있으니 이는 그가 항상 살아 계셔서 그들을 위하여 간구하심이라"(히 7:24-25).

　　　　　　　　　　　웨스트민스터 소교리문답 강해

"제사 의식은 하나님이 정해주신 것이었고, 제사장 제도를 창설하고 제사장을 부르신 것도 하나님이셨다. 제사장 직분의 본질에는 죄가 내포되어 있다. 제사장은 근본적으로 그리고 본질적으로 중보자 또는 중보기도자였고, 오직 죄가 없을 때만 중보기도자가 필요하지 않다. 중보자가 필요한 것은 창조주와 피조물 간의 거리 때문이 아니었고, 창조주와 죄를 지은 피조물 간의 거리 때문이었다"(스튜어트).

"자신을 드려서"

"모든 제사에서는 누구에게 드리고, 무엇을 드리며, 누구를 위해 드리는지가 고려되고, 제사는 오직 하나님에게만 드려지는 것이기 때문에, 우리의 대제사장께서는 우리를 위해 제사장이 되심과 동시에 제물이 되셔서 자신을 하나님께 드리셨다"(암브로시우스).

"속죄 교리의 핵심은 대속적 성격이다. 만일 그 성격을 제거해버리면, 속죄와 관련된 신약성경의 어휘와 표현 전체―영역성경에서만이 아니라 원어에서도―를 근본적으로 다 바꾸어야 한다. 성경의 언어는 대속적인 개입 외에는 어떤 것에도 맞춰져 있지 않다"(포프).

"제물로 드려 하나님의 공의를 만족시키셔서"

"제사는 그리스도 이전에 예배의 중심이었다. 제사는 히브리인들의 예배에서 그리스도의 보혈의 공로를 통한 하나님의 사랑, 속죄와 제사, 화해를 예표하는 부분이었다"(퍼시).

"하나님의 존귀하심은 단순히 불쌍하다는 이유로 하나님이 죄인들을 용서하실 수는 없게 만든다. 만일 하나님이 그렇게 하신다면, 불의한 자들이나 의로운 자들이나 매한가지가 되고, 하나님 나라의 모든 질서가 무너진다. 그뿐만 아니라, 불의도 하나님처럼 율법의 권위로부터 벗어나 존재함으로써 하나님과 동등해진다"(리츨).

"'만족'(satisfaction)이라는 단어는 일반적으로 사람들을 구원하기 위한 그리스도의 특별한 사역을 지칭하는 데 사용된 단어다. 이 단어가 어원론적으로 지니는 정확한 의미는 '충분히 행했다'이다. 이 단어는 정확하고 포괄적이고 일반적으로 받아들여졌기 때문에, 고수되고 유지되어야 한다"(찰스 하지).

"하나님의 공의를 만족시킴으로써 죄를 지워버리고 우리가 이제 더 이상 저주와 죽음의 선고 아래 있지 않게 해준 것은 오직 그리스도의 죽음의 제사에서 찾아야 한다"(칼뱅).

"우리를 하나님과 화해시키시고"

"화해시킨다"(reconcile)는 것은 사이가 틀어졌거나 적대적이었던 관계를 회복시키는 것이다. 그리스도께서 제사장으로서 이 일을 하셨다. 그는 죄를 제거하셔서, 하나님과 죄인 사이에 평화를 가져다주셨다. 그래서 바울은 복음을 "화목하게 하는 말씀"(화해의 말씀 — 옮긴이)이라고 부른다.

"'성경은 우리 구주께서 사람을 하나님과 화해시키셨지, 하나님을 사람과 화해시키셨다고 하지는 않는다'고 말할 필요는 없다. 성경의 언어에서 사람을 하나님과 화해시켰다는 것은 우리의 세속 언어로는 하나님을 사람과 화해시켰다는 것, 즉 전에는 사람에 대해 진노하셨던 하나님으로 하여금 사람을 향해 은혜와 자비를 베푸시게 했다는 것을 의미하기 때문이다"(피어슨).

"그는 십자가 위에서 우리를 위해 하나님의 공의를 만족시키셨다. 이는 그런 식으로 화해를 이루고자 하셨던 하나님의 영원하신 뜻을 따른 일이었다(로마서 4장 25절에 대한 칼뱅의 주석).

"우리를 하나님과 화해시킬 필요가 있었던 것은 우리가 죄로 말미암아 하나님과 적대 관계에 있었기 때문이다(사 59:2). 마치 의로운 재판장이 범법자에게 적대감을 지닌 것처럼, 하나님은 죄를 지은 우리에게 율법적으로 적대감을 지니셨지만, 그럼에도 우리를 사랑하셨다(마 5:25). 반면 우리는 본성적으로 하나님에 대한 진정한 적대감, 즉 하나님에 대한 사랑과 양립할 수 없는 적대감을 지니고 있다(골 1:21)"(보스턴).

"제사장의 직분은 사람이 아니라 하나님을 상대해야 했다는 점에서 다른 직분과 달랐다. 성령의 감동을 받은 선지자나 사도로부터 복음 전도자, 감독, 장로, 집사에 이르기까지 다른 직분은 하나님이 사람을 상대하라고 세우신 것들이었다. 제사장도 하나님의 명령으로 직분을 맡는 것은 똑같았지만, 다른 직분은 사람을 향했던 반면에, 제사장 직분은 하나님을 향했다"(스튜어트).

"우리를 위해 항상 중보하심으로써"

"중보한다"(intercede)는 것은 서로 사이가 좋지 않은 두 당사자를 화해시킬 목적으로 그 사이에 끼어드는 것이다. 성경은 우리를 위한 그리스도의 중보를 말함으로써 차고 넘치는 위로를 준다. 사도는 "누가 정죄하리요"라고 반문한 후에, "죽으실 뿐 아니라 다시 살아나신 이는 그리스도 예수시니 그는 하나님 우편에 계신 자요 우리를 위하여 간구하시는 자시니라"(롬 8:34)고 말한다.

"우리는 이 중보를 비굴하거나 미덥지 않은 것이 아니라, 반드시 효력이 있는 영광스러운 중보로 여겨야 한다. 하늘과 땅에서 모든 권세가 주어진 분이 하시는 중보이기 때문이다"(피어슨).

이 중보는 영속적이고 무조건적이며 절대적인 효력을 지닌다. 이 중보는 말과 호소로 이루어지지 않는다. 우리의 본성을 입으신 그리스도께서 하나님 오른편에 앉아 계시는 것 자체가 우리로 하여금 그의 죽으심의 열매를 보장받게 해준다. 그래서 정통 신학자들은 그리스도의 중보가 말이 아니라 실제라고 했다.

우리는 성경 속에서 그리스도의 역사가 우리를 위해 이루어낸 것들과 그 역사가 우리 안에서 만들어내는 결과 사이의 상응관계를 분명하게 알아낼 수 있다. 성경은 자주 그리스도께서 이 땅에서는 우리의 죄를 위해 자신을 주셨고, 하늘에서는 우리를 위해 중보하고 계신다고 구별해서 말한다. 사도는 로마서에서 이것을 아주 분명하게 표현한다. "이제 우리가 그의 피로 말미암아 의롭다 하심을 받았으니 더욱 그로 말미암아 진노하심에서 구원을 받을 것이니 곧 우리가 원수 되었을 때 그의 아들의 죽으심으로 말미암아 하나님과 화목하게 되었은즉 화목하게 된 자로서는 더욱 그의 살아나심으로 말미암아 구원을 받을 것이니라"(롬 5:9-10). 우리의 과거 죄들은 그리스도를 죽게 한 원인이다. 우리가 거룩하게 되고 구원받는 것은 그리스도의 중보의 목적이자 열매들이다.

"하늘에서 그리스도의 중보는 성부의 발 앞에 엎드려 간청하는 것이 아니라, 왕관을 쓰고 보좌에 앉은 왕으로서 성부의 오른편에서 위풍당당함과 엄위하심 가운데 자기 백성과 그들의 관심사를 성부께 강력하게 환기시키는 것이다"(트레일).

적용

1. "죄의 본질적인 개념은 단지 빚을 지거나 손해를 끼쳤다는 것이 아니라, 하나님의 율법을 범했다는 것이다. 따라서 우리가 우리 죄를 다루시는 하나님을 생각할 때 고려해야 할 하나님의 주된 특성이나 측면은 하나님이 자신의 뜻에 따라 채무를 탕감해주거나 손해를 용서해주실 수도 있는 채권자 또는 피해자라는 것이 아니다. 우리가 고려해야 할 것은 하나님은 정의롭고 공의로운 율법을 공포해 죽음의 형벌로써 죄를 금지하신 입법자와 심판주이시라는 특성과 측면이다. 그리고 입법자와 심판주로서의 하나님은 자신의 완전하심과 만유 전체에서 거룩함으로 인해 자신이 어떤 분이신지를 온전히 증명하시고, 율법의 존엄을 유지하시며, 도덕적인 통치를 견고하게 세우시지 않으면 안 된다. 따라서 하나님은 어떤 식으로든 이 모든 것이 온전히 제대로 충족되기 전에는 죄를 용서하실 수 없다"(커닝엄).

2. "여기에서는 피에 적신 옷을 입으신 중보자와 화해를 시키는 분으로서의 그리스도를 고찰한다. 죄인들이 그토록 사모하는 것은 바로 그 그리스도다. 그리고 죄인들이 의롭다 하심을 얻기 위해 믿고 간구할 합당한 대상도 바로 그 그리스도다. 바울은 그리스도 중에서도 무엇보다도 '십자가에 못 박히신' 그리스도를 전했다"(굿윈).

웨스트민스터 소교리문답 강해

제26문

문 그리스도께서는 왕의 직분을 어떻게 행하십니까?

답 그리스도께서는 우리를 자기에게 복종시키시고,[49] 우리를 다스리시고[50] 보호하시며,[51] 자신과 우리의 모든 원수들을 억제하시고 정복하심으로써[52] 왕의 직분을 행하십니다.

"왕의 직분"

"왕의 직분"에 대한 자세한 설명은 대교리문답 제45문의 답을 보라.

"우리를 자기에게 복종시키시고"

우리는 하나님과 그리스도를 거슬러 반역하는 상태로 태어난다. 우리 모두 우리의 조물주와 구속주로부터 소외된 세계로 태어난다. 따라서 그리스도의 주요 직분 중 하나는 우리를 복종시키는 것이다. 이 때문에 모든 회심은 정복으로 표현된다. 율법 아래에 있다가 그리스도께로 점점 더 나아가는 것이 영혼의 은혜와 구원의 삶이다. 그리스도의 규는 그의 능력의 상징이라기보다는 우리의 구원의 상징이다.

"세상 나라들은 정의가 아니라 불의 위에 세워져 있다. 그 나라들은 칼과 강도 행위, 잔인함, 거짓말, 교활한 술수, 사기로 세워진다. '죄 안에서'

---

49 "하나님이 처음으로 이방인 중에서 자기 이름을 위할 백성을 취하시려고 그들을 돌보신 것을 시므온이 말하였으니"(행 15:14, 16).

50 "대저 여호와는 우리 재판장이시요 여호와는 우리에게 율법을 세우신 이요 여호와는 우리의 왕이시니 그가 우리를 구원하실 것임이라"(사 33:22).

51 "보라 장차 한 왕이 공의로 통치할 것이요 방백들이 정의로 다스릴 것이며 또 그 사람은 광풍을 피하는 곳, 폭우를 가리는 곳 같을 것이며 마른 땅에 냇물 같을 것이며 곤비한 땅에 큰 바위 그늘 같으리니"(사 32:1-2).

52 "그가 모든 원수를 그 발 아래에 둘 때까지 반드시 왕 노릇 하시리니"(고전 15:25), 시편 110편 전체.

제26문

119

잉태되고 태어나서 성장하고 교육받지 않은 나라는 그리스도의 나라밖에 없었다. 세상 나라들은 하나도 빠짐없이 존재하는 동안에는 계속해서 범죄하고 악행을 저지르다가 망해서야 비로소 그런 것들을 멈추게 된다.

침략과 찬탈로 시작하지 않은 왕정이 인류 역사에 존재했는가? 아집과 폭력과 위선 없이 성공한 혁명이 있었는가? 양심이나 책임 따위는 안중에도 없다는 듯 시류를 따라 흘러가지 않은 대중적인 정부가 있었는가? 이기적이지 않고 비양심적이지 않은 소수의 지배가 있었는가? 무력을 지니고도 전쟁에 광분하지 않은 집단이 있었는가?

하지만 그리스도의 나라는 다르다. 그리스도의 나라와 세상 나라 간에는 근본적인 차이가 존재한다. 세상 나라들은 악으로부터 생겨나 악에 의지하여 유지되는 반면, 교회의 생명은 세상 제국이 무너진 자리, 즉 오래 참음, 꾸밈없음, 순수함, 양보, 수동성, 자기 부인에 있다"(뉴먼).

"우리를 다스리시고 보호하시며"

그리스도께서는 우리를 복종하게 하신 후에 우리를 다스리신다. 그리스도께서는 모든 일에 그의 법과 성령을 우리 삶의 법으로 삼으라고 강요하시지 않고, 온유하게 설득하시며 강력하게 권고하신다. 우리는 우리가 자신의 것이 아니라고 고백하는 것을 자랑스럽게 여긴다. 지금까지 우리가 행해왔던 것들은 우리 자신의 것이었지만, 이제 우리는 그리스도의 것이기 때문에, 전에 행해왔던 것들을 더 이상 하지 않는다. 사도는 "너희 몸과 영혼은 그의 것"이라고 말한다. 몸이나 영혼을 잘못 사용해 언약을 깨뜨릴 때마다, 그것은 하늘에 계신 우리 왕을 대적하는 반역 행위다.

하지만 왕의 직분에는 신민들을 다스리는 것뿐 아니라 보호하는 것도 포함된다. 그런 경험이 그의 신민들에게 다음과 같이 찬송하라고 가르친다. "여호와는 나의 반석이시요 나의 요새시요 나를 건지시는 이시요 나의 하나님이시요 내가 그 안에 피할 나의 바위시요 나의 방패시요 나의 구원의 뿔이시요 나의 산성이시로다"(시 18:2). 성경은 주님을 보좌 위에 앉아 계신 제사장으로 보여준다. 다시 말하면, 중보기도자로서 우리 주님의 능력은 왕으로서 가지고 계신 능력에 결코 뒤지지 않는다. 하늘과 땅의 모든 능력이 우리 주님의 손에 있고, 주님은 바로 그 능력을 사용하셔서 자기 백성을 복종하게 하시고 다스리시며 보호하실 수 있다.

"자신과 우리의 모든 원수들을 억제하시고 정복하심으로써"

그리스도의 원수들과 그리스도의 신민들의 원수들은 현세적인 원수들과 영적인 원수들, 이렇게 두 종류다. 현세적인 원수들로는 그리스도의 복음과 백성을 반대하고 박해하는 자 그리고 그리스도의 이름을 비웃고 조롱하며 욕하는 자들이 있다. 반면 성경의 일반적인 분류에 의하면, 그리스도와 우리의 영적인 원수는 죄와 사탄과 사망이다.

피어슨은 죄를 억제하고 정복하는 것에 대하여 중요한 말을 우리에게 들려준다.

왕이신 그리스도는 그의 나라에 속해 있는 모든 사람 안에 있는 죄의 능력을 파괴하시고, 자신의 죽으심의 효력에 의거해 그들의 죄책을 제거하시며, 자신의 유효한 은혜를 통해 죄의 지배를 멸하시고, 은혜의 지배를 통해 죄의 오점을 제거하신다. 반면, 버려진 자들과 저주받은 영혼들 속에서는 죄에 의한 완벽한 오염이 지속되고, 죄의 지배와 절대적인 능력이 지속되며, 죄로 인한 죄책도 지속되어서 영원한 형벌의 때까지 이어진다. 그러나 이 모든 것은 그리스도의 보좌에 종속되어 있다. 그리스도의 영광은 충성하는 자들에게 상을 주시는 것에만 있는 것이 아니라 반역을 벌하시는 것에도 있기 때문이다.

사탄을 억제하고 정복하는 것에 대해서는 히브리서 2장 14절과 요한일서 3장 8절을 보고, 또한 복음서에 나오는 시험에 관한 이야기와 요한계시록 전체를 보라. "맨 나중에 멸망 받을 원수는 사망이니라……이 썩을 것이 썩지 아니함을 입고 이 죽을 것이 죽지 아니함을 입을 때는 사망을 삼키고 이기리라"(고전 15:26, 54). "사망과 음부도 불못에 던져지니 이것은 둘째 사망 곧 불못이라"(계 20:14). "그가 모든 원수를 그 발 아래에 둘 때까지 반드시 왕 노릇 하시리니"(고전 15:25).

제27문

문　그리스도의 낮아지심은 무엇에 있습니까?

답　그리스도의 낮아지심은 그가 태어나시되 비천한 처지로[53] 율법 아래에서[54] 나셔서, 현세의 비참한 일들[55]과 하나님의 진노하심[56]과 십자가의 저주받은 죽음[57]을 겪으시고, 장사되셔서[58] 얼마 동안 사망의 권세 아래 계신[59] 것에 있습니다.

53　"첫아들을 낳아 강보로 싸서 구유에 뉘었으니 이는 여관에 있을 곳이 없음이러라"(눅 2:7).

54　"때가 차매 하나님이 그 아들을 보내사 여자에게서 나게 하시고 율법 아래에 나게 하신 것은"(갈 4:4).

55　"믿음의 주요 또 온전하게 하시는 이인 예수를 바라보자 그는 그 앞에 있는 기쁨을 위하여 십자가를 참으사 부끄러움을 개의치 아니하시더니 하나님 보좌 우편에 앉으셨느니라 너희가 피곤하여 낙심하지 않기 위하여 죄인들이 이같이 자기에게 거역한 일을 참으신 이를 생각하라"(히 12:2-3), "그는 주 앞에서 자라나기를 연한 순 같고 마른 땅에서 나온 뿌리 같아서 고운 모양도 없고 풍채도 없은즉 우리가 보기에 흠모할 만한 아름다운 것이 없도다 그는 멸시를 받아 사람들에게 버림 받았으며 간고를 많이 겪었으며 질고를 아는 자라 마치 사람들이 그에게서 얼굴을 가리는 것 같이 멸시를 당하였고 우리도 그를 귀히 여기지 아니하였도다"(사 53:2-3).

56　"예수께서 힘쓰고 애써 더욱 간절히 기도하시니 땀이 땅에 떨어지는 핏방울 같이 되더라"(눅 22:44), "제구시쯤에 예수께서 크게 소리 질러 이르시되 엘리 엘리 라마 사박다니 하시니 이는 곧 나의 하나님, 나의 하나님, 어찌하여 나를 버리셨나이까 하는 뜻이라"(마 27:46).

57　"사람의 모양으로 나타나사 자기를 낮추시고 죽기까지 복종하셨으니 곧 십자가에 죽으심이라"(빌 2:8).

58　"장사 지낸 바 되셨다가 성경대로 사흘 만에 다시 살아나사"(고전 15:4).

59　"하나님께서 그를 사망의 고통에서 풀어 살리셨으니 이는 그가 사망에 매여 있을 수 없었음이라……그러므로 내 마음이 기뻐하였고 내 혀도 즐거워하였으며 육체도 희망에 거하리니 이는 내 영혼을 음부에 버리지 아니하시며 주의 거룩한 자로 썩음을 당하지 않게 하실 것임이로다……미리 본 고로 그리스도의 부활을 말하되 그가 음부에 버림이 되지 않고

"그리스도의 낮아지심"

"낮아지심"(humiliation)은 "땅과 가까운"을 뜻하는 라틴어 '후밀리스'(humilis)에서 왔고, "human"(인간의)과 "homage"(충성 서약)라는 단어도 이 어근에서 왔다. 이것은 주님에게 적용된 성경적인 용어다(행 8:33; 빌 2:8). 그리스도의 낮아지심 속에 있는 일련의 단계가 이 대답으로 제시되었다.

"그가 태어나시되"

시편 기자는 하나님께서 "하늘과 땅에 있는 것들을 살피시는" 것조차 "자신을 낮추시는" 것이라고 말한다(시 113:6, 개역개정에는 "스스로 낮추사 천지를 살피시고"). 그렇다면 하나님이 이 땅에 오셔서, 이 대답에서 말하는 모든 것을 겪으신 것은 도대체 무엇이라고 해야 하는가! 사람들은 천국에서 영광과 찬송 가운데 계시는 하나님이 자신의 몸을 굽혀 이 땅과 그 비참한 현실을 굽어보시는 것을 하나님의 낮아지심이라고 생각조차 하지 않는다. 하지만 하나님이 이 땅에 비천한 처지로 오셔서, 그 비천한 처지에 걸맞는 온갖 일을 겪으신 후에 죽으시고 장사되기까지 하신 것은 우리의 상상력을 깨우고 심금을 울린다. 하나님의 영원하신 아들이 "여자에게서 나셨다"는 것은 우리가 상상할 수조차 없는 수준으로 한없이 낮아지신 것이기 때문이다.

"비천한 처지"

"첫아들을 낳아 강보로 싸서 구유에 뉘었으니 이는 여관에 있을 곳이 없음이러라"(눅 2:7). "살아 계신 하나님의 아들 그리스도께 도대체 무슨 일이 일어난 것인가? 그는 어디에서 태어나셨는가? 마구간에서. 조용하고 안락한 곳이 아니라 가축 사이에서 태어나는 지독한 모욕과 냉대를 겪으셨다. 그가 처음으로 사용한 요람은 무엇이었는가? '구유'였다. 이 땅에서

그의 육신이 썩음을 당하지 아니하시리라 하더니"(행 2:24, 26-27, 31).

그의 삶의 시작은 그러했다. 그 이후에도 그의 처지는 나아지지 않았다. 한번은 이렇게 말씀하셨다. '여우도 굴이 있고 공중의 새도 집이 있으되 인자는 머리 둘 곳이 없도다'(눅 9:58). '우리 주 예수 그리스도의 은혜를 너희가 알거니와 부요하신 이로서 너희를 위하여 가난하게 되심은 그의 가난함으로 말미암아 너희를 부요하게 하려 하심이라'(고후 8:9)"(뉴먼).

"율법 아래에서 나셔서"

"그리스도께서는 피조물과 아담의 자손으로서 도덕법 아래 나셨고, 아브라함의 자손으로서 모세의 율법 아래에서 나셨다"(굿윈).

"그리스도께서 자신을 복종시키셨던 율법은 첫째, 행위 언약으로서 아담에게 주어졌던 율법, 즉 완전한 순종을 통해서만 생명을 얻을 수 있다고 규정한 율법, 둘째, 유대인을 구속했던 모세 율법, 셋째, 의무의 준칙으로서의 도덕법이었다. 그리고 그리스도께서는 자발적이고 대속적으로 율법에 복종하셨다"(찰스 하지).

"현세의 비참한 일들"

"섭리의 경륜과 피조물들의 적대감으로 인해 그가 겪은 일들은 인류 역사상 어떤 사람이 겪은 것보다도 훨씬 더 서글펐다. 슬픔이 우리를 갉아먹듯이, 이 모든 일이 그를 끊임없이 갉아먹어서, 그는 '슬픔의 사람'(라틴어로 '비르 돌로룸'[vir dolorum])이 되었다. 사람들은 그의 모습이나 말이 30살이 아니라 50살에 더 가깝다고 보았다. 게다가 우리는 성경에서 그가 자신의 생애 동안 한 번이라도 웃으셨다고 말하는 것을 결코 듣지 못한다.

그는 지혜로 어리석고 우매한 것과 대화하셨고, 완전한 거룩하심으로 죄와 더러움을 상대하셨으며, 진리로 오류와 잘못 들을 상대하셨다. 지금까지 그런 사람은 존재하지 않았고, 존재할 수 없었다. 가까운 친척, 반대하는 자들, 반감을 품고 미워하는 자들과 대화하는 것이 얼마나 힘든 고역인가! 만일 하늘에 그대로 계셨다면, 얼마든지 훨씬 더 낫고 즐거운 대화를 하실 수 있으셨다. 하지만 그리스도께서는 지칠 줄 모르는 오래 참음으로 이 모든 것을 감내하셨다"(굿윈).

"하나님의 진노하심"

"진노하심"이라는 단어는 성경에서 하나님이 죄에 대해 나타내는 불쾌함을 표현하는 데 사용하는 친숙한 용어다. 그리스도께서는 완전하게 거룩하셨지만 우리의 죄를 담당하셨다(고후 5:21; 사 13:12).

"하나님의 진노하심은 그리스도의 영혼에 작용해, 그의 영혼을 괴로움과 지독한 놀람, 무거움과 극심한 슬픔으로 가득 채웠고, 그를 극도의 번민 속에 몰아넣어 땀이 커다란 핏방울이 될 정도였다. 그리고 마침내 그의 영혼에서 모든 위로가 완전히 사라졌고, 내면에서 그의 영혼은 녹아내렸다(요 12:27; 막 14:33, 34; 눅 22:44; 마 27:46; 시 22:14). 이것은 거룩한 영혼에게 임한 영적 죽음이었다. 그런데도 하나님의 진노하심이 전혀 죄가 없으신 사람이신 그리스도께 임한 것이 합당했음은 그가 죄인들을 대신한 담보이셨기 때문이었다(히 7:22; 잠 6:1, 2; 고후 5:21)"(호슬리).

"십자가의 저주받은 죽음"

"저주"와 "십자가"는 동일한 단어이고 동일한 것을 의미한다. 저주한다는 것은 원래 십자가 성호를 사용해 지독한 혐오를 표출하는 것을 의미했다.

"율법에서 나무에 달린 자들에게 선언한 저주는 제의적 저주이기 때문에 회개하는 자들의 구원을 가로막지 않는다(눅 23:33, 43). 하지만 낮아지신 상태에서 그리스도께 내려진 저주는 실체가 있는 진정한 저주였고, 그가 매달린 십자가 나무는 그 저주의 표상이자 표지일 뿐이었다(갈 3:13)"(보스턴).

"그리스도의 사랑은 그로 하여금 자신을 우리와 연합하게 만들었고, 그는 자신의 죽음을 통해 이 연합을 완성했다"(칼뱅). 하지만 우리는 이 전문적이고 신학적인 표현을 통해 제시되는 진리를 결코 잊어서는 안 된다. 생명의 연합은 죽으심에 의해 잠시 끊어졌지만, 인격적인 연합은 결코 끊어지지 않았다. (제21문의 답에서 "영원토록"에 대한 설명을 보라.)

"얼마 동안 사망의 권세 아래 계신"

소교리문답에 나오는 이 어구는 사도신경 중 "그가 지옥으로 내려가셨다"라는 어구를 통해 가르치는 모든 것을 포괄하기 위함이다.

보충 설명

빌립보서 2장 8절에 나오는 "자기를 낮추셨다"("자기를 비우셨다"로 번역하는 것이 더 낫다)라는 어구는 기독론에서 아주 중요하다. 수많은 주석자와 신학자는 영원하신 아들이 낮아지신 기간에 하나님으로서의 능력 및 영광을 "비우셨고," 오직 승천하신 후에야 그것들을 다시 회복하셨다고 말한다.

하지만 그런 불가능한 설명을 염려하며 진지하게 거부하는 더 나은 신학자들이 있다. 그들은 사도가 결코 변하실 수 없고 영원하신 아들이 "자기를 비우셨다"라고 말한 것을 문자 그대로가 아니라 비유적인 것으로 읽고, 우리 주님의 신성이 아니라 인성과 관련한 처지와 경험을 가리키는 것으로 해석해야 한다고 단언한다. 그 본문을 신성에 대한 것으로 보고 문자 그대로 해석하는 것은 그리스도의 신성과 하나님의 아들로서의 지위에 관한 교리에서 가장 중요한 원리와 모순되고 그 원리를 뒤집는 것이기 때문이다.

그들은 이렇게 말한다. 삼위일체 각각의 위격에서 신성은 결코 변할 수 없고 영원하다. 따라서 제2위의 신성도 마찬가지다. 성육신, 십자가, 무덤을 비롯해 그 어떤 것도 성자가 하나님으로서의 능력과 영광을 소유하고 행사하는 것을 조금이라도 중단시키거나 손상시킬 수 없다. 따라서 그들은 바울이 말한 "비우셨다"라는 말은 주님의 인성에 관한 것일 수밖에 없고, 오직 인성에 대해 단언한 것으로 이해해야 한다고 가르친다.

"그리스도는 자신 안에 그대로 계시면서 자신이 아닌 것이 되셨다." 하나님의 영원하신 아들이 사람이 되셨을 때, 그는 자신을 축소시키신 것이 아니라 확장시키셨고, 자신에게서 어떤 것을 덜어내신 것이 아니라 추가하셨다. 그는 자신의 신성과 그 영광스러운 속성을 비워내신 것이 아니라, 인성과 그 비천한 속성을 자신에게 더하셨다. 따라서 인성과 관련한 그의 "비우심"은 비유가 아니라 엄연한 현실이었고, 이 땅에서 지속적으로 이루어졌으며, 지금도 여전히 하늘에서 그의 영원하고 결코 변하지 않는 신성의 충만에 의해 채워지고 있다.

적용

"호메로스는 위대함에 대한 헬라적인 사고를 이런 말로 표현했다. '영원토록 선봉에 서서 이끌고, 다른 사람들을 능가하는 것.' 하지만 주 예수의 위대하심은 완전히 달랐다. 그의 길은 위가 아니라 아래를 향했다. 그의 위대하심은 올라가심이 아니라 내려가심에 있었다. 따라서 그의 위대하심은 찬란한 위대함이 아니라 조용한 위대함이었다. 그가 한 모든 행위의 목적은 미천하고 멸시받는 자들에게 가까이 다가가고, 잃어버린 자들을 찾으며, 섬김을 받는 것이 아니라 섬기는 것이었다"(울만).

제28문

문 그리스도의 높아지심은 무엇에 있습니까?

답 그리스도의 높아지심은 그가 사흘째 되는 날에 죽은 자들 가운데 다시 살아나시고,[60] 하늘에 오르셔서,[61] 성부 하나님 오른편에 앉아 계시고,[62] 마지막 날에 세상을 심판하러 오시는[63] 것에 있습니다.

---

60 "장사 지낸 바 되셨다가 성경대로 사흘 만에 다시 살아나사"(고전 15:4).
61 "주 예수께서 말씀을 마치신 후에 하늘로 올려지사 하나님 우편에 앉으시니라"(막 16:19).

"그리스도의 높아지심"

"그리스도의 높아지심"에 대해서는 대교리문답 제51-56문을 보라.

"그가 사흘째 되는 날에 죽은 자들 가운데 다시 살아나시고"

오늘날 그리스도의 부활에 대한 인식은 대체로 "그가 삼일 후에 다시 살아나셨다"는 사실에 국한한다. 하지만 그리스도의 부활은 바울에게 있어 훨씬 더 넓은 의미였다. 그것은 그리스도만이 아니라 그리스도인들에게도 새 생명이었다. 즉, 주님만이 아니라 신자에게도 부활이었다. 사도 바울의 서신은 그리스도의 부활에 대해 네 가지로 말하는데, 윤리적이거나 영적인 의미들이 문자적인 사실과 뒤섞여 있다. 첫째로, 그리스도의 부활은 많은 증인이 있는 외적인 사실이다. 둘째로, 그리스도의 부활은 복음의 내적인 생명 중 한 부분 또는 한 측면을 형성하는 하나의 개념 또는 교리이다. 셋째로, 그리스도의 부활은 신자의 부활의 표상이나 조건 또는 원인이다. 그리스도인은 그리스도와 연합되어 있듯, 그리스도의 부활과도 연합되어 있다는 것이다. 넷째로, 그리스도의 부활은 영적인 부활의 표상이나 조건 또는 원리이다. 그리스도의 부활에 대해 말하는 이 네 관점은 서로 쉽게 연결된다(조윗이 갈라디아서 1장 1절을 강해한 글 중 일부에 대한 요약).

"그리스도의 죽으심은 우리와 하나님의 화해를 위한 가장 중요한 사건이고, 그리스도의 부활은 우리와 하나님 사이에 진정한 화해가 이루어졌음을 보증하는 사건이다"(랑게).

---

62 "그의 능력이 그리스도 안에서 역사하사 죽은 자들 가운데 다시 살리시고 하늘에서 자기의 오른편에 앉히사"(엡 1:20).

63 "이르되 갈릴리 사람들아 어찌하여 서서 하늘을 쳐다보느냐 너희 가운데 하늘로 올려지신 이 예수는 하늘로 가심을 본 그대로 오시리라 하였느니라"(행 1:11), "이는 정하신 사람으로 하여금 천하를 공의로 심판할 날을 작정하시고 이에 그를 죽은 자 가운데 다시 살리신 것으로 모든 사람에게 믿을 만한 증거를 주셨음이니라 하니라"(행 17:31).

웨스트민스터 소교리문답 강해

"하늘에 오르셔서"

그리스도의 신성은 언제나 하늘에 있었기 때문에, 그리스도께서는 자신의 인성을 지니시고 승천하셨다.

"하늘이란 만유에 존재하는 모든 곳 가운데, 위치에서 가장 뛰어나고, 질적으로 가장 거룩하며, 위엄에서 가장 탁월하고, 영광에서 가장 찬란한 곳, 위에 있는 하나님의 성전 가장 안쪽에 있는 성소"(배로우).

"그리스도께서 오르신 하늘은 대기나 별이 있는 하늘이 아니다. 여기에서 '하늘'이라는 용어는 눈으로 볼 수 없는 하나님의 거처, 완전한 질서가 존재하는 곳, 이 땅에 있는 모든 의와 선이 나오는 곳을 나타내는 표상이다. 별들이 주기적으로 운행하고, 그 별들이 내뿜는 불의 광채가 있는 눈에 보이는 하늘은 언제나 사람들의 의식 속에서 눈에 보이지 않는 신적인 질서가 나타난 것이었다"(고데).

　그는 성부 하나님으로부터 나와서
　성부 하나님께로 신속하게 돌아가십니다.
　그는 저 깊은 지옥까지 내려가시지만,
　말로 표현할 수 없는 빛으로 신속하게 돌아가십니다(암브로시우스).

"성부 하나님 오른편에 앉아 계시고"

"이 비유는 왕이 자신을 보좌하는 자들을 두어 나라를 다스리고 명령을 내리도록 한 것에서 가져왔다. 성부 하나님은 그리스도 안에서 높임 받으시기를 기뻐하시고, 그리스도의 손을 빌려 만유를 다스리시길 기뻐하셔서, 부활하신 그리스도를 하늘로 올리시고 받으셔서 자신의 오른편에 앉히셨다고 성경은 말한다. 이것은 일시적으로가 아니라 그리스도께서 이 세상을 심판하러 다시 내려오실 때까지 하나님이 자신에게 있는 하늘과 땅을 다스리시는 권세를 그리스도께 공식적으로 맡기심을 의미한다……사도가 그리스도께서 성부 하나님의 오른편에 앉아 계신다고 말한 것은 모든 것이 그리스도에게 맡겨져 있음을 가르치기 위함이다"(칼뱅).

"오, 내 생각 속에는 그리스도, 그리스도만이 있었고, 내 눈 앞에는 그리스도 외에 아무것도 없었다. 나는 오로지 그리스도의 피, 장사 되심, 부활과 그로 인한 은택만을 구하고 있었다. 내 생각 속에는 오직 이것과 미덕, 관계, 직분, 역사가 함께 만나는 그리스도, 하늘에서 하나님의 오른편에 앉아 계시는 그리스도밖에 없었다"(번연).

"마지막 날에 세상을 심판하러 오시는"

우리의 심판주는 오직 신성만을 지니고 계시는 하나님이 아니라, 신성과 인성을 지니신 그리스도시다. 우리는 사람에 의해 심판을 받는다. 그리고 그 심판에서는 사람의 감정과 정서와 열정, 그리스도의 진노하심과 비웃으심과 혐오하심과 멸시하심만이 아니라, 그리스도의 불쌍히 여기심과 자애로우심이 총동원될 것이다. 우리에 대한 심판은 마치 우리가 세상 법정에서 재판장 앞에 서 있는 것처럼 가깝고 직접적이며 인격적일 것이고, 모든 것을 아시고 온전히 의로우신 하나님이 재판장의 자리에 앉아 계시기 때문에 모든 것이 낱낱이 다 드러날 것이다. 사람이신 그리스도 예수께서 우리 각 사람을 심판하실 것이다(행 17:31).

"그리스도의 승천과 영광 중 다시 오실 재림 사이에 이 두 사건만큼 중요한 사건은 없다. 그래서 이 두 사건은 함께 결합되어 있다. 따라서 사도들이 세상의 종말에 대해 말하기 전에 그리스도의 날이 아주 가까이 왔다고 제시한 것은 당연하다. 하나님이 그리스도의 승천과 재림 사이에 그리스도를 기다리게 하신 것은 그리스도의 위엄에 부합한다"(벵겔).

바울은 "곧 나의 복음에 이른 바와 같이 하나님이 예수 그리스도로 말미암아 사람들의 은밀한 것을 심판하시는 그날이라"(롬 2:16)라고 말한다. 이 본문에 대해 벵겔은 이렇게 말한다. "복음 전체는 그리스도에 관해 말하고, 그리스도께서 심판주로 오실 것임을 말한다……복음에 관한 신조와 최후의 심판에 관한 신조는 서로를 잘 드러내준다. 최후의 심판에 관한 신조는 지극히 복음적이다(행 10:42; 벧전 4:5).

적용

1. "우리 주님의 두 본성과 관련된 위대한 진리 중에서 그의 부활에 관한 진리보다 더 견고하게 붙들어야 할 것은 없다. 주님이 문자 그대로 장소에 있어 하늘로 올라가셨다는 것을 진심으로 믿는 것은 그 자체가 신성과 인성의 연합의 신비를 믿는 것이다"(엘리코트).

2. "이 순간에 인성은 피조된 본성 중 최고의 본성이고, 다른 어떤 것보다도 더 긴밀하게 신성과 연합되어 있다. 때가 되면, 우리의 머리되신 분이 계신 곳에 모든 지체들도 있게 될 것이다. 이 구절을 읽고 있는 당신이 누구이든, 우리가 당신에게 주고자 하는 메시지는 천사들이 놀라움 가운데 우러러보는 그 곳, 악한 영들이 자신들은 당신보다 죄가 덜하다고 확신하며 멸시하는 그 곳을 당신이 몇 년 내로 차지해야 한다는 것이다. 세상의 구주께서 사람들을 구속하시기 위하여 사람이 되셨기 때문에 그를 영접한 사람은 하늘보다 더 영광스럽고, 그리스도께서 값비싼 속전을 치르셨는데도 구속받기를 거부한 자는 지옥보다 더 비천하게 될 것임에 틀림없다"(도즈, 1830).

3. "우리는 장차 그리스도와 함께 앉아서 이 세상을 심판하기로 되어 있는데, 이 세상을 심판할 권한이 그리스도께 주어져 있음은 우리에게 위로가 된다. 그리스도께서 우리를 단죄하기 위해 심판 자리에 앉으신다는 것은 전혀 사실이 아니다. 지극히 자비로우신 왕께서 어떻게 자기 백성을 멸하실 수 있겠는가? 머리이신 분이 어떻게 자신의 지체들을 찢어버리실 수 있겠는가? 변호하는 자가 자신에게 변호를 의뢰한 자들을 어떻게 단죄할 수 있겠는가?

   우리에게 구원을 베풀어주신 구속주께서 재판장으로 앉으신 법정에서 우리가 장차 재판을 받게 될 것이고, 지금 복음 안에서 영원한 복을 약속하신 분이 그때 재판장으로서 자신의 약속을 지키실 것이라는 사실은 우리에게 엄청난 안도감을 준다. 성부께서 성자를 높이시고 그에게 모든 심판의 권한을 맡기신 목적은 심판이라는 말만 들어도 겁을 먹는 자기 백성의 양심에 평안을 주시기 위함이었다"(칼뱅).

4. 장차 그리스도께서 세상을 심판하러 오심은 틀림없는 사실이다. 다만 하나님이 정하신 때가 아직 멀 뿐이다(단 10:1).

제29문

문 우리는 어떻게 그리스도께서 값 주고 사신 구속에 참여하는 자들이 됩니까?

답 성령께서[64] 그 구속을 우리에게 유효하게 적용하심으로써,[65] 우리는 그리스도께서 값 주고 사신 구속에 참여하는 자들이 됩니다.

소교리문답의 구조에 주목하는 것은 유익하다. 제20문에서 그리스도와 그의 구속 사역에 관한 교리가 시작되었던 것과 마찬가지로, 제29문에서 성령에 관한 교리가 시작된다는 것을 유의하라. 논리적 방법론은 소교리 문답에서 가장 두드러지는 특징이다.

"그리스도께서 값 주고 사신 구속"

"구속"이라는 단어는 어원 자체가 "값 주고 사는 것"을 의미한다. 그래서 이 경우에 값 주고 사신 그리스도는 "구속주"라 불린다. 제20문의 답을 보라. "인자가 온 것은……자기 목숨을 많은 사람의 대속물로 주려 함이라"(마 20:28; 막 10:45). 종살이를 하고 있거나 포로가 된 사람들을 구속하기 위해 지불하는 돈을 속전이라고 한다.

성경은 도처에서 타락한 인간의 상태가 죄책과 종살이의 상태라고 가르친다. 그리스도께서는 자기 백성을 위한 속전으로 자신의 목숨을 내어 주심으로써 그들을 종살이로부터 구속하셨다. 바울은 "너희는 값으로 산 것이 되었으니"(고전 6:20, 7:23)라고 말했다. 베드로는 우리가 "대속함을 받은 것은 은이나 금같이 없어질 것으로 된 것이 아니요 오직 흠 없고 점 없

---

64 "우리를 구원하시되 우리가 행한 바 의로운 행위로 말미암지 아니하고 오직 그의 긍휼하심을 따라 중생의 씻음과 성령의 새롭게 하심으로 하셨나니 우리 구주 예수 그리스도로 말미암아 우리에게 그 성령을 풍성히 부어 주사"(딛 3:5-6).

65 "영접하는 자 곧 그 이름을 믿는 자들에게는 하나님의 자녀가 되는 권세를 주셨으니"(요 1:12).

는 어린 양 같은 그리스도의 보배로운 피로 된 것이니라"(벧전 1:18-19)라고 말한다. "값 주고 사신 구속"은 전적으로 성경적인 표현이다.

"그리스도의 피로 죄를 용서받았다는 것과 관련해 우리는 두 가지를 고찰해야 한다. 첫째, 죄 용서를 확보한 방식. 둘째, 그리스도께서 죄 용서를 베푸시는 방식. 첫 번째는 심오하고 신비하며 무시무시하다. 그리스도께서 십자가에서 흘리신 피, 그의 영혼의 수고, 그리스도께서 진노와 저주를 다 받아내신 것을 통해 죄 용서가 이루어졌다. 이것은 죄 용서에 신비와 심오함을 더하고, 죄 용서의 발견을 큰 문제로 만든다. 죄 용서를 구하는 영혼은 그것을 위해 어떤 대가가 치러졌는지를 깊이 생각해야 한다……중보자의 피를 통해 드러난 성부의 사랑의 신비를 보아야 하고, 그 피와 관련해 하나님의 지혜와 공의와 자비가 어떻게 나타났는지를 믿음으로 살펴보아야 한다.

죄 용서를 받기 위해서는 그리스도를 의지하여 하나님 앞으로 나아가야 한다. 그리고 율법이 그리스도의 피 속에서 온갖 위협과 저주를 쏟아 그리스도를 십자가에 못 박는 형벌을 집행함으로써 자신의 의무를 다하고 그 독침을 상실하는 것을 보아야 한다. 모든 죄가 하나님의 공의로운 손에 집결되어 중보자 위에 쏟아 부어지고, 영원한 사랑이 그리스도의 피로부터 솟구쳐 용서와 은혜와 자비와 사함을 차고 넘치게 만들어내는 것을 보아야 한다. 이 모든 것은 오직 하나님의 성령이 죄인에게 역사하셔서 그의 마음을 넓히실 때만 가능하다"(오웬).

"그리스도께서는 이렇게 말씀하신다. 네가 어떠한 구원을 원하는지를 보라. 내가 그 구원을 값 주고 살 것이다. 내가 그 구원을 값 주고 사겠지만, 너는 그 모든 것을 값없이 얻게 될 것이다. 내가 값 주고 샀다고 해서 은혜가 줄기는커녕 도리어 늘어날 것이다. 내가 속전을 지불했다고 해서, 그 구원이 훼손되는 일은 조금도 없을 것이다. 도리어 내가 내 자신을 속전으로 주고, 내 자신이 죽음으로써 산 구원을 값없이 주는 것이기 때문에 (히 2장), 그 은혜는 갑절의 은혜가 될 것이다. 이럼으로써 하나님 안에 있던 은혜가 하나님의 마음에 꼭 맞는 구주를 갖게 되었다"(굿윈).

"유효하게 적용하심"

"우리의 구원은 세 가지 사역을 통해 완성되고 성취되었다. 첫째, 하나님 안에서 우리와 관련된 내적 사역. 하나님은 우리에 대해 품으신 자신의 영원하신 사랑으로 우리를 택하시고, 구원과 거기에 수반된 모든 복을 우리에게 주기로 작정하셨다. 둘째, 그리스도 안에서 우리를 위해 행해진 외적 사역. 이것은 그리스도께서 우리를 대표해 행하시거나 겪으신 모든 일이다. 셋째, 우리 안에서 우리에게 이루어지는 적용 사역. 성령이 우리에게 수여하는 모든 복, 즉 부르심과 칭의와 성화와 영화 같은 것들이다"(굿윈).

"성령께서"

"성부는 구주를 준비하시고 내어주시는 분이시기 때문에, 값 주고 사는 것은 하나님에 의해 계획된다. 성자는 실제로 값 주고 사시는 분이자, 그 자신이 속전이다. 성령은 그리스도께서 값 주고 사신 큰 복이자 기업인데, 갈라디아서 3장 13-14절이 이를 잘 보여준다. 이 기업은 그리스도께서 마지막 유언으로 제자들과 교회에 남겨주신 대단한 유업이었다(요 14-16장). 이것은 천국에서 주어질 영생이라는 복의 개요이다."

"그리스도께서는 죽으심으로 자신의 뜻을 이루셨지만(히 9장), 그리스도의 뜻을 집행하는 분은 성령이다. 그리스도의 피와 값 주고 사신 구원은 우리를 구속하심으로써 우리에게 구원의 길을 열어주셨지만, 그 구원이 실제로 우리 것이 되게 하는 분은 성령이시다. 성령은 우리로 하여금 그 구원을 소유하고 점유하여 향유하게 하신다"(굿윈).

적용

"우리가 성경에서 하나님에 관한 이름과 가르침만큼이나 성령에 관한 이름과 직무에 대해 많이 듣는다는 것은 놀라운 일일 수 있다. 신약성경에서만 성령이 3백 번 가량 언급된다……그리스도의 구속을 적용하는 성령의 사역은 구속 사역 자체만큼이나 본질적인 것으로 설명된다. 그러므로 우리는 성경이 성령의 본질과 직무에 대하여 가르치는 것을 필수적으로 알아야 한다"(찰스 하지).

제30문

문 그리스도께서 값 주고 사신 구속을 성령께서는 우리에게 어떻게 적용하십니까?

답 성령께서는 우리를 유효한 부르심으로 부르셔서 우리 안에 믿음이 생겨나게 하시고,[66] 우리를 그리스도와 연합하게 하심으로써,[67] 그리스도께서 값 주고 사신 구속을 우리에게 적용하십니다.

"성령께서는 적용하십니다"

"적용하다"(apply)라는 단어는 문자 그대로는 상처가 난 부위에 연고를 바르거나 고약을 붙이는 것을 의미한다. 이 문답에서는 성경적이고 교리적인 용법으로 사용되어 그리스도가 행하신 구속의 결과를 완전히 우리 것이 되게 하는 성령의 찬송받으실 역사를 가리킨다. 칭의에 관한 후커의 위대한 설교에는 다음과 같은 내용이 나오는데, 그리스도께서 값 주고 사

---

[66] "믿음으로 말미암아 그리스도께서 너희 마음에 계시게 하시옵고 너희가 사랑 가운데 뿌리가 박히고 터가 굳어져서"(엡 3:17), "너희를 불러 그의 아들 예수 그리스도 우리 주와 더불어 교제하게 하시는 하나님은 미쁘시도다"(고전 1:9).

[67] "그 안에서 너희도 진리의 말씀 곧 너희의 구원의 복음을 듣고 그 안에서 또한 믿어 약속의 성령으로 인치심을 받았으니 이는 우리 기업의 보증이 되사 그 얻으신 것을 속량하시고 그의 영광을 찬송하게 하려 하심이라"(엡 1:13-14), "아버지께서 내게 주시는 자는 다 내게로 올 것이요 내게 오는 자는 내가 결코 내쫓지 아니하리라……나를 보내신 이의 뜻은 내게 주신 자 중에 내가 하나도 잃어버리지 아니하고 마지막 날에 다시 살리는 이것이니라"(요 6:37, 39), "너희는 그 은혜에 의하여 믿음으로 말미암아 구원을 받았으니 이것은 너희에게서 난 것이 아니요 하나님의 선물이라"(엡 2:8).

신 구속과 그 구속의 적용에 관한 교리를 가장 고상한 언어로 진술하기에 여기에 인용한다.

그리스도께서는 자기 안에서 발견되는 사람들을 위한 의를 값 주고 사셨다. 우리에게 믿음이 있다면, 하나님은 우리를 그리스도 안에서 발견하신다. 우리는 믿음으로 말미암아 그리스도와 연합되어 있기 때문이다. 우리는 전적으로 죄악되고 불의하고, 우리 자신만으로는 부정하고 죄악으로 가득하며 온통 죄밖에 없는 사람이다. 하지만 죄를 미워하여 회개하고 믿음으로 말미암아 그리스도 안에서 발견되기만 하면, 하나님은 은혜로우신 눈으로 우리를 바라보시고, 우리의 죄를 간과하셔서 그 죄를 우리에게 전가하지 않으시며, 그 죄를 용서하셔서 그 죄로 인한 형벌을 완전히 제거하신다. 그리고 예수 그리스도 안에서 우리를 율법 전체를 지킨 완벽하게 의로운 자인 것처럼 받아들이신다. 사도 자신이 "하나님이 죄를 알지도 못하신 이를 우리를 대신하여 죄로 삼으신 것은 우리로 하여금 그 안에서 하나님의 의가 되게 하려 하심이라"(고후 5:21)라고 말한다. 성부 하나님의 눈에는 우리가 하나님의 아들과 똑같은 모습으로 보인다. 어떤 사람들은 이 말을 어리석거나 미쳤거나 광분하다고 볼지도 모른다. 하지만 이것이 우리의 지혜이고 우리의 위로이다. 우리가 이 세상에서 관심을 갖는 지식은 사람이 범죄해서 하나님이 고통을 받으셨다는 것 그리고 하나님이 친히 사람들의 죄가 되심으로써 사람들을 하나님의 의가 되게 하셨다는 것뿐이다.

"구속"

"구속"은 속전을 지불하고 사람이나 물건을 건져내거나 다시 사는 행위이다. 따라서 우리는 전쟁에서 포로로 잡힌 사람의 구속 또는 저당 잡힌 물건의 구속이라는 표현을 사용한다. 이 문답에 나오는 성경적이고 신학적인 의미로서는 죄인을 죄의 종살이와 사형 선고로부터 건져내는 것을 의미한다(제21문과 제29문의 답을 보라).

"그리스도께서 값 주고 사신"

그리스도께서는 구속을 이루셨고, 속전을 지불하셨다. 그래서 구속주라 불린다. 그리스도의 사역을 값 주고 사심이라고 부르는 것은 그가 우리의 죄 용서와 놓임을 위해 하나님의 공의가 요구하는 모든 속전을 자신의 죽음으로 지불하셨기 때문이다.

"그리스도께서는 자신의 죽으심의 공로를 통해 우리를 의롭게 할 길을 열어놓으셨다. 하지만 어떤 병을 치료하는 약을 만들었다고 해서 병이 치료되는 것은 아니다. 적용이 필요하다. 따라서 그리스도의 공로를 적용하지 않고서는 칭의도 있을 수 없다"(후커).

"우리 안에 믿음이 생겨나게 하시고"

"믿음"에 대해서는 제86문을 보라.

우리를 그리스도와 연합하게 하심으로써"

"연합"은 둘 이상을 하나로 만드는 것이다. 따라서 이 문답은 유효한 부르심을 받은 사람들이 그리스도와 하나가 됨을 가르친다. 성경은 아름답고 교육적인 비유들을 사용해 이 연합을 설명한다.

적용

1. "우리는 자신을 성령께 맡겨야 하고, 우리 마음에서 성령을 영화롭게 해야 하며, 성령에 대한 구체적이고 특별한 사랑을 보여야 하고, 성령과 대화해야 하며, 성령을 근심하게 하지는 않을까 염려해야 한다."

2. "성령은 회심이 생겨나게 하는 분 아닌가? 그러므로 당신의 마음이 완고함을 애통해하고 소리 높여 울라. 성령께서 당신의 마음에 선한 음성을 들려주셔서 그토록 자주 회심할 기회를 주셨는데도, 당신은 그 음성들을 따르기는커녕 귀를 막고 듣지 않았기 때문이다"(굿윈).

제31문

문 유효한 부르심이 무엇입니까?

답 유효한 부르심은 하나님의 성령께서 하시는 일입니다.[68] 성령께서는 이 일을 통해 우리의 죄와 비참함을 깨닫게 하시고,[69] 우리의 지성을 밝혀 그리스도를 알게 하시며,[70] 우리의 의지를 새롭게 하셔서,[71] 복음 안에서 우리에게 값없이 주어지는 예수 그리스도를 영접하도록 우리를 설득하시고, 영접할 수 있게 해주십니다.[72]

"유효한 부르심"

크루덴(Cruden)은 성경에서 사용되는 "부르심"의 열네 가지 용법을 표로 정리해 제시한다. 그중 가장 단순한 것이 "하나님이 빛을 낮이라 부르시고"(창 1:5)라는 구절에 사용된 용법이다. 그리고 이 친숙한 단어가 지닌 가장 고상한 의미는 다음과 같은 본문에서 발견된다. "하나님이 우리를 구원하사 거룩하신 소명으로 부르심은 우리의 행위대로 하심이 아니요 오직 자

---

68 "하나님이 우리를 구원하사 거룩하신 소명으로 부르심은 우리의 행위대로 하심이 아니요 오직 자기의 뜻과 영원 전부터 그리스도 예수 안에서 우리에게 주신 은혜대로 하심이라"(딤후 1:9), "주께서 사랑하시는 형제들아 우리가 항상 너희에 관하여 마땅히 하나님께 감사할 것은 하나님이 처음부터 너희를 택하사 성령의 거룩하게 하심과 진리를 믿음으로 구원을 받게 하심이니 이를 위하여 우리의 복음으로 너희를 부르사 우리 주 예수 그리스도의 영광을 얻게 하려 하심이니라"(살후 2:13-14).

69 "그들이 이 말을 듣고 마음에 찔려 베드로와 다른 사도들에게 물어 이르되 형제들아 우리가 어찌할꼬 하거늘"(행 2:37).

70 "그 눈을 뜨게 하여 어둠에서 빛으로, 사탄의 권세에서 하나님께로 돌아오게 하고 죄 사함과 나를 믿어 거룩하게 된 무리 가운데 기업을 얻게 하리라 하더이다"(행 26:18).

71 "또 새 영을 너희 속에 두고 새 마음을 너희에게 주되 너희 육신에서 굳은 마음을 제거하고 부드러운 마음을 줄 것이며 또 내 영을 너희 속에 두어 너희로 내 율례를 행하게 하리니 너희가 내 규례를 지켜 행할지라"(겔 36:26-27).

72 "나를 보내신 아버지께서 이끌지 아니하시면 아무도 내게 올 수 없으니 오는 그를 내가 마지막 날에 다시 살리리라 선지자의 글에 그들이 다 하나님의 가르치심을 받으리라 기록되었은즉 아버지께 듣고 배운 사람마다 내게로 오느니라"(요 6:44-45), "너희 안에서 행하시는 이는 하나님이시니 자기의 기쁘신 뜻을 위하여 너희에게 소원을 두고 행하게 하시나니"(빌 2:13).

기의 뜻과 영원 전부터 그리스도 예수 안에서 우리에게 주신 은혜대로 하심이라"(딤후 1:9). "그러므로 형제들아 더욱 힘써 너희 부르심과 택하심을 굳게 하라 너희가 이것을 행한즉 언제든지 실족하지 아니하리라"(벧후 1:10).

찰스 하지는 "부르심"에 관해 아주 상세하고 탁월하게 말한다. "성령이 하시는 일은 성경에서 '부르심'이라 불린다. 그것은 성경적인 가르침을 가리키는 용어이다……성경의 말씀은 성령의 말씀이기 때문에, 그 말씀을 그대로 유지하는 것은 합당하고 중요하다."

"유효한"(effectual)은 원래 의도한 효력을 낳음 또는 그런 효력을 낳을 적절한 능력이나 힘을 갖고 있음을 의미한다. 바울 서신에서 이 단어가 자주 사용된다. "내게 광대하고 유효한 문이 열렸으나"(고전 16:9). "이 복음을 위하여 그의 능력이 역사하시는 대로 내게 주신 하나님의 은혜의 선물을 따라 내가 일꾼이 되었노라"(엡 3:7. "그의 능력이 역사하는 대로"가 KJV에는 "그의 능력의 유효한 역사하심을 따라"[by the effectual working of His power]로 되어 있다—옮긴이). 바울이 사용하는 의미에서 "부르심"은 실패할 수 없고 유효하지 않을 수 없다. 사실 바울에게 있어서 부르심과 택하심은 서로 동일하다. 다만 부르심의 때와 택하심의 때가 서로 달라 이 둘을 별개의 행위로 다룰 뿐이다"(로이스).

"하나님의 성령이 하시는 일"

대교리문답에서는 이것을 "하나님의 전능하신 능력과 은혜의 일"이라고 부르고, 신앙고백서에서는 하나님의 "말씀과 성령"의 일이라고 부른다. 이것은 성화 같은 일이고, 칭의와 양자됨 같은 일이 아니다. 이런 세부적인 설명에서 소교리문답은 앞에서 언급한 두 문서와 다르다.

"삼위일체 하나님 안에서 제3위를 지칭하기 위해 사용되는 '성령'은 명사다. 성경에 나오는 'spiritual'(영적인, 신령한)이라는 형용사는 '성령'이라는 명사에서 나왔다. 따라서 그리스도인을 신령한 사람들이라고 부르는 것은 그들이 성령으로부터 태어났고, 하나님의 성령이 그들에게 내주하여 거룩한 감화를 미치기 때문이다"(에드워즈).

"우리의 죄와 비참함을 깨닫게 하시고"

유효한 부르심에서 성령이 행하는 첫 번째 단계는 우리에게 죄를 "깨닫게 하는"(convince) 것이다. 일상적인 언어에서, 특히 법률적인 용법에서 "convict"는 어떤 죄를 지었다고 고발된 사람이 실제 그 죄를 지었음을 증명하는 것이다. "convince"도 원래는 "convict"와 동일한 의미였지만, 관례상 지적이고 도덕적인 과정에만 사용되어왔다. 따라서 "깨닫게 한다"는 것은 지성을 정복하는 것, 즉 이성과 논증을 통해 사람을 굴복시키는 것이다. 그것은 사람이 자신의 지각과 마음으로 참되다고 인정하게 만드는 것이다.

이 문답에 나오는 "죄를 깨닫게 한다"는 어구는 경험이 많은 저술가들이 죄인의 영혼이 하나님의 은혜에 정복되고 압도되어 자신이 부패하고 죄악되며 영원히 멸망받을 자라는 것을 느끼고 고백하는 것을 가리키기 위해 자주 사용해온 표현이다. 그리고 하나님이 하시는 이 일—이것은 언제나 하나님이 하시는 일이다—은 "유효한 부르심"의 과정 중 가장 먼저 제시된다.

이렇게 성령은 사람들의 심령 속에서 그들의 죄를 고발하여, 그들의 양심으로 하여금 그들이 죄인임을 깨닫게 한다. 성령은 언제나 하나님의 영이고, 진리와 성결의 영이다. 따라서 성령이 은혜와 구원의 영으로서 유효하게 우리의 마음에 들어오면, 가장 먼저 진리의 영으로서 일을 시작하신다. 그리고 우리가 우리의 죄를 깨닫고 부끄러움 가운데 입을 다물 때, 성령이 하시는 일의 첫 단계가 끝난다.

죄를 깨닫게 함이 유효한 부르심의 과정에서 가장 먼저 언급되는 것은 합당하지만, 처음으로 회심이 일어날 때, 죄를 깨닫게 하시는 성령의 일이 끝났다고 이해해서는 안 된다. 도리어 성경에서 죄의 죄됨(sinfulness)이라고 부르는 것을 보거나 볼 수 있는 것은 오직 진정으로 회심하여 영적으로 밝아진 사람뿐이다. 성령은 우리를 종으로 삼아 굴복시키는 방식이 아니라, 우리를 하나님의 자녀로 삼아 치유하고 거룩하게 하는 방식으로 우리 죄를 영적으로 제대로 깨닫게 한다.

"죄와 비참함"

"비참함"에 대해서는 제19, 20, 27문의 답을 보라. 사람이라면 누구나 세상에 만연한 고통과 괴로움을 느낀다. 하지만 신앙적인 언어에서 "비참함"이라는 단어는 유효한 부르심의 과정 중 성령의 손에 의해 경험하는 것을 가리키는 데만 사용된다. 시편 그리고 존 번연의 『죄인의 괴수에게 넘치는 은혜』(CH북스, 2016) 같은 경험적이고 복음적인 경건 서적을 보라.

"우리의 지성을 밝혀 그리스도를 알게 하시며"

"구원을 위해 그들의 지성을 밝혀"(대교리문답). "구원을 위해 그들의 지성을 밝혀 하나님께 속한 일들을 영적으로 깨닫게 하시며"(신앙고백서). 어둠과 빛은 성경에서 은혜의 상태를 설명하기 위해 끊임없이 등장하는 용어이다. 이교는 어둠의 삶이다. 유대교는 어둠은 아니지만 그 눈이 짙은 휘장에 가려졌다. 유대인과 이방인의 거듭나지 못한 상태는 어둠의 나라에서 노예로 살아가는 것이다. 오직 신자들만이 빛과 낮의 자녀들이다. 그들은 주 안에서 빛이다. 아니, 그들은 세상의 빛이다.

  성령은 이 부분에서 적어도 한동안은 죄인으로 하여금 자기 자신을 떠나 그리스도와 그리스도의 구원을 주목하게 한다. 그리고 죄인이 방금 얻은 그리스도를 아는 지식은 그 영혼이 자신의 죄를 새롭게 알게 된 지식과 상응한다. 그리고 이 두 참된 지식의 가지들은 그의 삶이 끝나는 날까지 서로 상응하며 자라간다. 죄인이 죄를 진정으로 깨달으면, 그의 눈이 밝아져 그리스도를 알게 된다. 이렇게 죄인이 죄와 비참함을 깨닫는 만큼,

그리스도의 무한하신 능력과 아름다움과 매력과 은혜가 드러나고 증명된다. 그런 사람은 주 예수 그리스도를 아는 지식이 가장 고상하다는 것을 알고 다른 것을 아무것도 아닌 것으로 여긴다.

"우리의 의지를 새롭게 하셔서"

"그들의 의지를 새롭게 하시고 강력하고 확고하게 하셔서"(대교리문답). "그들의 의지를 새롭게 하시고, 자신의 전능하신 능력으로 그 의지를 선한 것에 대해 확고하게 하셔서"(신앙고백서).

고금을 막론하고 의지와 관련한 철학적이고 신학적인 문헌들은 방대하게 존재하고, "의지"는 사람의 지성으로 행할 수 있는 가장 심오한 주제이다. 이 심오하고 난해한 주제를 여기에서 다룰 수는 없다. 의지에 관한 성경과 신앙고백서들의 가르침은 스코틀랜드 신학자 토머스 보스턴(Thomas Boston)의 『인간 본성의 4중 상태』(부흥과 개혁사, 2015)에서 신앙적, 경험적으로 설명하고 있다. 이 책은 인간 의지의 네 가지 상태를 보여준다. 타락 이전 아담이 지닌 의지의 상태, 거듭나기 이전 아담의 자손들이 지닌 의지의 상태, 거듭난 자들이 지닌 의지의 상태, 마지막으로 영화롭게된 자들이 지닌 의지의 상태. 이것은 오래된 구분으로, 신학자와 교부 들이 이 구분을 인정하고 사용했다.

타락이라는 재앙으로 말미암아 사람의 본성 모든 부분이 각각 자신에게 특유한 상처를 입었다. 하지만 가장 큰 상처를 입은 것은 하나님 및 계시된 그의 뜻과 좀 더 직접적으로 관련이 있는 부분들이다. 따라서 사람의 본성을 구성하는 부분 중에서 "의지"만큼 큰 충격과 해악을 입은 부분은 없었다. 이제 사람의 의지는 하나님을 떠난 모든 거듭나지 않은 사람들안에서 본성적으로 죄와 악에 묶여 종살이를 하고 있다. 이제 사람은 선을 행할 수 있고 하나님께로 돌아갈 수 있는 방법이 있어도 그렇게 하려고하지 않는다. 할 수 없는 것이 아니라, 하려고 하지 않는다. "그러나 너희가 영생을 얻기 위하여 내게 오기를 원하지 아니하는도다"(요 5:40). 그들을 가로막는 자가 있는 것도 아니고, 그들을 결박한 밧줄이 있는 것도 아니다. 단지 그들의 악한 의지가 그들이 하나님께로 돌아가는 것을 막는다. 박식한 신학자들이 의지의 노예 상태와 무능력에 대해 다룰 때 말하고자 하는 것이 바로 이것이다.

의지를 새롭게 하여 자유롭게 하는 성령의 일은 비밀에 싸여 있고 영적이며 신비롭다. "바람이 임의로 불매 네가 그 소리는 들어도 어디서 와서 어디로 가는지 알지 못하나니 성령으로 난 사람도 다 그러하니라"(요 3:8). 성령이 하시는 일은 사람 안에서 일어난다. 따라서 필연적으로 신비롭고 헤아릴 수 없지만, 자세히 살펴보면 그 결과들을 감지하고 알 수 있다. 이것에 대해 어떤 사람은 이렇게 말한다.

"첫째로, 나는 내 영혼과 모든 능력의 성향이 순식간에 바뀌어 깨끗하게 됨을 느꼈다. 둘째로, 동시에 내 마음에서 마귀의 일이 현저하게 무너져내리고, 지각이 밝아지며, 돌같이 단단했던 의지가 녹아 살처럼 부드럽게 되어 하나님을 영접하고 하나님께로 돌아가고자 하는 성향을 지니게 됨을 발견했다. 셋째로, 나는 내 영이 새로운 본성을 입어 자연스럽게 나를 선으로 이끄는 것을 발견했다. 전에는 내 영이 자연스럽게 악에 이끌렸다. 그 이후로 내 안에 서로 상반되는 두 원리가 있어, 영이 육을 거스르고, 육이 영을 거스르는 것을 발견했다. 이 두 원리가 내 안에서 활동하는 것은 책에서 읽거나 누구에게 들은 것이 아니었다. 아우구스티누스가 그랬듯, 나는 그것을 스스로 인식했고, 거기에 놀랐다. 이제는 오직 거듭난 사람들에게만 이 싸움이 일어난다고 말할 수 있게 되었기 때문이다."

그런 후에 이 큰 변화가 그의 진리관과 설교 방식에 미친 영향에 대한 설명이 뒤따라 나온다. 훗날 그는 이 주제에 대해 설교하면서 이렇게 말한다. "하나님이 어떤 사람을 자기에게로 되돌리실 때는 그 사람의 의지를 붙드신다. 성령은 그 사람의 영혼의 중심에 앉아서, 그 사람의 영을 움직이는 조타수인 의지를 다루신다. 나의 형제들이여, 여러분의 의지는 이 세상에서 가장 교활하고 가장 음탕하며 가장 변덕스럽다……그러므로 무엇보다도 주님이 여러분의 의지를 붙드셔서, 언제나 여러분을 이끌어 나가는 조타수인 의지를 다루어달라고 기도하라."

맨턴(Manton)은 이렇게 말한다. "지성보다 더 부패한 것이 의지다. 더 눈먼 것은 지각이지만, 더 부패하고 사악한 것은 의지다……우리는 회심하지 않았을 때도 자주 죄를 깨닫는다."

"설득하시고, 영접할 수 있게"

"설득한다"(persuade)는 것은 감정과 정서에 작용해 지성에 충분한 동기를 제시함으로써 결단하게 하는 것이다.

"나의 형제들아, 단순히 도덕적인 관점에서 설득하거나 숲에 있는 두 마리 새를 잡기 위해 손에 든 한 마리 새를 놓아주도록 설득하는 말들은 그것이 어떤 훌륭한 사람이나 천사의 설득이라 할지라도, 영원으로부터 오는 제안도 아니고, 성령의 설득도 아니다. 내가 말하는 설득은 사람으로 하여금 자신의 욕망이나 쾌락이나 죄를 버리고 영원의 제안을 받아들이라는 것이다. 하지만 그 설득은 모든 것을 하실 수 있으신 하나님의 능력으로부터 와야 한다. 하나님은 다른 일에서처럼 이 일을 하시기 위해 능력을 행하신다"(굿윈).

"우리에게 값없이 주어지는 예수 그리스도를 영접하도록"

"영접하다"(embrace)는 팔로 껴안다, 따뜻함과 진실함으로 포옹하다, 애정을 지니고 소중히 품는다는 의미이다. "바울은 제자들을 불러 포옹한 후에 작별하고"(행 20:1 KJV, 개역개정에는 "권한 후에"). "이 사람들은 다 믿음을 따라 죽었으며 약속을 받지 못하였으되 그것들을 멀리서 보고 환영하며 (embrace) 또 땅에서는 외국인과 나그네임을 증언하였으니"(히 11:13).

"복음 안에서"

"복음은 복음을 듣는 모든 사람을 차별 없이 부른다는 의미에서 보편적이다. 그 부르심은 나이나 국적이나 신분에 제한을 두지 않는다……그러므로 어떤 사람이 하나님의 작정이나 그리스도의 대속, 성경의 다른 가르침에 대해 특정한 견해를 지니고, 그 견해가 그 사람으로 하여금 복음을 보편적으로 전하는 것을 방해한다면, 그 사람의 견해나 논리적인 추론은 잘못된 것이다. 사도들은 그런 방해를 받지 않았고, 우리는 사도들의 위임 아래에서 복음을 전한다"(찰스 하지).

적용

1. "나는 그 정의를 이해했다기보다 양심의 가책을 느꼈다"(토마스 아 켐피스).

2. "거룩한 부르심으로 부름받은 당신의 영혼을 생각해보라. 사망에서 생명으로 나아가는 좁은 틈새 또는 좁은 문을 통해 이루어진 유효한 부르심으로 말미암아, 당신은 처음 영원 속으로 들어갔고, 하나님의 뜻으로 영원 전에 계획하신 은혜가 당신에게 임했다는 것을 처음 생각할 수 있게 되었다. 그 부르심으로 하나님이 당신을 택하셨다는 것이 분명하게 드러났기 때문이다……한 성도가 부르심을 받는다는 것은 하나님이 영원 전에 당신을 택하시고 당신에게 작정하신 은혜의 직접적인 열매로 나타난 것이다. 하나님은 미리 예정하신 자들을 또한 부르셨다"(굿윈).

3. "인자의 성육신과 대속을 멸시하는 것이 성령의 일을 멸시하는 것보다 더 낫다. 전자의 죄를 짓는 것은 용서받을 수 있지만, 후자의 죄를 짓고서 계속 죄 가운데 머물러 있는 경우에는 현세에서나 내세에서나 용서받지 못할 것이기 때문이다"(어빙).

4. 어떤 사역자는 이렇게 썼다. "내가 나의 자녀들이나 하인들에게 교리문답을 가르칠 때 그들에게 '유효한 부르심이 무엇인가'라고 물으면, 그들은 책에 있는 대로 내게 대답한다. 하지만 나 자신에게 교리문답을 가르치는 경우에는, 내 마음에 있는 대로 대답하는 것이 옳지 않겠는가? 오, 내 영혼아, 이 질문에 대해 책에 있는 대로 대답하는 것과 내 마음의 경험을 따라 대답하는 것은 천지 차이가 아니겠는가!"

제32문

문 유효하게 부르심을 받은 사람들은 현세에서 어떤 유익을 얻습니까?

답 유효하게 부르심을 받은 사람들은 현세에서 의롭다 하심,[73] 양자가 됨,[74] 거룩하게 됨 그리고 현세에서 그것들로부터 수반되거나 흘러나오는 여러 가지 유익을 얻습니다.[75]

"유효하게 부르심을 받은"

제31문의 답을 보라.

"현세에서"

제36문의 답을 보라. 현세에서 하나님은 자신의 거저 주시는 은혜와 자신의 성령을 따라 자신이 유효하게 부르신 모든 영혼을 의롭다 하시고, 양자가 되게 하시며, 거룩하게 하신다(롬 8:30).

이 질문은 뒤따라 나올 여섯 개의 질문에 대한 서론이다. 제29문과 제38문 사이에서 사고의 흐름과 연결을 연구하고 추적해보라.

---

73 "또 미리 정하신 그들을 또한 부르시고 부르신 그들을 또한 의롭다 하시고 의롭다 하신 그들을 또한 영화롭게 하셨느니라"(롬 8:30).

74 "그 기쁘신 뜻대로 우리를 예정하사 예수 그리스도로 말미암아 자기의 아들들이 되게 하셨으니"(엡 1:5).

75 "형제들아 너희를 부르심을 보라 육체를 따라 지혜로운 자가 많지 아니하며 능한 자가 많지 아니하며 문벌 좋은 자가 많지 아니하도다……너희는 하나님으로부터 나서 그리스도 예수 안에 있고 예수는 하나님으로부터 나와서 우리에게 지혜와 의로움과 거룩함과 구원함이 되셨으니"(고전 1:26, 30).

제33문

문 의롭다 하심은 무엇입니까?

답 의롭다 하심은 하나님이 값없이 주시는 은혜의 행위로, 하나님은 오로지 우리에게 돌려지고 오직 믿음으로만 받는[76] 그리스도의 의로 말미암아[77] 우리의 모든 죄를 용서해주시고,[78] 우리를 자기 앞에서 의로운 것으로 받아주십니다.[79]

우리가 이렇게 의롭다 하심(칭의)에 관한 기독교의 위대한 교리를 온전하고 분명하게 드러낸 교리문답을 가질 수 있는 것은 종교개혁 신학자들의 노고 덕분이다.

헬라 교부들은 수 세기에 걸친 연구와 논의 끝에 오늘날 모든 정통 교회가 소유하고 있는 하나님, 삼위일체, 그리스도의 위격에 관한 교리라는

---

76 "사람이 의롭게 되는 것은 율법의 행위로 말미암음이 아니요 오직 예수 그리스도를 믿음으로 말미암는 줄 알므로 우리도 그리스도 예수를 믿나니 이는 우리가 율법의 행위로써가 아니고 그리스도를 믿음으로써 의롭다 함을 얻으려 함이라 율법의 행위로써는 의롭다 함을 얻을 육체가 없느니라"(갈 2:16), "그 안에서 발견되려 함이니 내가 가진 의는 율법에서 난 것이 아니요 오직 그리스도를 믿음으로 말미암은 것이니 곧 믿음으로 하나님께로부터 난 의라"(빌 3:9).

77 "한 사람의 범죄로 말미암아 사망이 그 한 사람을 통하여 왕 노릇 하였은즉 더욱 은혜와 의의 선물을 넘치게 받는 자들은 한 분 예수 그리스도를 통하여 생명 안에서 왕 노릇 하리로다 그런즉 한 범죄로 많은 사람이 정죄에 이른 것 같이 한 의로운 행위로 말미암아 많은 사람이 의롭다 하심을 받아 생명에 이르렀느니라 한 사람이 순종하지 아니함으로 많은 사람이 죄인 된 것 같이 한 사람이 순종하심으로 많은 사람이 의인이 되리라"(롬 5:17-19).

78 "그리스도 예수 안에 있는 속량으로 말미암아 하나님의 은혜로 값 없이 의롭다 하심을 얻은 자 되었느니라 이 예수를 하나님이 그의 피로써 믿음으로 말미암는 화목제물로 세우셨으니 이는 하나님께서 길이 참으시는 중에 전에 지은 죄를 간과하심으로 자기의 의로우심을 나타내려 하심이니"(롬 3:24-25), "일한 것이 없이 하나님께 의로 여기심을 받는 사람의 복에 대하여 다윗이 말한 바 불법이 사함을 받고 죄가 가리어짐을 받는 사람들은 복이 있고 주께서 그 죄를 인정하지 아니하실 사람은 복이 있도다 함과 같으니라"(롬 4:6-8).

79 "곧 하나님께서 그리스도 안에 계시사 세상을 자기와 화목하게 하시며 그들의 죄를 그들에게 돌리지 아니하시고 화목하게 하는 말씀을 우리에게 부탁하셨느니라……하나님이 죄를 알지도 못하신 이를 우리를 대신하여 죄로 삼으신 것은 우리로 하여금 그 안에서 하나님의 의가 되게 하려 하심이라"(고후 5:19, 21).

고귀한 유산을 보편 교회에 물려주었다. 헬라 교회, 라틴 교회, 개혁 교회는 모두 "하나님은 어떤 분이신가," "하나님이라는 신격 안에는 얼마나 많은 위격이 존재하는가," "어떻게 하나님의 아들이 사람이 되셨는가" 같은 질문에 대해 실질적으로 동일한 대답을 받아들인다. 대답의 일치는 한층 더 많은 질문으로 확대된다. 그리스도의 위격에 대한 신앙고백에서 교회들 간에 이견이 없다는 것은 그리스도의 속죄와 구속 사역에 관한 복음적인 교리에 대해서도 이견이 없음을 의미하기 때문이다.

하지만 "그리스도께서 값 주고 사신 구속을 적용하는" 성령의 일과 관련해 로마 교회는 아주 심각하고 치명적인 오류를 가르친다. 그리고 하나님과 그리스도에 관한 신학적인 교리를 발전시키고 증명한 것이 주후 4세기와 5세기를 유명하게 만든 것처럼, 주후 16세기와 17세기는 은혜의 교리를 온전하고 분명하게 드러내고 공표했다는 점에서 모든 세기 위에 우뚝 섰다. 하나님이 자신의 진리를 전하기 위해 수시로 일으켜 세우셨던 많은 증인 가운데 루터와 칼뱅과 녹스와 오웬과 번연은 아타나시우스와 키릴로스와 아우구스티누스와 더불어 맨 앞자리에 서 있다. 이들은 자신의 시대와 교회에서 성경적인 구원의 진리를 이끌어내어 옹호함으로써 자신들이 사도들의 진정한 후계자임을 입증했다.

"의롭다 하심"

이 위대한 주제를 다룰 때 우리는 "의롭다 하심"(justification, 이하에서는 "칭의"라고 부른다—옮긴이)이라는 개념이 하나님의 율법이라는 근거에 의해 작동함을 분명하게 알고 이해해야 한다. 그리고 하나님의 율법은 하나님 자신처럼 영원하고 변함 없기 때문에 영원한 근거이다. 법이 제대로 된 법이려면 반드시 상벌 조항이 있어야 한다. 즉, 법이 단호하게 시행되기 위한 적절한 조치가 밑받침되어야 한다. 양심의 본성과 성경의 계시는 우리가 항상 하나님의 율법, 즉 우리의 범죄나 순종에 상응하는 상벌에 관한 조항이 있는 법 아래 있음을 증언한다.

사도와 개신교가 사용하는 "칭의"라는 단어의 의미는 그 어원론적인 의미와 차이가 있다. 어근에 비추어 보았을 때, 이 단어는 문자 그대로 의롭게 만드는 것을 의미한다. 반면, 이차적이고 성경적인 의미에서 이 단어는 의롭다고 여기고 선언하는 것을 의미한다. 복음에서 말하는 칭의는 하나님이 죄인을 마치 의인처럼 대하신다는 것이다. 어떻게 하나님이 의로우신 하나님이신 동시에 구주이실 수 있는가 하는 것은 앞으로 살펴볼 것이다.

칭의가 정죄(condemnation, "죄가 있다고 하시는 것"으로 일반적으로는 "단죄")의 반대말이라는 것을 항상 기억해야 한다. 그렇게 할 때만 복음의 본질을 오해하지 않는다. 이 두 용어가 서로 반대라는 것과 이 두 용어의 진정한 의미는 로마서 8장 1, 33, 34절 같은 성경 본문에서 볼 수 있다. 정죄 또는 단죄가 재판관의 행위이듯, 칭의도 마찬가지다. 이 간단하고 분명한 구별을 기억하기만 한다면, 칭의와 거룩하게 하심(성화)과 구원의 믿음에 관한 설명을 오해하거나 잘못 받아들일 염려는 거의 없다.

"행위"

"행위"(act)는 일(work)과 구별된다. 재판관의 선고는 행위다. 재판장이 선고를 하면, 그가 선고한 것은 그 즉시 이루어진다. 교사의 일이나 의사의 일은 여러 날 행해질 수도 있고, 여러 해에 걸쳐 행해질 수도 있다. 하나님이 우리를 의롭다 하심은 재판관의 선고와 같이 "행위"인 반면에, 성령이 거룩하게 하시는 것은 하나님이 보내신 하늘의 교사와 치유자로서 하는 "일"이다.

"문: 왜 당신은 칭의를 일이 아니라 행위라고 부릅니까? 답: 칭의는 재판관의 선고나 선언처럼 그 즉시 이루어지는 것이고, 유효한 부르심과 성화같이 시간을 두고 점진적으로 수행되는 일이 아니기 때문입니다"(윌슨의 『교리문답』).

"하나님이 값없이 주시는 은혜"

"'그리스도 안에 있는 구속으로 말미암아 우리를 의롭다 하심이 어떻게 값없이 거저 주시는 은혜인가'라고 묻는다면, 그리스도 안에 있는 구속이 우리를 의롭다고 하시는 은혜가 우리에게 값없이 흘러오는 통로이기 때문이다. 하나님이 구주를 보내신 것은 값없이 주신 은혜였다……구주께서는 온전한 속전을 지불하셨기 때문에, 사실 구주에게는 자기 백성이 의롭다 함을 얻는 것이 엄연한 공의의 행위다. 하지만 구속의 유익을 받는 사람들에게는 구속의 토대로부터 구속이라는 건물에 이르기까지 모든 것이 온통 은혜다"(그린). 대교리문답 제71문의 답을 보라.

"우리의 모든 죄를 용서해주시고"

죄를 용서해주는 것은 형벌을 면제해주는 것이다. 라틴어 '페르도나레'(per-donare)는 철저하게 용서함을 뜻한다. 이것은 진정으로 참되고 성경적이다. 하지만 복음에서 말하는 칭의는 단순한 "용서" 이상이다. 일반적으로 "용서"는 배상이나 속죄가 이루어지지 않은 상태에서 값없이 주어지는 은혜의 행위다. 하지만 복음에서 죄 용서는 율법을 어김에 대한 배상과 속죄의 토대 위에서 수여된다.

범죄자가 자신의 범죄를 배상하고, 자신에게 선고된 형기를 다 마친 후에 자신을 묶고 있던 쇠사슬을 벗어버리고 감옥 문에서 나온다면, 그것은 용서가 아니다. 그가 자신의 자유를 요구하는 것은 공의의 행위이기 때문이다. 성경은 하나님이 회개하는 신자에게 죄 용서를 주시는 것은 "신실하심"과 "공의"의 행위라고 단언한다. 이것은 사실이다. 복음에서 말하는 칭의에서는 죄인 자신이 속죄했거나 형벌을 감당하지 않았다. 복음은 그 죄인을 위해 제3자인 그리스도께서 그 모든 일을 했다고 말한다. 그 죄인의 보증이신 그리스도께서 그 죄인의 죄와 죄책을 담당하셨고, 그 죄인은 그렇게 드려진 속죄 위에서 의롭다고 여겨져 무죄선고를 받고 풀려난다.

용서는 행위이지만, 지속적이고 끊임없이 반복되는 행위다. 우리는 "생각과 말과 행위로 하나님의 계명들을 날마다 어긴다." 그리고 이것을 해결하기 위해 주님은 날마다 죄 용서를 위해 기도하라고 가르치셨다. "나는 '지고 가는'이라는 동사가 현재 시제인 것은 지속적인 행위를 가리킨다는 크리소스토모스의 말에 별 이의가 없다. 그리스도께서 단번에 이루신 대속은 언제나 온전히 생생하게 살아 있기 때문이다"(요한복음 1장 29절에 대한 칼뱅의 주석).

"우리를 받아주십니다"

"받아주시다"(accept)는 성경적인 단어다. "그가 사랑하시는 자 안에서 우리를 받아들여지게 해주신"(엡 1:6 KJV, 개역개정에는 "그가 사랑하시는 자 안에서 우리에게 거저 주시는"). 칭의에 대한 정의가 이 요소를 포함하고 있다는 사실은 위에서 칭의가 단순한 용서 이상의 것이라고 말함을 증명한다. 주권자는 자신의 관대함 또는 정치적인 목적으로 범죄자를 용서해줄 수 있지만, 그런 후에는 그를 혐오하고 기피할 수도 있다. 그런 식으로 용서받은 자가 하나님으로부터 의롭다고 하심을 받은 자와 어떻게 다른지를 알기 위해서는 앞에 인용한 성경 본문의 맥락을 읽어보면 된다.

"의로운 것으로"

우리는 결코 스스로 의롭지 않다. 우리는 정죄받은 죄인임이 전제되기 때문이다. 하지만 그리스도로 말미암은 구원의 길은 하나님 앞에서 우리가 의로운 자로 여겨질 수 있도록 해주었다. 지금 우리가 논의하고 있는 칭의는 "경건하지 아니한 자를 의롭다 하시는"(롬 4:5) 것에 그 본질적인 특징이 있다. 하나님은 유효한 부르심과 성화를 통해 우리를 의로운 자로 만들어가시지만, 칭의에서는 우리를 의로운 것으로 받아들이신다. 하나님은 우리에게 없는 의를 우리 안에 주입하시거나 심으심으로써 우리를 새롭게 하시고 거룩하게 하시지만, 우리에게 없는 의를 우리에게 돌리심으로써 우리를 의롭다고 하신다. 하나님은 후자를 행하심과 동시에 전자를 행하신다. 하지만 이 둘은 구별되는 작용 또는 행위다. 이 행위와 작용은 앞에 나온 대답에서 분명하게 설명된다.

"자기 앞에서"

"이 표현은 법정 장면이 계속되고 있음을 보여준다. 하나님은 법정에서 재판장의 자리에 앉아 계신다. 사람들은 그 법정에 서 있다. 여기에서 말하는 칭의는 법정에서 행해지는 칭의다……하나님이 우리 안에 의를 주입하시거나 심으셔서 우리를 치료하신다는 말씀도 성경에 많이 나온다. 칭의는 사실 성화를 위한 것이다. 칭의는 그 이상으로 나아가기 위한 디딤돌이다. 하지만 칭의는 하나님이 우리 안에 내재된 의 또는 거룩함을 만들어내는 더 큰 복, 즉 성화라는 표제 아래에서 다루어지는 큰 복에 비해서도 손색이 없는 복이다"(모리슨).

"오로지……그리스도의 의로 말미암아"

선지자와 사도가 사용한 "의"라는 개념은 하나님의 계시 밖에 있는 종교와 도덕에서 말하는 "의"라는 개념과는 근본적으로 다르다. 성경 기자들이 우리 앞에 제시하는 "의"는 먼저 천국의 최고 질서와 법으로 표현되는 하나님의 속성이다. 다음으로 하나님의 속성으로서의 "의"라는 원천과 최고의 기준으로부터 나오는 피조물의 올바른 상태. 선지자는 "내가 먼데서 지식을 얻고 나를 지으신 이에게 의를 돌려보내리라"(욥 36:3)라고 말한다. 여기까지는 모든 것이 분명하고 명백하다. 하지만 성경과 신앙고백서와 교리문답에서 말하는 "그리스도의 의"는 무엇인가?

　그리스도의 의는 그가 우리와 같은 본성을 지니고 우리를 위해 하나님의 율법 아래 태어나셔서 그 율법 전체를 자원하여 온전히 순종하신 삶을 사신 결과, 즉 순종의 삶과 우리 죄를 위한 대속적 죽음의 결과다. 예수께서는 그리스도, 둘째 아담, 우리의 보증, 하나님의 어린 양으로서 의를 이루시고 공로를 획득하심으로써, 은혜 언약에서 말하는 회개와 믿음으로 그리스도 안에서 발견되는 사람들에게 돌려질 "일을 완성하셨다." 그는 우리와 같이 율법 "아래 나서서", 그 율법을 높이고 존귀하게 하셨다. 이제 하나님은 그리스도께서 이루신 모든 것 안에서 우리를 보신다. 예수께서는 낮아지셔서 베들레헴의 구유에서 첫 번째 숨을 쉬신 때로부터 갈보리 십자가 위에서 마지막 숨을 거두실 때까지, 즉 태어나셔서 죽으실 때까지 모든 일을 "그리스도로서" 하나님과 우리를 위해 행하셨다. 그리스도께서 이루신 일로 하나님은 경건하지 않은 자들을 의롭다고 하시는 분이 되셨고, 죄인들은 그리스도 안에서와 하나님 앞에서 의롭다 하심을 받게 되었다.

이것이 바울 서신에서 그토록 많이 접하는 "그리스도의 의"이다. 이것만큼 사도가 큰 고심과 능력과 기쁨으로 다루는 주제는 없다. 죄인들에게 "의의 선물"을 주는 것만큼 그리스도를 기쁘시게 하는 것은 없다. 이 하나님의 선물이 멸시와 거부를 당하는 것만큼 그리스도의 책망을 불러일으키는 것은 없다.

"인간에게 가장 중요한 결핍이 무엇이냐고 바울에게 물어보라. 그는 '의'라고 대답할 것이다. 구속으로 말미암아 인간이 얻는 최고의 유익이 무엇이냐고 물어보라. 또다시 '의'라고 대답할 것이다. 복음 전도의 주제는 무엇인가? 예수께서 우리로 하여금 의롭다 하심을 받게 하기 위하여 죽으셨다가 다시 살아나셨다는 것이다. 복음의 목적은 무엇인가? 사람이 의에 도달할 수 있는 길이 생겨났음을 알리는 것이다. 하나님께 가장 큰 영광이 되는 것은 무엇인가? 하나님이 의로운 분인 동시에 의롭다 하시는 분이 되는 길을 계시하셨다는 것이다. 우리는 굳이 많은 예를 들 필요가 없다. 모든 질문에 대한 대답, 모든 논증의 핵심, 모든 정의의 토대가 '의'에 있음을 알아야 한다"(로이스).

"우리에게 돌려지고"
"돌리다"(impute)는 라틴어 '임푸타레'(imputare)에서 온 단어로, "누구의 공으로 여기거나 돌리는 것" 또는 "어느 사람의 계정에 기입하는 것"을 뜻한다.

"돌리다"는 성령이 사용한 성경적인 단어로서, 칭의 가운데 하나님이 행하시는 여러 행위 중 하나를 설명하는 데 사용하기 위함이다. 문자적으로 이 단어는 어느 사람의 계정에 기입하거나 어느 사람의 책임으로 돌리는 것을 의미한다. 아울러, "돌리다"는 다음 중 하나를 의미할 수 있다. 이 단어는 시편 32장 2절과 고린도후서 5장 19절에서 보듯 자신이 실제로 행한 것을 그 사람의 책임으로 여기는 것을 의미할 수도 있고, 다른 사람이 누군가를 대표하거나 대신해 행한 것을 후자의 책임으로 여기거나 후자의 계정에 기입하는 것을 의미할 수도 있다. 성경과 모든 성경적인 신조에서 아담과 그의 자손들, 그리스도와 그의 백성에 대해 말할 때는 언제나 후자의 의미를 띤다.

아담 및 그리스도와 관련해 사용되는 "돌리다"(impute)는 그가 인류의 조상으로서 모든 사람의 이름으로 행한 일이 모든 사람에게 돌아가는 것을 의미한다. 그것은 언약과 관련해 머리가 행한 일이 그 머리와 연합되어 있는 지체들에게 돌아가는 것이다. 이 물리적이고 도덕적이며 영적인 법칙은 이 땅에서 살아가는 인간의 삶을 관통한다. 민족적인 삶, 사회적인 삶, 가족적인 삶은 모두 이 연합의 원리를 보여준다. 아담과 그의 자녀들 그리고 그리스도와 그의 백성 간의 연합에 관한 성경과 교리문답의 가르침들은 인간의 삶에 연합의 법칙이 얼마나 보편적이고 깊게 뿌리내리고 있는지를 보여주는 하나님의 계시를 반영한다. 토머스 굿윈은 하나님 앞에는 오직 두 사람만이 서 있다고 말한다. 아담과 예수 그리스도. 그리고 다른 사람들은 모두 이 두 사람의 허리에 매달려 있다. (제16문에서 이 주제에 대해 말하고 있는 것을 보라.)

이 단어는 바울에게서 자주 발견된다. 바울은 하나님이 정하신 칭의의 방법을 가장 분명하고 자세하게 설명하도록 세움받은 사도이고, 또한 그렇게 할 수 있는 사도이다. (앞에서 인용한 로이스의 글을 보라.) 실제로 이 개념은 사도 바울이 쓴 모든 글에 내포되어 있기 때문에, 이 주제에 대해 글을 쓴 한 성경 주석자는 이렇게 말했다. "신약성경에서 전가(돌리는 것)라

웨스트민스터 소교리문답 강해

는 단어를 사용하지 않은 이 본문만큼 전가에 관한 교리를 가장 분명하게 표현하고 있는 본문은 없다. '하나님이 죄를 알지도 못하신 이를 우리를 대신하여 죄로 삼으신 것은 우리로 하여금 그 안에서 하나님의 의가 되게 하려 하심이라'(고후 5:21). 칭의(라틴어로 '유스티피카티오'[justificatio])는 옛 개신교 교리학자들이 올바르게 이해했듯이 '법정적인 의미로,' 즉 '전가라는 관점에서' 이해해야 한다……로마 가톨릭처럼 '전가'라는 사실을 간과한 모든 해석은 오류다"(데 베테, 로마서 1:17).

"하나님의 칭의 행위를 볼 때 사법적이고 법정적인 성격을 더 주목해야 한다……칭의를 지나치게 법정적인 의미로 본다고 해서 잘못될 염려는 거의 없다……그렇게 할 때 칭의 속 은혜가 더욱 뚜렷하게 빛을 발한다. 대속자를 준비하신 은혜, 우리를 대속자와 연합하게 하시는 은혜, 우리를 대속자와 연합된 자로 받아주시고 대해주시는 은혜. 이렇게 칭의가 지닌 은혜로서의 성격을 보존하기 위해서는 칭의의 법정적 성격을 굳게 붙잡아야 한다"(캔들리쉬).

"오직 믿음으로만 받는"

"다른 모든 것을 배제하는 의미를 지닌 '오직'이라는 단어가 성경에서 발견되지 않는다는 반론에 대해, 이 단어가 명시적으로 사용된 예는 성경에서 발견되지 않지만, 그런 의미를 담은 표현들은 발견된다고 답할 수 있다"(오웬).

"어느 지점에선가는 가톨릭의 칭의 교리와 개혁 교회의 칭의 교리가 다를 수밖에 없었다. 칭의는 믿음과 아울러 행위도 포함하는가? 또는 행위를 포함하지는 않는다고 할지라도, 행위가 믿음을 도와 칭의의 일을 이루어내는가? 종교개혁자들은 그런 말에 문제가 있다고 느꼈고, '오직 믿음'이라는 표현을 통해 자기 의와 외적인 행위라는 혼합물이 칭의 교리에 섞여 들어가는 것을 막고자 했다"(조윗).

"루터와 그를 옹호하는 변증가들은 '오직 믿음을 외치는 자'라는 조롱을 받았다. 칭의의 문제에 관한 한, 그들은 그 조롱을 기꺼이 받아들였고 자랑스러워했다. 하지만 그들은 우리 영혼에 믿음이 홀로 있어서는 안 되고, 홀로 있지도 않으며, 계속해서 홀로 있지도 않는다고 주장했다. '믿음은 행위 없이 의롭다 함을 얻게 하지만, 결코 행위 없이 존재하지는 않는다'가 그들의 공리였다.

한 라틴 저술가는 이렇게 말한다. '하나님 앞에서 사람이 의롭다 함을 얻는 데 행위가 설 자리는 없다. 사람은 자연법이든 모세 율법이든 복음적인 법이든 그 법에 의한 도덕적, 제의적, 사법적인 행위 없이 오직 믿음으로 의롭다 함을 얻는다.' 믿지 않는 사람도 고귀한 사람일 수 있음은 부정할 수 없다. 정직함에서 고귀한 사람이 있고, 명예에서 고귀한 사람이 있으며, 애국심에서 고귀한 사람이 있고, 인류애에서 고귀한 사람이 있다. 하지만 그런 고귀함 속에도 하나님 앞에서 사람이 의롭다 함을 받게 해줄 요소가 없다. 사람이 율법의 행위로 의롭다 함을 받으려고 한다면, 그의 삶이 끝날 때까지 모든 점에서 완벽하게 고귀한 삶을 살아야 하기 때문이다'(모리슨이 로마서 3장에 대해 쓴 훌륭한 연구서를 보라).

"당신은 '믿음도 행위가 아닌가'라고 말할 것이다. 맞는 말이다. 문법적인 의미에서는 믿음도 행위다. 하지만 참되고 진정한 의미에서의 믿음은 단지 수동적일 뿐이다. 믿음은 사랑과 마찬가지로 하나님께 그 어떤 것도 주지 않는다. 믿음은 오직 하나님이 그 믿음을 선하게 여기시게 할 뿐이다. 믿음은 은혜로 주어지는 구원을 받아들이는 것이다. 나의 형제들이여, 다른 은혜의 손은 일하는 손이지만, 믿음의 손은 단지 받아들이는 손일 뿐이다. 그래서 사도는 '일하는 자에게가 아니라 믿는 자에게'라고 말한다"(굿윈).

적용

1. "칭의 교리를 제대로 배우거나 가르치려고 하는 사람들은 먼저 자신의 양심을 하나님 앞에 세우고 자신의 인격을 하나님의 법정에 세워야 한다. 다음으로, 하나님의 위대하

심과 능력과 엄위하심과 의로우심과 거룩하심을 깊이 생각하는 가운데, 그들 자신의 상태를 살펴보라. 그런 후에, 어떻게 해야 곤경에서 벗어나 안전할 수 있는지에 대해 성경이 어떻게 가르치고 있는지를 알아보고, 자기 자신을 위해 어떠한 간구를 드리는 것이 합당한지 물어보라"(오웬).

2. "하나님은 영원 전부터 모든 택하신 자를 의롭다고 하시기로 작정하셨다. 그리고 그리스도께서는 때가 차서 그들의 죄를 위해 죽으셨고, 그들을 의롭다고 하시기 위해 다시 살아나셨다. 그럼에도 성령이 합당한 때 그리스도를 그들에게 적용하실 때까지는 의롭다 하심을 얻지 못한다"(신앙고백서).

3. "우리는 식탁에 앉아서 음식을 다 먹을 때까지는 떠나지 않는다. 예수 그리스도 안에는 온 세상이 필요로 하는 것보다 더 많은 공로와 의가 있다"(『천로역정』 제2권에서 "해석자"의 경구).

4. "성경에서 경건한 자들이 실제로 의로운 것처럼 말한다고 해서, 마치 그것이 믿음으로 말미암은 칭의 교리와 반대되는 것처럼 취급해서는 안 된다"(벵겔).

5. "내가 강단에서 이 교리를 옹호하다가 크게 수모를 당하고 아주 노골적으로 욕을 먹고 있던 그때, 하나님의 놀라운 역사가 우리 가운데 일어나 사람들이 그리스도의 의만이 그들을 의롭게 할 수 있다는 소망을 가지고 그리스도께로 무리 지어 나아오기 시작했다. 이 모든 일이 분명하게 보여주듯, 하나님의 역사를 시작한 토대는 바로 이 교리였다"(조나단 에드워즈의 『뉴잉글랜드에서의 대부흥에 관한 성찰』).

제34문

문 양자로 삼으심은 무엇입니까?

답 양자로 삼으심은 하나님이 값없이 주시는 은혜의 행위로,[80] 이를 통해 우리는

---

80 "보라 아버지께서 어떠한 사랑을 우리에게 베푸사 하나님의 자녀라 일컬음을 받게 하셨는가, 우리가 그러하도다 그러므로 세상이 우리를 알지 못함은 그를 알지 못함이라"(요일 3:1).

하나님의 자녀들의 수에 들고, 하나님의 자녀들의 모든 특권에 대한 권리를 갖게 됩니다.[81]

"양자로 삼음"(adoption)은 어떤 사람이 자기 가족의 구성원이 아닌 사람을 자기 가족으로 받아들여 그에게 아들의 지위와 특권을 주는 행위이다.

"아버지와 아들의 관계가 되는 것은 자연적이고 본성적인 방식으로만 가능한 것이 아니라, 자발적인 의사와 민법 규정에 의해서도 가능하다. 민법에서 어떤 사람이 자기가 낳은 아들이 아닌 다른 사람의 아버지가 될 수 있는 길을 열어놓았기 때문이다. 이렇게 양자로 삼는다는 것은 어떤 사람이 자연적이고 본성적인 아들이 아닌데도 그런 아들과 동일한 법적인 권리를 그에게 부여함을 가리킨다"(피어슨).

"양자로 삼음"은 참된 신자들이 하나님의 아들 예수 그리스도와 연합한 후에 성부 하나님 앞에서 아들의 지위를 얻은 것을 가리키기 위해 사용된 성경적인 표현이다.

"행위"

옛 신학자들은 로마서 8장 23절과 요한일서 3장 2절 같은 성경 본문을 토대로 "완성되지 않은 양자 삼음"(adoptio incompleta)과 "불완전한 양자 삼음"(adoptio imperfecta)을 구별했다. 양자로 삼는 것이 "행위"라는 것에 대해서는 "행위"로서의 칭의에 대해 말한 것을 참조하라.

"하나님의 자녀들의 수에 들고"

제20문의 답을 보라. 그들은 "아무도 능히 셀 수 없는 큰 무리"(계 7:9)이지

---

81 "영접하는 자 곧 그 이름을 믿는 자들에게는 하나님의 자녀가 되는 권세를 주셨으니"(요 1:12), "자녀이면 또한 상속자 곧 하나님의 상속자요 그리스도와 함께 한 상속자니 우리가 그와 함께 영광을 받기 위하여 고난도 함께 받아야 할 것이니라"(롬 8:17).

웨스트민스터 소교리문답 강해

만, 하나님은 그들 모두를 잘 아신다. "여호와께서 민족들을 등록하실 때
는 그 수를 세시며 이 사람이 거기서 났다 하시리로다"(시 87:6).

"권리"

죄인이 아무리 의롭다 함을 얻었다 할지라도 하나님 앞에서 어떤 권리를
갖는다는 것이 처음에는 이상하게 들릴 수 있다. 하지만 곰곰이 생각해보
면, 소교리문답이 그렇게 말하는 것은 법률이나 가족 문제의 관행과 일치
한다. 법률에서 권리라는 것은 자연적이고 본성적인 아들만이 아니라 양
자에게도 주어지고, 어떤 사람이 원래 갖고 있던 것뿐만 아니라 정복이나
증여에 의해서도 생겨나기 때문이다.

"모든 특권"

"자유와 특권"(대교리문답). ("하나님의 자녀들의 자유와 특권을 탁월하게 열거하고
있는 신앙고백서 제7장을 보라.)

"하나님의 자녀들"

"창조 때 하나님이 정하신 아들로서의 지위가 있고, 이것은 선인이나 악
인이나 모두에게 속하는 가장 비천한 아들로서의 지위다. 그것을 능가하
는 또 하나의 아들로서의 지위는 거듭남 또는 양자 삼음을 토대로 오직
현세에서 믿는 자들에게만 주어진다. 이 둘을 능가하는 세 번째 아들로서
의 지위는 부활 또는 영원한 기업을 얻어 하나님과 비슷한 삶을 살아가
게 된 것을 토대로 오직 내세에서만 성도들에게 주어진다(요일 3:2). 하지
만 지금까지 말한 사람들에게 주어지는 아들로서의 지위와는 본성적으로
다른 더 탁월한 아들로서의 지위가 있다. 그 지위는 오직 하나님의 참 아
들에게만 주어진다. 그는 자신의 모든 형제들 가운데 유일하게 하나님의
아들이라는 명칭을 받으셨다……따라서 오직 그리스도만이 그런 의미로
하나님을 '자기 아버지'라고 부르셨다"(피어슨).

보충 설명

캔들리쉬 학장이 자신의 역작인 『하나님의 아버지되심』(*The Fatherhood of God*)에서 취한 입장은 이런 것이었다.

인간의 원래 상태와 지위 그리고 그 모든 은사와 특권은 참된 하나님의 아들에게 속한 것들이 아니었다. 그것은 아들에게 속할 수 있는 싹과 잠재력을 지녔고, 타락이라는 끔찍한 재앙이 없었다면, 실제로 인간은 하나님의 아들이 되었을 것이다. 하지만 아담이 유혹을 받았을 때, 하나님 앞에서 그의 지위는 단지 존중과 신뢰를 받던 종일 뿐이었다. 아직까지는 순전히 창조주와 피조물, 입법자와 피지배자의 관계였다. 그러한 관계는 창조주로서의 하나님의 권리, 다른 한편으로는 피조물인 인간의 책임에 기반을 둔 것이었다. 이 모든 것은 행위 언약 안에 구체화되어 있었고, 행위 언약은 한편으로는 아버지로서의 하나님의 온전한 지위, 다른 한편으로는 아들로서의 인간의 확고한 지위와는 절대로 양립할 수 없는 것이었다. 창조된 후에 인간의 지위는 지극히 고귀했고, "지극히 선했다." 하지만 그 모든 고귀함과 선함보다 더 중요한 것은 인간이 하나님의 아들이 되고, 하나님은 인간의 아버지가 될 수 있는 씨앗이 그 지위 안에 포함되어 있었다는 것이다. 하지만 그 씨앗은 뿌리를 제대로 내리기도 전에 짓밟혔고, 아버지가 되고자 하셨던 하나님의 열망은 아담이 아닌 다른 이를 통해, 아담이 대제사장과 머리로 있는 인류가 아닌 다른 인류에게서 자신의 목적을 이룰 방법을 찾으셔야 했다.

하나님이 거듭난 사람들을 자신의 아들로 받아들이시고 그들의 아버지가 되시는 것은 비유가 아니다. 그것은 하나님의 참 아들이신 성자를 영원 전에 낳으시고 아버지의 사랑으로 품에 안으신 것과 마찬가지로 실제적이고 참되다. 전자와 후자가 서로 동일하기 때문에, 그것은 실제적이고 참되다. 하나님이 신자들의 아버지가 되시는 것은 하나님이 성자를 이 땅에 보내 사람들을 구속하게 하시면서, 그 모든 일에서 성자의 아버지가 되셔서 성자를 언제나 붙들어주신 것의 연장선에 있다. 지금 우리에게 주어진 아들로서의 지위는 아담이 그랬던 것과는 달리 비유적이거나 금세 사라져버리지 않는다. 그것은 그리스도께서 하나님의 아들이신 것과 마찬가지로 분명하고 온전하며 안전하고 영속적이다.

캔들리쉬는 "나는 그리스도의 아들되심과 우리의 아들됨이 실질적으로 동일하다는 믿음을 공언한다"라고 말한다. 그는 자신의 다섯 번째 강의인 "중생 및 칭의와 관련한 양자 삼음에 대하여"에서 이렇게 말한다. "나는 양자 삼음에서 하나님의 행위가 철저하게 비법정적인 성격을 지니고 있음을 강조하는 것이 칭의에서 하나님의 행위가 엄밀하게 법정적인 성격을 지니고 있음을 강조하는 것만큼이나 중요하다고 생각한다. 후자의 행위에서는 모든 것이 법률적이고 사법적이다. 만일 그렇지 않다면, 칭의에서 은혜가 들어설 여지가 전혀 없다. 반면에 전자의 행위에는 법률적이거나 사법적인 것이 전혀 존재하지 않는다. 만일 거기에 그런 것이 조금이라도 존재한다면, 양자 삼음에서 은혜가 완전히 사라질 것이다." (앞에 나온 "칭의"와 관련한 보충 설명을 보라.) 특별히 예리한 통찰력과 독창성과 고고함을 갖춘 그 책을 제대로 읽은 학습자는 일생 동안 깨어 있는 고귀한 지성을 지니게 될 것이다.

적용

1. 자기와 똑같은 것을 낳는 것은 자연의 법칙이다. 그 법칙은 다행히 새로운 창조에도 그대로 적용된다. 거듭남을 통해 새로워지는 것은 마음과 지성이다. 새로운 가족의 특징은 "새로워진 지성"과 "새로운 마음"에서 드러난다. 그들이 새로운 출생과 초자연적인 출생을 통해 하나님의 자녀가 됨을 보여주는 증거들은 그들의 행위와 감정에서 나타난다. 버려진 아이는 자기가 누구인지 알지 못하지만, 자신의 특징과 용모를 토대로 부모가 누구인지를 알아낼 수 있다. 마찬가지로 하나님의 자녀는 마귀의 자녀들 가운데 있어도 자신의 거룩한 행실과 하늘에 속한 정서를 드러낸다.

2. 산상수훈에서 주님은 우리가 기도할 때 하나님이 들어주실 것을 확신함은 하나님이 우리의 아버지이시고, 우리가 하나님의 자녀라는 사실 때문이라고 말씀하신다. 제100문

을 보라.

3. 하나님이 우리의 아버지시라는 것은 그리스도인이 인내해야 할 근거로 제시된다
(신 8:5; 시 103:13; 히 12:9, 10).

제35문

문   거룩하게 하심은 무엇입니까?

답   거룩하게 하심은 하나님이 값없이 주시는 은혜로 행하시는 일이고,[82] 이를 통
해 우리는 하나님의 형상을 따라 전인적으로 새로워지고,[83] 점점 더 죄에 대하여 죽
고 의에 대하여 살 수 있는 힘을 얻습니다.[84]

"거룩하게 하심"(sanctification)이라는 단어는 동일한 어원에서 나온 "성도"
나 "성소" 같은 단어와 함께 성경에서 다양한 의미로 등장한다. 이 단어는
작은 것에서 시작해 마지막에는 아주 충만하고 깊은 의미를 지니게 된다.
이 단어는 가장 외적이고 관례적이며 제의적인 의미에서 시작해, 이 문답
에서처럼 가장 내적이고 영적이며 고귀한 실체를 담아내고 표현하는 것

---

82 "주께서 사랑하시는 형제들아 우리가 항상 너희에 관하여 마땅히 하나님께 감사할 것은 하
   나님이 처음부터 너희를 택하사 성령의 거룩하게 하심과 진리를 믿음으로 구원을 받게 하
   심이니"(살후 2:13).

83 "오직 너희의 심령이 새롭게 되어 하나님을 따라 의와 진리의 거룩함으로 지으심을 받은
   새 사람을 입으라"(엡 4:23-24).

84 "그러므로 우리가 그의 죽으심과 합하여 세례를 받음으로 그와 함께 장사되었나니 이는 아
   버지의 영광으로 말미암아 그리스도를 죽은 자 가운데 살리심과 같이 우리로 또한 새 생
   명 가운데 행하게 하려 함이라……우리가 알거니와 우리의 옛 사람이 예수와 함께 십자
   가에 못 박힌 것은 죄의 몸이 죽어 다시는 우리가 죄에게 종 노릇 하지 아니하려 함이니"
   (롬 6:4, 6), "그러므로 이제 그리스도 예수 안에 있는 자에게는 결코 정죄함이 없나니……육
   신을 따르지 않고 그 영을 따라 행하는 우리에게 율법의 요구가 이루어지게 하려 하심이
   니라"(롬 8:1, 4).

으로 끝난다.

"거룩하게 하심"

학습자는 크루덴의 아주 귀중한 분석과 분류를 놓쳐서는 안 된다. 칼뱅은 고린도전서 1장 2절에 대한 주석에서 이렇게 말한다. "거룩하게 하심이라는 용어는 분리를 의미한다. 이것은 우리가 새 생명의 성령에 의해 거듭나 세상이 아닌 하나님을 섬길 때 일어난다."

고데(Godet)는 요한복음 17장 17절에 대한 주석에서 이렇게 말한다. "헬라어에서 '거룩하게 하다'를 뜻하는 단어와 '정결하게 하다'를 뜻하는 단어는 다르다. 거룩하게 함은 세속적으로 사용되던 것을 종교적인 목적으로 사용하기 위해 성별하는 것이다. 구약적인 관점에서 성별은 외적이고 제의적인 행위였다. 반면에 모든 것이 영적인 새 언약 아래에서 성별이 이루어지는 곳은 마음이고, 거룩하게 된 사람의 의지다."

"일"

의롭다고 하심(칭의)이나 양자로 삼으심과는 달리, 거룩하게 하심(성화)은 행위가 아니라 "일"이다. 즉, 거듭남에서 시작해 영화롭게 됨으로써 완성되는 하나의 과정이다. (제33문과 관련해서 "행위"에 대한 설명을 보라.) 성화는 성경에서 흔히 "일"이라 불린다. 성화의 성격을 생각해보면, 성화를 "일"이라고 함이 합당함을 알게 될 것이다. 죄인은 거듭남을 통해 마음에 있던 죄성이 완전히 근절되고 삶이 의의 열매들로 가득하게 됨으로써 단번에 새 사람이 되는 것이 아니다. 거듭남을 통해 그 씨앗이 죄인의 심령에 심기지만, 그 씨앗은 싹을 틔우고 자라나야 한다. 그 씨앗이 자라나 의의 나무가 되기 위해서는, 부지런히 돌보고 물을 주고 그 주위를 파고 가지치기를 해주어야 한다. 거듭남이라는 위대한 변화를 통해 죄인은 하나님의 자녀가 된다. 하지만 그가 그리스도 예수 안에서 온전한 사람으로 자라게 될 때까지는 오랜 세월이 필요하다.

"하나님이 값없이 주시는 은혜"

"은혜가 공로에 의해 주어지는 것이 아니라, 모든 공로가 은혜로부터 온다." 라틴 교부는 이 말을 통해 우리가 행하는 모든 일, 심지어 우리 자신의 구원을 이루어내기 위해 행하는 모든 일조차 하나님 앞에서 공로가 될 수 없고, 우리에게 어떤 공로가 있다면, 즉 우리가 하나님의 칭찬이나 상을 받을 만한 어떤 일을 행했다면, 그것은 모두 은혜로부터 왔다고 말한다. 옛적 신자들은 이것을 두고 "은혜는 공로에 선행하다"라고 말했다. 그리고 모든 은혜는 "값없이 주시는 은혜"다.

이 부분에서 "값없이 주시는 은혜"라는 어구가 세 번 연속해서 나온다는 것을 주목하라. "의롭다 하심"(칭의)은 하나님이 값없이 주시는 은혜의 행위다. "양자로 삼으심"은 하나님이 값없이 주시는 은혜의 행위다. "거룩하게 하심"(성화)은 하나님이 값없이 주시는 은혜로 행하시는 일이다. "은혜"에 대해서는 제20문의 답을 보라.

굿윈은 바울의 특징적 표현인 "값없이 주시는 은혜"(free grace)에 대해 이렇게 말한다. "'그리스도 예수 안에 있는 속량으로 말미암아 하나님의 은혜로 값없이 의롭다 하심을 얻은 자 되었느니라'(롬 3:24). '값없이'라는 단어는 그것이 그저 은혜임을 보여준다. 거기에는 아무런 이유가 없다. 그것은 은혜로 물든 은혜다. 내가 사용하곤 하는 표현을 사용한다면, '은혜로 충만한 은혜'(gracious grace)다."

"한 사람을 성도로 만들기 위해서는 은혜가 필수적이다. 이것을 의심하는 사람은 누구든지 성도가 어떤 존재이고, 사람이 어떤 존재인지를 모르는 것이다"(파스칼).

"새로워지고"

존 던컨(John Duncan) 박사의 딸은 "하나님의 뜻은 이것이니 너희의 거룩함이라"(살전 4:3)는 말씀에 대한 좋은 설교를 듣고 아버지에게 좋은 설교를 들었다고 말했다. 그랬더니 아버지가 대뜸 "그 설교가 거듭남에 대한 것으로 시작했느냐"라고 반문하셨다고 한다. 던컨 박사는 이 문제의 뿌리를 건드렸다. 거듭남이라는 뿌리가 없는 성화는 단지 행실이나 도덕을 개혁하거나 세련되게 하는 것에서 그칠 수밖에 없기 때문이다. 세속적인 윤리학에서조차 행위의 도덕성을 다루기 전에 그 사람 자체의 도덕성을 먼저 다루어야 한다는 것이 하나의 공리다. 그리스도와 그의 교회의 법을 다룰 때는 더욱 그러하지 않겠는가. "좋은 열매를 맺기 위해서는 먼저 나무를 좋게 해야 한다." 찰스 하지 박사는 깨끗한 옷이 깨끗한 마음과 다르듯이, 행실을 고치는 개혁과 거룩하게 되는 성화는 다르다고 말한다. 거듭남에서 시작하는 것은 진정으로 거룩한 삶에도 필수적이고, 거룩한 삶에 대한 좋은 설교에도 필수적이다(신앙고백서 제13장). 제35문의 답에 나오는 "새로워지고"는 제31문의 답에 나오는 "새롭게 하셔서"와 연결된다.

"전인적으로"

"평강의 하나님이 친히 너희를 온전히 거룩하게 하시고 또 너희의 온 영과 혼과 몸이 우리 주 예수 그리스도께서 강림하실 때 흠 없게 보전되기를 원하노라"(살전 5:23). 성경과 소교리문답은 죄가 모든 사람을 전인적으로 부패시켰기 때문에, 하나님이 한 사람의 영과 혼과 몸을 전인적으로 흠 없게 하시리라는 약속이 복음 안에서 주어졌다고 가르친다. 죄에 의한 오염과 더러움은 내적으로 깊고 넓기 때문에, 하나님이 행하시는 거룩하게 하시는 일도 모든 것에 미치고 철저할 것이다.

"하나님의 형상을 따라"

"하나님의 형상"에 대해서는 제10문의 답을 보라. 지금까지 하나님을 본 사람은 없다. 하지만 그리스도는 우리에게 나타난 하나님의 형상이시기 때문에, 우리 안에서 그리스도의 형상이 이루어질 때, 우리는 하나님의 형상을 따라 새로워진다. 그리스도 안에서 하나님의 모든 은혜를 이루었고 하나님의 형상을 따라 그리스도를 조성하셨던 성령께서 우리 안에서도 똑같은 일을 하신다. 성령은 그리스도 안에 있던 은혜들이 우리 안에도 있게 하셔서, 우리로 하여금 그리스도를 닮게 하신다. 거룩한 성품과 하늘에 속한 정서는 우리 안에 이루어지는 그리스도의 특징이자 모습이다. 우리는 양자 삼으심을 통해 하나님의 가족으로 받아들여지고, 거룩하게 하심을 통해 하나님의 가족 같은 마음과 언행을 갖추게 된다.

"죄를 지은 인류가 상실한 하나님의 형상을 다시 회복시키는 것이 둘째 아담의 직무다. 또한 하나님의 아들이신 그는 단지 사람의 비참한 상태를 새롭게 해주실 뿐만 아니라, 새로운 피조물의 모형과 모델이시다. 개인적인 정결함과 아들로서의 영원한 지위 둘 모두와 관련해서 그러하다"(캔들리쉬, 『하나님의 아버지 되심』).

"힘을 얻게"

"이 전쟁에서 남아 있는 부패함이 한동안 우세할 수 있지만, 거룩하게 하시는 그리스도의 성령으로부터 지속적으로 공급되는 힘으로 거듭난 부분이 이긴다. 이럼으로써 성도들은 은혜 안에서 자라가고, 하나님을 경외하는 가운데 거룩함을 온전히 이루어간다"(신앙고백서, 제13장 3절).

"점점 더 죄에 대하여 죽고"

이것은 성경의 더 영적인 기자들, 즉 시편 기자와 선지자, 요한과 베드로와 바울에게서 보기 쉬운 사고 형태다. 어떤 것에 대하여 죽는다는 것은 그것에 대해 무감각하고, 그것의 힘을 떨쳐버릴 수 있으며, 그것이 지닌 매력에 대하여 우위를 점한다는 것이다. 죽은 사람은 듣지도 못하고, 보지도 못하며, 맛을 알지도 못하고, 냄새를 맡지도 못하며, 느끼지도 못한다. 죄에 대하여 영적으로 죽은 사람은 죄의 세계에 있더라도 죄에 대하여 죽은 사람이다. 조금만 묵상하고 상상력을 발휘해보면 성경의 이 생생하고 감동적인 은유를 제대로 이해하고 그 진가를 알 수 있을 것이다.

"내가 살아 있는 날 동안 매일 나는 나의 구속주를 송축한다. 나는 연약함과 비참함과 욕망과 교만과 야심으로 가득한 사람이었다. 그런데 그분은 자신의 은혜의 능력으로 내게 역사하셔서, 나를 그 모든 악에서 벗어난 사람으로 만들어주셨다. 나 자신은 오로지 비참함과 오류뿐이었기 때문에, 그 모든 영광은 그분께로 돌아가는 것이 마땅하다"(파스칼).

"의에 대하여 살 수 있는"

하나님이 우리를 거룩하게 하시는 일과 죽음 사이에 한 가지 유사점은 존재한다. 하지만 근본적이고 본질적으로 이 둘은 서로 상반된다. 죽음은 죽어가는 사람에게서 생명을 몰아내고 파괴하는 반면, 경건한 사람에게서는 새 생명이 죄와 죽음을 쫓아내고 파괴하기 때문이다.

가장 지혜로운 의사는 단지 특정한 질병을 치료하는 것으로 만족하지 못한다. 그들은 환자가 원기를 회복하는 것이 그 환자의 국지적이고 특정한 해악을 뿌리 뽑는 데 최고라는 것을 알기에, 다시 힘을 회복하게 하는 데도 힘을 쏟는다. 마찬가지로 악한 습성과 악한 정서를 이기기 위해서는 육신을 금욕과 고행으로 괴롭히고 지성과 마음을 결박하고 감금하여 철저하게 통제하는 것이 아니라, 참되고 사랑스러우며 훌륭한 것들로 지성과 마음을 사로잡아야 한다.

"내가 이르노니 너희는 성령을 따라 행하라 그리하면 육체의 욕심을 이루지 아니하리라"(갈 5:16). 이 가르침을 잘 연구해보면, 우리는 선지자 다니엘처럼 "그 일은 반드시 이루어질 것이지만 시간이 오래 걸린다"(단 10:1 KJV)고 말하게 될 것이다. 안토니누스(Antoninus)가 한 말을 생각해보라. "네 자신이 죽어서 지금까지의 삶은 끝났다고 생각하라. 그리고 남아 있는 삶을 새로운 본성을 따라 살아가라."

소교리문답이 칭의에 관한 문답에서 제시한 가르침을 제대로 이해한 학습자는 이 문답에서 말하는 "의"가 무엇을 의미하는지 즉시 이해할 것이다. 앞에서는 "의"가 그리스도의 의였지만, 여기에서는 거룩하게 된 신자의 의다.

"우리는 그리스도인에게 두 종류의 의가 있음을 이미 보여주었다. 하나는 우리 밖에 있는 의로서, 전가에 의해 우리가 갖게 된 의다. 다른 하나는 우리 안에 있는 의로서, 믿음과 소망과 사랑 그리고 기독교적인 다른 미덕들로 이루어진 의다……하나님은 이 두 가지 의를 우리에게 주신다. 즉, 하나님은 그리스도 안에서 우리에게 그리스도의 의를 수여하셔서 우리를 의로운 자로 받아주시는 한편, 우리 안에 역사하셔서 그리스도인으로서의 의를 만들어내신다"(후커).

적용

1. 성경에 나오는 말씀과 교회에서 이루어진 모든 성화의 과정을 토대로 확실한 결론이 도출되었다. 성화가 진행될수록, 죄에 대한 자각은 더욱 깊어진다. 성화가 시작되기 전에는 죄를 거의 또는 전혀 알지 못한다. 하지만 성화가 깊어져 전인적으로 확산되면, 죄에 대한 자각도 깊어지고 확산되어, 우리를 낙담시키는 기이한 역설이 현실화된다. 실제로는 죄를 덜 지으면서도 우리 안에 내재하는 죄성을 더욱 크게 느끼고, 외적으로 죄를 짓는 것은 더 적어지는데도 내적인 부패함은 더욱 크게 느낀다.

   이렇게 성화의 삶과 일이 진행될수록, 사람들은 점점 더 자신이 얼마나 형편없는 자인지를 알게 되기 때문에, 소교리문답에 나오는 칭의에 관한 문답에서 제시한 교리를 더욱 더 확신하게 된다. 그래서 성경적으로 가르침을 받고 영적으로 거룩하게 된 사람들 중 가장 앞서 나간 사람들은 언제나 전가된 의에 관한 위대하고 지극히 중요하며 복된 교리를 가장 분명하게 보여준 산 증인들이자 가장 강력한 옹호자들이었다.

2. "자기가 완전히 새로워졌다고 생각하는 자에게 화가 있으리라. 그 사람은 새로워지는 것을 시작조차 하지 않은 사람이고, 그리스도인이 어떤 존재인지 전혀 맛보지 못한 사람임에 틀림없다"(루터).

3. 존 번연과 동시대 사람인 한 청교도는 에베소서 1장 8절에서 말한 "지혜"가 바로 "거룩하게 하심"을 의미한다고 설명한다. 이것과 관련해 『천로역정』에서 "지혜"와 "크리스천"이 "당신이 온 그 나라가 종종 생각나지 않습니까"라는 말로 시작하는 대화를 읽어보라.

4. "흉악한 죄인들이 거룩해질 수 있는가? 그렇다. 성령은 가장 사악한 마음도 거룩하게 하

실 수 있다(고전 6:11). '너희 중에 이와 같은 자들이 있더니 주 예수 그리스도의 이름과

우리 하나님의 성령 안에서 씻음과 거룩함과 의롭다 하심을 받았느니라'(플라벨).

5. "나는 가장 큰 죽음 후에 언제나 가장 큰 위로를 발견한다"(에드워즈).

제36문

문　현세에서 의롭다고 하심, 양자로 삼으심, 거룩하게 하심에 수반되거나 그것

으로부터 흘러나오는 유익은 무엇입니까?

답　현세에서 의롭다고 하심, 양자로 삼으심, 거룩하게 하심에 수반되거나 그것

으로부터 흘러나오는 유익은 하나님의 사랑에 대한 확신, 양심의 평안,[85] 성령 안에

서의 기쁨,[86] 은혜의 증가,[87] 그리고 그런 상태에서 끝까지 견디는 것입니다.[88]

"유익들"

시편 103편 2-5절을 참조하라. 이 유익들은 제32문의 답에서 처음으로

언급되었고, 거기에 나오는 "유효한 부르심"과 연결된다. 유효하게 부르

심을 받은 사람들은 현세에서 어떠한 유익에 참여하게 되는가? 의롭다고

하심(칭의), 양자로 삼으심, 거룩하게 하심(성화)은 토대가 되는 중요한 유

---

85 "그러므로 우리가 믿음으로 의롭다 하심을 받았으니 우리 주 예수 그리스도로 말미암아 하
　나님과 화평을 누리자 또한 그로 말미암아 우리가 믿음으로 서 있는 이 은혜에 들어감을
　얻었으며 하나님의 영광을 바라고 즐거워하느니라……소망이 우리를 부끄럽게 하지 아
　니함은 우리에게 주신 성령으로 말미암아 하나님의 사랑이 우리 마음에 부은 바 됨이니"
　(롬 5:1-2, 5).

86 "하나님의 나라는 먹는 것과 마시는 것이 아니요 오직 성령 안에 있는 의와 평강과 희락
　이라"(롬 14:17).

87 "의인의 길은 돋는 햇살 같아서 크게 빛나 한낮의 광명에 이르거니와"(잠 4:18).

88 "내가 하나님의 아들의 이름을 믿는 너희에게 이것을 쓰는 것은 너희로 하여금 너희에게
　영생이 있음을 알게 하려 함이라"(요일 5:13), "너희는 말세에 나타내기로 예비하신 구원을
　얻기 위하여 믿음으로 말미암아 하나님의 능력으로 보호하심을 받았느니라"(벧전 1:5).

익이다. 하지만 그런 유익을 소유할 때 그것에 수반되거나 그것으로부터 흘러나오는 다른 유익들도 있는데, 여기에서는 그중 몇 가지만을 열거한다. 첫 번째는 "하나님의 사랑에 대한 확신"이다.

"하나님의 사랑에 대한 확신"

성경적이고 경험적인 진리의 열매를 알고 있는 학습자들은 소교리문답이 말하는 "확신"이 무엇을 의미하는지 즉시 알아볼 것이다. 대교리문답에서는 실천신학의 전체 영역을 제80문과 제81문으로 압축한다. 참된 신자들은 자신이 은혜의 상태에 있음을 틀림없이 확신하는가? 모든 참된 신자는 자신이 은혜의 상태에 있고 장차 구원받게 될 것임을 언제나 확신하는가? 신자가 확신에 도달할 수 있는 유일하게 안전하고 성경적인 방법은 구원을 위한 변화의 증거들이 자신 안에 있는지 살펴보아서, 영생의 약속이 주어진 영적 은혜가 자신 속에 존재함을 확인하는 것이다.

"확신"은 성경적인 용어다. 이 단어가 이 문답에서와 동일한 의미로 사용된 예는 "의의 결과는 영원한 평안과 확신이라"(KJV, 개역개정에는 "공의의 결과는 영원한 평안과 안전이라")고 말하는 이사야서 32장 17절과 "자녀들아 우리가 말과 혀로만 사랑하지 말고 행함과 진실함으로 하자 이로써 우리가 진리에 속한 줄을 알고 또 우리 마음을 주 앞에서 확신 있게(개역개정에는 '굳세게') 하리니"라고 말하는 요한일서 3장 18-19절에서 찾아볼 수 있다. 하지만 "확신"이 믿음의 본질은 아니다. 즉, 어떤 사람이 참된 믿음, 그로 하여금 의롭다 함을 얻게 하고 마지막에는 그를 구원해주기에 충분한 참된 믿음을 가지고 있다고 할지라도, 확신에 이르게 할 정도로 충분한 믿음이나 열매를 가지고 있지 않을 수 있다. (대교리문답 제81문의 답을 보라.)

하나님의 작정이 어떤 사람을 확실하게 영광으로 이끌고 있는데도, 그 사람은 그 사실을 알지 못할 수 있다. 그가 자신에 대해 깊이 성찰하지 않기 때문일 수도 있고, 성찰하긴 하지만 확신을 가질 수 없기 때문일 수도 있다. 그래서 아우구스티누스와 그의 문도 같은 예정론자들과 오늘날의 예정론자들은 확신에 관한 교리를 부정하거나, 유지하기는 하더라도 확신이 그리스도인에게 필수적임을 부정해왔다. 오늘날 예정론자들은 "확신은 믿음의 본질이 아니다"라고 말한다. 따라서 어떤 사람이 은혜의 상태에 있으면서도, 확신을 지니고 있지 않을 수 있다.

존 번연은 자신의 저서인 『죄인의 괴수에게 넘치는 은혜』에서 "하나님의 사랑에 대한 확신"이 자신의 영혼에서 어떻게 나타났는지를 탁월하게 말해준다.

그때 나는 내 영혼 안에서 기쁨이 넘치는 소리를 힘 있게 반복하는 말씀에 의해 점령당하기 시작했다. "너는 내 사랑이다. 너는 내 사랑이다. 아무것도 너를 내 사랑에서 갈라놓지 못할 것이다." 그 음성과 함께 로마서 8장 39절이 내 마음에 떠올랐다. 이제 내 마음은 위로와 소망으로 가득 찼고, 나는 내 죄가 용서받았음을 믿을 수 있었다. 하나님의 사랑과 자비에 깊이 사로잡혀, 내가 어떻게 집까지 돌아왔는지 기억할 수 없었다. 나는 하나님의 사랑과 자비를 내 자신에게 말할 수 있을 것 같았고, 농경지에 앉은 까마귀들이 내 말을 알아들을 수만 있다면, 그 까마귀들에게도 그것을 말할 수 있을 것 같았다.

"양심의 평안"

모든 사람의 양심은 일종의 법정이다. 그것은 우리의 주권자이신 하나님이 세우시고 전권을 위임하신 권위 있는 법정이고, 여기저기 돌아다니지 않고 오직 한 자리에 있는 법정이다. 그 법정은 여름이나 겨울이나, 낮이나 밤이나 언제나 동일한 장소에 있다. 그 법정은 두려운 법정이고, 우리 자신이 모든 직무를 맡고 있다는 점에서 놀라울 정도로 기이한 법정이다. 우리 마음 안에 있는 그 법정에서는 우리 자신이 재판장이고 증인이며 피고이기 때문이다.

"곰은 코가 예민하고, 말은 입이 예민해서, 그 부분을 통해 그것들을 길들이듯이, 사람에게 예민한 부분은 바로 양심이다. 양심은 하나님의 진노하심에 대단히 민감해서 양심이 없었다면 지옥불이 와도 영혼이 느끼지 못했을 것이다. 양심은 불과 유황으로 이루어진 강물이 영혼 속으로 밀려 오는 통로다. 따라서 양심은 지옥에서 가장 온전한 통치권을 행사할 수 있고, 최고의 능력을 발휘할 수 있다"(굿윈).

> 오, 양심이여, 누가 그대의 힘을 거슬러 설 수 있는가?
> 누가 그대의 괴롭힘과 번민을 한 시간이라도 견뎌낼 수 있는가?
> 돌로 맞는 것, 염증으로 인한 통증,
> 매달았다가 떨어뜨리는 형벌, 조리돌림의 고통은
> 감각으로는 두려운 것이지만, 양심에는 단지 장난감일 뿐이다.
> 즐거움이나 부나 명예나 친구도 지옥 같은 양심의 괴롭힘에서
> 어떻게 벗어날 수 있는지는 말할 수 없다(플라벨).

따라서 "양심의 평안"은 지극히 큰 유익이다. 어떻게 양심의 평안에 도달하고 그것을 유지할 수 있는지를 일찍 배우는 것이 얼마나 중요하겠는 가! 이 중요한 주제에 대한 성경의 분명한 진리를 배우는 것이 얼마나 필수적이겠는가!

특히 이 복음적인 주제를 가장 온전하고 분명하고 유익하게 설교한 사람은 토머스 굿윈 박사다. 그는 성령에 관한 저작에서 이 주제에 대해 이렇게 말한다. "성경은 '양심의 평안' 같은 어구를 알지 못한다. 사실 양심은 평안을 선언하는 주체이기 때문에, 양심의 평안은 양심이 스스로에게 평안을 선언하는 것이다. 하지만 양심이 평안을 선언했을 때, 그 평안은 단지 하나님과 화목하게 하는 것이 아니라, 하나님의 평안 그 자체이다. '내가 하나님 여호와께서 하실 말씀을 들으리니 무릇 그의 백성, 그의 성도들에게 화평을 말씀하실 것이라'(시 85:8)."

"성령 안에서의 기쁨"

이것은 영적인 표현이다. 로마서 14장 17절에서는 "성령 안에 있는 의와 평강과 희락"에 대해 말한다. 성령은 우리 마음에 들어와 우리 마음을 자신의 거처와 성전으로 삼으시는 삼위일체 하나님의 세 번째 위격이시다. 양심이 평안의 본거지인 것처럼, 마음은 기쁨의 본거지다. 우리의 모든 확고한 평안이 그리스도로 말미암아 하나님으로부터 오는 것처럼, 모든 거룩한 기쁨은 하나님의 사랑이 우리에게 주어진 성령을 통해 우리 마음에 부어질 때 온다.

에베소에서 회심한 사람들은 "우리는 성령에 대해 들어본 적이 없다"라고 말했지만, 우리는 그렇게 말할 수 없다. 하지만 우리 가운데 성령이 주는 기쁨을 충분히 누리고 있는 사람도 별로 없다. 우리는 끊임없이 성령을 화나게 하고 근심하게 한다. 우리는 "주의 성령을 내게서 거두지 마시고, 주의 구원의 즐거움을 내게 회복시켜 주소서"(시 51:11-12)라고 기도해야 하는데도, 그렇게 하지 않는다.

『천로역정』에서 "소망"은 "크리스천"에게 자신의 마음에서 일어나는 성령의 역사를 이렇게 설명한다. "지금 내 마음은 기쁨으로 가득하고, 내 눈은 눈물로 가득하며, 나의 정서는 예수 그리스도의 이름과 그의 백성과 그의 길에 대한 사랑으로 넘쳐 흐릅니다……그것은 나로 하여금 거룩한 삶을 사랑하게 만들었고, 주 예수의 이름이 존귀와 영광을 받게 하기 위해 무엇인가를 하고 싶은 열망을 갖게 했습니다. 만일 내 몸 속에 백 갤런의 피가 있다면, 주 예수를 위해 그 모든 피를 다 쏟아부을 수 있을 것 같습니다."

"은혜의 증가"

우리 구원은 전적으로 은혜로부터 온다. 그것은 은혜에서 시작되고, 은혜 안에서 주어지며, 그 머릿돌은 "은혜, 구원의 은혜를 주소서"라는 부르짖음을 통해 주어진다. "너희는 그 은혜에 의하여 믿음으로 말미암아 구원을 받았으니 이것은 너희에게서 난 것이 아니요 하나님의 선물이라 행위에서 난 것이 아니니 이는 누구든지 자랑하지 못하게 함이라"(엡 2:8-9).

좋은 내용으로 가득한 『천로역정』에서도 "꿈꾸는 자"가 "정직" 노인의 사람됨을 설명하고 나서, 그 노인이 강을 어떻게 건넜는지를 말해주는 장면은 가장 훌륭하다. "정직 씨는 평생 선한 양심 씨에게 자기를 마중 나와 달라고 말했는데, 선한 양심 씨는 정말 거기로 나와 손을 내밀어 그가 무사히 강을 건너는 것을 도왔습니다. 정직 씨가 마지막으로 한 말은 '은혜가 다스리신다'는 것이었습니다. 그렇게 그는 이 세상을 떠나왔습니다."

바울과 아우구스티누스와 칼뱅을 추종하는 신학자들과 그중에서도 최고의 인물이었던 존 번연은 한결같이 인간의 구원과 관련된 하나님의 은혜를 찬송했다. 그리고 실제로 그들의 신학이 보여준 가장 큰 특징은 우리 구원의 모든 측면을 하나님이 값없이 주시는 은혜에 돌리고 있다는 것이다.

이렇게 그들은 "선행적인 은혜"를 강조했다. 선행적인 은혜는 이 단어의 어원이 보여주듯이 하나님께 속한 것들과 관련된 우리의 모든 노력이나 이해관계에 선행해 먼저 주어지는 은혜를 의미한다. 은혜의 성장에서 두 번째 단계는 그 은혜가 우리 안에서 효과적으로 작용하는 것이다. (제30-31문의 답을 보라.)

그리고 마지막 단계는 "협력하는 은혜" 또는 "상주하는 은혜"로서, 은혜가 우리 안에서 자리를 잡고 우리와 협력하여 일하는 것이다. 그 이름이 보여주듯, 이것은 우리 안에 거하시는 성령의 도우심으로 말미암아, 은혜 가운데 이루어진 모든 것이 안전하게 확보되고, 은혜에서 은혜로 새로운 진보가 이루어지는 것이다. 물론 개개인마다 조금씩 다르긴 하지만, 모든 사람은 이 세 가지 단계를 거쳐 예수 그리스도께서 나타나실 때 그들에게 주어질 은혜에 참여하는 자가 된다.

"그런 상태에서 끝까지 견디는 것"

이것은 궁극적으로 구원을 얻을 때까지 변함없이 인내하며 끝까지 견디며 앞으로 나아감을 의미한다. 이것은 우리가 "현세에서" 받는 최고의 "유익"이다. 이것은 모든 은혜 중에서 가장 귀하다. 다른 은혜를 지속적으로 가치 있게 만드는 은혜이기 때문이다.

"어떤 사람이 택하신 자라는 것을 보여주는 유일하게 확실한 증표는 그가 끝까지 믿음을 지키며 그리스도인으로서의 삶을 살아가는 것이다. 그는 행복을 위해서뿐 아니라 거룩함을 위해 택함받았기 때문이다. 끝까지 견디며 믿음을 지키는 것(견인)은 믿음과 마찬가지로 하나님의 선물이다. 아우구스티누스는 그것을 '견인의 선물 또는 은혜'(라틴어로 '도눔 페르세베란티아에'[donum perseverantiae])라고 명명했다"(셰드).

대교리문답은 이 주제에 관한 성경의 가르침을 모아 명료하고 온전히 제시한다. "참된 신자들은 하나님의 변할 수 없는 사랑, 끝까지 견디게 해 주시겠다는 작정과 언약, 그들과 그리스도의 분리될 수 없는 연합, 그들을 위한 그리스도의 끊임없는 중보기도, 그들 안에 있는 성령과 하나님의 씨로 인하여 은혜의 상태로부터 완전히 또는 최종적으로 떨어져나갈 수 없고, 믿음으로 말미암아 하나님의 능력에 의해 보호하심을 받아 구원에 이르게 된다."

아울러 여기에서 끝까지 견디는 것은 신자이고, 다른 사람이 대신할 수 없다. 신자는 자신의 구원을 이루어내야 한다. 그는 인내하고 견디면서 앞으로 나아가야 하고, 끝까지 믿음을 지켜야 한다. 그는 피 흘리기까지 죄를 대적하고 싸워야 한다. 이 주제에 관한 가장 위대한 저작은 존 오웬의 『성도의 견인』(생명의 말씀사, 2002)이다. 애석하게도 변증적인 성격 때문에 형태가 훼손되긴 했지만, 그 저작을 읽는 사람은 누구든지 유익을 얻을 것이다.

"새는 곳이 하나만 있어도 배가 가라앉듯이, 죄 하나가 죄인을 멸망시킨다"(존 번연).

"저녁은 낮을 찬양하고, 연극의 정점은 마지막 장면이다. 죽기까지 믿음을 지키라. 내가 네게 생명의 면류관을 주리라"(조셉 홀).

적용

1. 신자는 하루를 생각하며 최고의 유익을 얻어야 한다. 우리에게 날마다 유익을 주시는 주님을 찬송하라. "이것들이 아침마다 새로우니 주의 성실하심이 크시도소이다"(애 3:23).

2. "신자들이 자기가 의롭다 하심을 받았고 구원을 얻었음을 확신하는 것은 가능한가, 반드시 필요한가, 있어도 되고 없어도 되는 것인가?……우리 가운데 구원의 확신이라는 특권과 의무를 실질적으로 무시하는 풍조가 만연한 것은 우리 가운데 뜨거운 신앙이 없는 중요한 원인이자 결과이다. 아울러 그것은 우리와 화목을 이루신 아버지 하나님과의 진정한 교제가 거의 없고, 하나님의 진리와 하나님을 섬기는 것에 진심으로 헌신하지 않는 주된 원인 중 하나이다"(커닝엄).

3. "우리에게 확신의 믿음이 없다면, 우리는 하나님을 맹목적으로 신봉하는 신앙으로 살아갈 수밖에 없다"(매튜 헨리).

4. "너희 하나님을 밤낮으로 신실하게 섬기고, 겸손하게 행하라. 성령께서 오셔서 이루 말할 수 없는 영광스러운 기쁨으로 너희 마음을 채워주시고, 구속의 날까지 너희를 양육하신다는 약속이 있다. 그 약속을 너희 가운데 이루어달라고 구하고, 그 약속이 이루어지기를 기다리라. 오직 믿는 것에서 안주하지도 말고, 오직 은혜로 말미암은 확신에서 안주하지도 말라. 너희에게 있어야 할 또 다른 확신이 있다"(굿윈).

5. 요한일서 전체의 용도와 목적은 우리 영혼을 성령 안에서의 기쁨으로 이끄는 것이다. "우리가 이것을 씀은 우리의 기쁨이 충만하게 하려 함이라"(요일 1:4). 평안의 유일한 토대인 양심이 늘 빛 가운데 있게 하라. 제33, 86, 87문의 답을 보라.

6. "여호와께서 나에 관한 것을 완전하게 하시리이다"(시편 138:8 KJV, 개역개정에는 "여호와께서 나를 위하여 보상해 주시리이다").

7. 너희 마음을 성령의 참되고 유일한 거처로 생각하고, 모든 거룩하고 복된 정서가 성령께서 너희에게 내주하셔서 베푸시는 은혜의 역사로 말미암았다고 여기는 법을 배우라.

제37문

문   신자들은 죽을 때 그리스도에게서 어떠한 유익을 받습니까?

답   신자들이 죽을 때 그들의 영혼은 완전히 거룩하게 되어[89] 즉시 영광으로 들어가고,[90] 그들의 몸은 여전히 그리스도와 연합된 채로[91] 부활의 때까지[92] 무덤에서 쉽니다.[93]

제37문과 제38문은 종말론 또는 마지막 일에 관한 교리라고 지칭되는 신학 부문을 다룬다. 소교리문답에서는 유효하게 부르심을 받은 사람들이 현세에서 참여하게 되는 유익을 제32-36문에서 설명한 후에, 계속해서 신자들이 죽을 때 받는 유익을 다룬다.

"신자들이 죽을 때 그의 영혼은 완전히 거룩하게 되어"

소교리문답에서는 하나님의 말씀에 따라, 죽음과 부활 사이에 연옥에서 죄를 씻는 기간이 있다는 로마 가톨릭의 교리를 부인한다. 즉, 소교리문답은 교부들의 음부설과 교황주의자들의 연옥설을 둘 다 반대한다.

만일 우리가 이성만을 사용해 이 신비한 문제를 다룬다면, 그토록 오랜

---

89 "하늘에 기록된 장자들의 모임과 교회와 만민의 심판자이신 하나님과 및 온전하게 된 의인의 영들과"(히 12:23).

90 "만일 땅에 있는 우리의 장막 집이 무너지면 하나님께서 지으신 집 곧 손으로 지은 것이 아니요 하늘에 있는 영원한 집이 우리에게 있는 줄 아느니라……그러므로 우리가 항상 담대하여 몸으로 있을 때는 주와 따로 있는 줄을 아노니"(고후 5:1, 6), "내가 그 둘 사이에 끼었으니 차라리 세상을 떠나서 그리스도와 함께 있는 것이 훨씬 더 좋은 일이라 그렇게 하고 싶으나"(빌 1:23), "예수께서 이르시되 내가 진실로 네게 이르노니 오늘 네가 나와 함께 낙원에 있으리라 하시니라"(눅 23:43).

91 "우리가 예수께서 죽으셨다가 다시 살아나심을 믿을진대 이와 같이 예수 안에서 자는 자들도 하나님이 그와 함께 데리고 오시리라"(살전 4:14).

92 "내 가죽이 벗김을 당한 뒤에도 내가 육체 밖에서 하나님을 보리라 내가 그를 보리니 내 눈으로 그를 보기를 낯선 사람처럼 하지 않을 것이라 내 마음이 초조하구나"(욥 19:26-27).

93 "그들은 평안에 들어갔나니 바른 길로 가는 자들은 그들의 침상에서 편히 쉬리라"(사 57:2).

세월 거룩함에서 거의 진보가 없던 우리 영혼이 죽을 때 한순간에 완전히 거룩해짐으로써, 그토록 느리고 오락가락해왔던 성장이 단숨에 영원토록 완전한 상태로 도약한다는 단언을 들었을 때 미심쩍을 수밖에 없다.

하지만 우리는 이 문제 전체에 걸쳐 오직 하나님의 말씀만을 기준으로 삼아야 한다. 그럴 때 성경에 나오는 모든 가르침은 개혁교회의 교리, 즉 "신자들이 죽을 때 그의 영혼은 완전히 거룩하게 되어 즉시 영광으로 들어간다"는 교리를 가리킨다. 또한 신자들이 죽을 때 그들의 영혼이 완전히 거룩하게 되어 즉시 영광으로 들어갈 것이라는 약속과 유사한 예, 즉 사람들이 하나님의 능력과 은혜로 말미암아 순식간에 변화된 예들이 실제로 성경에 나온다. 제자들이 오순절에 겪었던 즉각적인 큰 변화 또한 신자들이 죽을 때 완전히 거룩하게 되는 이 변화와 동일하지는 않아도 상당히 유사하다. 바울도 다메섹으로 가는 길 위에서 삼층천에 갔다 온 것보다 더 근본적인 변화를 경험했다.

또한 성경과 개신교 교리에 비추어볼 때, "죽을 몸으로부터 자유롭게 된 사람들은 더 이상 육신의 욕망과 싸우지 않아도 되고, 욕망의 화살이 닿을 수 없는 상태에 있게 된다. 따라서 비록 자신들이 열망하는 상태에 아직 도달하지는 않았지만, 마치 그런 상태에 도달한 것처럼 말한다고 해도 터무니없는 말은 아닐 것이다. 그들은 자신들이 소망한 지극한 행복과 영광을 향유하지는 못한다. 요컨대, 소망 가운데 감춰진 보화가 드러날 그날이 아직 동트지 않았다. 사실 우리가 소망에 대해 말할 때, 우리 눈은 자나 깨나 기다려온 복된 부활의 날을 향해 있다."라는 칼뱅의 말은 합당하다.

"즉시 영광으로 들어가고"

"그들의 영혼은 그 영혼을 주신 하나님께로 즉시 돌아간다……성경은 몸에서 분리된 영혼을 위한 두 장소인 가장 높은 하늘과 지옥 외에 다른 곳을 인정하지 않는다"(신앙고백서, 제32장).

"그들의 몸은 여전히 그리스도와 연합된 채로"

사도는 고린도전서에서 음행하지 말아야 함을 역설하면서 이렇게 말한다. "너희 몸이 그리스도의 지체인 줄을 알지 못하느냐"(고전 6:15). 사도는 그리스도께서 우리를 전인적으로 구속하셨고, 우리는 그의 몸이자 혼이자 영임을 모든 서신에서 가르친다. 신자의 영혼과 몸은 거듭남을 통해 그리스도와 연합되고, 그 이후로 그의 영혼과 몸은 그리스도의 지배를 받는다. 그리고 그리스도께서는 저 큰 날에 우리 영혼과 몸이 흠 없이 나타나게 하실 것이다. "예수 안에서 잠자는" 것은 영혼이 아니라 몸이다. 신자들의 몸을 이루는 흙조차도 그리스도께는 귀하다.

> 하나님, 나의 구속주께서는 살아 계셔서
> 저 창공으로부터 수시로
> 나의 모든 흙을 내려다보시고 지켜보십니다.
> 나의 흙을 향하여 살아나라고 명령하실 때까지. (와츠)

"부활의 때까지 무덤에서 쉽니다"

"쉼"이라는 단어는 인간의 언어 가운데 가장 달콤한 단어 중 하나이고, 피곤하고 지친 몸을 위해 남아 있는 쉼은 오직 영광스러운 깨어남 이전에 잠을 자면서 쉬는 것뿐이다. "이 몸은 매장되는 것이 아니라 뿌려지는 것", 즉 영생으로 싹트기 위한 씨로 뿌려지는 것이다.

> 죽음아, 너는 한때 무례하고 소름끼치는 것이었다.
> 하지만 우리 구주의 죽으심이
> 너의 얼굴에 피를 뿌린 이후로는
> 너는 사람들이 확실하게 바라는 것과
> 은혜로 가득한 것이 되었다. (허버트)

적용

1. 이 모든 것이 사실이고, 우리 믿음과 소망이 제대로 깨닫기만 한다면, 허버트가 말했듯이, 죽음은 사람들이 바라는 것이 된다. 따라서 은혜 가운데 있는 영혼은 그 끔찍하지만 영광스러운 변화의 순간이 다가오기를 소망 가운데 바라보며 살아야 한다.

2. 죽음은 언제든지 찾아올 수 있다. 실제로 죽음이 찾아오면, 우리가 은혜받을 기회는 영원히 지나가버린다. 그리스도의 다시 오심이 극히 중요하기 때문에, 성경에서 그 재림이 가까이 왔다고 말하는 것처럼, 아무리 어린 사람에게도 죽음은 언제나 가까이 있다고 생각하는 것이 마땅하다.

3. "네 번째 결론은 무엇인가? 성도는 죽음을 두려워해서는 안 된다. 마지막 결론은 무엇인가? 지금 여러분의 몸을 선한 일에 사용하라"(플라벨).

제38문

문 신자들은 부활할 때 그리스도에게서 어떠한 유익을 받습니까?

답 신자들은 부활할 때 영광 가운데 살리심을 받고,[94] 심판 날에 공개적으로 인정받아 무죄를 선고받으며,[95] 영원토록[96] 하나님을 온전히 즐거워하는 가운데 완전한 복을 누리게 될 것입니다.[97]

---

94 "욕된 것으로 심고 영광스러운 것으로 다시 살아나며 약한 것으로 심고 강한 것으로 다시 살아나며"(고전 15:43).

95 "그 주인이 이르되 잘하였도다 착하고 충성된 종아 네가 적은 일에 충성하였으매 내가 많은 것을 네게 맡기리니 네 주인의 즐거움에 참여할지어다 하고"(마 25:23), "누구든지 사람 앞에서 나를 시인하면 나도 하늘에 계신 내 아버지 앞에서 그를 시인할 것이요"(마 10:32).

96 "그 후에 우리 살아 남은 자들도 그들과 함께 구름 속으로 끌어 올려 공중에서 주를 영접하게 하시리니 그리하여 우리가 항상 주와 함께 있으리라"(살전 4:17).

97 "사랑하는 자들아 우리가 지금은 하나님의 자녀라 장래에 어떻게 될지는 아직 나타나지 아니하였으나 그가 나타나시면 우리가 그와 같을 줄을 아는 것은 그의 참모습 그대로 볼 것이기 때문이니"(요일 3:2), "우리가 지금은 거울로 보는 것 같이 희미하나 그 때는 얼굴과 얼굴을 대하여 볼 것이요 지금은 내가 부분적으로 아나 그 때는 주께서 나를 아신 것 같이 내가 온전히 알리라"(고전 13:12).

"부활할 때"

오로지 하나님의 말씀만 죽은 자들의 부활을 가르친다. 부활은 이교 교리 어디에도 나오지 않는다. 죽음 후에도 영혼이 계속 살아 있음은 많은 사람의 믿음과 소망이었다. 하지만 몸의 부활 그리고 영혼과 몸의 영원한 재결합은 전적으로 하나님의 말씀에만 나오는 가르침이다. 바울 시대에 아테네 사람들은 하나님의 존재를 믿었다. 바울이 하나님은 한 분이시고 영이시며 아버지시라는 것과 하나님의 섭리에 대해 전했을 때조차 그들은 반대하지 않았다. 하지만 이어서 "새로운 가르침"인 예수와 부활을 전하자, 어떤 사람들은 "이 일에 대하여 네 말을 다시 듣겠다"라고 말했지만, 어떤 사람들은 조롱했다.

이 문답에서는 믿지 않는 자들의 부활에 대해서는 아무것도 가르치지 않는다. 여기에서 소교리문답은 "신자들"이 그리스도에게서 받는 유익을 설명하고 있기 때문이다. 장차 모든 사람이 다시 살아나겠지만, 모든 사람이 이 문답에 설명된 것과 같은 "부활에 이르지는" 못한다.

"신자들은……영광 가운데 살리심을 받고"

"신자들"이 "신자"라는 이름으로 불리는 것은 이때가 마지막일 것이다. 그들은 유효한 부르심을 받은 날로부터 부활하는 날까지 "신자"였지만, 부활한 후에는 더 이상 "믿음"이 필요 없어진다. 부활 이후로는 하나님이 그들을 아시는 것처럼, 그들도 하나님을 알게 되기 때문이다. 부활의 때 그리스도께서는 그들의 비천한 몸을 변화시키셔서, 자신의 영광스러운 몸과 같이 되게 하실 것이다. 하지만 그 영광이 어떨지 현세에서는 알 수 없다. 부활의 삶을 살게 될 때까지는 우리는 "신자"이기 때문이다.

"어떤 신학자들은 우리 구주 그리스도의 공로가 단지 죽은 자들이 부활하게 한 것만은 아니었다고 말한다. 그리스도가 아니어도 죽은 자들은 반드시 다시 살아나 심판을 받게 되어 있기 때문이다. 따라서 그들은 성도들이 하늘에서 영광을 누릴 수 있는 영광스러운 자격을 부활의 때 마련해주신 것이 바로 그리스도의 공로라고 말한다"(굿윈).

"심판의 날에 공개적으로 인정받아 무죄를 선고받으며"

하나님은 신자들을 처음으로 의롭다고 하신 그날에 이미 실질적으로 그들을 인정하셨고 그들에게 무죄를 선고하셨다. 하지만 그리스도를 믿는 믿음과 그들이 하나님 앞에서 받아들여진 것은 그리스도와 함께 하나님 안에 감춰져 있었다. 그들의 새로워짐, 그리스도와의 연합, 죄 용서, 받아들여짐 같은 일은 그들이 사는 세상에서 감춰져 있었다. 참된 신자들이 스스로 구원의 유익을 소유하고 있다고 확신하지 못하는 경우도 비일비재하다. 그러나 부활의 때 이것이 그들 자신과 모든 사람에게 명백해진다. 은밀하게 말해졌던 것들이 그때는 지붕 위에서 말해질 것이다.

"내가 이렇게 표현해도 될지 모르겠지만, 그리스도의 모든 지체가 그에게로 오는 것도 아니고, 그들이 탈락할 위험이 없는 것도 아니다. 성도들을 심판하시는 날에 그들이 탈락할 위험은 전혀 없지만, 그들은 자신들이 살아서 한 일을 결산해야 한다. 심판주께서 그들에게 내리실 최종적인 선고가 남아 있기 때문이다. 그런 의미에서 죄 용서는 그때 일어난다. 그래서 바울은 자기가 그날에 긍휼하심을 얻게 해달라고 기도한다"(굿윈).

> 예수님, 당신의 피와 의는
> 나의 아름다움이고, 나의 영광스러운 의상입니다.
> 활활 타오르는 세계 한가운데 이것들을 입고
> 나는 기쁨으로 손을 들어 올리고 있을 것입니다.
> 저 큰 날에 나는 담대하게 서 있을 것입니다.
> 나를 고발할 자는 아무도 없을 것이기 때문입니다.
> 당신의 피와 의로 말미암아 나는 죄와 두려움,
> 죄책과 수치로부터 온전한 용서를 선고받았기 때문입니다.

웨스트민스터 소교리문답 강해

"완전한 복을 누리게"

『천로역정』에서 "빛나는 자들"이 순례자들과 더불어 그곳의 영광에 대해 나눈 대화를 보라.

"하나님을 온전히 즐거워하는 가운데"

"그러나 특히 성부 하나님과 우리 주 예수 그리스도와 성령을 영원토록 직접 보며 즐거워하는 가운데"(대교리문답).

"아브라함, 이삭, 야곱과 함께 앉으리라는 것은 구약의 표현이었다. 하지만 '우리'와 함께, 즉 성부와 성자와 성령과 함께 앉으리라는 것은 그리스도께서 사용하신 표현이고, 이것이 신약의 표현이다"(굿윈).

"사람의 으뜸가는 목적"이 이제 이루어진다(제1문을 보라). 성경은 사람의 유일하게 참된 행복이 하나님 안에 있고, 하나님 안에서 누리는 온전한 행복이 현세에서는 이루어질 수 없지만, 믿는 사람들에게는 내세에서 누릴 행복이 약속되어 있다고 끊임없이 가르친다.

고데(Godet)는 요한복음 14장 6절에 대한 주석에서 이렇게 말한다. "여기에서 예수께서는 아버지의 집을 아버지로 대체한다. 우리는 천국에서 하나님을 발견하는 것이 아니라, 하나님 안에서 천국을 발견한다."

"영원토록"

"시간과 죄가 함께 그치는 때." "선지자와 사도는 둘 다 하나님이 그를 사랑하는 자들을 위해 준비하신 것은 사람의 눈으로 볼 수 없고 귀로 들을 수 없으며 마음으로 생각할 수 없다고 우리에게 가르친다. 의인들의 몸이 부활할 때 그 몸의 감각은 영적인 것이 되어, 지금은 느낄 수 없는 즐거움을 느낄 수 있게 되고, 죽을 몸을 입고 있던 때는 알지 못했던 새로운 감각이 죽지 않는 몸에서 발전될 것이다. 그래서 영화롭게 된 몸의 감각이 느끼는 순전한 즐거움은 지금 우리가 도저히 상상할 수 없는 것임에 틀림없다"(파버).

적용

1. "그리스도께서는 모든 사람이 죄를 짓는 것을 억제함과 동시에, 환난을 겪는 경건한 자들에게 더 큰 위로를 주시기 위하여, 장차 심판의 날이 있을 것이라고 우리를 확신시키셨다. 아울러 그리스도께서는 그날이 언제일지를 사람들에게 가르쳐주지 않으셨다. 이것은 사람들이 우리 주님이 어느 때 오실지를 알지 못해, 모든 육신적인 안일함을 벗어버리고 언제나 깨어서, '주 예수여, 오소서, 속히 오소서, 아멘'이라고 기도하며 준비하게 하기 위함이었다"(신앙고백서).

2. 루터는 우리에게 이렇게 경고한다. "육신은 언제나 십자가에 못 박히기 전에 영화롭게 되기를 구하고, 낮아지기 전에 높아지기를 구한다."

3. 사람들은 흔히 그리스도인이 자신의 영혼을 위해 천국과 영광을 구하는 것은 이기적이라고 비난한다. 하지만 그것은 무지에서 나오는 경박한 비난일 뿐이다. 구원을 진정으로 구하는 사람은 아무도 그런 비난에 흔들리지 않는다. 사람들이 자신의 구원을 진정으로 구하고 천국의 영광을 향하여 자신의 얼굴을 돌리기 시작할 때, 모든 이기적이고 비열한 욕망이 치명타를 입기 때문이다. 병에 걸린 자들이 고침받기를 구하고, 굶주린 자들이 먹을 것을 구하며, 탕자가 아버지의 집을 구하는 것은 전혀 이기적이지 않다. 그것은 도리어 마음이 거룩해지고 있음을 보여주는 가장 확실한 증표다.

4. "변덕 씨: 지금까지 들려주신 모든 얘기는 사람의 마음을 사로잡기에 충분합니다. 하지만 그것들을 얻어 실제로 누려야 하지 않겠습니까? 그것에 참여하는 자가 되기 위해 우리가 어떻게 해야 합니까? 크리스천: 그 나라를 다스리시는 주께서 그 방법을 이 책에 기록해놓으셨습니다. 우리가 그것을 진정으로 갖고자 한다면, 주께서 그것을 우리에게 값없이 주실 것입니다"(『천로역정』, CH북스, 2015).

지금까지 성경이 우리에게 하나님에 관하여 무엇을 가르치는지 살펴보았다. 다음으로는 그것들이 사람의 마땅한 본분으로서 우리에게 무엇을 요구하는지를 생각해보아야 한다.

제39문

문 하나님이 사람에게 요구하시는 본분은 무엇입니까?

답 하나님이 사람에게 요구하시는 본분은 그의 계시된 뜻에 순종하는 것입니다.[98]

"하나님이 사람에게 요구하시는 본분"

"본분"(duty)은 마땅히 해야 하는 것, 빛을 지고 있는 것, 우리가 해야 하는 것을 의미한다. 우리는 어떤 것이 옳음을 알면, 그와 동시에 그것을 행하는 것이 우리의 본분임을 안다. 본분은 사람이 마땅히 행하거나 가져야 하는 행위나 말, 생각이나 감정이다.

칸트(Kant)가 돈호법을 사용해 "본분"을 찬양한 글은 유명하다. "본분이여! 너는 위대하고, 너의 이름은 고귀하구나! 듣기 좋은 말을 듣거나 아첨이나 위협으로는 절대로 움직이지 않고, 오로지 영혼에 주어진 너의 법을 따라서만 움직이는 경이로운 사고여! 그래서 언제나 경외심을 자아내는구나. 지금도 언제나 순종하면, 모든 욕망이 비록 은밀하게는 반역을 꿈꿀지라도 그 앞에서는 입을 다무는구나. 도대체 너는 어디로부터 왔는가? 너의 위대한 혈통의 뿌리는 어디이기에, 이렇게 온갖 욕망과 단절되어 저 높은 곳에서 고고히 움직이는가? 너는 오직 인류에게만 해당하는 고귀한 불변의 상태라는 뿌리에서 온 것이 틀림없다."

"그의 계시된 뜻에 순종하는 것"

"계시한다"는 단어는 지금까지 감추어져 있던 것을 알게 한다는 뜻이다.

---

98 "사람아 주께서 선한 것이 무엇임을 네게 보이셨나니 여호와께서 네게 구하시는 것은 오직 정의를 행하며 인자를 사랑하며 겸손하게 네 하나님과 함께 행하는 것이 아니냐"(미 6:8), "사무엘이 이르되 여호와께서 번제와 다른 제사를 그의 목소리를 청종하는 것을 좋아하심 같이 좋아하시겠나이까 순종이 제사보다 낫고 듣는 것이 숫양의 기름보다 나으니"(삼상 15:22).

이 단어의 어원은 휘장을 걷음을 의미한다. 신약성경 마지막 책의 이름은 헬라어로 "계시"인데, 이 단어와 동일한 어원에서 나왔고 의미도 동일하다. 요한계시록은 하나님이 예수 그리스도께 주신 계시를 담고 있다. 그리스도께서는 그 계시를 다시 요한에게 나타내셨고, 요한을 통해 교회에 나타내셨다. 또한 "계시"라는 단어가 넓은 의미로 사용될 때는 성경 전체 또는 성경에 기록된 은혜의 경륜에 대해서도 사용된다. 여기에서 자연 (또는 본성-옮긴이)과 계시의 구별이 생겨났다.

하나님의 "뜻"은 우리 본성과 삶의 경험들 속에서 여러 가지 목적을 위해 충분히 계시된다. 성경 이전과 성경 외에 모든 사람의 양심과 마음에 새겨진 하나님의 계시가 존재한다. 그래서 바울은 이교도들도 그들 자신이 그들에게 율법이 된다고 가르쳤다. 후커(Hooker)와 버틀러(Butler)는 계시의 많은 부분이 본성의 법을 다시 공표하거나 확장했을 뿐이라는 사실을 알려주었다.

하지만 이와 동시에 본성과 경험이 사람에게 가르칠 수 있는 모든 것을 온전히 다 인식하고 가장 솔직하게 인정한 후에도, 여전히 계시만이 채워줄 수 있는 방대한 영역이 남아 있다. 학습자는 소교리문답의 앞 부분이 제시한 극히 중요한 진리들을 본성이나 경험이 얼마나 가르쳐줄 수 있었는지, 소교리문답이 앞으로 가르칠 것들이 얼마나 성경에 근거하고 있는지 생각해야 한다.

"감추어진 일은 우리 하나님 여호와께 속하였거니와 나타난 일은 영원히 우리와 우리 자손에게 속하였나니 이는 우리에게 이 율법의 모든 말씀을 행하게 하심이니라"(신 29:29).

신학자들은 이 본문과 다른 비슷한 본문을 통해 하나님의 뜻에는 이미 작정되어 있는 것과 사람들에게 행하라고 명령하시는 것이 있고, 절대적인 뜻과 조건적인 뜻이 있음을 알았다. 하나님의 작정하신 뜻은 그의 영원하신 계획들을 포괄한다. (제7문의 답을 보라.) 하나님이 작정하신 뜻을 계시하셨다면, 우리는 경외함으로 그 뜻을 믿어야 한다. 반면 하나님이 명령하신 뜻은 받아서 순종해야 한다. 하나님이 명령하신 뜻은 우리 삶의 준칙이 된다. (제2문의 답을 보라.)

적용

1. "기독교 신앙의 명확한 개요를 어느 책에서 발견하고 연구할 수 있는지를 내게 묻는다면, 나는 그 즉시 '웨스트민스터 소교리문답의 처음 38개의 질문'이라고 대답할 것이다. 하지만 사람들을 그리스도께로 이끌고 거룩함에 이르도록 훈련시킬 실천적인 지침을 내게 구한다면, 나는 '소교리문답의 제39문부터 끝까지 이어지는 문답을 지침으로 삼으라'고 대답할 것이다"(맥파렌이 패터슨의 저작에 쓴 서문).

2. "정통 신앙과 순종하는 삶은 사람의 본분 전체다"(뉴먼).

3. "옳고 그름의 기준은 하늘에서는 영원하고 변함이 없으며 동일하다. 하지만 여기 이 땅에서는 끊임없이 변화되기 때문에, 시대나 나라에 따라 각기 다르다. 모든 직업에는 다른 곳에서는 통용되지 않는 자신만의 도덕이 있다……그리고 이 모든 경우, 사람들이 받는 유혹은 자신의 직업이나 사회에서 통용되는 기준에 만족하고 살아가는 것이다. 이것이 세상적인 사람과 신앙적인 사람 간의 진정한 차이다. 그런 기준에 맞춰 살아가는 사람은 세상적인 사람이고, 자기 시대의 기준을 뛰어넘어 살아가는 사람은 하나님의 종이다"(프레데릭 로버트슨).

제40문

문   사람이 순종해야 할 준칙으로 하나님이 사람에게 처음 계시하신 것은 무엇이었습니까?

답   사람이 순종해야 할 준칙으로 하나님이 사람에게 처음 계시하신 것은 도덕법이었습니다.[99]

---

99 "율법 없는 이방인이 본성으로 율법의 일을 행할 때는 이 사람은 율법이 없어도 자기가 자기

"도덕법"

"도덕"이라는 말은 "행실, 행위"를 뜻하는 라틴어 '모르스'(mors)에서 유래했다. 철학자들은 종종 양심을 "도덕을 지각하는 감각 기관"이라고 부른다. 양심은 행실이나 성품과 관련 있기 때문이다.

"법"의 어원론적인 의미는 "놓인 것" 또는 "합당하고 적절한 질서 속에 있는 것"이다. 이 단어의 의미는 다루는 대상에 따라 달라진다. 우리가 이 세상의 구조와 이 세상 속에서 사람과 짐승의 삶 같은 자연적인 대상에 대해 말할 때, "법"이라는 단어는 하나님이 정하신 질서와 일련의 사건을 관통하는 일관된 법칙을 의미한다. 그래서 우리는 만유인력의 법칙, 역학과 화학과 건강 등의 법칙이라는 표현을 사용한다. 또한 우리는 한 사회를 구성하는 가족과 지방정부를 하나로 묶어주는 여러 법령을 가리킬 때도 가족법, 국법이라는 표현을 사용한다. 하지만 "도덕법"은 창조주이시고 입법자이시며 모든 사람을 심판하실 심판주이신 하나님이 모든 사람의 양심에 두시고, 그에 따라 살아가라고 명령하시고, 마지막 날에 모든 사람을 그에 따라 심판하시겠다고 말씀하신 법을 가리킨다.

"각각의 대상으로 하여금 자신의 고유한 존재 방식에 따라 존재하게 하는 것, 각 대상의 힘과 능력을 규율하는 것, 각 대상이 활동하는 형태와 정도를 정해놓은 것을 가리킬 때도 '법'이라는 용어를 사용한다……따라서 모든 것은 어떤 식으로든 법에 따라 움직인다. 모든 것은 법에 따라 움직이지만, 그 법을 정하시고, 모든 것이 그 법에 따라 움직이게 하시는 분은 하나님이시다. 하나님은 오직 자신이 정하신 법에 따라 움직이신다. 하나님이 행하시는 모든 일에서 법은 하나님 자신이다. 하나님은 완전하시기 때문에, 그가 행하시는 일들도 완전하다……따라서 법의 처소는 하나

에게 율법이 되나니 이런 이들은 그 양심이 증거가 되어 그 생각들이 서로 혹은 고발하며 혹은 변명하여 그 마음에 새긴 율법의 행위를 나타내느니라"(롬 2:14-15), "모세가 기록하되 율법으로 말미암는 의를 행하는 사람은 그 의로 살리라 하였거니와"(롬 10:5).

웨스트민스터 소교리문답 강해

님의 품이고, 세계의 조화와 합창이 법의 음성이다. 하늘과 땅의 모든 것이 법에 충성을 맹세하고, 그중 가장 작은 것에도 법이 자기를 보호하고 있음을 느끼고, 가장 큰 것도 법의 힘으로부터 벗어나 있지 않다. 천사와 사람, 그밖의 모든 피조물은 종류도 다르고 존재하는 방식도 다르지만, 법이 그들의 평화와 기쁨의 어머니라는 것에 한 목소리로 동의하고 법을 찬양한다"(후커).

하지만 이 내용은 대교리문답에 잘 표현되어 있다. 거기에서는 도덕법이 인류에 대한 하나님의 뜻의 선언으로서, 각 사람으로 하여금 하나님과 사람에게 마땅한 거룩함과 의로움의 모든 본분을 행함으로써, 영혼과 몸의 전인적인 구조와 성품 안에서 인격적이고 완전하며 영속적으로 그 뜻에 부합하고 순종하도록 지도하고 구속하는데, 이 뜻을 이루는 자에게는 생명을 약속하고, 이 뜻을 어기는 자에게는 사망을 경고한다고 가르친다.

보충 설명

학문적인 법 개념이 많은 사람을 사로잡고 중독시켰기 때문에, 지금도 여전히 더 참되고 고귀한 "하나님" 개념은 사람들의 생각 속에서 거의 사라져버렸다. 창조주와 보존자로서의 하나님 개념은 하나님이 창설하시고 붙들고 계시는 장엄한 질서와 지극히 규칙적이고 조화로운 자연법이라는 개념으로 흡수되어 사라져버렸다. 자연법의 작동이 너무나 장엄해, 그 자연법을 작동하고 계시는 분은 뒷전으로 사라져버린 것이다. 도구가 너무나 정교하고 훌륭해서, 그 도구를 쥐고 있는 손은 거의 잊혀졌다.

하지만 분명한 것은 학문이 모든 것의 제1원인이자 근원이신 분 없이 지속될 수 없다는 것이다. 모든 개념 중에서 가장 고귀하고 풍성한 열매를 맺는 하나님 개념이 딱딱하고 열매 없는 자연법이라는 개념에 더해질 때만, 자연법이 존엄과 심오함, 유연함과 신령함을 지니게 되기 때문이다. 가장 참된 철학에서 "법"은 인간적이고 신적인 모든 것을 지배하고 관통하며 붙들고 있는 하나님의 질서와 조화이다. 인간의 지혜 중 가장 지혜로운 일이자 가장 고귀한 면류관인 그 "법"을 발견해, 그 법에 복종하고 시인하며 함께하는 것이야말로 우리 본분의 총화이고, 우리 복의 원천이자 보증이다.

적용

1. 모든 사람에 대한 도덕법의 사용, 즉, 거듭나지 않은 자들에 대한 사용과 거듭난 사람들에 대한 특별한 사용에 대해서는 대교리문답 제95, 96, 97문의 답을 참조하라.

2. 이것으로부터 도출되는 첫 번째 결론은 무엇인가? 심판 날에 하나님은 사람들이 이 세상에 살면서 적용받았던 세상 법과는 다른 준칙을 따라 사람들을 심판하시리라는 것이다 (롬 2:12).

3. 두 번째 결론은 무엇인가? 가장 분명한 빛과 가장 선한 도움을 거슬러 범죄한 자들이 회개하지 않은 채로 죽는 경우에는 하나님의 심판을 받고 가장 비참한 처지로 전락하게 되리라는 것이다(마 23:23; 히 2:3).

4. 세 번째 결론은 무엇인가? 그것은 우리가 도덕법을 삶의 준칙으로 지극히 소중히 여긴다면(시 119:105), 우리로 하여금 의롭다 함을 얻고 구원에 이르게 할 수 있는 유일한 길, 복음의 경륜으로 인해 하나님을 송축하게 되리라는 것이다(플라벨).

제41문

문 　 도덕법은 어디에 집약되어 있습니까?

답 　 도덕법은 십계명에 집약되어 있습니다.[100]

---

100 "여호와께서 그 총회 날에 산 위 불 가운데에서 너희에게 이르신 십계명을 처음과 같이 그 판에 쓰시고 그것을 내게 주시기로"(신 10:4), "예수께서 이르시되 어찌하여 선한 일을 내게 묻느냐 선한 이는 오직 한 분이시니라 네가 생명에 들어 가려면 계명들을 지키라"(마 19:17).

"집약되어"

소교리문답에서는 먼저 도덕법을, 다음으로 그 도덕법이 십계명에 집약되어 있다는 사실을, 그다음 십계명의 요약을 제시한다.

도덕법은 십계명으로 집약되기 전, 어디에서 완전하게 공표되었는가? 모세는 시내산에서 도덕법의 내용을 집약한 두 돌 판을 받았다. 그래서 우리는 그것을 모세 율법이라고 부른다. 그것이 왜 모세 율법이라 불리게 되었는지를 안다면, 그 명칭 때문에 오도되는 일은 없을 것이다. 도덕법은 모세 율법이라 불리지만, 실은 모세가 태어나기 오래전부터 이미 온 인류에게 주어진 하나님의 법이었다. 도덕법이 처음으로 공표된 것은 두 돌판이 시내산에서 기록된 때가 아니었고, 성령이 아담의 마음에 하나님의 법을 기록했을 때였다. 도덕법은 "세상에 와서 각 사람에게 비추는 빛"(요 1:9)이고, 그 빛은 사람의 영혼 안에서 처음으로 켜졌을 때 가장 밝게 타올랐다. 모세는 그 빛이 아니었고, 그 빛을 증언하러 온 사람이었다. 모세는 단지 도덕법의 변색된 등불을 다시 깨끗하게 닦고, 그 죽어가는 불빛에 새로운 기름을 부어 환하게 밝히는 사명을 받은 인물이었다. 그는 그 빛을 켠 인물이 아니라 그 빛을 촛대에 붙여 이스라엘 집에 속한 모든 사람을 비추게 한 인물이었다. 인간 본성의 도덕법, 양심의 법, 창조의 법은 십계명으로 집약되고 다시 공표되었다.

"십계명"

가장 오래된 십계명은 출애굽기 20장에서 발견되고, 또 다른 십계명은 신명기 5장에서 발견된다. 이 두 가지 형태 간에는 약간의 차이가 있지만, 본질적으로는 전혀 차이가 없다. 계명은 수적으로는 열 개이지만, 성경은 이 계명을 표로 보여주거나 숫자를 매기고 있지는 않기 때문에, 각각의 계명이 어디에서 시작되고 끝나는지는 확실하지 않다. 이 때문에 성경을 해석하는 모든 학파가 이 계명이 열 개임에는 동의하지만, 이 계명을 동일한 방식으로 분류하지는 않는다.

유대 랍비들은 우리가 십계명의 서문이라고 부르는 것을 첫 번째 계명이라고 본다. 그 후에 열이라는 숫자를 맞추기 위해 우리가 첫 번째 계명과 두 번째 계명이라고 부르는 것을 하나로 통합했다. 트렌트 교리문답도 그런 분류를 따라 "서문"을 첫 번째 계명으로 보지만, 우리가 첫 번째와 두 번째 계명이라고 하는 것을 거기에 덧붙여진 것으로 여기고, 열 번째 계명을 둘로 나누어 열 개라는 숫자를 맞춘다.

소교리문답에서 채택한 분류는 주님의 날로 거슬러 올라갈 정도로 오래되었다. 이 분류는 다수의 교부가 채택했고, 동방 교회에서도 받아들인 분류이며, 개혁교회의 거의 모든 신학자가 인정하고 있다. "처음 네 계명은 하나님에 대한 우리의 본분을 담고 있고, 나머지 여섯 계명은 사람에 대한 우리의 본분을 담고 있다"(대교리문답).

제42문

문　십계명의 요지는 무엇입니까?

답　십계명의 요지는 우리의 마음을 다하고 목숨을 다하고 힘을 다하고 뜻을 다하여 주 우리 하나님을 사랑하고, 이웃을 우리 자신같이 사랑하라는 것입니다.[101]

"요지"

모든 것을 요약해 표현한 것. (제41문의 답을 보라.) 도덕법의 핵심이자 정수.

---

101 "예수께서 이르시되 네 마음을 다하고 목숨을 다하고 뜻을 다하여 주 너의 하나님을 사랑하라 하셨으니 이것이 크고 첫째 되는 계명이요 둘째도 그와 같으니 네 이웃을 네 자신같이 사랑하라 하셨으니 이 두 계명이 온 율법과 선지자의 강령이니라"(마 22:37-40).

"우리의 마음을 다하고 목숨을 다하고 힘을 다하고 뜻을 다하여 주 우리 하나님을 사랑하고"

이 대답의 원본은 신명기 6장에 나온다. 이것은 모든 백성이 지니고 다녔던 성구함에 쓰인 이스라엘의 위대한 신조 중 한 부분으로, 모든 자녀가 암송해야 했던 구절이다. 플럼프터(Plumptre)는 주님이 신명기에 나오는 이 구절을 무기로 삼아, 시험하는 자의 공격을 격퇴하셨고, 이 말씀이 주님의 가르침 전체의 기조를 이루고 있다고 말한다.

여기에 주어진 속사람의 해부학적 구조는 오늘날 심리학이 인정하는 정확하고 학문적인 성격은 아니지만, 성경이 제시하는 풍부하고 감동적인 방식을 따른 것이다. "'주 너의 하나님을 사랑할' 때 '네 마음을 다하고'는 '진심과 사랑을 지니고서'라는 뜻이고, '목숨(soul)을 다하고'는 '지혜롭고 사려 깊게'라는 뜻이며, '힘을 다하고'는 '처음부터 끝까지 변함없이 꾸준히'라는 뜻이다. 마음의 사랑으로부터 주 하나님에 대한 열심이 불타올라야 하고, 영혼의 지식이 그것을 지도해야 하며, 변함없는 힘이 그것을 굳게 붙들어야 한다. 하나님에 대한 사랑은 열렬히 불타올라야 하고, 네게 있는 모든 것으로 옹위해야 하며, 어떤 것에도 굴복하지 않아야 한다"(베르나르).

"마음이 없는 순종은 아무것도 아니고, 순종은 불가능하다. 마음이 없는 사람의 외적인 행위는 나무로 만든 우상의 손과 발이 움직이는 것과 다를 것이 없고, 순종의 본질을 지니지 않는다……우리는 힘이 허락하는 한 최대한으로 하나님을 사랑해야 한다……하나님을 사랑하는 사람이 가진 힘의 한계를 정확하게 확정하는 것은 쉽지 않지만, 일반적으로 우리는 하나님을 사랑하는 힘이 지식에 비례한다고 말할 수 있다. 지각의 사용은 마음을 사용하는 길을 열어 준다"(에드워즈).

"이웃을 우리 자신같이 사랑하라"

"다른 사람들이 우리에게 해주기 바라는 것을 그들에게 행하라"(대교리문답). "이웃"(neighbour)은 "가까운"을 뜻하는 "neah"와 "농부"를 뜻하는 "boor"가 결합된 단어로, "옆에 있는 밭의 주인"을 가리킨다.

이 계명이 왜 필요했는지는 모든 사람은 본성적으로 "악의와 시기, 서로를 미워함" 속에 살아간다는 사실에서 알 수 있다. 굿윈은 이렇게 말한다. "모든 사람은 다른 사람을 많든 적든 어느 정도 미워한다. 각 사람의 본성을 다 발휘하게 하면, 모든 이가 다른 사람을 적대할 것이다. 성경이 이스마엘에 대하여 말하듯, 사람은 사람들에게 늑대이다." 파스칼은 "모든 사람은 본성적으로 서로를 미워한다"라고 말한다.

이 거룩한 율법은 미움받고 미워하는 사람의 마음에 대고 이렇게 말한다. "네 이웃을 네 자신같이 사랑하라." 사도 야고보는 이것을 "왕의 법"이라고 부른다. 이것은 최고의 법이고, 하늘에 계신 우리 왕이신 예수 그리스도께서 주신 새로운 계명이기 때문이다. 랍비 힐렐은 "이것이 율법 전체이고, 다른 모든 것은 해석이다"라고 말했다. 존 로크는 『인간지성론』(한길사, 2014)에서 이렇게 말한다. "우리 이웃을 우리 자신같이 사랑하라는 우리 구주의 위대한 규범은 인간 사회를 규율하는 기본적인 진리로, 오직 이 하나의 규범만으로도 사회도덕과 관련된 모든 문제와 의문점을 어려움 없이 해결할 수 있다."

적용

1. 아우구스티누스는 말한다. "어떤 사람이 사랑하는 것이 곧 그 사람이다. 당신이 땅을 사랑하는가? 당신은 땅이다. 당신이 하나님을 사랑하는가? 내가 무엇이라고 말해야 할까? 당신은 신일 것이다……오직 선하거나 악한 정서만이 선하거나 악한 행위를 만들어낸다."

2. "참된 미덕은 본질적으로 후히 베푸는 것에 있다"(에드워즈).

3. "우리는 모든 사람을 똑같이 사랑하고, 동일한 수준의 사랑으로 사랑해야 하는가? 아니다. 우리는 모든 사람을 후히 베푸는 사랑으로 사랑해야 하지만, 오직 성도들만을 마음의 만족함으로 사랑한다(시 15:4; 16:3; 갈 6:8)"(플라벨).

제43문

문　십계명의 서문은 무엇입니까?

답　십계명의 서문은 "나는 너를 애굽 땅, 종 되었던 집에서 인도하여낸 네 하나님 여호와라"는 말씀입니다.[102]

제44문

문　십계명의 서문은 우리에게 무엇을 가르칩니까?

답　십계명의 서문은 하나님은 여호와이시고 우리의 하나님이시며 구속주이시기 때문에 우리가 그의 모든 계명을 지켜야 함을 우리에게 가르칩니다.[103]

"서문"

"서문"은 앞서 말하는 것이고, 한 책의 도입부이며, 저자가 독자들이 자신의 글을 읽기 시작하기 전에 알기를 원하는 것이다. 누가복음과 요한계시록은 둘 다 서문으로 시작된다. "십계명의 서문"은 하나의 역사적 사실을 진술한다. 이스라엘 자손들은 종살이를 하고 있었는데, 여호와께서 자신의 강한 손과 편 팔로 그들을 건져내셨다. 그리고 십계명의 서문은 그 역사적인 사실을 한 단어로 표현한다.

102　출애굽기 20:2.

103　"우리가 원수의 손에서 건지심을 받고 종신토록 주의 앞에서 성결과 의로 두려움이 없이 섬기게 하리라 하셨도다"(눅 1:74-75), "오직 너희를 부르신 거룩한 이처럼 너희도 모든 행실에 거룩한 자가 되라 기록되었으되 내가 거룩하니 너희도 거룩할지어다 하셨느니라 외모로 보시지 않고 각 사람의 행위대로 심판하시는 이를 너희가 아버지라 부른즉 너희가 나그네로 있을 때를 두려움으로 지내라 너희가 알거니와 너희 조상이 물려 준 헛된 행실에서 대속함을 받은 것은 은이나 금 같이 없어질 것으로 된 것이 아니요 오직 흠 없고 점 없는 어린 양 같은 그리스도의 보배로운 피로 된 것이니라"(벧전 1:15-19).

"너를 인도하여낸"

십계명의 서문에서는 "너희"라는 복수형이 아니라 "너"라는 단수형을 사용함으로써 개개인에게 말하는 형식을 취하고, 이후에 나오는 모든 계명도 "너"에 대한 명령으로 제시된다. 십계명은 민족적인 언약이지만, 각각의 이스라엘 사람의 마음과 양심에 새겨짐으로써만 민족적인 언약이 된다.

"하나님이 성경을 읽는 사람들에게 가장 훌륭한 교훈, 즉 한 민족의 인구가 아무리 많더라도, 개개인이 율법을 지키고 하나님께 순종하는 자가 될 때, 민족 전체가 율법을 지키고 하나님께 순종하는 민족이 될 수 있고, 더 나아가 이 땅의 모든 민족이 그렇게 될 수 있다는 교훈을 가르치시고자 한다"(필로).

"나는 네 하나님 여호와라……하나님은 여호와이시고"

영역 성경은 출애굽기 20장 2절에 나오는 원래 하나님의 이름을 번역하거나 음역하지 않고, "여호와"를 "주"로 대체하는 유대 랍비들의 의심스러운 관행을 따른다. "야" 또는 "여호와"는 원문에 나오는 하나님의 이름이고, "나는 스스로 있는 자니라"는 그것을 번역한 것이다. "주"는 "여호와"를 음역하거나 번역하는 대신 다른 이름으로 대체한 것이다.

보충 설명

모세 이전의 족장들은 조물주이시고 통치자이시며 인도자이신 하나님의 이름을 "샷다이" 또는 "엘샷다이"로 알고 있었다. 오늘날 영어에서 이 고풍스럽고 장엄한 이름과 가장 가까운 단어는 막연하고 멀리 있는 신적 존재를 가리키는 "the Deity"이다. 이 이름은 신격을 지닌 분의 존재를 인정하고, 그분을 가장 폭넓고 일반적으로 묘사했다. "엘샷다이," 즉 전능하신 하나님은 아브라함을 부르셨고, 자신이 밝히신 이름을 걸고 언약의 약속들을 이루실 것을 맹세하셨다. 아브라함은 "엘샷다이"라는 이름을 통해 한 분이시고 신령하시며 전능하신 하나님을 기억했고, 이후에 주어진 하나

웨스트민스터 소교리문답 강해

님의 모든 계시는 이 위대한 진리를 통해 서로 연결되었다. 몇몇 이름들이 이 위대한 이름에 더해지고, 하나님이 자신을 아브라함과 이삭과 야곱의 하나님으로 그리고 벧엘의 하나님으로 알리심으로써 "엘샷다이"라는 이름에 풍성한 의미를 부여하셨을 때도, 성경 기자는 하나님의 능력과 도우심을 일생 동안 받은 사람들의 경험을 "엘샷다이"라는 중요한 어구로 담아낸다.

하지만 모세 때 하나님의 이름과 관련해 새로운 시대가 열렸다. 하나님이 자신이 택한 종에게 이스라엘의 지파들의 머리가 되어 그들을 이끌 사명을 주셨을 때, 모세가 이 백성이 자신의 권위를 의심하고 신임장을 요구하며 누구의 이름으로 왔는지를 물을 것이 분명하다고 말하면서 난색을 표하자, 하나님은 "너는 이스라엘 자손에게 이같이 이르기를" 여호와, 즉 "스스로 있는 자가 나를 너희에게 보내셨다"(출 3:14)고 하라고 말씀하셨다. 히브리어를 아는 사람들은 이것이 점진적인 계시에서 얼마나 앞으로 나아갔는지를 알아챌 것이다. "엘샷다이"는 하나님이 자기가 누구신지를 처음으로 밝히신 모호한 이름이었고, "여호와, 스스로 있는 자"는 한층 더 나아간 것이었다.

창세기의 구성과 내용, 특징을 주의해서 살펴본 사람이라면 누구나 알고 있듯이, 여호와라는 이름이 애굽에서 종살이하기 이전 족장들에게 알려지지 않은 것은 아니었다. 모든 성경 주석자들은 출애굽기에 나오는 "나의 이름을 여호와로는 그들에게 알리지 아니하였고"(출 6:3)라는 말씀을 곧이 곧대로가 아니라 좀 더 융통성 있게 이해해야 한다는 데 동의한다. 즉, 이 말씀은 하나님이 히브리 민족의 조상들에게 나타나셨을 때 "여호와"라는 이름을 한 번도 들려주지 않으셨음을 의미하는 것이 아니라, 그 이름의 온전한 의미를 그들에게 밝히신 적이 없었음을 의미한다. "여호와, 스스로 있는 자"라는 위대한 이름 속에는 본질적이고 영속적인 진리와 함께 경륜이라는 측면에서 시대적 의미도 담겨 있었다. 즉, 하나님이 "스스로 있는 자"(I AM)라고 말씀하신 것은 하나님 외에는 다른 신이 없다는 의미였다.

"엘샷다이"라는 이름에는, 오늘날 우상숭배자들이 자신들의 우상을 신이라고 부르는 것처럼 다른 나라 신들이 존재함이 전제되어 있었다. 애굽과 앗수르는 "전능자 엘 신"이 그들과 함께한다고 주장했다. 물론 이 "엘신"이 오직 그들만의 신이라고 하지는 않았지만, 그들도 "엘 신"의 보호 아래 있다고 말했다. 이제 이스라엘이 다른 나라나 종교와 접촉하고 충돌하는 일이 잦아질 것이기 때문에, 유일하게 참되신 하나님은 "오직 그만이 참 신"임을 가르치고 단언하는 이름을 그들에게 알려줄 필요가 있으셨다. 아브라함과 이삭과 야곱의 하나님은 자신의 능력을 보여주실 일련의 사건을 통해 이스라엘과 모든 민족들에게 "오직 그만이 존재하신다"는 것 그리고 다른 신들은 말 못하는 죽은 우상들이고, 사람들의 어리석은 마음으로 만들어낸 것들이며, 불경스러운 손으로 만든 작품들임을 증명하실 터였다. 바알이나 아스다롯, 제우스나 헤르메스는 "나는 존재한다"라고 말할 수 없었다. 사도의 말을 빌리면, "우상은 이 세상에서 아무것도 아니라는 것을 알기" 때문이다. 반면에 히브리인 예배자들이 자신의 하나님 앞으로 나아왔을 때, 그들은 그 하나님이 존재하신다는 것을 믿고 확신할 수 있었다. 그들의 하나님의 이름이 "여호와," 곧 "스스로 있는 자"였기 때문이다.

하지만 이것이 전부는 아니었다. 계시의 성령은 아브라함에게 주어진 하나님의 이름인 "전능하신 하나님"에 "이삭과 야곱의 하나님," "벧엘의 하나님" 같은 이름과 명칭을 더하셨던 것처럼, 모세에게 주어진 하나님의 이름인 "여호와, 스스로 있는 자"에 "자비롭고 은혜롭고 노하기를 더디하고 인자와 진실이 많은 하나님"이라는 이름을 더하셨기 때문이다. 출애굽기 34장은 계시의 샘이다. 하나님의 산 높은 곳에 있는 이 중요한 샘은 언제나 지혜로운 전도자의 말을 상기시킨다. "모든 강물은 다 바다로 흐르되 바다를 채우지 못하며 강물은 어느 곳으로 흐르든지 그리로 연하여 흐르느니라"(전 1:7). 하나님이 이전에 알려주신 이름은 아직 알려지지 않은 바다로부터 땅을 적시기 위해 보내신 샘이었을 뿐이었다. 이후 모든 선지자와 시편 기자는 영원하고 영속적인 샘인 이 본문으로부터 물을 길었다. 하나님의 이름인 "야"는 가장 큰 글자로 쓸 만한 가치가 있다. 마찬가지로 독자들로 하여금 이 최고의 본문이 무엇을 의미하는지를 곰곰이 생각하게 해서, 자기가 얼마나 거룩한 땅 위에 서 있는지를 깨닫게 할 수만 있다면, 이 본문은 황금 문자로 인쇄할 만한 가치가 있다. "여호와께서 그의 앞으로 지나시며 선포하시되 여호와라 여호와라 자비롭고 은혜롭고 노하기를 더디하고 인자와 진실이 많은 하나님이라 인자를 천대까지 베풀며 악과 과실과 죄를 용서하리라 그러나 벌을 면제하지는 아니하고 아버지의 악행을 자손 삼사 대까지 보응하리라"(출 34:6-7). 비둘기들이 보금자리로 돌아가고, 사슴이 시냇물을 사모하듯이, 이스라엘의 모든 선지자들과 시편 기자들은 그리스도께서 오실 때까지 이 성경 본문으로 돌아간다.

"하나님"

독실한 히브리인들은 바알이나 이교의 신들이 아니라 여호와 하나님이 우리의 하나님이라고 고백했다. "여호와를 우리의 하나님으로 받아들이는 것은 자연스러운 언약의 일부였다. 그리스도를 우리의 구속주로 받아들이는 것은 언약의 초자연적인 일부다. 전자는 후자를 위해 먼저 필요하고 후자 안에 포함되어 있다"(백스터).

"구속주"

신약성경에서 우리 주를 부르는 이 위대하고 의미심장한 이름은 이스라엘 자손들이 여호와를 부르던 이름이었다. 이 단어는 문자 그대로 속전을 지불하고 다른 사람의 소유였던 사람이나 물건을 되사오는 자를 의미한다. 이후 그런 의미에서 더 나아가 정복을 통한 해방자를 의미하게 되었다. "그러므로 이스라엘 자손에게 말하기를 나는 여호와라 내가 애굽 사람의 무거운 짐 밑에서 너희를 빼내며 그들의 노역에서 너희를 건지며 편

팔과 여러 큰 심판들로써 너희를 속량하여"(출 6:6). 포로기 선지자들과 포로기 이후 선지자들이 약속하고 송축한 하나님의 구속은 여호와가 바벨론을 무너뜨리고 자기 백성을 건지시는 것이었다. (호세아서 9장 3절의 난외주를 보라. 선지자의 시대에 애굽은 앗수르와 바벨론을 나타낸다. 오늘날 애굽은 흔히 우리의 거듭나지 않은 상태를 나타낸다. 이렇게 하나님은 우리 주님이 이루실 저 위대한 구속을 설명하는 데 적합한 표현과 기억을 구약성경에서 발전시키고 축적하셨다.) (제20문의 답을 보라.)

"우리가 그의 모든 계명을 지켜야 한다"

"그러므로 우리는 오직 그만을 우리 하나님으로 받아들이고 그의 모든 계명을 지켜야 한다"(대교리문답). (제52문의 답에 나오는 이유를 보라.)

적용

1. 하나님의 말씀을 제대로 설명하려고 하는 모든 성경 해석자에게는 거룩한 배움이 절대적으로 필요하다. 연구, 특히 계시의 발전 및 성경의 진전과 관련된 모든 연구에서 성경 해석자는 반드시 학습자여야 하고, 성경이 처음에 기록되었을 때 사용된 언어를 어느 정도 알아야 한다.

2. 하나님의 이름 중 우리가 몰라도 되는 이름은 없다. 또한 우리가 함부로 말하고, 별 관심 없다는 듯이 들으며, 그것이 무엇을 드러내고 가리키며 전하는지를 생각하지 않아도 되는 이름도 없다. 하나님의 이름은 무엇이고, 하나님의 아들의 이름은 무엇인가? 당신은 말할 수 있는가?

제45문

문   제1계명은 무엇입니까?

답   제1계명은 "너는 나 외에는 다른 신들을 네게 두지 말라"입니다.[104]

제46문

문 제1계명이 요구하는 것은 무엇입니까?

답 제1계명이 우리에게 요구하는 것은 하나님이 유일하신 참 하나님이시고 우리의 하나님이시라는 것을 알고 인정하며,[105] 거기에 합당하게 하나님을 예배하고 영화롭게 하라는 것입니다.[106]

제47문

문 제1계명이 금지하는 것은 무엇입니까?

답 제1계명이 금지하는 것은 참 하나님이 하나님이자 우리의 하나님[107]이심을 부인하거나,[108] 그 하나님을 예배하고 영화롭게 하지 않고,[109] 오직 그에게만 합당한 예배와 영광을 다른 것에 돌리는 것입니다.[110]

---

104 출애굽기 20:3.

105 "내 아들 솔로몬아 너는 네 아버지의 하나님을 알고 온전한 마음과 기쁜 뜻으로 섬길지어다 여호와께서는 모든 마음을 감찰하사 모든 의도를 아시나니 네가 만일 그를 찾으면 만날 것이요 만일 네가 그를 버리면 그가 너를 영원히 버리시리라"(대상 28:9), "네가 오늘 여호와를 네 하나님으로 인정하고 또 그 도를 행하고 그의 규례와 명령과 법도를 지키며 그의 소리를 들으라"(신 26:17).

106 "이에 예수께서 말씀하시되 사탄아 물러가라 기록되었으되 주 너의 하나님께 경배하고 다만 그를 섬기라 하였느니라"(마 4:10), "여호와께 그의 이름에 합당한 영광을 돌리며 거룩한 옷을 입고 여호와께 예배할지어다"(시 29:2).

107 "나는 너를 애굽 땅에서 인도하여낸 여호와 네 하나님이니 네 입을 크게 열라 내가 채우리라 하였으나 내 백성이 내 소리를 듣지 아니하며 이스라엘이 나를 원하지 아니하였도다"(시 81:10-11).

108 "어리석은 자는 그의 마음에 이르기를 하나님이 없다 하는도다 그들은 부패하고 그 행실이 가증하니 선을 행하는 자가 없도다"(시 14:1).

109 "하나님을 알되 하나님을 영화롭게도 아니하며 감사하지도 아니하고 오히려 그 생각이 허망하여지며 미련한 마음이 어두워졌나니"(롬 1:21).

110 "이는 그들이 하나님의 진리를 거짓 것으로 바꾸어 피조물을 조물주보다 더 경배하고 섬김이라 주는 곧 영원히 찬송할 이시로다 아멘"(롬 1:25).

제48문

문　제1계명에서 "나 외에는"이라는 말씀이 우리에게 가르치는 것은 무엇입니까?

답　제1계명에서 "나 외에는"이라는 말씀이 우리에게 가르치는 것은 모든 것을 보시는 하나님이 다른 신을 섬기는 우리의 죄를 아시고 진노하신다는 것입니다.[111]

제1계명은 십계명이 공표되었을 당시 무엇보다도 가장 먼저 필요한 계명이었다. 인류의 모든 족속은 하나님을 아는 지식과 하나님과의 모든 교제로부터 떨어져 있었지만, 모든 양심과 마음에는 신이 반드시 필요했던 까닭에, 온갖 신을 생각해내고 만들어 섬기고 있었기 때문이었다. 모든 지파와 민족은 각자의 성향에 따라 신을 만들어냈다. 따라서 이스라엘과 그로부터 온 땅에서 참된 신앙을 정립하기 위해 가장 먼저 해야 할 일은 도처에 있는 신들에 대한 온갖 미신적이고 해로운 인식을 사람들의 생각에서 몰아내어 깨끗이 청소하는 것이었다.

이스라엘은 오직 여호와 외에 다른 신이 없음을 굳건히 붙잡고 배워야 했다. 그리고 이스라엘에게 이렇게 포괄적이고 배타적인 율법을 주신 여호와는 새로운 하나님도 아니었고 그들이 알지 못하는 하나님도 아니었다. 여호와는 아담과 아벨과 에녹과 노아의 하나님이셨고, 아브라함과 이삭과 야곱의 하나님이셨다. 여호와는 모세와 아론의 하나님이셨다. 모세의 손을 빌려 그들을 애굽 땅에서 건져내신 분도 여호와셨다. 그런 여호와께서 이스라엘의 온 집과 이스라엘 사람을 향해 "너는 나 외에는 다른 신들을 네게 두지 말라"라고 말씀하셨다.

칼뱅의 『기독교강요』(CH북스, 2015)에는 이 계명이 이스라엘과 우리에

111　"그가 내게 이르시되 인자야 이제 너는 눈을 들어 북쪽을 바라보라 하시기로 내가 눈을 들어 북쪽을 바라보니 제단문 어귀 북쪽에 그 질투의 우상이 있더라"(겔 8:5), "우리가 우리 하나님의 이름을 잊어버렸거나 우리 손을 이방 신에게 향하여 폈더면 하나님이 이를 알아내지 아니하셨으리이까 무릇 주는 마음의 비밀을 아시나이다"(시 44:20-21).

　웨스트민스터 소교리문답 강해

게 제시하는 모든 가르침을 종합한 놀라운 분석이 나온다. 그들에게와 마찬가지로 우리에게도 주어진 이 계명은 우리의 모든 경배와 의뢰함과 기원과 감사를 오직 여호와께만 드리라고 하는 하나님의 요구를 담고 있다. 그리고 그러한 정서와 태도와 행위를 올바르게 이해하고 영적으로 행하기만 하면, 이 근본적이고 으뜸가는 계명을 온전히 지키는 것이 된다.

"제1계명"

"사람이 행해야 할 본분에도 질서와 순서가 있고, 그 질서와 순서를 지키는 것은 아주 중요하다. 하나님이 우리에게 가장 중요하게 요구하고 우리가 가장 많은 관심을 가져야 할 본분이 사회적인 본분, 즉 사람에 대하여 정의와 자선을 베푸는 것이라는 주장보다 더 크고 해로운 오류는 찾아보기 힘들다. 그런데 계시된 진리를 존중한다고 하는 사람 중에도 그렇게 주장하는 사람들이 있다. 사회적 본분은 모든 참된 신앙의 필수불가결한 부분이라는 것을 우리도 인정하고 강조한다. 하지만 우선순위와 중요성에서 으뜸가는 본분은 우리의 창조주이시고 구속주이신 하나님과 직접적인 관련이 있다. 그리고 하나님은 모든 존재보다 더 크고 선하시기 때문에, 하나님께 합당한 경외와 사랑과 섬김과 예배에서의 본분은 다른 어떤 본분보다도 더 높고 거룩해야 한다"(그린).

"요구하는"

"요구한다"는 것은 "부합한다"는 뜻이다. (제14문의 답을 보라.)

"알고 인정하며"

"영생은 곧 유일하신 참 하나님과 그가 보내신 자 예수 그리스도를 아는 것이니이다"(요 17:3). "너는 범사에 그를 인정하라 그리하면 네 길을 지도하시리라"(잠 3:6).

　"하나님을 아는 참된 지식은 하나님에 대한 사랑을 포함한다. '사람을 사랑하기 위해서는 하나님을 알아야 한다.' 하나님을 사랑하지 않는 사람은 하나님을 올바르게 알 수 없다. 하나님을 안다는 것은 하나님의 선하심을 경험으로 아는 것이다. 하나님이 사랑하시는 영혼이 하나님에 대해 묵상하고, 하나님에 대한 글을 읽으며, 하나님께 말하고, 하나님을 경배하고 순종할 때, 하나님은 그 영혼에게 자신의 선하심을 알게 하신다"(퍼시).

"유일하신 참 하나님"

제5문의 답을 보라. 마이어가 말하듯이, 수식어인 "유일하신"(only)은 "참 하나님" 전체에 걸린다. "참"(true)이라는 단어는 오직 이 하나님만이 "하나님"이라는 단어로 표현되는 개념에 온전히 합치함을 보여준다.

"거기에 합당하게 하나님을 예배하고 영화롭게 하라"

"예배한다"는 것은 "합당한 가치를 둔다, 가장 소중히 여긴다, 경배하고 사랑하며 섬긴다"는 것을 의미한다. "영광의 하나님은 하나님에 대한 찬송의 집약이다"(벵겔).

로제티(Rossetti) 여사는 십계명을 다룬 자신의 저서에서 이 계명이 기독교라는 구조물을 올릴 수 있는 유일한 보편적 토대라고 말한다. 기독교의 밑바탕에는 보편적 토대가 있다. 따라서 유일하신 하나님에 관한 이 근본적인 교리는 다른 교리보다 더 널리 통용되었다. 유대 교회는 계시를 통해 그 교리를 알았지만, 이방 세계에 속한 수많은 사람은 지성이나 영성으로 그 교리를 알고 짐작했다.

"금지하는"

"금지한다"는 것은 "부합하지 않거나 어긴다"라는 뜻이다. (제14문의 답을 보라.)

"부인하거나"

이 계명은 생각으로나 행위로나 무신론자로 행하는 것을 금지한다. 생각으로 행하는 무신론은 자연과 사람이 하나님 없이 존재하고 유지된다고 보는 것이다. 행위로 보여주는 무신론은 노골적으로 하나님의 존재를 부정하고 "이 세상에서 하나님 없이" 살아가는 것이다. 많은 사람이 무신론자라는 말만 들어도 몸서리치지만, 실제로는 무신론자의 삶을 살아간다. 우리가 얼마나 많은 시간을 무신론자로 살아가고, 무신론적인 행위를 얼마나 많이 하는지를 자문해보아야 한다.

"예배와 영광을 다른 것에 돌리는"

이것은 모든 우상숭배를 금지하는 것이다. 이 죄는 제2계명에서 좀 더 자세하게 다룬다. 밀턴(Milton)은 하와가 금지된 열매를 먹은 첫 번째 결과가 우상숭배였다고 말한다.(『실낙원』, CH북스, 2019)

> 이렇게 혼잣말을 한 후에
> 마치 신들의 음료인 신주에서 만들어진 지식의 즙을 흠뻑 들이마신
> 그 나무가 지닌 능력에 경의를 표한다는 듯이,
> 먼저 그 나무를 향해 낮게 몸을 굽혀 절하고
> 그 나무로부터 돌아섰다.

"나 외에는"

"나 외에는"(before me)는 "내 앞에서, 내가 있는 곳에서"라는 뜻이다. 그리고 하나님은 어디에나 계신다. 따라서 사람이 다른 신을 세우거나 섬길 곳은 없다. (시편 139편 1-12절을 보라.)

"모든 것을 보시는 하나님은 다른 신을 섬기는 우리의 죄를 아시고 진노하신다"

이 구절에 나타난 진전을 주목하라. "제1계명에서 금지하는 우상숭배는

제2계명에서 금지하는 우상숭배와 어떻게 다른가? 제1계명에서 금지하는 우상숭배는 우리가 본질상 하나님이 아닌 어떤 것을 하나님의 자리에 세움으로써 예배의 대상과 관련하여 짓는 죄다. 반면, 우리가 참 하나님을 섬기는 척하면서, 하나님이 요구하지 않거나 금지하신 수단이나 방법으로 섬기는 것은 제2계명을 어기는 죄가 된다"(플라벨).

제49문

문   제2계명은 무엇입니까?

답   제2계명은 "너를 위하여 새긴 우상을 만들지 말고 또 위로 하늘에 있는 것이나 아래로 땅에 있는 것이나 땅 아래 물 속에 있는 것의 어떤 형상도 만들지 말며 그것들에게 절하지 말며 그것들을 섬기지 말라 나 네 하나님 여호와는 질투하는 하나님인즉 나를 미워하는 자의 죄를 갚되 아버지로부터 아들에게로 삼사 대까지 이르게 하거니와 나를 사랑하고 내 계명을 지키는 자에게는 천 대까지 은혜를 베푸느니라"입니다.[112]

제50문

문   제2계명이 요구하는 것은 무엇입니까?

답   제2계명이 요구하는 것은 하나님이 자신의 말씀에서 정하신 모든 신앙적인 예배와 규례들을 받아들여 행하고 순전하고 온전하게 지키라는 것입니다.[113]

---

112 출애굽기 20:4-6.

113 "그들에게 이르되 내가 오늘 너희에게 증언한 모든 말을 너희의 마음에 두고 너희의 자녀에게 명령하여 이 율법의 모든 말씀을 지켜 행하게 하라"(신 32:46), "내가 너희에게 분부한 모든 것을 가르쳐 지키게 하라 볼지어다 내가 세상 끝날까지 너희와 항상 함께 있으리

제51문

문 제2계명이 금지하는 것은 무엇입니까?

답 제2계명이 금지하는 것은 형상[114] 또는 하나님의 말씀에서 정해주지 않은 다른 방법을 사용해[115] 하나님을 예배하는 것입니다.

제52문

문 제2계명을 주신 이유로 덧붙여진 것은 무엇입니까?

답 제2계명을 주신 이유로 덧붙여진 것은 우리에 대한 하나님의 주권,[116] 우리에 대한 하나님의 소유권,[117] 하나님이 자신의 예배에 대하여 가지고 계시는 열심입니다.[118]

라 하시니라"(마 28:20), "그들이 사도의 가르침을 받아 서로 교제하고 떡을 떼며 오로지 기도하기를 힘쓰니라"(행 2:42).

114 "여호와께서 호렙 산 불길 중에서 너희에게 말씀하시던 날에 너희가 어떤 형상도 보지 못하였은즉 너희는 깊이 삼가라 그리하여 스스로 부패하여 자기를 위해 어떤 형상대로든지 우상을 새겨 만들지 말라 남자의 형상이든지, 여자의 형상이든지, 땅 위에 있는 어떤 짐승의 형상이든지, 하늘을 나는 날개 가진 어떤 새의 형상이든지, 땅 위에 기는 어떤 곤충의 형상이든지, 땅 아래 물 속에 있는 어떤 어족의 형상이든지 만들지 말라 또 그리하여 네가 하늘을 향하여 눈을 들어 해와 달과 별들, 하늘 위의 모든 천체 곧 너희의 하나님 여호와께서 천하 만민을 위하여 배정하신 것을 보고 미혹하여 그것에 경배하며 섬기지 말라"(신 4:15-19).

115 "네 하나님 여호와께는 네가 그와 같이 행하지 못할 것이라 그들은 여호와께서 꺼리시며 가증히 여기시는 일을 그들의 신들에게 행하여 심지어 자기들의 자녀를 불살라 그들의 신들에게 드렸느니라 내가 너희에게 명령하는 이 모든 말을 너희는 지켜 행하고 그것에 가감하지 말지니라"(신 12:31-32).

116 "우리가 감사함으로 그 앞에 나아가며 시를 지어 즐거이 그를 노래하자 여호와는 크신 하나님이시요 모든 신들보다 크신 왕이시기 때문이로다……오라 우리가 굽혀 경배하며 우리를 지으신 여호와 앞에 무릎을 꿇자"(시 95:2-3, 6).

117 "그리하면 왕이 네 아름다움을 사모하실지라 그는 네 주인이시니 너는 그를 경배할지어다"(시 45:11).

여호와는 한 분이시고 유일하신 지존이심이 제1계명의 주제였다면, 제2계명은 하나님이 영이심을 가르치고 보호한다. 우리가 하나님에 대해 올바르게 생각하려면, 지역성, 제한, 형태를 비롯해 피조물이 지니는 온갖 조건을 배제해야 한다. 하나님에 대한 예배는 순전히 영적이어야 한다. 이 계명은 하나님이 영이시라는 사실을 침해하거나 훼손하지 않도록, 형상을 만들어 예배하는 것은 물론이고, 형상을 만드는 것조차 명시적으로 엄격하게 금지한다.

따라서 하나님이 한 분이시라는 사실과 영이시라는 사실은 십계명, 아니 모세에게 속한 것이든 기독교에 속한 것이든 모든 계시의 두 모퉁잇돌이다. 모세로 말미암아 온 "율법"과 예수 그리스도로 말미암아 온 "은혜와 진리"는 영원하고 변할 수 없는 이 두 진리 위에 세워져 있다.

"너를 위하여 새긴 우상을 만들지 말고"

알디스 라이트(Aldis Wright)는 『스미스 성경사전』(*Smith's Bible Dictionary*)에서 공인역 성경(Authorized Version, KJV)이 21개 이상의 히브리어 단어를 "우상" 또는 "형상"으로 번역했음을 말해준다. 우상숭배의 유인책과 도구와 대상을 지칭하는 단어들은 이렇게나 많고 다양하다. 아울러 그런 상황에서 이 계명은 필수불가결했고 엄격하게 다루어졌지만, 문화와 오락의 목적으로 만든 온갖 예술품에 대해서도 미신적인 신앙을 지니고 공격하는 것은 결코 인정하지 않는다.

이런 오해를 다루면서, 칼뱅은 이렇게 말한다. "하지만 나는 가시적으로 형상화한 모든 것이 불법이라고 생각할 정도로 미신적이지는 않다. 조각과 회화는 하나님의 은사들이기 때문에, 나는 그 두 은사를 순전하고 합

---

118 "너희는 도리어 그들의 제단들을 헐고 그들의 주상을 깨뜨리고 그들의 아세라 상을 찍을지어다 너는 다른 신에게 절하지 말라 여호와는 질투라 이름하는 질투의 하나님임이니라" (출 34:13-14).

법적으로 사용해야 한다고 역설한다. 우리가 하나님의 형상을 만드는 것을 불법이라고 여기는 것은 하나님이 친히 금지하셨고, 하나님을 형상화하는 것 자체가 어느 정도 하나님의 영광을 훼손할 수밖에 없기 때문이다."

칼리쉬(Kalisch)는 출애굽기 주석서에서 이렇게 말한다. "이 본문에 표현된 금지 명령이 히브리인들 가운데 조형 예술의 진보와 발전을 지연시켜왔다는 것은 사실인 것 같다. 이것은 코란에 나오는 비슷한 금지 명령이 아랍 부족들에게 비슷한 결과를 가져온 것과 같다……하지만 이 본문이 조각과 회화 같은 조형 예술 전반을 금지하고 있다고 믿는 것은 용납할 수 없는 오해다.

요세푸스는 유대인들이 로마 군인들의 독수리 군기에 그려진 황제의 형상조차도 용납하지 않았고, 디베라에 있던 한 신전은 동물 그림으로 장식했다는 이유만으로 산헤드린의 명령으로 불타 없어졌다는 얘기를 우리에게 들려준다.

여호와는 성막을 세우시면서 온갖 아름답고 예술적인 장식으로 그 성막을 치장하셨고, 심지어 지성소 안에 두 그룹을 두게 하신 분이신데, 그런 입법자에게서 이런 야만적이고 비이성적인 율법이 나올 리가 없다. 두 번째 성전과 마찬가지로 첫 번째 성전에도 조형물이 아주 많았지만, 그것이 모세 율법에 어긋난다고 생각한 사람은 아무도 없었다."

"새긴 형상을 만들지 말라는 명령은 성소 자체에서는 지켜지지 않았다. 이러한 예외는 이 율법이 모방 예술의 남용이나 악용을 금지한 것이지, 예술 자체를 금지한 것이 아님을 분명하게 보여준다"(웨스트코트).

"위로 하늘에 있는 것……의 어떤 형상"

"사람은 원래 참과 거짓을 구별할 수 있도록 지음받았지만, 하나님을 떠나 자신들의 욕망과 두려움, 변덕과 상상을 따라 살아가게 되면서 그들의 머리와 손으로 많은 것을 고안해냈다. 해와 달과 별은 상징이 아니라 신으로 여겨졌다. 강 또한 신격화되었다. 짐승과 새, 물고기와 파충류는 모두 경배의 대상이 되었다. 나무나 산꼭대기는 점차 신성하게 여겨져 신탁을 받는 곳들이 되었고, 빛과 어둠은 신으로 추앙되었다. 불과 죽은 자들의 세계도 마찬가지였다. 단순히 속성이나 작용에 불과한 것들이 사람들의 탄원과 예배를 받는 신으로 취급되었다. 죽음은 그 자체로 신격화되어, 죽음의 신을 기리기 위해 끔찍한 인신 제사가 드려졌다. 다산도 말하기조차 부끄러운 제의를 통해 숭배되었다"(로제티).

"나 네 하나님 여호와는 질투하는 하나님인즉"

신학 용어로는 이것을 "신인동감동정론적" 표현 또는 경륜적 표현이라고 부른다. 여기에서 하나님은 마치 사람처럼 사람을 향해 말씀하신다. 하나님은 "질투"라는 인간의 감정을 비유적으로 자신에게 적용하신다. 하지만 우리는 하나님을 이런 식으로 설명할 때조차 하나님을 믿고 공경하는 마음으로 조심스럽게 해야 한다.

이는 인간의 질투라는 감정에 내포된 온갖 연약함과 악함은 제거되었지만, 사람의 지성과 언어의 불완전함으로 인해 다르게 표현하는 것이 불가능한 하나님의 마음을 질투라는 단어가 가장 가깝게 표현해준다고 말하는 것이다. 모든 성경, 적어도 모든 계시는 어느 정도 신인동형론적이거나 신인동감동정론적이다.

이 문답은 하나님이 사람과 소통할 때 보편적으로 취하시는 방식을 보여주는 매력적이고 중요한 본보기이다. 여호와께서 자신을 이스라엘 교회의 남편이라고 하시면서, 이스라엘을 영원한 사랑으로 사랑해왔다고 하셨기 때문에, 이스라엘의 부정과 우상숭배는 하나님의 가슴 속에서 질투가 활활 타오르게 하는 일이라는 무시무시한 표현으로 묘사될 수밖에 없었다.

구약성경을 사려 깊게 읽은 사람은 이 강력하고 비유적인 말을 사용하는 본문을 많이 떠올릴 수 있을 것이다. 하지만 이 문답을 비롯해 모든 비슷한 본문에서 우리가 기억해야 할 것은 성경의 은유가 결코 현실을 과장하거나 왜곡하지 않고, 예언적인 비유들이 결코 사실을 부풀리지 않는다는 것이다. 나훔이 자신이 본 부담스러운 묵시를 전했을 때도 그랬다. "여호와는 질투하시며 보복하시는 하나님이시니라 여호와는 보복하시며 진노하시되 자기를 거스르는 자에게 여호와는 보복하시며 자기를 대적하는 자에게 진노를 품으시며"(나 1:2).

"나를 미워하는 자의 죄를 갚되 아버지로부터 아들에게로 삼사 대까지 이르게 하거니와"

모즐리(Mozley)는 자신의 역작인 『초기 시대들의 주요한 개념들』(*Ruling Ideas in Early Ages*)에서 이 사법적 원칙이 옛 경륜에 적용되었음을 보여준다. 그리고 제2계명과 그 상벌 규정은 오늘날에도 여전히 유효하지만, 지금은 사법적이고 형벌적인 관점이 아니라 섭리적이고 교훈적인 관점에서 해석해야 한다고 지적한다. 지금도 자녀들이 아버지의 죄 때문에 많은 고통을 겪긴 하지만, 아버지의 죄로 인해 벌을 받지는 않는다.

　"하나님이 그렇게 하시거나 하셨다는 것은 분명하다. 하나님이 그렇게 하겠다고 말씀하셨기 때문이다. 하나님이 그렇게 하심은 의로우시다. 하나님이 하시기 때문이다. 우리의 기준은 하나님의 율법이고, 하나님의 기준은 하나님 자신의 행위와 뜻이다. 모든 것을 다스리시는 권세를 지니신 하나님은 그 어떤 것에 대해서도 잘못 행하실 수 없다. 본질적으로 의로우신 하나님이 불의하게 행하시는 것은 불가능하다"(제러미 테일러가 "저주의 필연적인 상속을 끊음"에 관하여 행한 설교).

"순전하고 온전하게 지키라"

플라벨은 "그리스도께서도 그대로 두신" 하나님이 정하신 것들을 "더 고상하게" 하기 위해 여러 예식을 고안해내지 말라고 경고했다. 공예배를 담당하는 사람들은 이 경고를 마음에 깊이 새겨야 한다.

"하나님이 자신의 말씀에서 정해주신"

"특히 그리스도의 이름으로 기도하고 감사하는 것, 말씀을 읽고 전하고 듣는 것, 성례전을 집례하고 받는 것, 교회 정치와 치리, 교회에 대한 사역과 유지, 신앙적인 금식, 하나님의 이름으로 맹세하고 하나님께 서원하는 것" (대교리문답).

"형상들을 사용해 하나님을 예배하는"

롭슨(Robson)은 인도에 형상을 사용한 예배에 대한 세 가지 관점이 존재한다고 말한다. 첫 번째는 형상이 기도에 도움이 된다는 철학적 관점이고, 두 번째는 특정한 신이 형상 속에 임재한다는 신비적 관점이며, 세 번째는 물질로 만들어진 형상 자체가 신이라는 문자적 관점이다.

"제2계명의 자연스럽고 분명한 의미는 하나님이 자기를 올바르게 예배하는 방식을 정해주시면서, 어떤 형상을 예배에 사용할 목적으로 만들거나, 어떤 형상을 종교적인 경배와 숭배의 외적인 표상으로 삼지 말라고 하신 것이다. 교황주의자들은 제2계명의 자연스럽고 분명한 의미를 잘 알았기 때문에, 십계명을 인용하면서도, 신자들을 가르칠 때 사용하는 교리문답에서 제2계명을 통째로 빼버리곤 했다"(커닝엄).

대중적인 로마 교회가 공예배에서 사도의 가르침만이 아니라 구약성경의 가르침으로부터도 얼마나 동떨어져 있는지는 오늘날 로마 교회의 성당이나 예배당을 보고, 그것을 위 증언과 비교해본 사람은 누구나 쉽게 알 수 있다.

한 민족 전체가 어떤 가시적인 형상으로도 나타내지 않은 신을 섬기는 것을 보고 이교 세계가 경악을 금하지 못했다고 밀만(Milman)은 말한다. 정복자 폼페이우스는 파괴된 성전 안으로 들어가서는 성소 안에 신의 형상이나 상징물이 전혀 없는 것을 보고 무척 의아해했다고 한다.

"심오한 지성을 지니고 적대적인 편견과 싸운 철학적인 역사가인" 타키투스는 "이 교리의 장엄함을 몰랐기 때문에, 자신 특유의 압축된 표현으로 이 교리를 정의한다. 유대인들의 예배는 순전히 정신적이다. 그들은 오직 한 분 하나님, 즉 지극히 높으시고 영원하시며 변함이나 사멸이 없으신 하나님을 고백한다."

"이유로 덧붙여진 것"

"교만의 본질에 대하여"라는 후커의 박식한 설교 도입부에 나오는 구절은 이 계명에 덧붙여진 이유들에 대한 최고의 설명이다. "사람의 본성은 누구에게 이끌려가는 것보다는 자신이 주도하는 것을 훨씬 더 좋아하기 때문에 누가 그에게 무엇을 하라고 명령하면, 쉽게 납득하고 순종할 수 있는 경우에도 수없이 완강하게 권위에 저항한다. 따라서 무엇을 하라고 단순히 명령하거나 금지하는 율법은 그것을 해야 할 이유를 덧붙인 율법에 비해 사람의 마음을 움직이기 힘들다.

하나님이 명령하셨다는 사실 그 자체만으로도 즉시 순종해야 할 충분한 이유가 되지만, 비이성적인 사람이 아니라면 누구나 그 명령을 지켜야 하는 이유를 명백하게 제시한 경우, 훨씬 더 자발적이고 기쁜 마음으로 그 명령에 순종할 수 있다.

한마디로, 우리에게 어떤 가르침이 주어졌는데, 그것이 행실의 지침이든, 신앙의 교훈이든, 지성의 정보든, 그것이 하나님의 명령일 뿐만 아니라 합당한 이유도 갖추고 있을 때, 그 명령이 우리 심령 속에 깊이 뿌리를 내리게 된다."

소교리문답은 제2계명에 덧붙여진 이유를 여기에서 세 가지로 요약한다. 첫째, 우리에 대한 하나님의 주권. 하나님은 우리의 왕이시고, 우리는 하나님의 신민이다. 따라서 우리는 하나님의 율법에 순종해야 한다. 둘째, 우리에 대한 하나님의 소유권. "소유권"으로 번역한 "propriety"는 옛 표현이고, 오늘날의 영어에서는 "property"를 사용한다. 이것은 우리가 하나님의 소유라는 의미이다. 하나님은 우리를 창조하셨고 구속하셨다. 따라서 특히 우리의 조물주와 구속주이신 하나님을 예배할 때는 더더욱 우리가 우리 자신의 것이 아니다. 셋째, 하나님이 자신의 예배에 대하여 가지고 계시는 열심. 선지자들과 시편 기자들은 그러한 열심과 질투로 가득했다. 예를 들어, 이사야서 1장 10-15절과 에스겔서 14장 1-11절을 보라.

적용

1. 더 이상 예배 장소를 지을 때 형상을 두기 위한 벽감들을 설치하지는 않지만, 그렇다고 해서 이 계명이 쓸모없는 명령이거나, 이 계명에 대한 연구가 이미 유물이 되어버린 것은 아니다. 우리 조상들이 성상 파괴적인 신앙을 철저하게 고수한 덕분에 우리는 우상 숭배에 대한 유혹과 시험으로부터 벗어났다. 그 대신에 우리 조상들은 우리에게 매우 신령한 법을 유산으로 물려주었다. 조각상과 형상으로 장식된 성소들이 아니라 우리 자신의 마음을 살피는 법. "너희는 너희가 하나님의 성전인 것과 하나님의 성령이 너희 안에 계시는 것을 알지 못하느냐 누구든지 하나님의 성전을 더럽히면 하나님이 그 사람을 멸하시리라 하나님의 성전은 거룩하니 너희도 그러하니라"(고전 3:16-17).

2. 예배에서 형상을 사용하지 말라는 율법이 모세로부터 왔다면, 형상의 필요성을 애초에 제거해버린 은혜 — 하나님을 보고자 하는 사람의 마음에 있는 갈망을 충족시켜주는 은혜 — 는 예수 그리스도로부터 왔다. 성경에 나오는 우리 주님에 대한 호칭 중 주님을 "하나님의 형상"이라고 부르는 것은 가장 고귀한 호칭 중 하나이다. 한 사람의 얼굴이 그의 영혼의 형상이고, 우리는 어떤 사람의 생각과 마음을 향해 말할 때 그 사람의 얼굴을 보고 말한다. 마찬가지로 우리는 그리스도 안에서 하나님을 구한다. "본래 하나님을 본 사람이 없으되 아버지 품속에 있는 독생하신 하나님이 나타내셨느니라"(요 1:18).

3. "조상들의 죄가 자손들에게 대물림되는 일은 매우 흔하다. 자손들은 본성적으로 조상들이 지은 죄를 다시 짓고자 하는 강력한 유혹을 물려받는다. 또한 자손들은 조상들을 본받으려 하고, 흔히 조상들을 능가한다. 당신이 원하지 않는 자손들이 태어나지 않기를 바란다면, 당신 자신의 삶을 고쳐라……부모는 그들 자신과 그들 자신의 삶에 대해서는 신경을 쓰지 않으면서도, 자손들은 그들 자신처럼 되지 않기를 바란다"(퍼시).

4. "자손들이 조상으로부터 대물림된 저주들을 끊어내기 위해 어떤 치료를 할 수 있는지 생각해보려고 한다……한 가문의 상속자들과 자손들은 다음과 같은 방법들을 사용해,

조상들로부터 대물림된 저주를 그 가문에서 제거해야 할 책임이 있다. (1) 조상들이 지었던 죄와 단절할 것을 맹세한다. (2) 죄 용서를 구하는 기도를 드린다. (3) 조상들의 죄를 생각하고 자기 자신을 낮춘다. (4) 조상들의 행실을 본받기를 단호하게 거부한다. (5) 죄 짓기를 사랑하는 것을 그만둔다. (6) 어떤 점에서든 조상들이 지은 죄와 비슷한 행위들을 하지 않는다. (7) '조상들이 악하게 잘못 행하여' 경건하지 않게 얻은 것들을 누리기를 거부한다"(제러미 테일러).

제53문

문　제3계명은 무엇입니까?

답　제3계명은 "너는 네 하나님 여호와의 이름을 망령되게 부르지 말라 여호와는 그의 이름을 망령되게 부르는 자를 죄 없다 하지 아니하리라"입니다.[119]

제54문

문　제3계명이 요구하는 것은 무엇입니까?

답　제3계명이 요구하는 것은 하나님의 이름,[120] 호칭,[121] 속성,[122] 규례,[123] 말씀,[124]

---

119 출애굽기 20:7.
120 "그러므로 너희는 이렇게 기도하라 하늘에 계신 우리 아버지여 이름이 거룩히 여김을 받으시오며"(마 6:9), "네가 만일 이 책에 기록한 이 율법의 모든 말씀을 지켜 행하지 아니하고 네 하나님 여호와라 하는 영화롭고 두려운 이름을 경외하지 아니하면"(신 28:58).
121 "하나님께 노래하며 그의 이름을 찬양하라 하늘을 타고 광야에 행하시던 이를 위하여 대로를 수축하라 그의 이름은 여호와이시니 그의 앞에서 뛰놀지어다"(시 68:4).
122 "하나님의 종 모세의 노래, 어린 양의 노래를 불러 이르되 주 하나님 곧 전능하신 이시여 하시는 일이 크고 놀라우시도다 만국의 왕이시여 주의 길이 의롭고 참되시도다 주여 누가 주의 이름을 두려워하지 아니하며 영화롭게 하지 아니하오리이까 오직 주만 거룩하시니이다 주의 의로우신 일이 나타났으매 만국이 와서 주께 경배하리이다 하더라"(계 15:3-4).

일[125]을 경외하는 마음으로 거룩하게 사용하라는 것입니다.

제55문

문   제3계명이 금지하는 것은 무엇입니까?

답   제3계명이 금지하는 것은 하나님이 자기를 알게 하기 위해 사용하시는 모든 것을 속되게 하거나 잘못 사용하는 것입니다.[126]

---

123 "만군의 여호와가 이르노라 해 뜨는 곳에서부터 해 지는 곳까지의 이방 민족 중에서 내 이름이 크게 될 것이라 각처에서 내 이름을 위하여 분향하며 깨끗한 제물을 드리리니 이 는 내 이름이 이방 민족 중에서 크게 될 것임이니라…… 짐승 떼 가운데에 수컷이 있거늘 그 서원하는 일에 흠 있는 것으로 속여 내게 드리는 자는 저주를 받으리니 나는 큰 임금 이요 내 이름은 이방 민족 중에서 두려워하는 것이 됨이니라 만군의 여호와의 말이니라" (말 1:11, 14).

124 "내가 주의 성전을 향하여 예배하며 주의 인자하심과 성실하심으로 말미암아 주의 이 름에 감사하오리니 이는 주께서 주의 말씀을 주의 모든 이름보다 높게 하셨음이라" (시 138:2).

125 "그대는 하나님께서 하신 일을 기억하고 높이라 잊지 말지니라 인생이 그의 일을 찬송하 였느니라"(욥 36:24).

126 "내 이름을 멸시하는 제사장들아 나 만군의 여호와가 너희에게 이르기를 아들은 그 아버 지를, 종은 그 주인을 공경하나니 내가 아버지일진대 나를 공경함이 어디 있느냐 내가 주 인일진대 나를 두려워함이 어디 있느냐 하나 너희는 이르기를 우리가 어떻게 주의 이름 을 멸시하였나이까 하는도다 너희가 더러운 떡을 나의 제단에 드리고도 말하기를 우리가 어떻게 주를 더럽게 하였나이까 하는도다 이는 너희가 여호와의 식탁은 경멸히 여길 것 이라 말하기 때문이라…… 그러나 너희는 말하기를 여호와의 식탁은 더러워졌고 그 위 에 있는 과일 곧 먹을 것은 경멸히 여길 것이라 하여 내 이름을 더럽히는도다"(말 1:6-7, 12), "만군의 여호와가 이르노라 너희가 만일 듣지 아니하며 마음에 두지 아니하여 내 이 름을 영화롭게 하지 아니하면 내가 너희에게 저주를 내려 너희의 복을 저주하리라 내가 이미 저주하였나니 이는 너희가 그것을 마음에 두지 아니하였음이라"(말 2:2), "이는 너 희가 말하기를 하나님을 섬기는 것이 헛되니 만군의 여호와 앞에서 그 명령을 지키며 슬 프게 행하는 것이 무엇이 유익하리요"(말 3:14).

제56문

문 제3계명을 주신 이유로 덧붙여진 것은 무엇입니까?

제3계명을 주신 이유로 덧붙여진 것은 이 계명을 어기는 자들이 사람의 형벌은 피할 수 있을지라도 여호와 우리 하나님은 그들이 자신의 의로우신 심판을 피하게 내버려두지는 않으시리라는 것입니다.[127]

"너는 네 하나님 여호와의 이름을 망령되게 부르지 말라"

제1계명은 오직 여호와만이 하나님이심을 가르친다. 여호와와 동등하거나 경쟁할 자는 아무도 없다. 계속해서 제2계명은 하나님은 영이시기 때문에, 하나님과 비슷한 어떤 형상도 우리 눈앞에 두어서는 안 됨을 가르친다. 여호와는 형태도 없으시고 비슷한 형상도 없으시며, 오직 이름만이 있으실 뿐이다. 즉, 하나님은 우리에게 자신의 이름을 주셨고, 우리가 그 이름으로 하나님을 알고, 하나님에 대해 생각하고 말하며, 하나님께 아뢰기를 원하신다. 그래서 하나님은 모세를 통해 그의 이름과 관련된 경고를 제3계명으로 주셨다.

"이 계명의 문자적인 의미가 무엇인지에 대한 의문이 있다. '너는 하나님의 이름을 헛되고 불경스러운 방식으로 부르지 말라'는 뜻일 수도 있고, '너는 네가 하는 거짓말에 하나님의 이름을 입에 올리지 말라,' 즉 '거짓 맹세를 하지 말라'는 뜻일 수도 있다. 두 번째 해석에 대해서는 강력한 반

---

127 "엘리의 아들들은 행실이 나빠 여호와를 알지 못하더라⋯⋯너희는 어찌하여 내가 내 처소에서 명령한 내 제물과 예물을 밟으며 네 아들들을 나보다 더 중히 여겨 내 백성 이스라엘이 드리는 가장 좋은 것으로 너희들을 살지게 하느냐"(삼상 2:12, 29), "내가 그의 집을 영원토록 심판하겠다고 그에게 말한 것은 그가 아는 죄악 때문이니 이는 그가 자기의 아들들이 저주를 자청하되 금하지 아니하였음이니라"(삼상 3:13), "네가 만일 이 책에 기록한 이 율법의 모든 말씀을 지켜 행하지 아니하고 네 하나님 여호와라 하는 영화롭고 두려운 이름을 경외하지 아니하면 여호와께서 네 재앙과 네 자손의 재앙을 극렬하게 하시리니 그 재앙이 크고 오래고 그 질병이 중하고 오랠 것이라"(신 28:58-59).

론이 존재한다. 위증은 우리 이웃에 대한 범죄이기 때문에, 율법의 두 번째 돌 판에 속한 것이고, 실제로 제9계명인 '네 이웃에 대하여 거짓 증거하지 말라'에 포함되어 있다는 반론이다. 하지만 거짓 증언과 거짓 맹세는 서로 다른 범죄다"(찰스 하지).

"망령되게"

"나는 이 어구의 일차적인 의미가 하나님의 이름에 대한 무관심, 더 나아가 적대감을 염두에 두었다라고 생각한다. '망령되게'(in vain)라는 어구는 하나님이 모세 앞에서 위엄과 자비 가운데 선포하신 자신의 이름, 이사야가 하나님의 진노로 불타올라 멀리서부터 오는 광경을 미리 보았던 바로 그 이름에 대한 사람들의 불경스러운 태도뿐 아니라, 사람들이 그 이름을 하찮게 여겨서 말의 구색을 맞추기 위해 아무런 이유도 없이 끼워 넣는 행태를 보여준다. 그런 태도와 행태는 하나님의 이름을 하나님을 나타내는 상징이 아니라 단순한 단어로 취급해, 실제로는 다른 단어를 사용해도 충분한 상황에서 쓸데없이 하나님의 이름을 사용한다"(크리스티나 로제티).

보충 설명

맹세. 사람은 연약하고 참되지 못하며 믿을 수 없기 때문에, 모든 것을 아시고 참되시며 능력이 있으신 하나님의 이름을 걸고 공식적으로 엄숙하게 호소하는 것이 맹세다. 모든 맹세의 본질과 용도는 근본적으로 동일하다. 내가 어떤 중요한 합의를 하거나, 나의 능력이나 의지가 어떤 일에서 아주 중요하거나, 나의 진실함이 걸린 일에 증언하거나 판단하도록 요구받거나, 이웃이 나의 의지나 능력이나 진실함을 의심할 때, 나의 말이 참되고 나의 판단이 정의로우며 나의 의도가 진실함을 하나님의 이름을 걸고 맹세할 수 있다.

이웃에게 맹세한다는 것은 이렇게 말하는 것과 같다. 만일 이것이 오직 당신과 나만의 문제라면, 당신은 내가 약속대로 실제로 행할지를 확신하지 못할 수도 있다. 그런데 이 중요한 거래에서 나는 당신에게 최대한의 보장을 제공하기를 원한다. 그러므로 나는 이 거래를 하나님 앞에서 행하고자 한다. 나는 이 문제와 관련된 나의 모든 생각과 마음을 하나님 앞에다 열어 보인 가운데, 하나님이 자신의 모든 일에서 의로우시고 참되신 것처럼, 나도 이 일에서 그렇게 행할 것임을 엄숙하게 선언한다. 그래서 하나님이 장차 모든 은밀한 것을 심판하시는 날에, 나는 당신에 대한 나의 생각이나 마음에 거짓되거나 불의한 것이 전혀 없었음을 항변할 것이다. 나는 지금 내가 하는 모든 말에 대해 마지막 날에 하나님 앞에서 책임을 져야 함을 안다. 따라서 지금 나는 장차 심판의 날 하나님 앞에서 당신과 만날 때 후회할 만한 어떤 것도 말하지 않고 있음을 맹세한다.

이는 잘못된 것이 아니라, 지극히 이치에 맞고 실제로 신앙적이다. 맹세는 인간의 삶과 관련된 사실과 형편, 즉 우리 자신과 주변 사람들에게 발견되는 사실과 형편을 전제하고 있다는 점에서 지극히 이치에 맞다. 맹세는 자신에게 필요한 것들을 얻어야 하는 한편, 피난처가 필요한 연약한 피조물이 자기 자신과 이웃에 대하여 확실하고 존중받을 수 있는 태도를 공개적으로 취하게 해주기 때문이다. 또한 맹세는 그 맹세한 사람을 참되게 행할 수밖에 없는 상황으로 몰아넣음으로써, 그 사람이 현세에서 어려운 본분과 힘든 요구를 행할 수 있게 해준다.

웨스트민스터 신앙고백이 "합당한 맹세는 경건한 예배의 일부"라고 가르치는 것은 결코 지나치지 않다. 사실 이 가르침은 칼뱅이 한 말을 그대로 가져온 것이다. 칼뱅은 "제대로 행해진 맹세는 하나님에 대한 일종의 예배"라고 말한다. 제대로 행해진 맹세는 하나님을 우리의 입법자이자 심판주로서 엄숙하게 인정하기에 칼뱅의 말은 분명히 맞다.

맹세는 하나님이 어디에나 계시고, 모든 것을 아시며, 정의로우시고, 능력이 있으심을 공개적으로 인정하는 행위다. 맹세는 율법의 두 번째 돌 판을 첫 번째 돌 판과 연결시킨다. 또한 맹세는 이웃이 내가 내 자신을 사랑하는 것처럼 그를 사랑하지 않는다고 우려하는 것이 지극히 정당함을 인정하는 것이기도 하다. 맹세는 이웃이 나의 마음과 입술을 의심하는 것이 합당하기 때문에, 내가 이웃을 공경하는 마음으로 정의롭게 대하고, 내 자신을 양심적으로 철저하게 감시하도록 합당한 조치를 취해야 함을 인정하는 행위다.

그리고 맹세가 사람들 간의 도덕적이고 사회적인 삶의 합의나 약속을 하나님의 의와 진리의 보좌에 단단히 묶는다는 점에서, 그러한 합의나 약속들은 사람을 초월하는 차원에 있게 된다. 어떤 사람이 하나님의 이름으로 맹세함은 그 사람을 낮추는 동시에 고귀하게 만든다. 그는 자신가 타락하고 거짓된 인류, 서로를 미워하고 미움을 받는 인류, 서로를 속고 속이는 인류에 속함을 인정하기 때문에 자신을 낮춘다. 반면에 그는 자신의 악한 본성과 혈통을 인정함과 동시에, 하나님의 도우심을 입을 때만 참된 것을 말하고 옳은 것을 행할 수 있음을 인정하고 하나님의 약속에 의지해 하나님의 도우심을 구함으로써 자신을 고귀하게 만든다.

따라서 경건한 배심원의 맹세는 분명 하나님에 대한 예배다. 그것은 법정을 잠시 교회로 바꾸고, 법정의 공식적인 재판 절차를 심판 날에 열릴 하나님의 법정을 이 땅에서 미리 보여주는 모형으로 바꾼다.

하지만 맹세의 관행을 우리 자신의 추론을 따라 정당화하는 것은 아니다. 성경은 우리에게 무수히 많은 모범을 제공하고, 그중 어떤 것들은 맹세가 합당한지 의심하고 염려하는 사람들을 확신시킬 아주 공식적이고 엄숙한 모범이다.

히브리인들의 역사 초기에 여호와께서는 친히 자신의 두려운 이름을 걸고, 과거에 일어난 적도 없었고 미래에 일어날 가능성도 없는 일을 자기 백성에게 행하시겠다고 맹세하신다. 그리고 하나님이 그렇게 약속하신 일들이 실제로 이루어졌을 때, 한 시편에서는 이렇게 송축했다. "그의 종 아브라함의 후손 곧 택하신 야곱의 자손 너희는 그가 행하신 기적과 그의 이적과 그의 입의 판단을 기억할지어다……이것은 아브라함과 맺은 언약이고 이삭에게 하신 맹세이며 야곱에게 세우신 율례 곧 이스라엘에게 하신 영원한 언약이라"(시 105:5, 9-10). "여호와는 맹세하고 변하지 아니하시리라 이르시기를 너는 멜기세덱의 서열을 따라 영원한 제사장이라 하셨도다"(시 110:4). "사람들은 자기보다 더 큰 자를 가리켜 맹세하나니 맹세는 그들이 다투는 모든 일의 최후 확정이니라 하나님은 약속을 기업으로 받는 자들에게 그 뜻이 변하지 아니함을 충분히 나타내시려고 그 일을 맹세로 보증하셨나니"(히 6:16-17). 우리 주님도 율법의 엄한 명령에 따라 대제사장 앞에서 맹세하심으로써, 이 사법적인 관행이 합법적이고 적절하다는 것을 분명하게 인정하셨다. 이것들은 맹세가 불법이고, 사법적인 맹세는 제3계명을 어기는 것이라는 다소 광신적인 입장이 틀렸음을 분명하게 증명한다.

하지만 이 시점에서 어떤 독자들은 이렇게 말할 것이다. "그렇다면 우리 주님이 산상수훈에서 '나는 너희에게 이르노니 도무지 맹세하지 말지니 하늘로도 하지 말라 이는 하나님의 보좌임이요 땅으로도 하지 말라 이는 하나님의 발등상임이요 예루살렘으로도 하지 말라 이는 큰 임금의 성임이요……오직 너희 말은 옳다 옳다, 아니라 아니라 하라 이에서 지나는 것은 악으로부터 나느니라'(마 5:34-35, 37)고 하신 말씀은 어떻게 되는 것인가?" 이것은 우리 주님의 대중적인 가르침을 보여주는 교훈적인 예지만, 우리가 지금 다루는 문제와는 전혀 상관이 없다.

여기에서 우리 주님은 당시 유대인들 가운데 흔히 행해진 악을 다루신다. 산상수훈은 주님의 시대에 도덕법의 참된 모습을 덮은 왜곡과 과장, 인간적인 해석과 세련된 손질을 비판하기 위한 가르침이다. 우리 주님은 하나님의 율법이 진정으로 무엇이고, 순종이 진정으로 무엇을 의미하는지를 사람들로 하여금 생각하게 하기 위해 역설적이고 깜짝 놀랄 만한 말씀들을 종종 사용하신다. 따라서 주님은 방금 인용된 본문에서 법정에서의 사법적인 관행이나 일상의 중요한 일에서 사람들 간에 주고받는 엄숙한 맹세를 다루고 계시는 것이 아니라, 일상적인 대화 속에서 하나님의 이름이나 속성을 아무렇지도 않게 사용하는 행위를 다루고 계신다.

게다가 유대 교회의 신학자들은 자신들의 결의론적인 가르침에 사람들을 옭아매어서 의욕을 꺾는 골치 아픈 규범들을 제시했고, 이런저런 맹세를 구분하면서 각각의 형태에 따라 책임과 요건을 다르게 규정했다. 그들은 "하늘"을 걸고 맹세하는 것과 "성전"을 걸고 맹세하는 것이 서로 다르고, 어떤 것을 걸고 맹세하는 경우에는 반드시 지킬 필요가 없는 반면에, 어떤 것을 걸고 맹세하는 경우에는 반드시 지켜야 한다고 주장했다. 이 모든 것은 그 땅에서 진실과 하나님에 대한 경외심의 토대를 무너뜨렸다. 따라서 산상수훈에서 주님이 책망하신 것은 제3계명에 대한 온갖 인간적인 해석과 대중적인 악용을 향한 것이었다.

"제3계명이 요구하는 것은 하나님의 이름, 호칭, 속성, 규례, 말씀, 일을 경외하는 마음으로 거룩하게 사용하라는 것입니다"

"사람들이 처음부터 하나님을 욕되게 하려고 하지는 않는다. 단지 다른 사람들의 비웃음을 사는 것을 두려워한다. 사람들은 다른 사람들로부터 경건한 척한다고 비난받는 것을 염려해 경건하게 행하거나 말하는 것을 꺼려한다. 그래서 일부러 실제 모습보다 더 나쁜 척한다……그러다보면 하나님의 사역자들, 성례전, 예배를 멸시하게 되고, 하나님의 말씀을 깊이 들여다보거나 생각해보지도 않고 깎아내리게 된다. 사람들은 공식적으로 불신자라고 선언하지 않고, 신앙의 교리나 규례 중에서 몇 가지에 반대하는 것처럼 위장하며 자신들의 불신앙을 감춘다. 하지만 마음은 이미 불신자들이다. 그래서 자신들의 본모습을 드러내는 것이 안전해 보이는 시험의 때가 찾아오면, 자신도 모르는 사이에 기독교 신앙을 벗어던지고, 신앙을 비웃고 조롱하는 세상 편에 합류한다"(뉴먼).

"제3계명이 금지하는 것은……속되게 하거나"

이 계명은 다른 무엇보다 특히 속된 욕이나 맹세를 하는 죄악되고 저급한 습관을 금지한다. 어떤 부류의 사람들에게는 이 거칠고 속된 습관이 몸에

배어 있다. 파종기나 수확기에 밭을 지나거나, 사람들이 많이 다니는 대로변을 따라 조금만 걷다 보면, 하나님이 사람의 일을 돕기 위해 주신 말 못하는 짐승들을 향해, 심지어 그들의 손에 들린 도구를 향해 야만적으로 욕을 해대는 것을 들을 수 있다. 한 무리의 일꾼들 속에는 거의 언제나 하나님을 모독하는 말과 상스러운 욕설을 입에 달고 사는 사람들이 있다.

어린 시절 나쁜 습관의 힘은 아주 강해서, 진지한 생각을 지닌 사람들 또한 일찍부터 입술에 파수꾼을 세우고 살아왔음에도 종종 그런 말이 자신들의 입에서 튀어나오는 것을 보고서 놀란다. 대제사장의 저택에 몰래 들어간 베드로의 입에서 엉겁결에 튀어나온 욕설도 어린 시절의 악한 습관이 오랫동안 그에게 남아 있었음을 보여준다. 존 번연은 『죄인의 괴수에게 넘치는 은혜』에서 이렇게 말한다. "전에 내가 느끼는 허무감이 절정에 달해 있던 때, 내가 경건한 인물이라고 여겼던 사람의 입에서 튀어나오는 욕설을 듣고, 내 영혼은 아주 커다란 타격을 입었고, 내 마음은 끙끙 앓게 되었다."

우리는 이 죄악되고 저급한 습관이 교육받은 사람들 사이에서 거의 사라진 것에 대해 감사해야 한다. 현존하는 몇몇 역사적이고 사회적인 문헌들은 한때 교양 있는 부류 가운데서도 이 가증스러운 관행이 얼마나 일반적이고 보편적이었는지를 보여주기 때문이다.

러스킨은 자신의 서간문 모음집인 『포르스 클라비게라』(Fors Clavigera)의 스물두 번째 서신에서 노동자들을 향해 이렇게 말한다. "나는 여러분이 이 습관의 의미를 주의 깊게 음미하기를 원한다. 내가 그것을 여러분의 습관이라고 부르는 것은 여러분이 그 습관을 최근에 습득했기 때문이다. 여러분은 여러분의 상사에게 그 습관을 배웠다. 하지만 그들은 여러분이 너무 열심히 그들을 본받는 것을 보고서는 그런 습관을 고치기 시작했다…… 맹세하는 것(swearing, 이 단어는 욕하다는 의미로도 사용된다―옮긴이)과 저주하는 것은 혼용하는 경우가 비일비재하지만, 여러분은 그 차이를 이해할 필요가 있다. 이 둘은 완전히 다르다. 맹세하는 것은 당신이 하는 말에 하나님이 증인이 되어달라고 요청하는 것이다. 반면에, 저주하는 것은 당신이 누군가에게 위해를 가하는 것을 도와달라고 하나님께 요청하는 것이다. 배우지 못하고 성질이 나쁜 사람들은 이 둘을 뒤섞어 떠들썩하게 소리치지만, 사실 그들이 하는 짓은 저주나 맹세가 아니라, 단지 헛된 말을 저급하게 토해내는 것뿐이다. 진정한 저주와 맹세는 언제나 구별되어야 한다."

뉴먼(Newman)은 이런 언어를 "악한 마귀에게 올리는 말의 예배"라고 부르고, 이렇게 말한다. "악한 마귀는 이런 예배를 특히 만족스러워한다. 그는 이 땅을 이리저리 오가면서, 그를 예배하는 가볍고 속된 말을 들으며 즐거워한다."

"하나님이 자기를 알게 하기 위해 사용하시는 모든 것을……잘못 사용하는"

성경에서 사용하는 "신성모독"(blasphemy)이라는 단어는 이 계명에서 금지하는 것을 가리키는 데 적절한 헬라어다. 벵겔은 "신성모독"을 다음과 같이 훌륭하게 정의한다. "신성모독은 첫째, 하나님께 합당하지 않은 것을 하나님께 돌릴 때, 둘째로 하나님께 합당한 것을 하나님께 돌리지 않을 때, 셋째로 하나님의 교류할 수 없는 속성을 다른 존재에게 돌릴 때 저질러진다."

"여호와 우리 하나님은 그들이 자신의 의로우신 심판을 피하게 내버려두지는 않으시리라"

"옛 법에 의하면, 이스라엘에서는 오직 여호와만이 왕이셨다. 따라서 오직 여호와와 관련해 저질러진 죄만이 대역죄였다. 십계명에서 충분히 예상할 수 있듯이, 하나님의 이름을 모독하는 죄에 대한 형벌은 사형이었다. 레위기 24장에는 이스라엘 사람인 어머니를 둔 어떤 아들이 다른 사람과 말다툼을 하면서 '여호와의 이름'을 모독하며 저주한 사건이 나온다. 이스라엘 회중은 생전 처음 보는 이 사건에 충격을 받아, 이 사건을 어떻게 처리할지를 놓고 여호와의 명령을 기다렸다. 여호와는 그 사람을 돌로 쳐서

웨스트민스터 소교리문답 강해

죽이라고 명령하셨다"(에발트).

적용

1. 하나님의 이름을 경외하는 마음으로 거룩하게 사용하는 것은 "바른 믿음으로 하나님의 이름을 합당하게 부르는 것, 하나님을 바르게 의지하는 것, 하나님이 정하신 대로 하나님께 드리는 바른 기도, 하나님의 은혜로 말미암아 하나님이 원하시는 대로 살아가는 바른 삶을 의미한다"(퍼시).

2. "하나님의 이름을 들을 때마다, 그 자리에서 모든 것을 멈추고 경외하는 마음을 갖고, 마음속에서 경배하는 태도를 취하는 것을 습관화하라. 그렇게 하면, 좀 더 공식적으로 하나님의 이름을 부를 때 그 존엄하신 이름을 속되게 하거나 모독하는 일이 일어날 가능성이 줄어든다"(어느 아버지가 자신의 자녀들에게 들려준 조언).

3. 우리는 앞에서 이미 이 계명을 어기는 자들로 악명 높고 수치스러운 몇몇 사람들을 언급했다. 하지만 이 계명은 다른 계명과 마찬가지로 매우 폭넓고 영적이다. 앞에서 말한 속된 습관들과는 아주 거리가 먼 사람들도 얼마든지 하나님을 진노하시게 하고 그들 자신에게 해악을 끼치는 또 다른 속된 언행에 빠질 수 있다. 기도하거나 찬양할 때 하나님을 부르는 전문적이고 친숙하며 관습적인 방식이 있고, 설교하거나 글을 쓰거나 논쟁할 때도 하나님을 부르는 특유한 방식이 있는데, 그중에도 이 거룩한 계명을 심각하게 어기는 것들이 있기 때문이다.

"우리는 하나님과 하나님께 속한 것들을 살아 계시고 지켜보시며 현존하시고 즉각적이고 강력한 눈과 팔을 가지고 계신 인격이 아니라, 단순한 체계, 법, 이름, 종교, 원리 같은 것으로 대하기 쉽다. 이 모든 것이 큰 오류임은 명백하다"(뉴먼).

제57문

문   제4계명은 무엇입니까?

답   제4계명은 "안식일을 기억하여 거룩하게 지키라 엿새 동안은 힘써 네 모든 일을 행할 것이나 일곱째 날은 네 하나님 여호와의 안식일인즉 너나 네 아들이나 네 딸이나 네 남종이나 네 여종이나 네 가축이나 네 문안에 머무는 객이라도 아무 일도 하지 말라 이는 엿새 동안에 나 여호와가 하늘과 땅과 바다와 그 가운데 모든 것을 만들고 일곱째 날에 쉬었음이라 그러므로 나 여호와가 안식일을 복되게 하여 그날을 거룩하게 하였느니라"입니다.[128]

제58문

문   제4계명이 요구하는 것은 무엇입니까?

답   제4계명이 요구하는 것은 하나님이 자신의 말씀에서 정해놓으신 때를 하나님에 대하여 거룩하게 지키라는 것, 특히 칠 일 중에서 하루 온 종일을 하나님에 대하여 거룩한 안식일로 삼아 지키라는 것입니다.[129]

"안식일을 기억하여"

"안식일"(sabbath)은 히브리어에서 "안식하다, 안식일"을 뜻하는 '샤바트'에서 왔다. 이 명칭은 그날에 대한 가장 오래된 명칭이고, 신약 시대 전까지는 유일하게 성경적이고 교회적인 명칭이었다. "주일"(Lord's day)은 신약적이고 기독교적인 명칭이다(계 1:10). 초기 교회에서는 일주일에 한 번씩 그리스도의 부활을 기념했다. 그래서 동방 교회에서는 지금도 여전히 그날을 부활일이라고 부른다. 이 날에 대한 또 하나의 친숙한 명칭은 일요일

---

128 출애굽기 20:8-11.

129 "네 하나님 여호와가 네게 명령한 대로 안식일을 지켜 거룩하게 하라 엿새 동안은 힘써 네 모든 일을 행할 것이나 일곱째 날은 네 하나님 여호와의 안식일인즉 너나 네 아들이나 네 딸이나 네 남종이나 네 여종이나 네 소나 네 나귀나 네 모든 가축이나 네 문 안에 유하는 객이라도 아무 일도 하지 못하게 하고 네 남종이나 네 여종에게 너 같이 안식하게 할지니라"(신 5:12-14).

(Sunday)이다. 이것은 점성술을 기반으로 한 이교적인 명칭이다. 사투르누스를 숭배한 날을 토요일(Saturday)이라 불렀고, 달을 숭배한 날을 월요일(Monday)이라고 불렀듯이, 태양신 솔 또는 아폴로를 숭배한 날을 일요일이라고 불렀다. 청교도들과 장로교인들은 한 주간의 첫 날을 그런 이교적인 명칭으로 부르는 것을 없애려고 무척 애썼지만 관철하지 못했다. 하지만 그들의 신앙고백서와 교리문답에서는 기독교적인 안식일 또는 주일이라는 명칭을 사용한다.

"안식일"은 세계에서 가장 오래된 종교 제도다. 이 제도는 모세 율법이 있기 전부터 아주 오랫동안 존재했고, 나중에 모세 율법에 편입되었다. 세례와 성찬, 할례와 유월절, 공예배 같은 규례와 성경도 오래되었지만, 오래된 것으로 말하자면 안식일과 비교할 것은 없다. "안식일"은 성경에서 가장 오래된 페이지에 나오는 고귀하고 아름다운 장면, 에발트의 말을 빌리면 "그 어떤 것도 능가할 수 없는 진리"를 나타내는 장면, 즉 아담과 하와가 처음으로 맞은 아침이 안식일 아침이었다는 사실을 표현하는 말이다. 사람의 타락에도 불구하고 에덴동산에서의 달콤한 기억을 떠올려주는 두 가지 유물 중 하나로서 인류 가운데 계속해서 자신의 자리를 지켜온 안식일은 매주마다 천국의 증표로 우리에게 주어져, 하나님의 백성에게 남아 있는 안식을 미리 맛보게 해준다.

안식일의 발전과 입법에서 두 번째 전환기는 모세 시대였다. 인류 역사의 선두에 서서 그 긴 여정을 묵묵히 지나온 안식일은 아무리 미개하고 혼미한 나라에서도 사람들의 시야에서 사라진 적이 거의 없었다. 하지만 출애굽 때가 되어서야 비로소 안식일은 민족적, 교회적으로 영속적인 규례가 되고 정치적, 종교적으로 가장 중요한 제도가 된다.

안식일이 탄생한 곳은 시내산이 아니었다. 제4계명에서 공표된 안식일 율법은 하나님의 이름을 경외하라는 율법이나 부모를 공경하라는 율법처럼 시내산에서 처음으로 주어지지 않았다. 안식일 율법은 하나님에 대한 예배와 부모 공경에 관한 율법들처럼 처음부터 사람의 마음에 기록되어 있던 법을 보강하고 다시 공표한 것이었다.

안식일은 사람을 지으신 창조주께서 정하셨다가, 하나님이 이스라엘의 구속주이자 입법자가 되셨을 때 새롭게 공표하셨다. 그리고 하나님이 거룩하게 하신 이 날에 이스라엘에서 가장 거룩한 신앙 행위와 민족, 가정, 개인의 삶에 있는 최고의 복이 집결되었다. 이 계명으로 이스라엘의 일상에서 하나님께 속한 것들을 연구하고 추구할 공간이 따로 마련되었다. 오늘날 기독교가 옛 이스라엘에게 빚진 것들이 많음은 부인할 수 없는 사실인데, 그중 그리스도와 성경 다음으로 가장 중요한 유산은 바로 안식일이다.

히브리인들의 안식일이 금요일 일몰에 시작되어 토요일 일몰에 끝났다는 것은 잘 알려져 있다. 성경은 물론이고, 유대인들이 쓴 성경 주석서들과 교회 문서들은 그들이 어떤 식으로 안식일을 지켰는지 상당히 자세하게 보여준다. 모든 육체적이거나 정신적인 노동으로부터의 완전한 안식은 이 제도의 근본적인 개념이었다. 안식일은 문자 그대로 전반적으로 휴식의 날이었다. 그런 개념을 각 사람의 마음에 확실하게 심어주기 위해, 하나님은 이 계명을 이례적으로 자세하고 명확하게 설명해주신다. "일곱째 날은 네 하나님 여호와의 안식일인즉 너나 네 아들이나 네 딸이나 네 남종이나 네 여종이나 네 가축이나 네 문안에 머무는 객이라도 아무 일도 하지 말라." 후대 유대인들 사이에 이 본문과 관련된 부담스럽고 골치 아픈 규범들, 개인적이고 가정적인 관습이 생겨나긴 했지만, 여전히 "안식"은 안식일 율법의 근본이었고, 이것은 우리에게도 마찬가지다.

하지만 한 주간 중 하루는 통상적인 노동에서 벗어나 안식을 취하라고 명령하셨다고 해서, 아무 일도 하지 않아도 되는 것은 결코 아니었다. 거룩한 안식의 율법은 사람들이 게으름과 나태함으로 그날을 낭비하도록 내버려두지 않았다. 육신적인 나태함과 아무 생각도 하지 않는 것은 육체적이고 지적이며 영적인 본성에 대해 하나님이 계획하신 안식이 아니다. 따라서 이스라엘에게 안식일은 한편으로는 진정한 휴식의 날이면서

웨스트민스터 소교리문답 강해

도, 다른 한편으로는 하나님께 속한 일들에 전념하는 날이 되었다. 안식일에는 매일 성막과 성전에서 드리는 제사를 두 배로 드렸다. 안식일에는 제사장들이 지난주에 사용했던 진설병을 치우고 새로운 것으로 진열하여 거룩한 상으로 새로운 예배를 드려야 했다. 또한 안식일에는 제사장들을 교대하게 해서, 거룩한 소임을 수행하느라고 지친 사람들을 쉬게 하고, 새로운 순번의 제사장들로 하여금 일곱째 날에 일주일 동안 계속될 소임을 시작하게 했다.

민족 전체적으로도 안식일에는 동일한 종교적인 색채가 주어졌다. 일곱째 날은 성회의 날이었다. 그날에 경건한 사람들은 선지자들 앞에 모여 새로운 계시와 함께 하나님의 율법에 대한 설명과 적용을 들었다. 후기에 선지자직이 중단되자, 백성들은 안식일에 회당에 모여 성경을 읽고 서로 권면하며 기도했다. 좀 더 경건한 가정에서는 집에서도 모든 경박하고 어리석은 생각이나 온갖 세상적인 염려를 마음에서 몰아내고, 고귀한 주제를 조용히 묵상하거나 경건하게 교제하는 시간을 가졌다.

한 유대인 저술가는 이렇게 말했다. "다른 나라나 분파와 달리 유대 민족은 무지하지 않았다. 이렇게 만족스럽고 이로운 성과를 이룬 것은 안식일을 지적이고 신앙적으로 지킨 덕분이었다. 모든 이스라엘 백성은 안식일에 주어진 가르침 덕분에 신앙의 원리를 잘 알고 있었다. 그래서 중세 시대에 무지와 미신의 지독한 어둠이 기독교 국가들을 뒤덮고 있던 때도, 이스라엘에서는 불멸의 철학자와 시인들이 활발하게 일어날 수 있었다."

"기억하여"

"이 독특한 동사는 우리가 기억하지 못할 때 이 계명을 어길 위험성이 더 커짐을 시사한다. 어느 날이 안식일인지를 모르고 넘어갈 가능성은 희박하다. 도리어 기독교 국가에서는 안식일을 고려해 세상일을 하는 날을 조절하고 수정한다. 단지 일요일이 안식일이라는 것을 알고 그 아침을 시작하는 것만으로는 안식일을 기억했다고 할 수 없다. 안식일이 어떤 날인지를 종일 기억하고, 안식일에 해야 할 일과 하지 않아야 할 일을 의도적으로 구별해 안식일을 정하신 하나님의 목적에 순종할 때만 안식일을 기억했다고 할 수 있다. 만일 그렇게 하지 않는다면, 하나님이 복 주셔서 거룩하게 하신 날을 거룩하게 지키는 것이 아니다. 안식일에 아무 생각이나 하고 아무렇게나 행한다면, 그것은 안식일을 모독하는 것이다"(크리스티나 로제티).

"너나 네 아들이나 네 딸이나 네 남종이나 네 여종이나 네 가축이나 네 문안에 머무는 객이라도 아무 일도 하지 말라"

"나는 안식일에 공예배에 대한 지나친 부담을 주어 안식을 깨뜨리는 것조차 바람직하지 않다고 말하고 싶다. 우리는 몸과 마음이 충분히 쉴 수 있는 시간을 가져야 한다……일과 관련된 모든 서신, 일과 관련해 사람들을 접대하는 것, 일과 관련된 모든 대화, 일과 관련된 모든 책을 배제해야 한다……그리고 이 계명이 우리 '종들'과 우리 '문안에 머무는 객'에 대해서도 안식을 명령하고 있기 때문에, 우리는 일꾼들이 우리 때문에 어떤 일을 하지 않도록 해야 하고, 우리 건강과 가축의 건강을 위해 꼭 필요한 것들 외에는 그들에게 어떤 일도 시키지 않아야 한다. 우리는 사람들 간의 왕래도 권장하지 않아야 하고, 안식일에 교통수단을 사용하지도 말아야 한다. 이동은 안식을 방해하지 않는 수준에서 이루어져야 한다. 우리가 건강이나 기분 전환을 위해 종들과 가축을 사용해야 한다면, 그들의 안식을 방해하지 않는 수준에서 이루어져야 하고, 일이나 이득을 위한 것이 되어서 결코 안 된다…….

나는 안식일에 대해 금욕적인 관점을 가지고 있지 않고, 내 자신이나 사람들이 편히 쉬면서 기분 전환하는 것을 나쁘게 생각하지도 않는다. 그렇게 하기 위해 소란한 도시를 벗어나 멀리 야외로 나가 한적한 전원에서 쉬어야 한다면, 나는 안식일을 제정하신 하나님의 목적을 이루는 데 가장 좋은 방법을 찾아볼 것을 권한다. 나는 육지나 물에서 사람들이 붐비는 교통수단들을 이용하는 것, 대중 숙박업소, 사람들이 많은 동산, 붐비는 대로, 공원의 광장 같은 것들은 조용히 물러나 쉬기에 좋은 장소가 아니라고 확신한다. 안식일을 그런 식으로 보내면서 이 계명을 지켰다고 말하는 사람들은 주님과 그들의 영혼에 거짓말하는 것이다"(에드워드 어빙).

제59문

문 하나님은 칠 일 중 어느 날을 한 주간의 안식일로 정하셨습니까?

답 하나님은 이 세상이 시작된 때로부터 그리스도께서 부활하신 때까지는 매주 일곱째 날을 한 주간의 안식일로 정하셨고, 그 이후로부터 이 세상이 끝날 때까지는 매주 첫째 날을 안식일로 정하셨는데, 이 날이 그리스도인의 안식일입니다.[130]

"이 세상이 시작된 때로부터"

창세기의 첫 장에는 하나님이 매주 일곱째 날을 한 주간의 안식일로 정하신 것에 관한 기사가 나온다. 족장 시대에는 안식일을 지켰다고 직접 언급하는 말은 나오지 않는다. 하지만 히브리인뿐 아니라 앗수르, 애굽, 아랍, 페르시아인들 사이에서 시간을 일주일 단위로 구분했다는 언급이 반복해서 나온다는 것은 주목할 만한 일이다. 이것은 성경에 나오는 설명 외의 다른 방법으로는 설명할 수 없다.

에발트는 『이스라엘 고대사』(*Antiquities of Israel*)에서 이렇게 말한다. "많

---

130 "하나님이 그가 하시던 일을 일곱째 날에 마치시니 그가 하시던 모든 일을 그치고 일곱째 날에 안식하시니라 하나님이 그 일곱째 날을 복되게 하사 거룩하게 하셨으니 이는 하나님이 그 창조하시며 만드시던 모든 일을 마치시고 그날에 안식하셨음이니라"(창 2:2-3), "매주 첫날에 너희 각 사람이 수입에 따라 모아 두어서 내가 갈 때 연보를 하지 않게 하라"(고전 16:2), "그 주간의 첫날에 우리가 떡을 떼려 하여 모였더니 바울이 이튿날 떠나고자 하여 그들에게 강론할새 말을 밤중까지 계속하매"(행 20:7).

은 고대 국가들이 칠 일로 이루어진 한 주간을 주기로 하는 역법을 알고 있었고, 이것은 야곱의 초기 이야기에 한 주간에 대한 말이 나온다는 사실과 완전히 부합한다. 이러한 증거는 칠 일로 이루어진 한 주간을 단위로 역법을 구성하는 것이 모세 시대 이전에 이 세상에 널리 퍼져 있었다는 것에 대하여 한 점의 의심도 남기지 않는다."

"그리스도께서 부활하신 이후로부터……매주 첫째 날을 안식일로 정하셨는데"

우리 주님의 날들에 안식일에 관한 모세 율법의 위반과 악용이 심각한 수준이었고, 이는 제4계명을 지키는 때와 방식의 큰 변화를 섭리적으로 준비하는 것이었다. 모세 율법의 안식일은 돌이킬 수 없을 정도로 훼손되어 버렸다. 인간이 만들어낸 어리석고 광신적이며 부도덕한 전통이 안식일 율법을 빽빽이 뒤덮었다. 그런 전통은 사람들의 지성에 수의의 역할을 했고, 양심에 덫과 올무의 역할을 했다. 우리 주님은 율법 아래에서 나셨고, 율법의 모든 의를 이루셨지만, 안식일에 관한 서기관들과 랍비들의 유치하고 당혹스러우며 혼탁한 가르침을 깨뜨리기 위해 계속 애쓰셨다.

생명의 주이시고 안식일의 주이신 우리 주님은 일곱째 날 전체를 무덤에 누워 계셨다. 유대교의 죽은 안식일은 우리 주님 옆에 매장되었고, 다시는 부활하지 못했다. 하지만 우리 주님이 죽은 자들 가운데 부활하셨을 때, 새로운 안식일, 더 나은 안식일, 참된 주의 날이 우리 주님과 함께 부활했다. 우리 주님은 한 주간의 첫째 날에 죽은 자들 가운데 부활하셨다. 그런 후 그 주간 전체에 제자들에게 다시 나타나지 않으시다가, 두 번째 주간의 첫째 날에 다시 그들에게 나타나셨다. 이것은 마치 한 주간의 첫째 날을 기념하라는 신호처럼 보였다. 그리고 한 주간의 첫째 날이었던 그 해 오순절 날에 마치 특별한 안식일을 지키려는 무리처럼 그리스도의 제자들이 모두 한 장소에 모여 있을 때, 성령이 그들 위에 오셨다. 전에는 한 번도 없었던 일이었다. 찬송 받으실 주님은 자신의 일을 이루셨고, 우리를 구속하시는 일을 끝내고 안식에 들어가셨다. 첫 사람이 안식일에 삶을 시작했던 것처럼, 그리스도 예수 안에서 새 사람은 새로운 안식일에 새 생명을 시작했다. 그리고 그 새로운 안식일은 그리스도께서 부활하신 날이었기 때문에, 주의 날(주일)로 불렸다. 이 날이 그리스도인의 안식일이다.

하나님이 제정하신 모든 제도 중 안식일의 기원 및 정립만큼 하나님의 계시가 섭리에 자신의 자리를 분명하게 내준 경우는 아마도 없을 것이다. 거룩한 제도에 관한 연구에서 그리스도께서 부활하신 직후 세대들 가운데 유대교의 안식일이 폐기되고 새로운 그리스도인들의 안식일이 정립되는 서로 상반되는 과정이 역사 속에서 병행적으로 일어난 것보다 더 주목할 만하고 시사해주는 바가 큰 일은 없다.

주의 날(주일)이라는 큰 변혁이 교회 속으로 들어옴과 동시에, 하나님이 아득히 먼 옛날에 유대인들의 안식일에 부여하셨던 신성함은 점진적으로 쇠퇴했다. 그토록 오랫동안 한 주간의 마지막 날과 결합되어 있었던 모든 은혜와 자비와 거룩함이 한 주간의 첫째 날로 흡수되는 과정이 서서히 진행되다가 결국에는 완전히 흡수되었고, 이것은 이후 모든 세대에게 그리스도인들의 안식일로 대물림되었다. 이 모든 것은 그리스도의 교회에서 지금까지 충분히 연구되거나 찬양되지 않았던 섭리의 인내와 지혜의 승리였다.

제60문

문 어떻게 하는 것이 안식일을 거룩하게 지키는 것입니까?

답 안식일을 거룩하게 지키는 것은 그날 온종일을 거룩하게 쉬되,[131] 다른 날에

---

131 "안식일을 기억하여 거룩하게 지키라……일곱째 날은 네 하나님 여호와의 안식일인즉 너나 네 아들이나 네 딸이나 네 남종이나 네 여종이나 네 가축이나 네 문안에 머무는 객

는 합당한 세상적인 일과 오락까지 쉬고,[132] 꼭 필요한 일과 자비를 베푸는 일을 행하는 것[133] 외에는 모든 시간을 공적으로나 개인적으로 하나님을 예배하는 데 사용하는 것입니다.[134]

"안식일을 거룩하게 지키는 것은 그날 온종일을 거룩하게 쉬되"

이 거룩한 안식에 합당한 것은 무엇이고, 이 거룩한 안식을 훼손하거나 깨뜨리는 것은 무엇인가 하는 문제는 우리 주님이 당시 서기관들 및 랍비와 자주 논쟁을 벌인 원인이었다. 신약성경을 읽어보면, 우리 주님의 시대에 안식일에 관한 가르침과 관행에 잘못이 있었음을 쉽게 알 수 있다. 하지만 유대교 지도자들이 오랫동안 모세의 안식일 율법에 무수히 많은 자의적인 규율과 광신적이고 지킬 수 없는 금지 명령을 덧붙여놓았기 때문에, 우리 주님이 가르치기 시작하실 때 사람들의 마음은 지쳐 있었고, 사람들의 양심은 크게 분노하고 있었다.

또한 우리 주님의 목적이 단지 모세 율법의 순수성을 회복하는 것이 아니었다는 사실은 문제를 더 악화시켰고, 우리 주님과 이스라엘의 지도자들 간의 화해를 더욱 어렵게 만들었다. 우리 주님이 오신 것은 모세 율법을 율법답게 만들기 위한 것이 아니라 생명이 되게 하기 위함이었다.

이라도 아무 일도 하지 말라"(출 20:8, 10), "모세가 이르되 오늘은 그것을 먹으라 오늘은 여호와의 안식일인즉 오늘은 너희가 들에서 그것을 얻지 못하리라 엿새 동안은 너희가 그것을 거두되 일곱째 날은 안식일인즉 그날에는 없으리라 하였으나 일곱째 날에 백성 중 어떤 사람들이 거두러 나갔다가 얻지 못하니라 여호와께서 모세에게 이르시되 어느 때까지 너희가 내 계명과 내 율법을 지키지 아니하려느냐"(출 16:25-28).

132 느헤미야 13:15-22.

133 마태복음 12:1-31, "사람이 양보다 얼마나 더 귀하냐 그러므로 안식일에 선을 행하는 것이 옳으니라 하시고"(마 12:12).

134 "예수께서 그 자라나신 곳 나사렛에 이르사 안식일에 늘 하시던 대로 회당에 들어가사 성경을 읽으려고 서시매"(눅 4:16), "그 주간의 첫날에 우리가 떡을 떼려 하여 모였더니 바울이 이튿날 떠나고자 하여 그들에게 강론할새 말을 밤중까지 계속하매"(행 20:7), 시편 92편 표제: "안식일의 찬송 시." "여호와가 말하노라 매월 초하루와 매 안식일에 모든 혈육이 내 앞에 나아와 예배하리라"(사 66:23).

우리 주님은 하나님의 율법이 본질적으로 지니고 있던 새로움과 영적인 성격, 영속적인 풍요로움과 유연함을 자신의 언행으로 드러내기 위해 오셨다. 우리 주님이 모세에게로 돌아가는 것이 아니라 모세 위에서 한 단계 나아가셨다.

그래서 우리는 주님의 모범만이 아니라, 본질을 꿰뚫는 풍성한 말씀들을 만나게 된다. "안식일이 사람을 위하여 있는 것이요 사람이 안식일을 위하여 있는 것이 아니니 이러므로 인자는 안식일에도 주인이니라"(막 2:27-28). "또 이르시되 인자는 안식일의 주인이니라 하시더라"(눅 6:5). 이런 말씀들은 안식일 율법이 그들이 행하는 것 같은 그런 무겁고 괴로운 멍에가 아니라, 창조주이자 구속주이신 하나님이 사람에게 주신 양도할 수 없는 영속적인 특권이고, 그들의 자유를 보장해주는 오래된 증표라는 것을 가르치기에 적합했다.

"따라서 나는 여러분에게 안식일에 세상에 속한 일을 하라고 하지 않는다. 단지 여러분이 이 규례를 지켜, 세상에 속한 일을 하지도 말고, 그런 일에 대해 생각하지도 말며, 여러분의 마음과 생각이 이 세상의 요란함을 벗어나 쉬기만을 바랄 뿐이다. 그렇게 하면, 여러분의 본성과 하나님의 성령이 안식일에 해야 할 일을 가르쳐줄 것이다. 여러분은 스스로 기도하는 집으로 갈 것이고, 골방으로 들어갈 것이며, 성경을 펴서 읽을 것이다. 여러분은 스스로 무리와 어울리는 것을 피할 것이고, 거룩하고 신령한 주제들을 생각할 것이다. 내가 여러분에게 요구하는 것은 여러분 속으로 세상이 침입하는 것을 막고, 세상 사람들에 대하여 여러분의 문을 닫으며, 세상적인 말들에 대하여 귀를 닫고, 세상적이고 덧없는 모든 글들에 대하여 눈을 닫는 것이다.

이 규칙을 실천하라. 그런 후에 여러분의 집에 속한 사람들이 어떻게 행하는지를 보라. 머지않아 이 규칙이 여러분의 몸과 영혼을 새롭게 함을 경험할 것이다. 여러분의 영혼은 하늘을 향하여 더 가까이 나아갈 것이고, 세상을 벗어나 살아가는 법을 배울 것이다. 여러분은 마치 폭풍에 시달리

던 배가 안전한 항구를 향해 나아가듯 한 주간 세상의 시달림으로부터 벗어나 안식의 항구로 나아갈 것이다"(에드워드 어빙).

"모든 시간"

"문: 안식일에 하나님을 위해 구별해 드려야 하는 시간은 모든 시간인가, 아니면 단지 그날의 일부인가? 답: 안식일의 일부가 아니라 그날 전체가 주님의 것이다. 안식일 중 일부만 하나님께 드리는 것은 아나니아와 삽비라가 자신의 소유를 판 돈 중 일부만 드린 것만큼이나 위험하다. 안식일을 거룩하게 지키라는 것은 명령임을 기억하라"(플라벨).

"안식일을 아주 엄격하고 아주 신앙적으로 지키는 사람이 그날을 가장 잘 지키는 사람이고, 교회의 계획과 신앙의 목적, 여가의 기회를 준 의도, 그 사람의 영혼의 유익에 가장 부합한다"(제러미 테일러).

"공적으로나 개인적으로 하나님을 예배하는 데"

학습자는 웨스트민스터 신앙고백이 제21장에서 "예배와 안식일"을 함께 다루고 있음을 주목해야 한다.

"하나님을 믿지 않는 사람들도 하나님의 자비하심으로 말미암아 일요일에 교회에 출석할 수 있다. 그것이 그들에게 구원을 가져다주지는 않을지라도(믿음의 삶 없이 단지 교회에 한두 번 출석했다고 구원을 받을 수 있는 것은 아니기 때문에), 자신의 죄악된 삶을 잠시 중단하고, 장차 그들에게 큰 복을 가져다줄 것들을 생각해볼 기회가 된다. 하나님을 믿지 않고 세상적으로 살아가는 사람들도 일요일마다 교회에 출석하면, 그들의 양심이 살아나거나, 전에는 보지 못했던 것들을 보거나, 맘몬 또는 벨리알의 종으로 살아가는 삶에서 어느 정도 벗어날 기회를 지속적으로 가질 수 있다. 그래서 사탄은 한 영혼을 멸망시키려고 할 때 가장 먼저 주일을 거룩하게 지키지 못하도록 한다"(뉴먼).

"어떤 사람이 자신의 개인적인 본분을 행하고자 하면, 하나님 앞에 서

웨스트민스터 소교리문답 강해

야 한다. 오직 그렇게 하기만 하면 된다"(오웬).

　"신앙이라는 것은 모든 사람의 눈에 드러나는 것이 아니다(non est religio, ubi omnia patent). 사람들이 보는 앞에서 행하는 본분은 사람들의 신뢰를 얻게 해주지만, 우리의 삶을 지탱해주는 것은 하나님 앞에서 은밀하게 행하는 본분이다"(플라벨).

"꼭 필요한 일과 자비를 베푸는 일을 행하는 것 외에는"

웨스트민스터 신앙고백에서는 "꼭 필요한 일과 자비를 베푸는 일"을 하나님을 예배하는 것에 대한 예외나 훼손으로 규정하지 않고, 이 둘을 동등한 것으로 여기고 나란히 열거하여, "모든 시간을 공적으로나 개인적으로 하나님을 예배하는 것과 꼭 필요한 본분이나 자비를 베푸는 본분에 사용해야" 한다고 말한다. 그리고 규칙서에서는 "병자들을 방문하는 것, 가난한 사람들을 구제하는 것, 안식일을 기쁜 날로 여겨 행하는 경건과 사랑과 자비에 속한 본분"이 안식일의 본분이라고 구체적으로 제시한다. 아주 작은 아이를 위해서도 안식일을 깨뜨릴 수 있다. "그 아이를 위해 하루의 안식일을 깨뜨렸지만, 장차 그 아이는 수많은 안식일들을 지키게 될 것이기 때문이다."

적용

1. "조용히 물러나 자신만의 시간을 가질 때, 자신을 바르게 지킬 수 있다. 따라서 세상이 어떤 사람을 공격해오는 수많은 일에 직면해서도 안식과 성찰의 시간을 갖는 사람은 계속 자기 자신일 수 있고, 세상이 총 공격을 해와도 계속 자신의 고유한 인격을 유지할 수 있다"(카임). 이 말은 주일을 지키라고 강요하기 위한 것이 아니다. 하지만 이 말은 이 계명으로 말미암은 본분과 특권에 대한 탁월한 적용이다.

2. "모든 사람은 현세에서 특정한 소명을 갖고 있지만, 내세에서의 삶과도 이해관계를 갖고 있기 때문에, 반드시 그 부분을 살피고 돌보아야 한다. 그래서 사람은 신앙을 생각해야 한다. 그리고 신앙은 사람들에게 그들이 살아가는 이유를 올바르게 이해할 것을 강

력하게 요구한다. 따라서 사람들은 신앙과 관련된 말씀과 일반적인 개념을 바르게 이해해야 할 본분에서 벗어날 수 없다. 휴식을 할 수 있는 다른 날들 외에도 칠 일 중에서 하루를 안식일로 지키는 것은 신앙에 대해 생각할 충분한 시간을 준다. 이렇게 안식일에 사람들은 매일같이 하는 일에서 벗어나, 신앙과 관련된 지식을 점점 더 많이 알아갈 수 있다……그런 식으로 아주 미천한 사람들조차 신앙에 대한 위대한 인식과 이해에 도달하게 된 예들이 있다"(로크).

3. "나는 시골에서 보내는 일요일을 아주 좋아한다. 만일 일곱째 날을 거룩하게 지키는 것이 사람들이 만들어낸 제도라면, 인류의 삶을 윤택하게 하고 문명화시키는 방법으로 최고의 방법을 고안해낸 것이라고 생각한다"(애디슨).

4. "우리는 이 날에 특히 구속의 일을 묵상하고 송축해야 한다. 우리는 특별한 기쁨으로 그리스도의 부활을 기억해야 한다. 그리스도의 부활은 그 일의 완성이기 때문이다. 이 날은 그리스도의 마음이 즐거운 날이었다. 이 날은 그리스도께서 죽음의 사슬로부터 벗어나신 날이었고, 우리가 건짐을 받은 날이었다. 우리는 우리의 머리이신 그리스도 안에서 건짐을 받았기 때문이다."

5. "이 날에 자비와 사랑의 일을 하는 것은 매우 합당하고 그리스도께서 받으실 만하다. 그런 일들은 그리스도인들의 안식일에 특히 합당하다. 이 날은 하나님이 우리 인류에게 행하신 모든 일 중 가장 큰 자비와 사랑의 일을 기념하여 지키는 날이기 때문이다"(에드워즈).

제61문

문   제4계명이 금지하는 것은 무엇입니까?

답   제4계명이 금지하는 것은 요구되는 본분을 행하지 않거나 부주의하게 행하는 것[135] 그리고 나태함 또는 그 자체로 죄악된 것을 행하는 것[136] 또는 세상적인 일

---

135 "그 제사장들은 내 율법을 범하였으며 나의 성물을 더럽혔으며 거룩함과 속된 것을 구별

과 오락에 관한 불필요한 생각과 말과 행위로써 그날을 더럽히는 것입니다.[137]

"제4계명이 금지하는 것은……나태함……으로써 그날을 더럽히는"

"육체적이고 정신적이고 도덕적인 일을 전혀 하지 않는 것은 나태하고 생각이 없으며 무관심한 것으로서, 모든 열망에 감추어진 목표인 성화를 낳을 수 없다. 하나님의 안식은 우리 안식의 원형이다. 그런데 하나님은 한시도 쉬지 않으시며 주의 깊게 살피시고 다스리시는 완벽하신 영이시다. 안식일의 목적은 하나님께 나아가는 것이다. 반면 정신적이고 도덕적인 나태함은 우리를 하나님으로부터 멀어지게 만든다. 그런 나태함으로 안식일을 보낸다면, 안식일은 인류 최고의 복이 아니라 최악의 저주가 되고 말 것이다"(칼리쉬).

"쉬기만 하고 거룩하게 지키지 않는 것은 황소나 나귀의 안식일을 지키는 것이다"(니콜슨).

보스웰(Boswell)은 존슨 박사가 46세에 쓴 일기에서 안식일에 어떻게 살 것인지를 다음과 같이 기록했다고 말한다. "나는 지금까지 안식일을 습관적으로 지키면서도 기독교가 요구하는 신앙적인 본분에는 주의를 기울이

하지 아니하였으며 부정함과 정한 것을 사람이 구별하게 하지 아니하였으며 그의 눈을 가리어 나의 안식일을 보지 아니하였으므로 내가 그들 가운데에서 더럽힘을 받았느니라"(겔 22:26), "너희가 이르기를 월삭이 언제 지나서 우리가 곡식을 팔며 안식일이 언제 지나서 우리가 밀을 내게 할꼬 에바를 작게 하고 세겔을 크게 하여 거짓 저울로 속이며"(암 8:5), "만군의 여호와가 이르노라 너희가 또 말하기를 이 일이 얼마나 번거로운고 하며 코웃음치고 훔친 물건과 저는 것, 병든 것을 가져왔느니라 너희가 이같이 봉헌물을 가져오니 내가 그것을 너희 손에서 받겠느냐 이는 여호와의 말이니라"(말 1:13).

136 "이 외에도 그들이 내게 행한 것이 있나니 당일에 내 성소를 더럽히며 내 안식일을 범하였도다"(겔 23:38).

137 "여호와의 말씀이니라 너희가 만일 삼가 나를 순종하여 안식일에 짐을 지고 이 성문으로 들어오지 아니하며 안식일을 거룩히 하여 어떤 일이라도 하지 아니하면"(렘 17:24), "만일 안식일에 네 발을 금하여 내 성일에 오락을 행하지 아니하고 안식일을 일컬어 즐거운 날이라, 여호와의 성일을 존귀한 날이라 하여 이를 존귀하게 여기고 네 길로 행하지 아니하며 네 오락을 구하지 아니하며 사사로운 말을 하지 아니하면"(사 58:13).

지 않는 삶을 살아왔지만, 이제부터는 다음과 같이 하기로 결심한다. 첫째, 일찍 일어난다. 그렇게 하기 위해 토요일에는 일찍 잠자리에 든다. 둘째, 아침에 특별한 기도를 드린다. 셋째, 내 삶의 기조, 특히 지난주 내 삶의 기조를 살펴, 내가 신앙에서 진보했는지, 아니면 퇴보했는지를 표시한다. 넷째, 내가 활용할 수 있는 도구를 활용해 성경을 체계적으로 읽는다. 다섯째, 교회에 두 번 나간다. 여섯째, 이론적이든 실천적이든 신학이나 경건 서적들을 읽는다. 일곱째, 가족을 가르친다. 여덟째, 그 주간 내게 묻은 세상적인 흙을 묵상을 통해 떨쳐낸다."

"늦은 시간까지 누워 있는 것, 휴일을 즐기는 것, 안락의자에서 조는 것, 담배를 피우는 것은 안식이 아니다. 제4계명의 신성한 기준에 비추어볼 때 안식이라는 명칭을 그런 휴식에 부여하는 것은 합당하지 않다"(크리스티나 로제티).

"불필요한 생각과 말과 행위"

"이 날은 거룩한 생각에 전념하게 하기 위해 특별히 구별된 날이었다. 초기 사람들은 선지자들을 찾아가 그들의 가르침과 권면을 경청했다(왕하 4:23). 또한 이 날은 성회의 날이었다. 특히 후대에 이 날에 드려진 예배는 아주 엄숙했고, 회당에서는 회중 앞에서 율법이 낭독되었다(요세푸스, 『유대고대사』, xvi. 2. 4, 『아피온 반박문』, i. 22; 눅 4:16, 31; 행 13:42; 16:13). 안식일에는 일상적으로 별 생각 없이 가볍게 하는 대화조차도 피했다. 이것은 안식일이 이스라엘 백성으로 하여금 자신의 영혼의 상태를 살피고 자신의 행실을 성찰하는 자기 점검과 참된 회개와 내적인 변화의 날이 되게 하기 위함이었다"(칼리쉬).

"세상적인 일과 오락"

존 번연은 자신의 저서인 『악인 씨의 삶과 죽음』(CH북스, 2015)에서 이렇게 말한다. "이 불행한 사람은 심지어 어린 시절에도 주일을 견딜 수 없었다. 주일에는 늘 거룩함이 따라다녔기 때문이었다. 그날의 시작은 마치 감옥으로 끌려가는 날 같았다. 다만 한 가지 좋았던 것은 예배가 끝날 때까지 부모님에게서 벗어나 친구들 틈에 끼어서 지낼 수 있다는 것이었다.”

적용

1. 선지자 에스겔은 안식일이 여호와 백성 간의 “증표,” 즉 여호와가 그들을 인정하고 거룩하게 하셨음을 알게 해주는 증표였다고 말했다. 이 의미는 오늘날에도 여전히 적용된다. 안식일은 어느 국가, 어느 교회, 어느 가정 그리고 어느 사람의 마음과 삶 속에 참된 신앙이 존재함을 보여주는 틀림없는 증표다. 루터가 하나님이 가르치신 교리 중에서 이신칭의(믿음으로 말미암아 의롭다 함을 받음)에 대해 “이신칭의는 교회가 서거나 넘어짐을 보여주는 증표”라고 말한 것은 안식일에도 그대로 적용된다.

   어느 그리스도인의 신앙이 떨어지고 있음을 보여주는 가장 확실한 증표는 안식일 규례를 점점 소홀히 하고, 그 귀하고 신성한 시간을 나태하게 보내거나 속되게 악용하는 것이다. 부모가 자녀들의 신앙과 도덕을 지키기 위해 세울 수 있는 가장 강력한 요새는 안식일을 잘 지키게 하는 것이다. 자녀들이 신앙과 개인적인 경건에서 멀어져가고 있음을 보여주는 가장 분명한 증표는 주의 거룩한 날에 자신의 즐거움을 구하고 자기 길을 가기 시작하는 것이다. 안식일을 어길 때 우리의 양심은 특히 예리하게 찔린다. 양심은 그날이 양심의 힘을 지켜주는 요새이자 망루임을 본능적으로 안다. 우리 중 다수는 어린 번연처럼 어릴 때 안식일을 깨뜨림으로써 일찍부터 죄의식에 눈을 떴다.

2. “성경 이외에 어떤 유익하고 감동적인 책을 각 가정에 비치해두고 있는지를 살펴보라. 그래서 그런 책이 없는 가정들에게는 싸고 유익한 책 한 권을 사게 하라. 책을 살 돈이 없는 가정에는 책을 살 돈을 지원해주라. 여러분이 그렇게 할 돈이 없다면, 선한 일들을 기꺼이 하려고 하는 부자로 하여금 그 일을 하게 하라. 그런 후에 각 가정에서 밤에, 특히 주일 밤에 그 책을 읽게 하라. 경건의 삶은 여기에 달려 있다. 가난한 사람들은 자유로운 시간을 별로 가질 수 없기 때문이다. 따라서 그들이 그런 시간을 잃는다면, 모든 것을 잃는 것이고, 결국에는 계속 야만적이고 무지한 사람으로 남을 수밖에 없다. 그래

서 각 가정의 가장은 주일 밤에 가족을 모아 교리문답을 외우게 하고, 각자가 그날 교회에서 배운 것을 설명하게 해야 한다"(백스터).

제62문

문　제4계명을 주신 이유로 덧붙여진 것은 무엇입니까?

답　제4계명을 주신 이유로 덧붙여진 것은 하나님이 한 주간 가운데 엿새를 우리에게 주셔서 우리 자신의 일을 하게 하셨다는 것,[138] 일곱째 날에 대한 하나님의 특별한 소유권을 환기시키신 것, 하나님이 친히 모범을 보여주셨다는 것, 하나님이 안식일을 복 주셨다는 것입니다.[139]

"일곱째 날에 대한 하나님의 특별한 소유권을 환기시키신 것"

"외적으로는 작은 죄같이 보이는 것이 내적으로는 큰 죄일 수 있다. 어떤 사람이 안식일에 나뭇가지들을 주워 모은 행위는 외적으로는 작은 일인 것처럼 보인다. 하지만 그 사람은 모세를 멸시했다. 또한 그것은 모세를 궁지로 몰아넣는 일이기도 했다. 겉보기에 작게 보이는 이 일로 모세가 그 사람을 처형하거나 그 사람에게 형벌을 가하면, 이스라엘의 백성은 모세를 잔혹한 지도자로 생각할 터였다. 하지만 모세가 아무런 처벌도 하지 않고 이 일을 그냥 넘겨버린다면, 백성들이 안식일을 어기는 길을 열어놓게 된다. 그 사람의 행위는 하나님과 모세를 노골적으로 멸시하는 것이었고, 하나님은 특히 그 점을 주목하셨다"(굿윈).

　"이렇게 하나님이 일곱째 날을 비워놓으라고 요구하시는 것에 대해 하

138　"엿새 동안은 힘써 네 모든 일을 행할 것이나"(출 20:9).

139　"이는 엿새 동안에 나 여호와가 하늘과 땅과 바다와 그 가운데 모든 것을 만들고 일곱째 날에 쉬었음이라 그러므로 나 여호와가 안식일을 복되게 하여 그날을 거룩하게 하였느니라"(출 20:11).

나님이 우리 자유를 침해하신다고 불평하거나 우리에게 주어진 시간을 우리의 뜻대로 사용하지 못하게 하신다거나, 우리에게 주신 것 중에서 칠분의 일을 다시 빼앗아가신다고 불평해서는 안 된다. 하나님이 안식일을 제정하심은 하나님 자신을 위한 것이 아니라 사람을 위한 것이었다. 안식일을 통해 유익을 얻는 것은 하나님이 아니라 우리다. 그리고 전능자께서 하시는 역할은 단지 자신의 권위로 우리 일에 개입하셔서, 우리가 스스로에게 해악을 끼치지 못하게 막으시는 것뿐이다"(에드워드 어빙).

또한 안식일은 민족이나 가족과 관련해 가장 고귀하고 당당한 전승과 회합들을 통해 전해졌고, 그런 사실만으로도 최고의 법이다. 그리스도인의 양심은 안식일을 기꺼이 순종하여 지키기를 열망하고, 주일을 지키는 것이 지극히 합당하고 복됨을 기꺼이 인정한다. 따라서 만일 안식일에 관한 율법이 지극히 오래되고 권위 있는 문서를 통해 공표되지 않고, 단지 우리의 신앙고백서와 교리문답의 표준문서를 통해 공표되었다고 하더라도, 그 후에 안식일을 지킨 사람들의 경험과 증언들이 거기에 더해지면 안식일은 반드시 "즐거운 날," "여호와의 성일," "존귀한 날"(사 58:13)이 되었을 것이다.

"하나님이 안식일을 복 주셨다는 것"

"만일 우리가 지난 3세기 동안 일요일을 안식의 날로 지켜오지 않았더라면, 지금 우리는 더 가난하고 덜 문명화된 사람들이 되어 있었을 것임을 나는 조금도 의심하지 않는다"(매콜리).

하지만 이 지극히 오래되고 거룩한 제도를 통해 수천 년 동안 교회에 내려온 영적인 복과 구원의 복에 대해서는 그 어떤 역사가도 감히 말하려는 엄두조차 낼 수 없었다. 이 어구에 대한 최고의 주석은 안식일을 지키는 모든 신자의 영혼에 담겨 있다.

적용

우리는 지금까지 안식일의 권위와 위엄과 복됨에 대해 절반도 말하지 못했지만, 이것이 안식일의 전부라고 하더라도, 우리는 벵겔처럼 말하는 것이 합당하다. "우리는 이 계명의 가장 작은 부분이라도 어기거나, 그것을 어기라고 가르치는 모든 사람에 대한 경고, 비판자들이나 선생들이나 설교자들에게 아무리 권해도 결코 지나칠 수 없는 경고를 잘 헤아려보아야 한다."

제63문

문   제5계명은 무엇입니까?

답   제5계명은 "네 부모를 공경하라 그리하면 네 하나님 여호와가 네게 준 땅에서 네 생명이 길리라"입니다.[140]

제64문

문   제5계명이 요구하는 것은 무엇입니까?

답   제5계명이 요구하는 것은 윗사람,[141] 아랫사람,[142] 동료[143]로서의 각각의 지위와 관계 속에서 각자에게 속한 명예를 존중하고 각자의 본분을 다하라는 것입니다.

---

140 출애굽기 20:12.
141 "그리스도를 경외함으로 피차 복종하라"(엡 5:21).
142 "뭇 사람을 공경하며 형제를 사랑하며 하나님을 두려워하며 왕을 존대하라"(벧전 2:17).
143 "형제를 사랑하여 서로 우애하고 존경하기를 서로 먼저 하며"(롬 12:10).

제65문

문   제5계명이 금지하는 것은 무엇입니까?

제5계명이 금지하는 것은 각각의 지위와 관계 속에서 각자에게 속한 명예와 본분을 소홀히 하거나 거슬러 행하는 것입니다.[144]

제66문

문   제5계명을 주신 이유로 덧붙여진 것은 무엇입니까?

답   제5계명을 주신 이유로 덧붙여진 것은 이 계명을 지키는 모든 사람이 장수하고 형통할 것이라는 약속입니다. 다만 이 약속은 하나님께 영광이 되고 그들에게 복이 되는 경우에만 해당됩니다.[145]

"네 부모를 공경하라"

모든 계시 종교는 십계명의 처음 네 계명에 의거한다. 마찬가지로 가정과 사회, 정치와 관련된 가장 오래되고 깊으며 유익한 뿌리는 제5계명이다. 사실 본성적인 양심은 모든 사람에게 하나님을 아는 지식을 어느 정도는 제공해주고, 하나님을 예배해야 함을 가르쳐준다. 마찬가지로 본성적인

---

144 "하나님이 이르셨으되 네 부모를 공경하라 하시고 또 아버지나 어머니를 비방하는 자는 반드시 죽임을 당하리라 하셨거늘 너희는 이르되 누구든지 아버지에게나 어머니에게 말하기를 내가 드려 유익하게 할 것이 하나님께 드림이 되었다고 하기만 하면 그 부모를 공경할 것이 없다 하여 너희의 전통으로 하나님의 말씀을 폐하는도다"(마 15:4-6), "피차 사랑의 빚 외에는 아무에게든지 아무 빚도 지지 말라 남을 사랑하는 자는 율법을 다 이루었느니라"(롬 13:8).

145 "너는 네 하나님 여호와께서 명령한 대로 네 부모를 공경하라 그리하면 네 하나님 여호와가 네게 준 땅에서 네 생명이 길고 복을 누리리라"(신 5:16), "네 아버지와 어머니를 공경하라 이것은 약속이 있는 첫 계명이니 이로써 네가 잘되고 땅에서 장수하리라"(엡 6:2-3).

양심은 모든 자녀에게 부모를 사랑하고 공경해야 함을 가르쳐준다. 하지만 본성적인 양심이 계시에 의해 수정되고 인도함을 받으며 확증되어야 함과 마찬가지로, 자녀로서의 본능도 하나님의 말씀을 통해 감시되고 촉진되어 열매 맺음이 마땅하다.

십계명 중 부모를 공경하라는 계명만큼 이스라엘 자손들 가운데 잘 지켜진 것은 없었다. 우리에게 전해진 족장들의 삶에 관한 모든 아름답고 감동적인 묘사 중에서 자녀에 대한 부모의 사랑과 돌봄, 부모에 대한 자녀의 사랑과 공경에 관한 묘사만큼 보기 좋고 아름다운 것은 없다. 하나님의 율법과 보편적인 관습 덕분에 당시 부모와 자녀 간의 연합은 우리보다 훨씬 더 친밀하고 지속적이었다. 이 본성적인 관계와 하나님의 명령이 족장 공동체에서 지역적이고 원초적이며 일시적인 형태로 제시되었던 것과는 별개로, 이스라엘 자손들 가운데 행해진 자녀에 대한 부모의 돌봄과 사랑, 부모에 대한 자녀의 공경과 순종은 우리 모두가 칭송하고 본받아야 할 모범이다.

부모를 공경하라는 계명은 하나님을 공경하고 예배하라는 계명 뒤에 오지만, 본성의 순서로나 실제 우리 삶에서 가장 먼저 지키고 행해야 한다. 한 자녀의 아버지는 그에게 아버지 이상의 존재다. 아버지는 아버지임과 동시에 신이다. 어린 자녀는 자기 아버지를 능가할 수 없다. 자녀가 자기 아버지보다 더 위대하거나 훌륭할 수 있다고 생각한다면, 오만불손한 일이다. 모든 자녀에게 자기 아버지는 가장 위대하고 훌륭한 사람이다. 아버지가 할 수 없는 것은 없다. 자녀에게 있어 그의 아버지는 모든 용맹함과 고귀함과 능력과 지혜를 갖추고 있는 존재다.

나중에 하늘에 계신 아버지를 영원토록 경배하고 사랑하게 될 경건한 마음을 지닌 사람도 자녀인 동안에는 그 아버지를 알지 못하고 그 아버지의 필요성도 느끼지 못한다. 자녀에게는 자신이 사랑하고 예배할 육신의 아버지가 늘 자기 곁에 있는데, 하늘에 계신 아버지를 어떻게 찾을 수 있겠는가? 그리고 "육신의 아버지는 하나님으로부터 자신의 기술을 배운다."

하나님은 우리 가운데 있는 모든 아버지에게 잠시 자신의 속성과 대권 그리고 자신이 마땅히 받아야 할 것을 입혀주시기 때문이다. 어린 자녀를 지키고 돌볼 책임이 있는 모든 사람의 가정에 하나님의 보좌와 규와 칼이 주어진다.

대교리문답에서는 부모를 공경하라는 명령을 확장해, 하나님이 우리 위에 세우신 모든 윗사람을 마땅히 공경해야 한다고 말하고, 이 공경에 대해 좀 더 자세하게 설명하는데, 이것은 소교리문답에 대한 아주 훌륭한 주석이다. "이 공경은 마음과 말과 행위로 모든 합당한 예를 다하고, 그들을 위해 기도하고 감사하며, 그들의 미덕과 장점을 본받고, 그들의 합당한 명령과 권면에 기꺼이 순종하며, 그들의 징계에 순종하고, 그들의 인격과 권위를 충실히 받들고 옹호하며 유지하며, 그들의 연약을 감당하고 사랑으로 덮어주는 것이다."

공경이라는 단어는 고귀하고 풍요로우며 다함이 없는 단어다. 공경은 사랑하는 것 이상이고, 두려워하는 것 이상이다. 공경은 사랑하는 동시에 두려워하는 것이기 때문이다. 애정 없는 사랑은 있을 수 있다. 하지만 어떤 사람을 진정으로 공경하는 사람 속에는 그 사람을 사랑하는 마음과 두려워하는 마음이 동시에 존재한다. 지극히 높고 고귀한 사랑에는 언제나 두려움이 내포되어 있다. 어떤 사람에 대하여 경외하는 감정이 없는 사람은 그 사람을 진정으로 사랑하는 것이 아니다. 자녀가 부모에 대하여 갖는 합당한 사랑은 두려움 있는 사랑이다. 그리고 사랑하는 동시에 두려워하는 것이 바로 "공경하는" 것이다. 부모를 공경하지 않는 자녀를 갖는 것은 자녀를 아예 갖지 않는 것보다 더 나쁘다. 칼뱅은 그런 자녀는 사람이 아니라 괴물이라고 말한다.

바울은 "자녀들아 주 안에서 너희 부모에게 순종하라 이것이 옳으니라"(엡 6:1)는 말을 덧붙인다. 즉, 그리스도인인 자녀들은 부모에게 순종하고 부모를 공경하는 것이 마땅하다. 이것은 예수께서 어린 시절에 행하셨던 것이고, 성인이 되어 명령하신 것이다. 신약성경은 구약성경에 나오는 모든 본분과 명령과 권면과 모범을 승화하고 영적으로 해석하는데, 이것도 그 한 예다.

"네 하나님 여호와가 네게 준 땅에서 네 생명이 길리라"

"여호와는 이스라엘 백성에게 기업으로 주기로 약속하셨던 땅을 여기에서 특별히 거론하셨다. 하지만 하나님은 이 땅 전체가 신자들에게 복이 되게 하신다는 점에서, 우리는 현세에서의 삶 전체가 하나님이 베푸시는 축복의 대상이라고 함이 옳다. 하나님은 마치 이 땅이 그 자체로 행복이라고 유대인들에게 약속하신 것도 아니고 우리에게 약속하시는 것도 아니다. 유대인들에게 있어 이 땅은 하나님의 은총을 나타내는 통상적인 상징이기 때문이다. 따라서 부모에게 순종하는 사람이 젊은 나이에 죽을 수 있고, 실제로 이런 일은 종종 일어난다. 그럼에도 여호와는 단지 1에이커의 땅을 약속하시고도 100에이커의 땅을 주시는 경우처럼 그 사람에 대해 자신의 약속을 신실하게 지키셨다"(칼뱅).

"내 아버지 집에 거할 곳이 많도다……내가 너희를 위하여 거처를 예비하러 가노니 가서 너희를 위하여 거처를 예비하면 내가 다시 와서 너희를 내게로 영접하여 나 있는 곳에 너희도 있게 하리라"(요 14:2-3).

"이 약속은 하나님께 영광이 되고 그들에게 복이 되는 경우에만 해당됩니다"

"하나님이 현세에서의 삶과 관련하여 주신 약속은 절대적인 것이 아니라, 언제나 하나의 조건에서 주어진다고 이해해야 한다. 그 조건은 하나님이 자신의 거룩하신 지혜 가운데 우리에게 유익이 된다고 생각하시는 경우에만 자신의 약속을 우리에게 이루신다는 것이다"(샌더슨).

적용

1. 우리가 어린 시절에 입은 은혜는 성인이 되어서도 다양한 관계 속에서 계속 우리를 빛내고 보호해준다. 부모를 공경하는 것은 모든 사람을 공경하고 하나님을 경배하며 섬기

기 위한 첫 걸음이다. 우리 주님은 우리가 하나님 아버지의 집에 들어가고자 한다면 다시 어린아이가 되어야 한다고 말씀하심으로써 이 율법을 인정하신다. 즉, 우리는 오래전 어린아이였을 때처럼 순진하고 공경하며 경건하고 순종하는 사람이 되어야 한다.

2. 모든 질서와 규범이 잘 세워진 가정은 국가를 튼튼하게 하는 기둥임과 동시에, 사회에서의 선한 도덕과 선한 행실의 산실이다. 자녀들이 경건하고 사랑 넘치며 양심적인 부모의 손길로 다스림을 받는 가정에서 모든 미덕이 번성한다. 공경과 존경과 순종을 낳는 양육과 훈육 속에서 자란 모든 자녀는 사회와 국가에 값을 매길 수 없는 선물이다.

3. 조나단 에드워즈는 자신의 회고록에서 신앙심 깊고 지혜로웠던 아내에 대한 얘기, 그 아내가 자녀들을 어떻게 성공적으로 양육했는지에 관한 얘기를 많이 하는데, 다음은 그 중 한 대목이다. "그는 단지 한 번만 말했고, 자녀들은 즐거운 마음으로 순종했다. 자녀들이 불평하거나 대꾸하는 일은 전혀 없었다. 자녀들은 부모에 대해 이례적일 정도로 공손하고 공경하는 태도를 보였다. 부모가 방으로 들어가면, 그들은 모두 본능적으로 자리에서 일어났고, 부모가 자리에 앉고 나서야 그들도 다시 앉았다. 그들이 누구와 대화 중이었든, 부모가 말하면 그 즉시 입을 다물고 경청했다."

4. "거룩한 부모를 두고도 타락한 삶을 살아간 사람들은 가정의 경건을 통해 선을 행해야 한다는 그 어떤 동기도 부여받지 못한 사람들보다 하나님으로부터 더 큰 심판을 받게 된다."

5. "우리가 윗사람에 대해 느끼는 비호감은 제5계명을 지키는 것을 방해한다……윗사람들이 말하면, 우리는 그들이 조용히 해주기를 바란다. 그들의 행실은 케케묵은 진부한 것이고, 그들의 취향은 야만적으로 느껴진다. 그들의 견해는 시대에 뒤떨어진 쓸모없는 것이고, 그들의 기준은 유치하다. 그들이 알고 있는 것 중에는 쓸 만한 것이 없고, 그들은 어떤 것이나 사람들에 대해 알려고 하지조차 않는다고 느껴진다. 이럴 때 우리는 습관적으로 그들을 마지못해 참아주거나 우리 자신을 방어하려는 태도를 취하게 된다. 우리는 어린아이나 자녀가 아니라 검열자처럼 행동하고, 기껏해야 우리가 어쩔 수 없는 것들을 참고 받아주는 모습을 보인다. 옆에서 보는 사람들은 우리 아버지의 작은 손가락이 우리의 전 존재보다 더 무게가 있음을 너무나 분명하게 볼 수 있지만, 우리에게는 그런 것이 전혀 보이지 않는다……

지금도 윗사람들에 대해 이렇게 비호감을 느끼는 죄가 강력하게 우리를 유혹한다. 지금은 어느 가정에서나 자녀들이 부모보다 더 나은 교육을 받기 때문이다. 약간의 지식 — 이것은 위험한 것이다 — 을 얻은 자녀들은 자신들이 알지 못하는 것이 훨씬 더 많다는 사실을 모르기 때문에, 자신들이 알고 있는 적은 지식으로 교만해지기 쉽다. 그렇게 생겨난 교만은 공경과 순종을 몰아내고, 본성적인 경건을 훼손해, 결국 영적인 충성까지도 거부하는 일이 비일비재하게 일어난다"(크리스티나 로제티).

제67문

문　제6계명은 무엇입니까?

답　제6계명은 "살인하지 말라"입니다.[146]

제68문

문　제6계명이 요구하는 것은 무엇입니까?

답　제6계명이 요구하는 것은 모든 합당한 노력을 기울여 우리 자신의 생명[147]과 다른 사람들의 생명을 보존하라는 것입니다.[148]

146　출애굽기 20:13.

147　"이와 같이 남편들도 자기 아내 사랑하기를 자기 자신과 같이 할지니 자기 아내를 사랑하는 자는 자기를 사랑하는 것이라 누구든지 언제나 자기 육체를 미워하지 않고 오직 양육하여 보호하기를 그리스도께서 교회에게 함과 같이 하나니"(엡 5:28-29).

148　"이세벨이 여호와의 선지자들을 멸할 때 오바댜가 선지자 백 명을 가지고 오십 명씩 굴에 숨기고 떡과 물을 먹였더라"(왕상 18:4).

제69문

문 제6계명이 금지하는 것은 무엇입니까?

답 제6계명이 금지하는 것은 우리 자신의 생명이나 우리 이웃의 생명을 부당하게 빼앗거나, 그런 경향을 지니는 모든 것입니다.[149]

"살인하지 말라"

만일 이것이 제6계명이 담고 있는 전부라면, 이 계명에 대해 아무런 설명을 하지 않고 그냥 넘어가도 아무 문제가 없을 것이다. 이 글을 읽고 있는 독자들 중에서 자신의 손을 형제의 피로 묻히겠다고 생각하는 사람은 아무도 없을 것이기 때문이다. 따라서 만일 사람의 생명에 관한 도덕법이 이 계명 속에 온전히 표현되어 있고 온전히 적용되고 있으며 온전히 예시되고 있다면, 우리는 이 계명에 대해 길게 설명할 필요가 전혀 없다.

하지만 시편 기자는 "주의 계명들은 심히 넓으니이다"(시 119:96)라고 말한다. 그리고 사도는 "우리가 율법은 신령한 줄 알거니와"(롬 7:14)라고 말하면서, 자신의 마음에 느끼는 고통과 괴로움으로 부르짖는다. 특히 우리는 성경에서 이 계명에 관한 주님의 해석과 설명을 읽을 때, 이 계명이 우리가 처음 읽었을 때 생각했던 것보다 더 많은 의미를 담고 있음을 알게 된다. 우리 주님은 "옛 사람에게 말한 바 살인하지 말라 누구든지 살인하면 심판을 받게 되리라 하였다는 것을 너희가 들었으나 나는 너희에게 이르노니 형제에게 노하는 자마다 심판을 받게 되고 형제를 대하여 라가라 하는 자는 공회에 잡혀가게 되고 미련한 놈이라 하는 자는 지옥 불에 들어가게 되리라"(마 5:21-22)고 말씀하신다. 그리고 이것을 읽고 나서 제

---

149 "바울이 크게 소리 질러 이르되 네 몸을 상하지 말라 우리가 다 여기 있노라 하니"(행 16:28), "다른 사람의 피를 흘리면 그 사람의 피도 흘릴 것이니 이는 하나님이 자기 형상대로 사람을 지으셨음이니라"(창 9:6).

6계명에 대해 아무런 말도 하지 않고 그냥 넘어갈 성경 해석자는 아무도 없다.

우리 주님의 이 권위 있는 해석은 제6계명을 새로운 세계에 갖다놓는다. 이제 학습자는 시편 기자가 "주의 계명들은 심히 넓으니이다"라고 말한 것이 무엇을 의미하는지를 알게 된다. 그리고 이 계명의 온전한 의미를 알기 위해 필요한 것들은 소교리문답이 제시한 설명에서 찾아볼 수 있다. 거기에서는 이 계명이 "요구하는 것은 모든 합당한 노력을 기울여 우리 자신의 생명과 다른 사람들의 생명을 보존하라는 것"이고, "금지하는 것은 우리 자신의 생명이나 우리 이웃의 생명을 불의하게 빼앗거나, 그런 경향을 지닌 모든 것"임을 우리에게 가르친다.

"모든 합당한 노력을 기울여 우리 자신의 생명과 다른 사람들의 생명을 보존하라는 것"

이것은 우리 주님이 "무릇 자기 목숨을 보전하고자 하는 자는 잃을 것이요 잃는 자는 살리리라"(눅 17:33)고 말씀하시고, "자기의 생명을 사랑하는 자는 잃어버릴 것이요 이 세상에서 자기의 생명을 미워하는 자는 영생하도록 보전하리라"(요 12:25)고 말씀하신 것처럼 우리 자신의 생명을 보존하고자 하는 부당하고 몰지각한 노력이 있을 수 있음을 의미한다. 위트(Witt) 박사의 역설적인 말도 중요한 의미를 갖는다. "당신의 건강에 대해서는 신경을 많이 써라(careful). 하지만 당신의 생명에 대해서는 신경을 쓰지 말아라(careless)."

"우리 자신의 생명이나 우리 이웃의 생명을 부당하게 빼앗거나, 그런 경향을 지니는 모든 것"

조건을 나타내는 "부당하게"라는 단어는 정당하게 생명을 빼앗는 일도 있음을 가르친다. 전쟁에서 사람을 죽이는 것과 사형 제도로 사람의 생명을 빼앗는 것이 바로 이 "부당하게"라는 조건이 적용되지 않는 제한적인 경우다. 이 계명을 올바르게 제대로 해석했을 때, 이 계명은 그런 식으로 사람의 생명을 빼앗는 것을 허용할 뿐만 아니라, 그렇게 하라고 명령하고 있다. 사법 절차를 거쳐 살인자의 생명을 빼앗는 것은 합법적인 일일 뿐만 아니라, 그렇게 해야 하는 의무다. 이 계명은 재판장에게 "살인하지 말라"라고 말하거나, 정의의 칼을 칼집에 다시 넣으라고 명령하지 않는다. 재판장은 "공연히" 칼을 가지고 있는 것이 아니어서, 악을 행하는 자들에게서 사람들을 보호할 의무가 있고, 악을 행하는 자들에게 두려운 존재가 되는 것이 합당하기 때문이다.

또한 이 계명은 전쟁, 즉 의롭고 꼭 필요한 전쟁에서 사람의 생명을 빼앗는 것을 금지하지 않고, 도리어 인정하고 명령한다. 신앙은 자기방어의 권리와 의무를 버리지 않는다. 문명화된 나라는 시민들의 생명과 재산권과 자유를 보호해야 한다. 이것은 국가의 주요한 의무 중 하나다. 아울러 국내외적인 공무를 집행하는 모든 관리와 재판장과 정치인 그리고 투표권을 행사해 정치인을 선출하는 모든 시민은 에드먼드 버크(Edmund Burke)의 말을 기억해야 한다. "결코 사람의 피를 흘려서는 안 된다. 도리어 사람의 피를 속해야 한다. 우리의 가족, 우리의 친구들, 우리의 하나님, 우리의 조국을 위해 흘리는 피는 선하다. 반면, 다른 것을 위해 흘리는 피는 헛될 뿐만 아니라 범죄다."

적용

1. 우리 주님은 이 계명을 해석해 다시 제시하시면서, 이유 없이 부당하게 분노하거나 그런 분노를 품는 것도 이 계명을 어기는 것이라고 가르치셨다. 순리를 따른 합당한 분노, 심지어 칭찬받을 만한 분노가 있다. 또한 그런 것과는 완전히 다른 분노, 심판받아 마땅한 분노도 있다.

   분노는 사람의 마음에 잠복해 있다가 어떤 잘못되었다고 생각되는 것을 통해 촉발되고 점화되어서 활활 타오르는 감정이다. 그런 의미에서 분노는 하나님의 선물이다. 분노는 생명이나 생명과 관련된 것들을 파괴하거나 침해하려고 하는 모든 것에 맞서 자신을 보호하기 위해 신속하게 사용하도록 하나님이 주신 도구이기 때문이다. 하나님이 사람의 마음에 심어두신 감정은 어떤 것도 그 자체로는 악할 수 없다. 하지만 지나치거나 절제되지 않거나 훈련되지 않거나 악한 목적으로 사용되는 경우에는 최고의 정서와 감정조차도 해롭고 죄악된 것이 된다. 하나님이 사람의 마음에 심어두신 모든 감정을 하나님이 정하신 합당한 목적과 범위 내에서 사용하는 것은 악하거나 해로운 것이 아니다.

분노가 특히 그러하다. 갑작스럽게 화를 내는 것은 자연스러운 본능이다. 분노는 성찰과는 상관없이 성찰하기도 전에 분출된다. 사람이 이 경우에 화를 내는 것이 옳은지 그른지를 스스로에게 물어볼 시간을 갖기도 전에, 이미 분노는 한 순간에 장착된다. 누군가가 우리를 치려고 하면, 우리의 손은 우리 자신을 보호하기 위해서 그 즉시 본능적으로 올라가고, 동시에 분노도 생겨난다.

우리는 우리 주님의 가르침으로 분노에 대해 가장 잘 알 수 있는 것과 마찬가지로, 우리 주님의 행실 속에서 분노와 관련한 최고의 모범을 발견한다. 우리 주님은 사람이 되셨다. 즉, 우리 주님은 우리와 똑같은 온갖 감정과 정서를 지니고 계셨다. 그래서 우리는 주님의 언행 속에서 이 분노의 감정이 잘못된 일에 대해 불타오르는 것을 보는데, 이것이 우리에게 본이 된다. 사도는 "분을 내어도 죄를 짓지 말며 해가 지도록 분을 품지" 말라고 말한다(엡 4:26).

2. 하지만 본능적인 분노와 의로운 분노가 마음속에 자리 잡은 증오와 앙심이 되는 것은 완전히 다른 문제다. 이 죄는 사람들 가운데 본성적이고 보편적이지만, 사도는 자신에 대한 고백에서 우리에게 이렇게 가르친다. "우리도 전에는……악독과 투기를 일삼은 자요 가증스러운 자요 피차 미워한 자"였다(딛 3:3). 자신의 마음속에서 일어나는 일을 솔직하게 고백하는 사람은 누구든지 부끄러움과 죄책감을 느낄 수밖에 없다. 증오는 어떤 사람을 끔찍할 정도로 미워하는 것으로 마음속 깊은 곳에 자리 잡고 있는 감정이다. 그리고 이 감정에는 언제나 사람을 해치고자 하는 분명한 욕구가 수반된다.

샤일록은 "죽이고 싶지 않은 것을 미워하는 법은 없다"라고 소리친다. 이 세상에 태어난 모든 사람 중에서 사람의 마음을 가장 잘 아시는 주님은 살인이 단지 행위에 있는 것이 아니라, 욕구와 의도에 있다고 가르치셨다. 우리가 실제로 살인을 하지 않았다고 하더라도 살인하고자 하는 욕구를 품었다면, 하나님이 보시기에 우리는 이미 우리 형제의 피로 붉게 물들어 있다. "만물보다 거짓되고 심히 부패한 것은 마음이라 누가 능히 이를 알리요마는 나 여호와는 심장을 살피며 폐부를 시험하고 각각 그의 행위와 그의 행실대로 보응하나니"(렘 17:9-10).

3. 우리 주님은 분노와 증오 외에 경멸도 살인이라는 범주에 포함시키신다. 하지만 여기에서도 구별이 있어야 한다. 경멸도 분노와 마찬가지로 때로는 지극히 적절하고 정당하며 칭찬받을 만한 것이 될 수 있다.

모든 고귀한 마음에는 하나님이 심어두신 고귀한 경멸의 감정이 있어서, 그들은 모든 비열함과 이기적인 것, 멸시받아 마땅한 사람들과 그들의 모든 비천하고 경멸 받아 마땅한 행위들을 경멸한다. 성경, 특히 예언서들에는 그런 신령하고 엄청난 경멸의 감정이 많이 나온다. 하지만 교만하고 완고하며 잔인한 마음에서 나오는 사탄적인 경멸이 있다. 그런 경멸은 이사야 선지자나 예수 그리스도께서 보여주신 경멸과는 완전히 다르다. 그런 경멸은 오만방자하고 가증스러운 말들로 가득하고, 오로지 마음의 불경건함과 교만으로부터 나와 사람들을 업신여기고 사람들에게 굴욕감을 안겨준다. 교만에서 나온 경멸은 하나님이 보시기에는 증오다. 우리 모두에게는 우러러보고 장점을 발견하며 공경하고 경외하며 칭송하기보다는 내려다보고 단점을 찾아내며 멸시하고 경멸하는 것이 훨씬 더 쉽고 자연스럽다.

제70문

문   제7계명은 무엇입니까?

답   제7계명은 "간음하지 말라"입니다.[150]

---

150   출애굽기 20:14.

제71문

문 제7계명이 요구하는 것은 무엇입니까?

답 제7계명이 요구하는 것은 우리 자신과 우리 이웃의 마음과 말과 행위에서 순결을 지키라는 것입니다.[151]

제72문

문 제7계명이 금지하는 것은 무엇입니까?

답 제7계명이 금지하는 것은 온갖 순결하지 못한 생각과 말과 행위입니다.[152]

인류의 모든 가정과 가족과 집에는 두 가지 중요하고 본질적인 관계가 존재한다. 첫째는 부모와 자녀의 관계이고, 둘째는 남편과 아내의 관계이다. 형제와 자매, 주인과 종, 통치자와 국민, 주군과 신하 같은 다른 관계들도 존재한다. 하지만 완전한 가정을 이루는 데 반드시 필요한 관계는 부모와 자녀의 관계, 부부 관계이다. 제5계명은 부모와 자녀의 온전함과 거룩함을 보호하고, 제7계명은 결혼한 남자와 여자 간의 침범할 수 없는 연합이라는 한층 더 거룩한 관계를 보호한다.

"남자와 여자의 친교는 완벽하게 자신을 내어주고 상대방을 자신의 것

---

151 고린도전서 7장, "너희 말을 항상 은혜 가운데 소금으로 맛을 냄과 같이 하라 그리하면 각 사람에게 마땅히 대답할 것을 알리라"(골 4:6), "너희의 두려워하며 정결한 행실을 봄이라"(벧전 3:2).

152 "마음에서 나오는 것은 악한 생각과 살인과 간음과 음란과 도둑질과 거짓 증언과 비방이니"(마 15:19), "나는 너희에게 이르노니 음욕을 품고 여자를 보는 자마다 마음에 이미 간음하였느니라"(마 5:28), "음행과 온갖 더러운 것과 탐욕은 너희 중에서 그 이름조차도 부르지 말라 이는 성도에게 마땅한 바니라 누추함과 어리석은 말이나 희롱의 말이 마땅치 아니하니 오히려 감사하는 말을 하라"(엡 5:3-4).

으로 받아들이는 관계다. 따라서 이 친교가 이미 이루어진 순결하고 인격적이며 영적인 연합의 열매가 아닌 경우, 그것은 자신의 순결한 인격을 음란하게 내팽개쳐버림과 동시에, 상대방의 순결한 인격을 파멸시키는 것이다. 순결의 상실은 회복이 불가능하고, 순결하지 않은 사랑은 인격 모독이다"(부트케).

"아주 옛적부터 존재했던 종교 가운데 여호와 신앙만큼 이 관계에 대한 잘못된 행위를 단호하게 반대하면서도, 그런 반대를 자연스럽게 여기는 종교는 없다. 여호와 신앙이 이 관계를 순수하게 보존하는 것을 얼마나 중요하게 여겼고, 결혼을 참된 삶의 일차적인 토대로 여기며 얼마나 심혈을 기울여 보호하고자 했는지는 이 관계를 규율하고 있는 엄격한 율법들을 보면 금방 드러난다. 순결은 생명만큼이나 귀한 것이었다.

이삭과 리브가에게서 볼 수 있는 참된 부부관계의 아름다운 모범은 대다수의 가정에 실제로 존재했던 부부관계를 거의 그대로 보여준다. 두 사람이 일편단심으로 서로에게 충실한 것, 두 사람 간의 경건한 사랑과 애정은 아브라함의 친척이라는 고귀한 족속으로부터 아내를 선택한 데서 이미 예상할 수 있었다. 이 두 사람의 모습은 모형이자 실제였고, 이스라엘의 가정들은 그 토대 위에 창조되었다. 여기에서도 우리는 신앙의 강력한 영향력을 분명하게 보게 된다"(에발트).

적용

1. "하나님에 대한 사람의 의무는 하나님이 사람을 위해 마련하신 즐거움과 행복의 모든 원천들과 완벽하게 부합한다. 따라서 우리에게 주어진 율법과 행복의 조건은 서로 충돌하지 않는다. 하나님이 우리에게 금지하시는 것은 오직 거짓 즐거움, 즉 우리에게 즐거움으로 보이지만, 실은 우리의 지성을 짐승으로 만들거나 우리 육신의 건강을 해치거나, 우리 주변 사람들의 행복을 침해하는 즐거움뿐이다"(부쉬넬).

2. "순결을 지키지 않는 죄는 우리의 양심을 가장 무겁게 짓누른다. 이 죄만큼 거룩함을 정면으로 거스르는 죄도 없고, 성령을 소멸시키는 죄도 없기 때문이다"(버키트).

3. "만일 하나님이 양날의 검처럼 날카로운 율법을 사용하셔서, 본성의 법이나 인간의 법으로는 닿을 수도 없고 찾아낼 수도 없는 우리 마음 깊은 곳에 자리 잡은 곪은 상처들을 터뜨리지 않으신다면, 그런 상처들이 어떻게 치유될 수 있겠는가? 하나님이 그렇게 하심으로써, 우리의 심령 깊은 곳에 자리 잡고 있는 은밀한 욕망조차도 죄라는 것을 알게 되고, 우리 자신도 알지 못하는 사이에 범죄하게 될 것을 두려워하게 된다"(후커).

4. 대교리문답에서는 먹고 마시는 것을 참지 못하고 폭식하는 것, 단정하지 않게 옷을 입고 다니는 것, 게으름, 더럽고 추잡한 대화를 듣는 것, 음란한 노래와 책과 그림, 그 밖에 죄를 부추기는 다른 것도 거론한다. 마음과 삶에서 순결을 지키려고 하는 모든 사람은 큐피드가 제우스에게 무사 여신들은 잠시도 빈둥거리지를 않아서 자기가 그 여신들을 오랫동안 집중해서 볼 수 없다고 불평했다는 옛 이야기에서 큰 교훈을 얻을 수 있다. 우리 문학은 전체적으로는 깨끗하지만, 그래도 여전히 카울리(Cowley)가 "이 땅에서는 천국에 가장 가까운 것조차도 여전히 지옥을 떠받치고 있기 때문에, 거기에는 여전히 옛 이교의 신들이 다수 거주하고 있다."라고 탄식할 만한 여지가 남아 있다.

   존슨 박사는 음란한 생각에 대해 이렇게 말했다. "음란한 생각을 하려고 하는 것 자체가 미친 것이다……심심할 때는 혼자 있지 말고, 혼자 있을 때는 심심하게 있지 말라."

5. "우리는 일생 동안 우리 마음의 욕망을 절제하고 비워진 상태를 유지해야 한다. 그렇게 했을 때, 장차 우리는 어떻게 되는가? 우리 지성은 세상적인 책에서 얻는 지식 대신 하늘의 지혜와 지식으로 차고 넘치게 될 것이다. 세상적인 음악 대신에, 구속 받은 자들과 함께 하늘의 노래를 부르게 될 것이다 세상적인 그림 대신에, 지극히 아름다운 천국의 모습을 아무런 부끄러움 없이 바라보게 될 것이다. 세상적인 친구들 대신에 천사들의 환영을 받으며 승리한 성도들과 함께 교제하게 될 것이다. 지금 피하는 오락들 대신에, 최고의 기쁨을 누리게 될 것이다. 온갖 쾌락 대신에, 천국의 황홀한 즐거움 속에서 영원토록 살아가게 될 것이다"(크리스티나 로제티).

6. 코르넬리우스 아 라피데(Cornelius à Lapide)는 이렇게 말한다. "정욕과 욕망이 너를 계속 괴롭힐 때, 천국과 지옥, 구원과 영원한 멸망, 지극한 복과 영원한 불행 중 어느 한 쪽에 대한 선택권이 너의 수중에 있다고 생각하라. 순간의 쾌락을 위해 영원토록 고통받을지, 아니면 한순간 고통받고 영원토록 즐거움을 누릴지를 선택하라."

7. "문: 이것으로부터 도출되는 첫 번째 결론은 무엇인가? 답: 가장 선한 사람들조차 마음의 부패함 때문에 스스로 낮아져야 했다면, 죄로부터 보호하심을 받은 자들이 하나님을 송축할 이유는 너무나 충분하지 않겠는가. 문: 이것으로부터 도출되는 두 번째 결론은 무엇인가? 답: 이것은 부모들에게 이 죄로 말미암아 자녀들이 파멸하지 않도록 자신들이 할 수 있는 것들을 해야 한다고 경고한다. 첫째, 그들의 머리와 손이 늘 합당한 일들을 하게 한다. 둘째, 그들이 죄를 짓도록 유혹하는 헛된 무리와 어울리지 않게 한다. 셋째, 그들을 호되게 책망하고 경고하며, 그들을 위해 기도한다. 넷째, 때가 되면 그들을 합당하게 결혼시켜 내보낸다"(플라벨).

제73문

문   제8계명은 무엇입니까?
답   제8계명은 "도둑질하지 말라"입니다.[153]

제74문

문   제8계명이 요구하는 것은 무엇입니까?
답   제8계명이 요구하는 것은 우리 자신과 다른 사람들의 부와 재산을 합당하게 얻고 늘리라는 것입니다.[154]

---

153 출애굽기 20:15.
154 "내가 오기 전에는 외삼촌의 소유가 적더니 번성하여 떼를 이루었으니 내 발이 이르는 곳마다 여호와께서 외삼촌에게 복을 주셨나이다 그러나 나는 언제나 내 집을 세우리이까"(창 30:30), "누구든지 자기 친족 특히 자기 가족을 돌보지 아니하면 믿음을 배반한 자요 불신자보다 더 악한 자니라"(딤전 5:8), "네 형제가 가난하게 되어 빈 손으로 네 곁에 있거든 너는 그를 도와 거류민이나 동거인처럼 너와 함께 생활하게 하되"(레 25:35), 신명기 22:1-5, "네가 만일 네 원수의 길 잃은 소나 나귀를 보거든 반드시 그 사람에게로 돌

제75문

문 제8계명이 금지하는 것은 무엇입니까?

답 제8계명이 금지하는 것은 우리 자신이나 우리 이웃의 부나 재산에 부당하게 손해를 끼치거나 끼칠 수 있는 모든 것입니다.[155]

제6계명에서는 생명의 신성함 및 불가침성과 관련한 문제를 다루고 있고, 제7계명에서는 개인의 순결의 보존과 관련해 일어나는 위험과 본분을 좀 더 폭넓고 내면적으로 다루고 있다. 십계명이 탁월하게 전개해나가는 윤리적인 발전 과정과 순서에서 그 다음에 오는 것은 각 사람의 재산권과 소유를 신성한 것으로 선언하고 보호하는 제8계명이다. 여기에서 하나님의 율법은 각 사람과 그의 집, 그가 소유하고 있는 모든 것 주위에 울타리를 친다. 먼저 생명과 명예를 보호해주는 계명이 오고 나서, 돈과 재산을 벌고 저축하며 소비하고 물려주는 것과 관련된 문제를 다루는 계명이 온다. 제8계명은 완전히 새로운 영역으로 들어간다. 그럼에도 이 계명이 앞에 나왔던 다른 계명들보다 넓거나 깊지도 않고 영적이지도 않은 것은 결코 아니다.

모든 사람의 소유를 자세히 살펴보면 많은 부분 자기 부인, 수고, 근면 성실을 반영함을 알 수 있다. 비록 재산의 출처와 내력과 증식 과정이 불

릴지며 네가 만일 너를 미워하는 자의 나귀가 짐을 싣고 엎드러짐을 보거든 그것을 버려 두지 말고 그것을 도와 그 짐을 부릴지니라"(출 23:4-5), "요셉이 곡식을 팔아 애굽 땅과 가나안 땅에 있는 돈을 모두 거두어들이고 그 돈을 바로의 궁으로 가져가니……그러므로 요셉이 애굽의 모든 토지를 다 사서 바로에게 바치니 애굽의 모든 사람들이 기근에 시달려 각기 토지를 팔았음이라 땅이 바로의 소유가 되니라"(창 47:14, 20).

155 "연락을 좋아하는 자는 가난하게 되고 술과 기름을 좋아하는 자는 부하게 되지 못하느니라"(잠 21:17), "술을 즐겨 하는 자들과 고기를 탐하는 자들과도 더불어 사귀지 말라 술 취하고 음식을 탐하는 자는 가난하여질 것이요 잠 자기를 즐겨 하는 자는 해어진 옷을 입을 것임이니라"(잠 23:20-21), "자기의 토지를 경작하는 자는 먹을 것이 많으려니와 방탕을 따르는 자는 궁핍함이 많으리라"(잠 28:19), "도둑질하는 자는 다시 도둑질하지 말고 돌이켜 가난한 자에게 구제할 수 있도록 자기 손으로 수고하여 선한 일을 하라"(엡 4:28).

분명하다고 할지라도, 처음에는 어떤 사람이 노동과 보상에 관한 창조주의 법에 순종한 덕분에 생겨난 것임에 틀림없다. "하나님이 그들에게 복을 주시며 하나님이 그들에게 이르시되 생육하고 번성하여 땅에 충만하라, 땅을 정복하라, 바다의 물고기와 하늘의 새와 땅에 움직이는 모든 생물을 다스리라 하시니라"(창 1:28). 이것은 소유권에 대한 원래 헌장이다. 하지만 이 세계는 아주 오래되어서, 개인의 노동 및 직접적인 보상과 관련된 조건들은 희미해지고 모호해졌다. 오늘날에는 사람들이 재산을 소유할 수 있는 다른 방법들이 많이 존재한다. 각 사람이 오직 자기 자신이 벌거나 만들어낸 것들만 소유해야 했다면, 이 세계의 부는 현재보다 헤아릴 수 없을 정도로 적었을 것이고, 지금과는 완전히 다른 방식으로 분배되었을 것이다.

심지어 하나님이 세우신 원래 법에 가장 가까운 삶을 살았던 이스라엘 자손들에게 모든 재산과 부의 궁극적인 원천은 개인의 수고의 열매가 아니라 언약의 하나님에 의한 직접적인 수여였다. 땅과 바다를 지으신 여호와는 각 사람에게 유익하다고 생각하시는 방식으로 각 사람을 부유하게 하거나 가난하게 하시고, 주시거나 거두어 가실 수 있으셨다. 모든 소유는 하나님이 은혜로 주시는 것이라는 이스라엘 자손들의 관념은 가정과 교회와 국가의 모든 재정 문제를 관통했다. 창조주는 이 땅에서 노동과 보상에 관한 법 위에 인간 사회를 건설하셨는데, 이 법은 히브리인들의 신정주의적이고 가부장적인 체제 속에서도 온전히 작동할 여지가 있었다. 그렇기 때문에 오늘날 인간의 삶 속 다양한 발전과 관계에 지혜롭게 적용할 수 있는 원리와 준칙, 예시를 구약성경에서 발견할 수 있다.

적용

1. "이것들은 마치 사슬처럼 연결되어 있다. 우리는 먹기 위해 노동하고, 살기 위해 먹으며, 선을 행하기 위해 살고, 우리가 행하는 선은 장래에 수확할 것을 염두에 두고 뿌리는 씨다"(후커).

2. 근면성실함은 이 땅에서 살아가는 인간의 삶에서 가장 중요한 미덕 중 하나다. 일하는 것은 사람에게 꼭 필요함과 동시에 미덕이다. 힘들게 일하면 거의 반드시 합당한 열매가 주어진다. 노동은 합당한 삶에 대한 소망에 의해 가벼워지고 달콤해진다. 성공적인 노동은 노동자로 하여금 단지 자신의 삶을 모아 부를 축적할 수 있게 해주는 것에서 그치지 않고, 여러 방식들로 그의 삶을 풍요롭게 해준다. 이 세상의 좋은 것들을 소유하게 되면, 그 소유자의 삶 전체가 풍요로워지고 고상해지기 때문이다. 소유가 많아질수록 선을 행할 수 있는 능력이 확장되고, 많은 소유는 많은 기회를 준다. 또한 많은 소유는 이 땅에서 살아가는 사람의 삶을 보호해주고, 세련되게 해주며, 선한 일을 하고 삶을 즐겁게 할 수 있는 많은 기회를 제공해준다.

3. 검소하고 절약하며 장래를 대비하는 습관도 근면성실함의 습관과 자매 관계에 있다. 그리고 이러한 습관은 일찍 시작할수록 좋다. 어린 시절에 검소하고 절약하며 자기를 부인하기를 훈련시켜야 한다. 장난감이나 과자를 사먹을 돈을 아끼고 저축해, 자신이 입을 옷을 사거나, 부모, 형제, 자매를 위한 생일 선물을 사도록 가르쳐야 한다. 어린 시절에 절약해서 직접적으로 얻는 이익은 앞으로 많은 열매를 맺게 될 그런 미덕을 습관화함으로 얻게 될 유익에 비하면 아무것도 아니다. 또한 모든 청년은 취직을 하자마자 은행에 계좌를 개설해야 한다. 처음에는 월급이 적기 때문에 저축하는 액수도 적을 수밖에 없다. 하지만 아무리 적더라도 저축한 돈의 액수는 점점 커져가게 될 것이고, 아울러 신중함과 절제, 검소함과 절약, 장래를 대비하는 것은 점점 더 습관이 되어갈 것이다. 이윽고 자신의 집을 구해야 할 때가 오면, 그는 남의 집에서 세를 살거나, 남에게 빌붙어 끼니를 때울 필요가 없게 될 것이다. 모든 사람은 형편이 나빠질 날을 대비해 저축해야 한다. 이와 같은 "사소한 도덕"을 멸시하는 사람은 나중에 다른 사람들에게 신세를 지거나, 다른 사람들의 것을 도둑질해서 어둠 속에서 교수형을 당할 수밖에 없다. 가장 뻔뻔스러운 최악의 강도들은 그 사람과 그 사람의 가정을 다 털어가서 빈곤하게 만들어 버린다. 이렇게 이 계명이 적용되는 범위도 지극히 넓다.

4. 베이컨(Bacon) 경은 이렇게 말한다. "사실 큰 부는 나누어주는 것 외에는 다른 용도가 없다. 큰 부를 가지고 있어도, 나누어주는 것 외에는 그 큰 부를 진정으로 유익하게 사용할 수 있는 길은 없다." 그런 후에 그는 이런 말을 덧붙인다. "그러므로 부를 자랑하려

고 하지 말고, 정당하게 벌어서, 건전하게 사용하고, 기쁜 마음으로 나누어주고, 만족한 마음으로 떠나라."

따라서 이교든 유대교든 기독교든 모든 도덕 체계에서 후히 베푸는 것은 모든 미덕 중에서 가장 고귀한 미덕이다. 아리스토텔레스는 『니코마코스 윤리학』제4권에서 이렇게 말한다. "재산은 사용해야 하는 것임에 분명하다. 재산의 핵심은 그 사용에 있고, 후히 베푸는 것은 재산을 가장 잘 사용할 수 있게 해주는 자질 또는 미덕이다……하지만 모든 미덕에는 각각의 미덕에 합당한 고귀한 목적이 있기 때문에, 단지 후히 준다고 해서, 후히 베풀게 되는 것은 아니다. 세 가지 조건에 특히 주의해야 한다. 고귀한 동기, 어떤 일에 어느 정도를 베풀어야 하는지에 대한 적절한 고려, 기쁜 마음으로 베푸는 것. 이 조건들 중 하나만 결여되어 있어도 후히 베푸는 것이 되지 못한다."

이 동일한 도덕 교사는 우리에게 이렇게 말한다. "통이 크다는 것은 큰 돈을 다루는 것이긴 하지만 후히 베푸는 것과 다르다. 통이 크다는 말은 일반적으로 규모가 큼을 강조하는 것이고, 거기에는 어떤 일을 대담하고 능숙하게 해나간다는 의미가 담겨 있다. 반면에 후히 베풀기 위해서는 돈을 쓸 만한 가치가 있는 곳에 써야 하고, 고귀한 일을 하고자 하는 마음이 있어야 한다. 큰 돈을 과감하게 사용함으로써 드러나는 큰 규모는 통 큰 사람의 행위에 특별한 광채를 더해준다."

그리고 그는 계속해서 이렇게 말한다. "이제 통이 크다는 것을 보여주기에 적절한 경우들을 살펴보자. 먼저는 종교 행사, 다음으로는 개인의 삶에서 드물게 찾아오는 중요한 일인 결혼식, 대중이 관심을 갖는 일들, 귀한 손님들을 접대하는 것, 선물을 주고받는 것, 또한 자신의 저택을 장식하고 꾸미는 것, 일반적으로 일시적이지 않고 영속적인 것들이 그런 경우들이다. 심지어 어린아이들에게 장난감을 선물하는 경우라도 완벽하게 해낼 때 거기에는 위대함이 있게 된다. 그래서 통 큰 사람은 아주 작은 일들에서조차도 통 크게 행하려고 한다"(『니코마코스 윤리학』, 현대지성, 2022).

통 크게 행동하는 것은 오직 극소수의 사람이 할 수 있는 일이다. 반면에 후히 베푸는 것은 모든 사람이 할 수 있다. 후히 베푸는 것은 규모와 양이 아니라 마음과 방식에 있기 때문이다. "할 마음만 있으면 있는 대로 받으실 터이요 없는 것은 받지 아니하시리라"(고후 8:12).

제76문

문 제9계명은 무엇입니까?

답 제9계명은 "네 이웃에 대하여 거짓 증거하지 말라"입니다.[156]

제77문

문 제9계명이 요구하는 것은 무엇입니까?

답 제9계명이 요구하는 것은 사람들 간의 진실함,[157] 우리 자신과 이웃의 명예를 유지하고 증진하라는 것이고,[158] 특히 증언할 때 그렇게 하라는 것입니다.[159]

제78문

문 제9계명이 금지하는 것은 무엇입니까?

답 제9계명이 금지하는 것은 진실함을 훼손하거나 우리 자신과 이웃의 명예를 해치는 모든 것입니다.[160]

---

156 출애굽기 20:16.

157 "너희가 행할 일은 이러하니라 너희는 이웃과 더불어 진리를 말하며 너희 성문에서 진실하고 화평한 재판을 베풀고"(슥 8:16).

158 "데메드리오는 뭇 사람에게도, 진리에게서도 증거를 받았으매 우리도 증언하노니 너는 우리의 증언이 참된 줄을 아느니라"(요삼 1:12).

159 "신실한 증인은 거짓말을 아니하여도 거짓 증인은 거짓말을 뱉느니라……진실한 증인은 사람의 생명을 구원하여도 거짓말을 뱉는 사람은 속이느니라"(잠 14:5, 25).

160 "큰형 엘리압이 다윗이 사람들에게 하는 말을 들은지라 그가 다윗에게 노를 발하여 이르되 네가 어찌하여 이리로 내려왔느냐 들에 있는 양들을 누구에게 맡겼느냐 나는 네 교만과 네 마음의 완악함을 아노니 네가 전쟁을 구경하러 왔도다"(삼상 17:28), "너는 네 백성 중에 돌아다니며 사람을 비방하지 말며 네 이웃의 피를 흘려 이익을 도모하지 말라 나는 여호와이니라"(레 19:16), "그의 혀로 남을 허물하지 아니하고 그의 이웃에게 악을 행하

대교리문답에서는 이 계명을 다루면서, 때를 가리지 않은 말이나 많은 말, 남의 말을 하고 다니는 것, 뒤에서 헐뜯는 것, 중상모략, 작은 잘못을 부풀리는 것, 약점을 드러내는 것, 이웃의 신용을 훼손하는 것, 이웃이 욕 먹고 불명예당함을 기뻐하는 것을 특히 환기시킨다. 이 모든 것은 죄악된 사람의 혀에 대한 무시무시한 고발이다.

지혜자는 "말이 많으면 허물을 면하기 어렵다"(잠 10:19)고 말한다. 물론 말이 많은 것이 그 자체로 죄는 아니다. 말이 많은 것은 도덕이나 신앙의 문제라기보다는 기질과 성격의 문제다. 하지만 인류 역사상 말이 많은 것은 많은 사람에게 시험과 올무가 되었다. 만일 모든 사람의 마음이 지혜와 지식으로 가득하다면, 아무리 많은 말을 자유롭게 한다고 해도 해악을 일으키지 않을 것이다. 하지만 이기적이고 부패하며 사랑이 없는 마음에 뿌리를 둔 혀에서 나오는 많은 말에는 어리석음과 죄가 많이 담겨 있을 수밖에 없다.

버틀러는 말이 많은 것은 "우리 마음의 원초적인 질병, 즉 관심을 끌려고 하는 간절한 욕구"로부터 나온다고 지적한다. 이 위대한 윤리학자는 '혀를 다스리는 것에 대하여'라는 제목의 설교에서 말을 많이 하는 습관이 초래하는 주된 폐해 중 하나는 언제나 말을 많이 해야 하기 때문에 다른 사람들에 관한 말을 하는 경향이 생겨나는 것이라고 지적한다.

"뒤에서 헐뜯는 것"

이 단어는 이 계명이 단죄하는 비열함, 소심함, 속임수라는 특성을 강력하게 드러내준다. 파스칼은 모든 사람이 뒤에서 자기에 대해 하는 말을 알게 된다면, 이 세상 전체에서 네 명의 친구도 갖지 못할 것이라고 말한다. "중상모략"은 "시기의 혐오스러운 자녀"로서, "뒤에서 헐뜯는 것"의 아주 흔한 형태다. "중상모략"(detraction)의 문자적인 의미는 "어떤 사람으로부

지 아니하며 그의 이웃을 비방하지 아니하며"(시 15:3).

터 어떤 것을 이끌어내어 없애는" 것이다. 이 경우에는 그 자리에 없는 사람의 명예로부터 칭송할 만한 것이나 자랑스러운 것이나 존경할 만한 것을 이끌어내어 없애는 것이다. 버틀러는 우리 대화 속에 "남을 헐뜯는 것"이 너무 많다고 경고한다. 그것은 틀림없는 사실이다. 잘난 이웃을 깎아내리는 것은 아주 즐거운 일이기 때문이다. "말을 한마디 할 때마다 다른 사람의 평판을 죽이는" 사람들이 아주 많다.

"종교적인 열심 또는 민족 감정, 정치적인 신조 등 어떤 이름으로 불릴지라도, 당파적인 감정은 언제나 악의적이고 마귀적이어서, 반대자들을 단죄하게 만들 뿐만 아니라, 그들이 실제로 역사에서나 소문에서나 형편없는 자들로 평가받기를 원하게 만들고, 그들에 대한 나쁜 말은 소중히 반기고 널리 퍼뜨리는 반면에, 좋은 말들에 대해서는 귀를 닫게 만든다"(크리스티나 로제티).

이 악한 영은 우리가 말이나 활자로 행하는 비판과 변증에 독을 주입한다. 윌리엄 커닝엄 박사는 신학과 변증 분야에서 우리 교회와 나라가 배출한 가장 유능한 저술가 중 한 사람으로, 복음 진리를 설명하고 확립해 그 진리에 대적하는 자들을 책망하는 일을 많이 했다. 하지만 그가 쓴 글들은 늘 고귀했다. 그런데도 윌리엄 해밀턴 경은 그의 글을 혹평했다. 그리고 커닝엄 박사가 그 혹평에 대응해 그를 반박하는 강력하고 반론의 여지가 없는 글을 발표한 직후에, 해밀턴 경은 죽었다. 그러자 커닝엄 박사는 이렇게 썼다. "만일 그가 이렇게 빨리 죽을 줄 알았더라면, 우리가 논쟁할 때 사용했던 어조는 달라졌을 것이다. 경박함과 가혹함은 많이 사라졌을 것이고, 엄숙함과 자애로움이 더 많이 부여되었을 것이다. 그와 마찬가지로 우리도 언제 하나님이 이 세상에서 부르셔서 자기 앞에 세우실지 알지 못한다. 만일 우리가 그 사실을 진즉 명심했더라면, 앞에서 말한 그런 결과를 낳았을 것임에 틀림없다."

웨스트민스터 소교리문답 강해

적용

1. "사람은 자기 자신은 물론이고 다른 사람에 대해서도 정직하지 않고 거짓되며 위선적일 뿐이다. 사람은 진실을 듣고 싶어하지 않고, 다른 사람들에게 진실을 말하지 않는다. 정의 및 이성에 전혀 부합하지 않는 이러한 성향이 사람의 마음속에 깊이 뿌리내리고 있다"(파스칼).

2. "거의 모든 곳에서 이루어지는 대화가 사랑의 법을 어기는 것 외에 무엇이겠는가? 무수히 많은 말이 마치 파도처럼 밀려와 넘실대지만, 결국 무엇이 기억 속에 남아 있는가? 저녁에 집에 돌아와 떠올려보았을 때, 머릿속에 남아 있는 말은 거의 없지 않은가! 그러므로 대부분의 사람에 대해 '다른 사람들의 삶을 알려고 하는 호기심은 가득하지만, 자신의 삶을 고치려고 하는 마음은 별로 없다'고 말한다고 해도 지나친 말이 아닐 것이다"(퍼시).

3. "남을 헐뜯는 것"을 가능한 한 줄여라.

4. 수다스러운 플루타르코스는 "수다스러움"에 관한 자신의 글을 다음과 같은 말로 마무리한다. "우리는 말하기 전에, 그러니까 우리의 입에서 말이 튀어나오려고 하는 바로 그 순간에 이렇게 물어야 한다. '내가 지금 말하려고 하는 것은 무엇인가? 내가 지금 이렇게 말하고 싶어서 안달이 난 이유는 무엇인가? 내가 여기에서 입을 다문다면 다른 사람에게 어떤 해악을 끼치게 되는 것인가?" 우리는 그 철학자가 자기는 말을 해놓고 후회한 적은 많아도, 말을 하지 않고 침묵해서 후회한 적은 단 한 번도 없다고 한 말을 늘 명심해야 하고, 어떤 말을 하려고 할 때마다 다시 떠올려보아야 한다.

5. 아우구스티누스는 『고백록』(CH북스, 2016)에서 자기 어머니가 남을 비방하는 것을 너무나 끔찍하게 싫어하셨다고 말해준다. 그녀가 아들에게 해준 권면과 보여준 모범은 그녀가 죽은 후에 그 아들에게서 열매를 맺어, 그 아들은 자신이 앉는 식탁에 다음과 같은 문구를 새겨 놓았다. "이 자리에 없는 사람들을 비방하려고 하는 사람은 다시는 이 식탁에 앉지 못할 것이다."

6. "확실하게 아는 것이 아니고 꼭 말해야 하는 것이 아니라면 그리고 사랑이 없으면 판단하지 말라. 하지만 개는 개로 여기고, 돼지는 돼지로 여겨라"(벵겔).

제79문

문 제10계명은 무엇입니까?

답 제10계명은 "네 이웃의 집을 탐내지 말라 네 이웃의 아내나 그의 남종이나 그의 여종이나 그의 소나 그의 나귀나 무릇 네 이웃의 소유를 탐내지 말라"입니다.[161]

제80문

문 제10계명이 요구하는 것은 무엇입니까?

답 제10계명이 요구하는 것은 우리 자신의 형편에 온전히 만족하고,[162] 이웃과 그의 모든 소유에 대하여 바르고 관대한 마음가짐을 지니라는 것입니다.[163]

제81문

문 제10계명이 금지하는 것은 무엇입니까?

답 제10계명이 금지하는 것은 우리 자신의 재산에 대한 온갖 불만,[164] 이웃이 가

---

161 출애굽기 20:17.

162 "돈을 사랑하지 말고 있는 바를 족한 줄로 알라 그가 친히 말씀하시기를 내가 결코 너희를 버리지 아니하고 너희를 떠나지 아니하리라 하셨느니라"(히 13:5), "그러나 자족하는 마음이 있으면 경건은 큰 이익이 되느니라"(딤전 6:6).

163 "내가 언제 나를 미워하는 자의 멸망을 기뻐하고 그가 재난을 당함으로 즐거워하였던가"(욥 31:29), "즐거워하는 자들과 함께 즐거워하고 우는 자들과 함께 울라"(롬 12:15), "이 교훈의 목적은 청결한 마음과 선한 양심과 거짓이 없는 믿음에서 나오는 사랑이거늘"(딤전 1:5), 고린도전서 13:4-7.

164 "이스르엘 사람 나봇이 아합에게 대답하여 이르기를 내 조상의 유산을 왕께 줄 수 없다 하므로 아합이 근심하고 답답하여 왕궁으로 돌아와 침상에 누워 얼굴을 돌리고 식사를 아니하니"(왕상 21:4), "그러나 유다 사람 모르드개가 대궐 문에 앉은 것을 보는 동안에는 이 모든 일이 만족하지 아니하도다 하니"(에 5:13), "그들 가운데 어떤 사람들이 원망하다

진 것을 시기하거나 못마땅해하는 것,[165] 이웃이 가진 것에 대한 온갖 지나친 욕구와 감정입니다.[166]

제10계명은 성령이 사도 바울을 깨어나게 하고 회심시키기 위해 사용한 가장 중요한 도구였다. 그는 로마서 7장에서 이렇게 말한다. 그는 어릴 때부터 신앙적으로 양육을 받았고, 가말리엘의 문하에서 율법을 연구하는 일에 전념했음에도, 자기가 죄인이라는 것을 전혀 깨닫지 못했는데, 그것은 제10계명이 자기에게 와서 "탐내지 말라"라고 말할 때까지, 죄가 어떤 것인지를 알지 못했기 때문이라고 말한다. 그의 유명한 고백은 다음과 같이 이어진다. "전에 율법을 깨닫지 못했을 때는 내가 살았더니" 제10계명이 "이르매 죄는 살아나고 나는 죽었도다." 그때 이후로 지금까지 나는 "율법은 신령한 줄 알거니와 나는 육신에 속하여 죄 아래에 팔렸도다." "오호라 나는 곤고한 사람이로다." 모든 율법을 철저하게 열심히 지켜왔던 야심 많은 젊은 바리새인인 다소의 사울은 십계명의 다른 모든 계명에 대해 "이 모든 것을 내가 어려서부터 다 지키었나이다"(마 19:20; 눅 18:21)라고 대답할 수 있었다. 하지만 제10계명이 양날의 칼처럼 와서, 그의 마음의 생각과 의도를 다 드러냈다. 인간적으로 말하자면, 우리가 사도 바울과 그

가 멸망시키는 자에게 멸망하였나니 너희는 그들과 같이 원망하지 말라"(고전 10:10).

165 "헛된 영광을 구하여 서로 노엽게 하거나 서로 투기하지 말지니라"(갈 5:26), "그러나 너희 마음 속에 독한 시기와 다툼이 있으면 자랑하지 말라 진리를 거슬러 거짓말하지 말라"(약 3:14).

166 "그런즉 우리가 무슨 말을 하리요 율법이 죄냐 그럴 수 없느니라 율법으로 말미암지 않고는 내가 죄를 알지 못하였으니 곧 율법이 탐내지 말라 하지 아니하였더라면 내가 탐심을 알지 못하였으리라 그러나 죄가 기회를 타서 계명으로 말미암아 내 속에서 온갖 탐심을 이루었나니 이는 율법이 없으면 죄가 죽은 것임이라"(롬 7:7-8), "간음하지 말라, 살인하지 말라, 도둑질하지 말라, 탐내지 말라 한 것과 그 외에 다른 계명이 있을지라도 네 이웃을 네 자신과 같이 사랑하라 하신 그 말씀 가운데 다 들었느니라"(롬 13:9), "네 이웃의 아내를 탐내지 말지니라 네 이웃의 집이나 그의 밭이나 그의 남종이나 그의 여종이나 그의 소나 그의 나귀나 네 이웃의 모든 소유를 탐내지 말지니라"(신 5:21).

의 서신을 갖게 된 것은 제10계명이 지닌 힘, 즉 바울을 깨어나게 하고 그의 마음 깊은 곳을 낱낱이 다 드러낸 힘 덕분이다.

"절도를 금지한 것은 여호와 신앙의 열 가지 기본 계명에서 여덟 번째 자리를 차지하기에 충분할 정도로 무게감이 있다. 그리고 참된 신앙은 단지 외적으로 죄를 짓는 것뿐 아니라 그 이상도 요구해야 하기 때문에, 마지막 열 번째로 다른 사람의 재산에 대해 죄악된 욕심을 갖는 것을 금지했다. 그럼으로써 율법으로는 일일이 열거하고 처벌할 수 없는 공개적이거나 은밀한 죄악으로 나아가는 걸음을 단죄했다"(에발트).

"우리 자신의 형편에 온전히 만족하고"

"만족"(contentment)이라는 용어는 다른 도덕적이고 영적인 표현과 마찬가지로 물리적인 토대, 즉 물질적인 기원과 뿌리를 지닌다. 우리는 어떤 것이 다른 것 안에 들어가고, 그 경계를 초과하거나 흘러넘치지 않는 것을 "contentment"라고 말한다. 예컨대, 어떤 그릇의 "contents"(용량)는 그 그릇이 담을 수 있는 분량을 뜻한다. 성경과 교리문답의 "contentment"도 동일한 의미를 지닌다. 만족은 흘러넘치지도 않고, 섭리에 의해 정해진 형편과 한계를 뛰쳐나와 방황하지도 않는 마음이다. 만족은 자신이 원하는 모든 것을 가지고 있다는 마음이다. 자신이 원하는 것이 아직 채워지지 않았다고 하더라도, 빈역하거나 불평하지 않고 사신의 욕구를 내려놓아 자신에게 주어지지 않은 것은 원하지 않는 마음이기도 하다. 그래서 만족하는 마음은 외적인 소유가 온전히 충족되지 않는다고 할지라도, 그런 충족보다 훨씬 더 좋은 것, 즉 내적인 초연함과 순종과 평안을 소유한다.

"그들은 대화를 하면서 함께 길을 가다가, 아버지의 양을 치는 한 소년을 보았다. 매우 남루한 옷차림을 하고 있었지만, 생기가 넘치고 대단히 호감이 가는 얼굴을 하고 있었던 그 소년은 혼자 앉아 노래를 부르고 있었다. 대담(Greatheart) 씨는 '저 목동이 무엇이라고 노래하는지를 잘 들어 보십시오'라고 말했다. 그래서 그들은 귀를 기울였고, 그 목동은 이렇게 노래했다.

> 아래에 있는 사람은 넘어질 것을 걱정하지 않아도 되고,
> 낮은 데 있는 사람은 교만을 걱정하지 않아도 됩니다.
> 하나님이 겸손한 자의 인도자가 되어주실 것입니다.
> 많든 적든, 나는 내가 가진 것으로 만족합니다.
> 주여, 나는 어떠한 형편에도 만족하기를 원합니다.
> 주께서는 그런 자를 구원하시니까요.
> 순례 길을 가는 자들에게
> 온갖 것은 무거운 짐일 뿐입니다.
> 여기에서 조금만 갖는다면 이후에는 지극히 큰 복을 누리게 될 것이니,
> 그것은 현세에서나 내세에서나 가장 좋은 일입니다.

그러자 그들의 인도자가 말했다. '그가 부르는 노래가 들립니까? 이 소년은 비단옷과 자주색 옷을 입은 사람보다 더 즐거운 삶을 살고 있고, 마음의 평안(Heartsease)이라 불리는 저 풀을 마음에 품고 살아간다고 감히 말하고 싶습니다.'"(『천로역정』, CH북스, 2015)

"바르고 관대한 마음가짐"
"내 것과 네 것이라는 두 대명사가 더 이상 없게 될 때, 우리는 서로에게 주어진 선물과 은혜를 온전히 즐거워하게 되고, 다른 사람의 기쁨이 우리의 위로가 될 것이다"(맨턴).

"이웃이 가진 것을 시기하거나 못마땅해하는 것"
성경은 종종 "시기"(envy)를 "악한 눈"(an evil eye)이라고 부르는데, 이 표현은 이 단어의 참된 어원을 잘 드러내준다. 여러 감정 중에서도 더 악한 "시기"라는 감정은 "눈," 즉 육신의 눈이나 마음의 눈을 통해 점화되기 때문

이다. 토머스 애덤스(Thomas Adams)는 자신의 저서인 『영혼의 질병』(*Soul's Sickness*)에서 어떤 철학자가 한 사람이 풀이 죽어 있는 것을 보았을 때 그에게 좋지 않은 일이 일어났는지, 아니면 좋은 일이 그의 이웃에게 일어났는지를 물었다는 얘기를 우리에게 들려준다.

"온갖 지나친 욕구와 감정"

"지나친"(inordinate)은 정상적인 수준을 벗어나 과도한 것을 가리킨다. 이 단어는 성경에 두 번, 즉 에스겔서 23장 11절과 골로새서 3장 5절에 나온다. "욕구"(motions)라는 단어도 로마서 7장 5절에 나온다.

적용

1. 이교도든 기독교인이든 모든 도덕주의자들은 자신의 형편에 만족하는 것이 본성적이지는 않다고 말한다. 무관심, 금욕주의, 극기, 낙심, 절망 ─ 이런 마음 상태는 지극히 본성적이지만, 그중 어떤 것도 참된 만족에 가까운 것은 없다. 참된 만족은 참된 신앙의 토대 위에서만 가능하다. 경건하고 인내하는 사람은 자신의 모든 것이 예수 그리스도의 손 안에 있음을 깨닫고, 신앙에 의지해 모든 것을 내려놓을 때만 참된 기독교적인 만족에 도달할 수 있고, 그런 경우에만 진정으로 성숙해 많은 열매를 맺는 만족이 된다. 사도는 "내가 궁핍하므로 말하는 것이 아니니라 어떠한 형편에든지 나는 자족하기를 배웠노니……내게 능력 주시는 자 안에서 내가 모든 것을 할 수 있느니라"(빌 4:11, 13).

2. 부자, 재능이 많은 사람, 성공한 사람은 자신이 덜 유능하고 덜 운 좋은 사람들에게 불러일으킬 수 있는 시험을 가능한 한 많이 줄여야 한다. 그렇게 할 수 있는 주된 방법으로는 겸손한 마음을 가지려고 애쓰는 것, 다른 사람들의 처지와 감정을 늘 고려하는 습관을 지니는 것, 이웃의 재능과 능력으로 할 수 있는 일을 많이 만들어주는 것 등이다.

3. 이 계명은 우리의 마음이 얼마나 깨어 있고 영적인지를 시험하고 측량하는 데 대단히 유익하다. 우리가 의도하지 않았는데도 시기하는 감정이나 지나친 욕구가 갑자기 솟아나, 그 감정과 힘써 싸워서 쫓아낼 수 있었고, 쫓아낸 후에도 그 감정의 흔적과 상처가 여전히 후유증으로 남아 우리로 하여금 그리스도의 피와 의를 의지하지 않을 수 없게

웨스트민스터 소교리문답 강해

한다면, 그것보다 더 우리의 심령 속에 은혜가 깊이 역사하고 있음을 보여주는 확실한 증표가 있을 수 있겠는가?

제82문

문   하나님의 계명을 완전하게 지킬 수 있는 사람이 있습니까?

답   타락 이후에 단지 사람으로서 현세에서 하나님의 계명을 완전하게 지킬 수 있는 사람은 아무도 없고,[167] 도리어 생각과 말과 행위로 날마다 그 계명을 어깁니다.[168]

"단지 사람으로서"

"간결하면서도 명쾌하게 모든 것을 구분하고 구별해서 말하는 것이 소교리문답 전체의 특징인데, 제82문의 답에서 그런 특징이 두드러지게 드러난다"(애쉬벨 그린). 만일 '타락 이후에 하나님의 계명을 완전하게 지킬 수 있는 사람은 아무도 없었다'고 했다면, 그것은 성경적이지 않다. 우리 주님도 사람이셨기 때문이다. 하지만 우리 주님은 하나님이자 사람이셨기

---

167   "선을 행하고 전혀 죄를 범하지 아니하는 의인은 세상에 없기 때문이로다"(전 7:20), "만일 우리가 죄가 없다고 말하면 스스로 속이고 또 진리가 우리 속에 있지 아니할 것이요……만일 우리가 범죄하지 아니하였다 하면 하나님을 거짓말하는 이로 만드는 것이니 또한 그의 말씀이 우리 속에 있지 아니하니라"(요일 1:8, 10), "육체의 소욕은 성령을 거스르고 성령은 육체를 거스르나니 이 둘이 서로 대적함으로 너희가 원하는 것을 하지 못하게 하려 함이니라"(갈 5:17).

168   "여호와께서 사람의 죄악이 세상에 가득함과 그의 마음으로 생각하는 모든 계획이 항상 악할 뿐임을 보시고"(창 6:5), "여호와께서 그 향기를 받으시고 그 중심에 이르시되 내가 다시는 사람으로 말미암아 땅을 저주하지 아니하리니 이는 사람의 마음이 계획하는 바가 어려서부터 악함이라 내가 전에 행한 것 같이 모든 생물을 다시 멸하지 아니하리니"(창 8:21), "그러면 어떠하냐 우리는 나으냐 결코 아니라 유대인이나 헬라인이나 다 죄 아래에 있다고 우리가 이미 선언하였느니라"(롬 3:9), 로마서 3:9-21, "우리가 다 실수가 많으니 만일 말에 실수가 없는 자라면 곧 온전한 사람이라 능히 온 몸도 굴레 씌우리라"(약 3:2), 야고보서 3:2-13.

때문에, '단지 사람'는 아니셨다. '단지'(mere)라는 한정하는 단어는 제16문의 답에 나오는 세 번째 구절인 '통상적인 출생을 통해 그의 자손이 된 모든 사람'이라는 표현과 상응한다"(제21, 22문의 답을 보라.)

"타락 이후에"

이 어구도 여기에 반드시 있어야 했다. 타락 이전의 아담과 하와는 단지 사람이었지만, 하나님의 계명을 완전하게 지킬 수 있었고, 실제로 그 계명을 지켰기 때문이다. (제10문의 답을 보라.) 하지만 타락 이후에는 단지 사람으로서 하나님의 계명을 완전에 가깝게 지킨 사람은 아무도 없었다. (제16, 17, 18문의 답을 보라.)

"현세에서……지킬 수 있는 사람은 아무도 없고"

여기에서도 우리는 위에서 칭송한 세밀한 구분과 구별, 간결함, 명쾌함을 본다. 단지 사람이라도, 내세에서는 많은 사람이 하나님의 모든 계명을 생각과 말과 행위로 지킬 수 있기 때문이다. (제38문의 답을 보라.) 이 교리는 서글픈 진리이다. 대교리문답에는 이 교리가 한층 더 명시적으로 표현되어 있다. "현세에서는 스스로의 힘으로나 받은 은혜를 의지해서나 하나님의 계명을 완전하게 지킬 수 있는 사람은 아무도 없다."

"하나님의 계명을 완전하게 지킬 수 있는"

이 어구는 하나님의 백성이 하나님의 계명을 잘 지키기 위해 애쓰며 실제로 점점 더 잘 지킬 수 있다는 기쁘고 고무적인 진리를 인정하면서도 하나님의 백성이 현세에서는 아무리 최선의 노력을 다해도 하나님의 계명을 완전하게 지킬 수 없다는 부끄러운 사실을 가르친다.

"우리가 거룩함 가운데 맺는 작은 열매조차도 부패해서 온전한 것이 없음을 하나님은 아신다. 우리는 우리가 완벽하게 거룩하다고 결코 자신할 수 없고, 이 세상에서는 완벽하게 거룩하고자 하는 도전조차 할 수 없으며,

마치 하나님이 우리를 완벽하게 거룩한 자로 만들어주실 의무가 있다는 듯이 요구할 수도 없다. 우리는 늘 우리의 연약을 짊어지고 하나님 앞으로 나아가 우리의 잘못을 용서해달라고 호소할 수밖에 없다"(리처드 후커).

"도리어……날마다 그 계명을 어깁니다"

탈무드 연구자들은 사람이 현세에서 결코 하루도 자유로울 수 없는 죄가 세 가지 있다고 말한다. 죄를 짓고자 하는 생각, 정함이 없이 오락가락하는 가운데 기도하는 것, 악한 혀.

"생각과 말과 행위로"

제18문의 답을 보라. "사람이 저지르는 모든 죄는 세 가지로 압축할 수 있는데, 생각으로 범하는 죄, 말로 범하는 죄, 행위로 범하는 죄가 그것이다"(워터랜드).

"우리는 형제에게 폭력을 행사하지 않더라도, 생각으로 사람을 죽임으로써 하나님 앞에서 살인자임이 증명된다. 우리의 입을 열어 추악하거나 사람들을 화나게 하거나 해치는 말을 하지 않더라도, 속으로 은밀하게 한 말들이 하나님의 귀에는 들린다. 우리가 행위와 말과 생각으로 날마다 또는 시간마다 악을 저지르지 않는다 하더라도, 우리가 행한 선한 일 속에 얼마나 많은 결함이 섞여 있는지를 생각해보라.

지금부터 내가 말하는 것이 다소 극단적으로 보일 수도 있다. 그러므로 각 사람은 자신의 마음이 들려주는 대로 판단할 것을 요구한다. 하나님이 아브라함에게는 한 도시에서 오십 명, 사십 명, 삼십 명, 이십 명, 아니 열 명의 의인을 발견할 수 있다면, 그들을 위해 그 도시를 멸망시키지 않을 것이라고 약속하셨다. 하지만 우리에게는 좀 더 너그럽게 우리 조상 아담의 타락 이후 모든 세대, 모든 사람 중에서 어느 한 사람이라도 죄에 전혀 물들지 않고 죄에서 떠나 행한 것을 찾아내기만 한다면, 타락한 사람들이나 천사들에게 준비된 모든 형벌을 그 사람의 행위로 말미암아 다 면제해주겠다고 약속하셨다고 하자. 당신은 모든 타락한 사람들과 천사들을 속량해줄 단 하나의 의로운 행위를 찾을 수 있을 것인가?"(후커).

적용

1. "내가 주의 법도들을 영원히 잊지 아니하오니 주께서 이것들 때문에 나를 살게 하심이니이다……주의 법도들로 말미암아 내가 명철하게 되었으므로 모든 거짓 행위를 미워하나이다"(시 119:93, 104).

2. "참된 그리스도인은 자신의 마음과 부패한 행실에 대하여 위선자보다 열 배는 더 심각하게 느낀다. 그에게는 자신의 마음과 삶에서 드러나는 죄들이 너무나 끔찍하게 보이고, 소름끼치게 무시무시해 보인다. 그래서 은혜가 그런 부패함과 동거한다는 것 또는 은혜가 그런 마음속에서 살아간다는 것이 그에게는 자주 불가사의한 일처럼 보인다"(에드워즈).

3. "우리 주님의 계명 중에서 가장 작은 것도 신령한 마음을 지닌 사람들에게는 엄숙하고 몹시 힘들고 온 힘을 다해도 지켜도 지킬 수 없는 것으로 보인다……성령의 길은 얼마나 다양하고, 성령이 나누어주시는 은혜는 얼마나 다양한가. 하나님이 우리를 창조하실 때부터 우리에게 지킬 것을 기대하신 도덕적인 진리와 미덕은 얼마나 깊고 넓은가!"(뉴먼).

제83문

문 율법을 어기는 모든 죄가 동일하게 흉악합니까?

답 어떤 죄는 그 자체로 그리고 몇몇 가중 요소로 말미암아 다른 죄보다 하나님 앞에서 더 흉악합니다.[169]

---

169 에스겔 8;6-15, "누구든지 형제가 사망에 이르지 아니하는 죄 범하는 것을 보거든 구하라 그리하면 사망에 이르지 아니하는 범죄자들을 위하여 그에게 생명을 주시리라 사망에

"어떤 죄는 그 자체로"

"스토아학파 철학자들과 사려 깊지 못한 일부 그리스도인들은 모든 죄가 동일하다고 주장해왔다. 그들이 그렇게 주장한 이유는 언급할 가치조차 없다. 그런 주장은 인류의 상식과도 완전히 반대될 정도로 터무니없고 근거 없는 것이어서, 입 밖으로 내자마자 그 터무니없음이 드러나고, 주장 자체에 이미 반박의 근거를 내포하고 있다. 예컨대 도둑질이나 살인이나 둘 다 중대한 죄라고 생각하거나, 거짓말을 강도짓이나 교회를 약탈하거나 도시에 불을 지르는 것과 동일하게 악하다고 생각하는 것은 터무니없다. 중대한 범죄와 사소한 잘못이 서로 다르고, 가장 큰 죄와 경미한 죄가 서로 다르다는 것은 누구나 안다. 그래서 우리 주님은 어떤 죄는 하루살이에 비유하신 반면에 어떤 죄는 낙타에 비유하셨고, 어떤 잘못은 눈의 티에 비유하신 반면에 어떤 잘못은 들보에 비유하셨다"(워터랜드).

"그리고 몇몇 가중 요소로 말미암아"

"가중하다"(aggravate)라는 말은 이미 아주 무거운 것에 무엇인가를 더하는 것이다. 그래서 베이컨(Bacon)은 "그 범죄는 동기에 의해 가중되었다"는 표현을 사용했다. 대교리문답에서는 다음과 같은 표제로 이 주제에 대한 유익한 논의를 제시한다. 죄는 첫째로 범죄의 주체, 둘째로 범죄의 대상, 셋째로 범죄의 성격과 특질, 넷째로 시간 및 장소와 관련된 상황에 의해 가중된다. 진지한 학습자들이라면 대교리문답 제151문에 제시된 주목할 만한 분석과 해설을 숙지하라.

이르는 죄가 있으니 이에 관하여 나는 구하라 하지 않노라"(요일 5:16), "그들은 계속해서 하나님께 범죄하여 메마른 땅에서 지존자를 배반하였도다……이러함에도 그들은 여전히 범죄하여 그의 기이한 일들을 믿지 아니하였으므로……그러나 그들은 지존하신 하나님을 시험하며 반항하여 그의 명령을 지키지 아니하며"(시 78:17, 32, 56).

"더 흉악합니다"

"흉악하다"(heinous)라는 단어는 "미움을 불러일으키는, 혐오스러운, 극악무도한"을 뜻하는 고대 색슨어다. 이 단어는 성경에서 오직 한 번만 나온다(욥 31:11).

"하나님은 크고 엄청난 범죄 행위를 좀 더 작은 범죄 행위보다 덜 죄악되게 여기시는 경우가 흔히 있다. 겉보기에는 크고 엄청나 보이는데도 불구하고, 그 행위 속에는 마음의 악한 성향이 덜 작용하고 있는 경우가 자주 있기 때문이다. 그래서 철학자들조차도 마음속에 깊이 뿌리박힌 상습적인 악한 성품으로부터 행해진 죄가 비록 겉보기에는 큰 악으로 보이는데도 사실은 충동적인 혈기로 말미암아 저지른 죄보다 더 흉악하고 큰 처벌을 받아야 함을 인정했다. 한 소년이 까마귀들과 자고새를 잔인하게 찢어 죽였을 때, 비록 그것이 범죄행위 자체로 볼 때는 중범죄가 아니더라도 그 소년의 마음속에 깊이 뿌리박힌 잔혹성의 표출이자 증거라고 보고, 아테네의 재판관들이 그 소년에게 사형을 선고한 것이 한 예다"(굿윈)

적용

1. "나의 젊은 친구들이여, 주일 한 시간으로 할 수 있는 대단히 유익한 일을 하나 권하고자 한다. 그것은 대교리문답에 열거된 죄의 가중 요소들을 숙독하고, 각각의 요소와 관련된 성경의 증거 본문을 주의 깊게 읽고 서로 연결지어 숙고하며, 거기에 대해 진지하게 묵상하는 것이다"(애쉬벨 그린).

2. "문: 흉악하고 지독한 죄도 용서받을 수 있는가? 답: 그렇다. 흉악하고 큰 죄도 참되게 회개하기만 하면 용서받을 수 있다(사 1:18). 문: 이것으로부터 도출되는 첫 번째 결론은 무엇인가? 답: 어떤 죄는 다른 죄보다 더 흉악하긴 하지만, 하나님의 자비를 구하는 것이 절대적으로 불가능한 죄는 없다. 아무리 악한 죄라도 용서받기 때문이다(고전 6:2). 문: 그 다음으로 도출되는 결론은 무엇인가? 답: 더 큰 죄를 용서받고 하나님의 자비하심을 맛본 사람들이 그렇지 않은 사람들보다 더 그리스도를 사랑하게 된다(눅 7:42-43)"(플라벨).

웨스트민스터 소교리문답 강해

제84문

문   모든 죄에 합당한 보응은 무엇입니까?

답   모든 죄에 합당한 보응은 현세와 내세에서 하나님의 진노와 저주입니다.[170]

"모든 죄에 합당한 보응"

이 문답은 죄의 본질과 흉악성에 대한 성경의 보편적인 가르침을 적절한 형태로 표현했다. 야고보서는 전혀 교리적인 서신이 아니고, 모든 사도의 글 중 가장 윤리적인 서신인데도, 하나님의 율법의 확고함과 불가침성에 대해 말하는 이 유명한 대목에서 이 문답이 참됨을 확고하게 밑받침해준다. "누구든지 온 율법을 지키다가 그 하나를 범하면 모두 범한 자가 되나니" (약 2:10).

"그는 하나님의 율법에 예외를 두는 것이 하나님을 욕되게 하고, 하나님은 우리가 하나님의 율법 중에서 마음에 들지 않는 부분을 빼버리는 것을 허용하지 않으신다고 말한다"(칼뱅).

"하나의 미덕이 영혼을 살리지는 못하지만, 하나의 악은 영혼을 죽이기 때문이다. 어떤 사람에게 흠이 하나만 있어도 그는 흠 있는 사람이 된다. 전체가 깨끗해야만 깨끗한 사람이 된다. 어떤 잔의 윗부분이 조금 깨졌다면, 그 잔은 깨진 잔이다. 깨진 부분이 단 하나도 없을 때만 온전한 잔이 된다"(테일러).

"도덕에서는 가치중립적인 영역[선한 것도 아니고 악한 것도 아니어서 도덕

---

170 "누구든지 헛된 말로 너희를 속이지 못하게 하라 이로 말미암아 하나님의 진노가 불순종의 아들들에게 임하나니"(엡 5:6), "무릇 율법 행위에 속한 자들은 저주 아래에 있나니 기록된 바 누구든지 율법 책에 기록된 대로 모든 일을 항상 행하지 아니하는 자는 저주 아래에 있는 자라 하였음이라"(갈 3:10), "살아 있는 사람은 자기 죄들 때문에 벌을 받나니 어찌 원망하랴"(애 3:39), "또 왼편에 있는 자들에게 이르시되 저주를 받은 자들아 나를 떠나 마귀와 그 사자들을 위하여 예비된 영원한 불에 들어가라"(마 25:41).

적으로 중요하지 않은 것]의 존재를 인정한다는 개념을 많은 사람이 받아들이고 좋아하지만, 여기에서는 그런 개념이 단호하게 부정된다"(랑게).

"이미 타락한 상태에 있는 사람은 이루 말할 수 없이 죄로 깊게 물들어 있지만, 타락하기 이전의 사람은 그렇지 않았다. 하지만 어느 경우든 의지의 반역이나 행위의 불순종은 죄의 핵심이자 실체를 이룬다. 그것이 상황에 따라 이런저런 다른 모습을 지닐 수 있지만, 죄의 본질은 변할 수 없다"(어빙).

"우리는 모세가 이것을 작은 잘못으로 보았음을 주목해야 한다. 죄악된 인류 중 최고의 사람일지라도 죄 없으신 하나님과는 무한히 차이가 있음을 보여주기 때문이다. 모세는 그것을 인간 부패의 가장 작은 흠이라고 여겼지만, 하나님은 그것을 이루 말할 수 없이 큰 악이라고 보셨다"(뉴먼). 또한 이 위대한 저술가는 "음란이 헤아릴 수 없을 정도로 얼마나 큰 악인지"에 대해 설교한다.

"하나님의 진노"

제19문의 답을 보라. 우리는 "하나님의 진노"라는 말을 들었을 때, 인간의 분노 및 부패함과 조금이라도 연결지으려고 하는 모든 생각을 완전히 버려야 한다. 우리가 하나님에 대해 생각하거나 말할 때, 인간의 개념과 속성에 의한 제한과 오염을 피하는 것은 본질적으로 불가능하다. 하지만 가장 안전한 방법은 성경의 용법과 모범에 충실하고, 무엇보다도 하나님이 성육신하신 아들 예수 그리스도의 인격과 행위와 말씀 속에서 하나님의 사랑과 미움, 하나님의 저주와 축복을 어떻게 계시하셨는지를 연구하는 것이다.

"현세에서 집행되는 모든 진노와 구별해 '장차 올 진노'라는 표현을 처음으로 사용한 것은 세례 요한이었다. 이후 신약성경 전체에 이 어구가 많이 등장한다……나는 루터가 처음으로 낮아지고 회심했을 때 영혼 속에서 깊이 경험한 하나님의 진노를 통해 배워 우리에게 들려준 유명한 말을 덧붙이고자 한다. '하나님의 진노는 지옥이고, 귀신들과 모든 저주받은 영들의 지옥이다'"(굿윈).

"분노, 진노, 열심, 노하심은 분노의 결과다. 분노와 진노를 하나님께 돌리는 것은 적절하지 않고, 단지 비유적인 표현이다. 그리고 그런 표현은 모든 형벌이 흘러나오는 원천인 하나님의 응보적인 정의를 가리킬 뿐 아니라, 그 정의의 결과물인 형벌 자체를 가리킨다"(오웬).

"우리는 우리 가운데 많은 종교와 윤리 학파를 발견할 수 있고, 그들은 모두 자신들이 사랑의 원리라고 여기는 것을 칭송한다고 고백한다. 하지만 그들에게는 하나님의 이런 특성, 즉 사도 요한과 그의 형제들이 우리의 죄악에 따른 하나님의 진노라고 부른 바로 그 특성이 결여되어 있다……그래서 그들은 모든 벌을 치료적인 것, 즉 목적을 위한 수단으로 여기고서는 죄인들에게 경고한 화가 영원히 지속된다는 것을 부정하고, 속죄의 교리를 웃어 넘겨버린다"(뉴먼).

"진노라는 개념을 하나님께 적용할 때 사람의 진노나 개인적인 적개심과 앙심 같은 온갖 더러운 감정과 연결지어서는 안 된다. 살아 계신 선이신 하나님께 적용되는 진노는 악에 대한 거룩한 동의하지 않음이고, 악을 멸하겠다고 하는 확고한 결의이다. 사람들은 하나님의 진노가 오직 악에만 미치고 악인에게는 미치지 않는다고 흔히 말하지만, 그것은 거짓이다. 자발적이고 의도적으로 악을 행하는 자들은 하나님의 진노 아래 있고, 그 진노로 인한 모든 결과를 겪게 된다"(고데).

"저주"

제19문의 답을 보라. 앞에서 말한 것은 여기에도 적용된다. "진노"가 격분해서 날뛰는 것이 아니듯, "저주"도 폭력적인 언어를 퍼붓거나 잔인하게 다루는 것이 아니다. 영원토록 꺼지지 않는 불은 나무나 석탄으로 점화되지 않는다. 굿윈이 말했듯이, "그것은 부엌에서 음식을 만들 때 사용하는 불보다 훨씬 더 신묘한 불이다."

"문: 하나님의 저주는 무엇에 있는가? 답: 여러 가지에 있다. 첫째로는 현세적인 것이든 영원에 속한 것이든 죽음의 죄책에 있고, 둘째로는 하나님의 은혜와 은총의 상실에 있으며, 셋째로는 현세에서 양심의 죄책과 공포, 절망과 번민에 있고, 넷째로는 내세에서 지옥에 떨어져 영원한 형벌을 받는 데 있다"(오웬의 교리문답).

퍼시는 구약의 마지막 말이 "저주"라는 사실을 지적하면서 이렇게 말한다. "말라기는 '저주'라는 말을 사용해 글을 끝맺고 있기 때문에, 유대인들은 마지막 절을 읽지 않고 바로 그 앞 절을 두 번 반복해서 읽는다. 사람의 마음을 지으신 하나님은 자기가 지으신 마음들을 더 잘 알고 계셨기 때문에, 이사야서와 전도서와 말라기서의 기자로 하여금 사람들이 어떻게 해서든 피하길 원하는 무시무시한 말로 그 글들을 끝맺게 하셨다. 현세에서 하나님께로 돌아가든지 아니면 내세에서 하나님으로부터 영원히 끊어져서 멸망받는 두 가지만이 당신 앞에 놓여 있는 선택지다."

벵겔이 산상수훈에 나오는 마지막 말씀에 대해 한 말과 비교해보라. "이로부터 알게 되듯 모든 설교를 반드시 위로하는 말로 끝낼 필요는 없다."

"현세와 내세에서"

"그리스도의 피로 말미암지 않고서는 결코 속죄함을 받을 수 없다"(대교리문답).

"우리가 행위나 말이나 생각으로 아주 작은 죄를 범하고 회개하지 않는다면, 그 벌은 죽음이다"(후커).

"장차 상벌이 있을 것이라는 사실을 생각할 때만, 우리는 큰 시험과 유혹 앞에서 우리의 본분을 끝까지 지킬 수 있다"(버틀러).

"하나님의 진노와 경고에는 어김없이 하나님의 사랑이 섞여 있다. 만유의 가장 외진 곳에 지옥이 있다는 것을 하늘의 말씀뿐 아니라 수많은 영적인 말씀이 분명하게 선포하고 있다……그리심 산과 에발 산, 출생과 죽음, 빛과 어둠, 천국과 지옥은 사람의 실존과 그의 미래의 운명을 가른다"
(러스킨).

적용

1. 지옥에서는 정의가 지배하고, 천국에서는 은혜가 지배한다. 사람들의 공로는 지옥을 만들고, 그리스도의 공로는 천국을 만든다(롬 6:23)"(트레일).
2. 안느 도트리시(Anne of Austria)가 리슐리외(Richelieu)에게 이렇게 말했다. "추기경님, 하나님은 주말마다 품삯을 주시는 것이 아니라, 마지막에 주신다네요."
3. "사람이 어떤 죄를 지속한다면 그 죄는 결코 작지 않고, 어떤 죄에 대하여 하나님의 용서를 구한다면 그 죄는 결코 크지 않다"(아랍 속담).
4. "문: 여기에서 네 번째 교훈은 무엇인가? 답: 그것은 죄에 대한 온전하고 값없으며 최종적인 용서가 이루 헤아릴 수 없이 귀한 자비임을 가르친다(시 32:1-2)"(플라벨).

제85문

문   우리로 하여금 우리의 죄로 말미암아 마땅히 받아야 할 하나님의 진노와 저주를 피하게 하시려고 하나님이 우리에게 요구하시는 것은 무엇입니까?

답   우리로 하여금 우리의 죄로 말미암아 마땅히 받아야 할 하나님의 진노와 저주를 피하게 하시려고 하나님이 우리에게 요구하시는 것은 예수 그리스도를 믿는 믿음, 생명에 이르게 하는 회개[171], 그리스도께서 구속의 유익을 우리에게 전해주시기 위해 마련하신 모든 외적인 수단을 부지런히 사용하는 것입니다.[172]

---

171 "유대인과 헬라인들에게 하나님께 대한 회개와 우리 주 예수 그리스도께 대한 믿음을 증언한 것이라"(행 20:21).
172 잠언 2:1-5, 8:33-36, "너희는 귀를 기울이고 내게로 나아와 들으라 그리하면 너희의 영혼이 살리라 내가 너희를 위하여 영원한 언약을 맺으리니 곧 다윗에게 허락한 확실한 은혜이니라"(사 55:3).

이 질문으로 소교리문답의 새로운 단원이 시작된다. 제19문답이 모든 사람을 "하나님의 진노와 저주" 아래 가두었듯, 바로 앞에 나온 제84문답은 온 세상이 하나님 앞에서 죄인임을 드러냄으로써 모든 입을 다물게 했다. 그리고 제20문답이 즉시 은혜 언약을 소개해 구속주에 대해 언급했듯이, 제85문답은 죄인으로 하여금 그의 죄로 말미암아 마땅히 받아야 할 진노와 저주를 피하게 하려고 하나님이 요구하시는 것이 무엇인지를 묻고 그 대답을 제시한다.

여기에서는 하나님이 우리에게 세 가지를 요구하신다고 말한다. 첫 번째는 예수 그리스도를 믿는 믿음이고, 두 번째는 생명에 이르게 하는 회개이며, 세 번째는 그리스도께서 구속의 유익을 우리에게 전해주시려고 마련하신 모든 외적인 수단을 부지런히 사용하는 것이다. 믿음과 회개에 대해서는 제86, 87, 88문답에서 설명하고, "외적인 수단"은 말씀, 성례전, 기도로 구분해 하나하나 다룬 후에 소교리문답이 끝난다.

"하나님이 우리에게 요구하시는 것"

"믿음과 사랑과 회개가 모두 구원을 위한 것이라는 말보다, 이것들이 무엇인지에 대해 더 분명하게 말할 수 있는 방법은 없다. 그것들은 구원 자체이고, 구원의 부분이다. 하나님이 당신에게 믿고 회개하며 죄를 죽이고 거룩하게 행할 것을 요구하실 때, 그런 것들을 조건으로 요구하시는 것인가? 아니다. 하나님은 그것들을 구원의 부분으로서, 구원에 필수적인 요소로 요구하신다. 하나님이 우리에게 믿으라고 명령하실 때, 그것은 무엇인가? 구원받으라고 명령하는 것이고, 영생을 가지고 마음에 영생의 위로를 가지라고 명령하는 것이다"(굿윈).

웨스트민스터 소교리문답 강해

제86문

문 예수 그리스도를 믿는 믿음이 무엇입니까?

답 예수 그리스도를 믿는 믿음은 우리로 하여금 복음 안에서 우리에게 주어지는 예수 그리스도를 구원을 위하여 영접하고 오직 그만을 의지하게 하는[173] 구원하는 은혜입니다.[174]

"예수 그리스도를 믿는 믿음"

"믿음"의 일차적이고 기본적인 의미는 어떤 사람이 다른 사람의 참됨과 정직함을 무조건적으로 신뢰하는 것이다. 이는 성경에도 나와 있다. 그래서 루터는 이렇게 말했다. "사도는 종종 한 사람이 다른 사람에게 신실하고 인간의 도리를 다하는 모습을 가리킬 때 믿음이라는 단어를 사용한다. 성경에서 믿음은 종종 현세의 삶과 관련된 일에서 한 사람이 다른 사람을 신뢰함을 의미한다. 이 세상에서 우리가 다른 사람을 신뢰하지 않는다면, 도대체 어떤 방식으로 살아갈 수 있겠는가?"

여기에서 "믿음"은 가장 고귀하고 신성하며 열매를 많이 맺는 단어로 사용된다. 성경적이고 바울적이며 복음적인 의미에서 믿음에 대한 최고의 정의는 웨스트민스터 신앙고백 제14장에서 찾아볼 수 있다. 그 장의 2절

---

173 "영접하는 자 곧 그 이름을 믿는 자들에게는 하나님의 자녀가 되는 권세를 주셨으니"(요 1:12), "주께서 심지가 견고한 자를 평강하고 평강하도록 지키시리니 이는 그가 주를 신뢰함이니이다 너희는 여호와를 영원히 신뢰하라 주 여호와는 영원한 반석이심이로다" (사 26:3-4), "그 안에서 발견되려 함이니 내가 가진 의는 율법에서 난 것이 아니요 오직 그리스도를 믿음으로 말미암은 것이니 곧 믿음으로 하나님께로부터 난 의라"(빌 3:9), "사람이 의롭게 되는 것은 율법의 행위로 말미암음이 아니요 오직 예수 그리스도를 믿음으로 말미암는 줄 알므로 우리도 그리스도 예수를 믿나니 이는 우리가 율법의 행위로써가 아니고 그리스도를 믿음으로써 의롭다 함을 얻으려 함이라 율법의 행위로써는 의롭다 함을 얻을 육체가 없느니라"(갈 2:16).

174 "우리는 뒤로 물러가 멸망할 자가 아니요 오직 영혼을 구원함에 이르는 믿음을 가진 자니라" (히 10:39).

은 이렇게 말한다. "그리스도인은 하나님의 권위로 말씀에 계시된 모든 것이 참됨을 구원하는 믿음으로써 믿는다. 그 믿음은 하나님의 말씀을 구성하는 각 구절에 의거해 행하고, 그 명령에 대한 순종을 낳으며, 그 경고에 두려워 떨고, 현세와 내세를 위한 하나님의 약속을 받아들인다. 하지만 구원하는 믿음의 일차적인 행위는 은혜 언약으로 말미암는 칭의와 성화와 영생을 위해 오직 그리스도만을 받아들이고 영접하고 의지하는 것이다." 우리가 여기에서 해야 하는 것은 구원하는 믿음의 일차적인 행위 중 하나 또는 구원하는 믿음을 구성하는 유일한 행위다.

"'믿음'이라는 단어는 결코 난해하지 않다. 만일 이 단어가 난해하다면, 배운 사람이든 배우지 못한 사람이든 모든 사람의 본분을 나타내기에 극히 부적절할 것이다. 믿음은 눈으로 볼 수도 없고, 직관으로도 알 수 없는 것을 마음으로 믿고 확신하는 것이다. 예수 그리스도의 복음과 관련해 믿음이 지니는 도덕적인 힘은 그 행위 자체가 독특성을 지니기 때문이 아니라, 대상의 독특성 때문에 생겨난다……하나님이 우리의 믿음을 보시고 우리를 의롭다 하심은 예수를 믿는 믿음이 지닌 강력한 도덕적인 힘 때문임이 분명하다"(모리슨).

"어떤 약속을 믿는 믿음이 무엇을 의미하는지를 아는 사람들은 복음을 믿는 믿음이 무엇을 의미하는지도 안다. 치료제를 믿는 믿음이 무엇을 의미하는지를 아는 사람들은 구속주의 피를 믿는 믿음이 무엇을 의미하는지도 안다. 의사를 믿는 믿음, 변호사를 믿는 믿음, 친구를 믿는 믿음이 무엇인지를 아는 사람들은 성경이 주 예수 그리스도를 믿는 믿음에 대해 말할 때, 그것이 무엇을 의미하는지도 안다"(오브라이언).

"구원하는 은혜"

제33, 34, 35문답에서 사용되고 묘사된 "은혜"는 우리를 향한 하나님의 성향을 가리킨다. 제86, 87문답에서 사용되는 "은혜"는 우리 안에 있는 하나님의 선물, 특히 성령이 우리의 영혼 가운데 역사하여 만들어낸 성향이나 끌림을 가리킨다. 따라서 성령의 열매들 또는 은혜들은 사랑, 오래 참음, 양순, 온유, 절제 등이다. "믿음"도 하나님이 주신 선물로서 그러한 성향이기 때문에 그 믿음이 예수 그리스도를 향할 때, 영혼을 구원하는 믿음이 된다. 즉, 하나님은 그리스도께로 끌려 그리스도를 영접하고 의지하는 영혼을 구원하신다.

"예수 그리스도를 영접하고 의지하게 하는"

우리는 우리에게 제시되는 것을 "영접하고," 우리를 도울 수 있고 기꺼이 돕고자 하는 자를 "의지한다." 이 문답에서는 그리스도께서 복음 안에서 우리에게 제시된다고 말한다. 따라서 복음을 믿는 것과 그리스도를 영접하는 것은 동일하다. 성령의 역사를 통해 마음속에 믿음이 생겨난 죄인에게 하나님이 그리스도를 제시할 때, 그 죄인은 자신의 마음을 열고 구원을 위하여 그리스도를 영접하게 된다.

　"기독교회를 괴롭혀온 거의 모든 분파와 이단의 뿌리는 사람들이 자신의 구원을 영접하기보다는 노력해서 쟁취하려고 한 데 있었다. 복음 전도가 그토록 비일비재하게 결실을 거둘 수 없었던 이유는 사람들에게 하나님이 그들을 위해 일하시는 것을 바라보라고 선포하기보다는 그들이 하나님을 위해 일하라고 촉구했기 때문이다"(러스킨).

"구원을 위하여"

제33문답을 보라. '솔라 피데'(라틴어로 sola fide, "오직 믿음으로")라는 종교개혁자들의 표어를 들어보지 않은 사람은 없을 것이다. 이 교리는 단지 16세기에 루터와 존 녹스가 제시한 것이 아니라, 주후 1세기에 바울과 요한이 제시한 교리였다. 즉, 이 교리는 예수 그리스도께서 우리로 하여금 죄를 용서받고 영생을 얻을 길을 열어놓으셨다는 것과 오직 그리스도를 믿는 믿음을 통해 "그리스도를 덧입고 의롭다 함을 얻을 수 있다"는 것을 가르친다. 이것은 지금도 여전히 복음적인 강단의 독특하고 특징적인 메시지다.

즉, 우리 죄를 제거하는 데 오직 그리스도의 순종과 죽으심만으로 충분했기 때문에, 우리는 오직 믿음만으로 의롭다 함을 얻을 수 있다.

가톨릭 신자였다가 영국국교회의 표준적인 신학자가 된 던(Donne) 박사는 이 문제에 대한 칼뱅주의적이고 복음주의적인 교리를 이렇게 설명한다. "효력이라는 측면에서 오직 하나님만이 우리를 의롭다 하실 수 있으시고, 그것에는 오로지 하나님의 선하심만이 작용한다. 하지만 내용이라는 측면에서 오직 그리스도만이 우리를 의롭다고 하실 수 있으시고, 오로지 그리스도의 순종만이 우리의 죄를 위한 속전으로 드려졌다고 말하는 것도 옳다. 또한 도구라는 측면에서 오직 믿음만이 우리를 의롭다고 할 수 있고, 그리스도의 공로가 우리에게 적용되게 할 수 있는 것은 오직 믿음뿐이라고 말하는 것도 옳다. 마지막으로 확증이라는 측면에서 오직 우리의 행위만이 우리로 하여금 의롭다 함을 얻을 수 있다고 말하는 것도 옳다. 오직 선한 행실과 삶만이 우리의 양심과 세상으로 하여금 우리가 의롭다 함을 얻었음을 확신하게 해주기 때문이다."

루터는 이렇게 썼다. "나의 사랑하는 브렌티우스여, 내 마음속에 믿음이나 사랑이라고 부를 수 있는 특질이나 미덕이 전혀 없다고 생각되는 일이 자주 있습니다. 그럴 때마다 나는 나의 모든 것을 그리스도께 집중하고, 나의 주이시고 구주이신 그리스도가 나의 공식적인 의(라틴어로 formalis justitia「포르말리스 유스티티아」), 즉 나의 확실하고 변함없으며 온전한 의이시고, 거기에는 부족함이나 실망이 없다고 말합니다."

"복음 안에서 우리에게 제시되는"

"복음 안에서 우리에게 값없이 주어지는"(제31문의 답). 어떤 것이 우리에게 제시될 때, 우리는 어떤 것이 우리에게 제시되었다는 사실 자체만으로도 새롭고 특별하며 책임을 져야 하는 위치에 놓인다. 어떤 것이 제시되기 전의 나와 제시된 후의 나는 다르다. 그것을 제시한 자가 내게 어떤 강제와 의무와 책임을 부여했기 때문이다. 우리는 그것을 받아들이거나 거

웨스트민스터 소교리문답 강해

부하거나 둘 중 한 가지를 반드시 해야 한다. 거부한다고 말하지 않으면서도 받아들이지 않는 것은 멸시하는 것이기 때문에 거부하는 것보다 더 나쁘다. 잠언 1장 29-33절을 보라.

"나는 그분을 멸시했고, 그분의 의를 멸시했으며, 그분의 피를 거룩하지 않은 것으로 여겼고, 그분의 은혜의 영에도 불구하고 그렇게 해왔다. 그래서 나는 그분의 모든 약속 밖에 있게 되었다. 이제 내게 남아 있는 것은 확실한 심판에 대한 경고들, 무시무시한 경고들, 신실한 경고들뿐이다. 그 심판은 나를 원수로 여겨 삼켜버릴 것이다"(『천로역정』에서 철장에 갇혀 있는 사람이 한 말).

"하나님이 자신의 교회를 대하셨던 것과 같이 개별 신자를 대하신다고 볼 수 있는 충분한 근거가 있다. 하나님은 교회로 하여금 먼저 율법을 통해 무시무시한 우렛소리와 번개로 말씀하시는 자신의 음성을 듣게 하시고, 교회를 초등교사 아래 두어서 그리스도께로 인도함을 받게 하셨으며, 그 후에는 시온산으로부터 온 복음의 기쁜 소리로 교회를 위로하셨다. 복음이 기쁜 소식이라는 점에서, 큰 두려움과 괴로움 후에 이루어진 건지심과 구원에 관한 소식이 복음의 자연스러운 의미이다"(에드워즈).

적용

1. "믿음과 은혜와 영이라는 세 단어가 어떤 의미로 사용되었는지에 대해 모든 사람이 동의하는 것이 가능하기만 하다면, 그동안 기독교회에서 벌어졌던 네 가지 논쟁 중 적어도 세 가지는 완전히 사라지게 될 것이다"(샌더슨).

2. 웨스트민스터 신앙고백에서는 믿음이 성경에 나오는 각 구절에 의거해 서로 다르게 행한다고 말한다. 이것은 그리스도를 믿는 믿음도 마찬가지다. 복음에서 믿는 영혼 앞에 주 예수를 어떤 식으로 제시하느냐에 따라서, 믿음도 서로 다르게 행한다. 믿음은 그리스도의 모든 충만하심에 따라 행한다. 하나님은 온갖 은혜의 하나님이시고, 그리스도는 신성의 충만을 육체로 지니고 계시기 때문에, 그것 중에는 믿음으로 받기에 부적절하거나 믿음이 받지 않는 것은 아무것도 없다. 신자가 한 인격과 두 본성과 세 직분 안에서

그리스도를 묵상하고 생각할 때, 그는 그리스도의 전부를 영접하는 것이지만, 그 모든 것을 자신이 아무리 많이 받아들여도 지나침이 없다는 것을 알기 때문에, 여전히 "주여, 나의 믿음을 더하소서"라고 기도한다.

3. "왜 하나님은 모든 은혜 중 믿음을 선택하셔서, 그것으로 구원받을 수 있게 하신 것인가? 이 세상에서 아무리 가난하고, 지각이 약한 사람이라도 누군가를 믿고 신뢰할 수는 있기 때문이다. 그런 사람이 하나님께서 죄인들을 구원하고자 하신다는 말씀을 들었을 때, 그는 이 세상에서 가장 지혜롭고 명철한 사람만큼이나 강력하고 굳건하게 하나님을 믿고 신뢰할 수 있다. 아니, 연약한 사람들일수록 더 잘 믿을 수 있고, 그런 믿음을 가지는 데 더 적합하다"(굿윈).

4. 로마 가톨릭의 대논쟁가인 벨라르미노(Bellarmine)는 행위에 의한 공로, 성인과 천사를 의지하는 것에 대한 논쟁을 벌인 후에, "결국 오직 하나님의 자비하심만을 의지하는 것이 가장 안전하다"라고 말했다.

제87문

문   생명에 이르게 하는 회개가 무엇입니까?

답   생명에 이르게 하는 회개는 죄인으로 하여금 자신의 죄를 진정으로 알고[175] 그리스도 안에 있는 하나님의 자비를 깨달아,[176] 자신의 죄를 비통해하고 미워하여 그 죄에서 떠나 하나님께로 돌이켜,[177] 온전한 결심과 노력으로 새롭게 순종하게

---

175 "그들이 이 말을 듣고 마음에 찔려 베드로와 다른 사도들에게 물어 이르되 형제들아 우리가 어찌할꼬 하거늘 베드로가 이르되 너희가 회개하여 각각 예수 그리스도의 이름으로 세례를 받고 죄 사함을 받으라 그리하면 성령의 선물을 받으리니"(행 2:37-38).

176 "여호와의 말씀에 너희는 이제라도 금식하고 울며 애통하고 마음을 다하여 내게로 돌아오라 하셨나니"(욜 2:12), "배역한 자식들아 돌아오라 내가 너희의 배역함을 고치리라 하시니라 보소서 우리가 주께 왔사오니 주는 우리 하나님 여호와이심이니이다"(렘 3:22).

177 "에브라임이 스스로 탄식함을 내가 분명히 들었노니 주께서 나를 징벌하시매 멍에에 익숙하지 못한 송아지 같은 내가 징벌을 받았나이다 주는 나의 하나님 여호와이시니 나를

하는[178] 구원하는 은혜입니다.[179]

"회개"

"회개"(repentance)라는 단어는 원래 단순히 "다시 생각해보는 것"을 의미했다. 도덕적이거나 종교적인 의미가 덧붙여지기 전에, 이 단어는 우리가 어떤 것을 보고 그에 대해 얻은 잔상을 가리켰다. 하지만 단어들은 어디에 사용되는지에 따라 그 의미가 달라진다. 기억이라는 우리의 지적인 행위도 마찬가지여서, 그 기억은 과거를 끊임없이 불러내 우리가 잘못했던 것을 부끄러워한다. 따라서 우리의 과거가 후회와 회한, 부끄러움과 비애를 불러일으키는 것들로 가득했을 때, 우리 기억은 자신의 순수하고 본성적인 작용을 거의 상실해 악한 양심으로 변질되고 만다. 한 사람의 지성이 과거로 돌아간다는 것은 과거를 단죄하는 것과 같다.

"생명에 이르게 하는"

"회개를 자책과 절망으로부터 구별하기 위해서는 고린도후서 7장 9-11절을 보라. "생명에 이르게 하는 회개"를 "사망을 이루는 근심"과 혼동해서는 안 된다. 자책은 악을 행하는 자의 마음에서 그의 마음과 몸을 갉아먹는 끊임없는 고통을 가리킨다. 자책은 자기가 이전에 잘못한 것을 떠올리

이끌어 돌이키소서 그리하시면 내가 돌아오겠나이다 내가 돌이킨 후에 뉘우쳤고 내가 교훈을 받은 후에 내 볼기를 쳤사오니 이는 어렸을 때의 치욕을 지므로 부끄럽고 욕됨이니이다 하도다"(렘 31:18-19).

178 "보라 하나님의 뜻대로 하게 된 이 근심이 너희로 얼마나 간절하게 하며 얼마나 변증하게 하며 얼마나 분하게 하며 얼마나 두렵게 하며 얼마나 사모하게 하며 얼마나 열심 있게 하며 얼마나 벌하게 하였는가 너희가 그 일에 대하여 일체 너희 자신의 깨끗함을 나타내었느니라"(고후 7:11), "너희는 스스로 씻으며 스스로 깨끗하게 하여 내 목전에서 너희 악한 행실을 버리며 행악을 그치고 선행을 배우며 정의를 구하며 학대 받는 자를 도와 주며 고아를 위하여 신원하며 과부를 위하여 변호하라 하셨느니라"(사 1:16-17).

179 "그들이 이 말을 듣고 잠잠하여 하나님께 영광을 돌려 이르되 그러면 하나님께서 이방인에게도 생명 얻는 회개를 주셨도다 하니라"(행 11:18).

면서 느끼는 뼈저리는 내면의 고통이지만, 거기에는 자신의 죄악을 뉘우치고 마음 아파하는 것이 없다. 자책은 사람의 비참한 심령을 깨뜨려 부드럽게 하는 것이 아니라 분쇄해버린다. 그래서 자책하는 사람에게는 지옥의 고통이 덮친다. 그의 마음은 "피보다 더 쓰디쓴" 자기 경멸로 가득 찬다. 사울과 가룟 유다는 "사망을 이루는 근심"과 후회를 보여주는 본보기들이다.

반면에 "생명에 이르게 하는 회개"를 통해서는 완고했던 마음이 녹으면서 겸손해지고 나긋나긋해지며 인내심과 사랑이 생겨난다. 회개의 눈물은 쓰지 않다. 그 눈물이 떨어지는 곳에는 지옥의 불길이 타오르지 않고, 온유함과 겸손함과 사랑으로 달콤해진다. 회개도 종종 비통함과 깊은 고뇌로 이어지지만, 그 고뇌 속에는 쓰디쓴 것이나 잔혹한 것이 없다. 자책은 죽음으로 달려가지만, 참된 회개 속에서는 다른 사람들을 위하여 죽으려고 하는 마음이 생겨날 뿐, 자신이 죽고 싶은 마음은 생겨나지 않는다. 회개는 우리로 하여금 생명에 이르게 한다.

"구원하는 은혜"

제86문에 대한 설명을 보라. 칼뱅은 세례 요한의 전도에 대해 설명하면서, 어떤 무지한 자들이 생각하는 것과는 달리 회개가 먼저 이루어지고, 그 후에 회개를 토대로 죄 용서가 이루어지거나, 그 회개가 하나님을 이끌어서 우리에게 은혜를 베푸시게 하는 것이 아니라고 말한다. 그가 사람들에게 회개하라고 하심은 하나님이 그들에게 제시하신 화해를 받아들이라는 것이었다. 세례 요한은 하나님의 은혜에 대해 말하기 전에 사람들에게 회개하라고 권하지만, 회개가 천국이라는 유업과 마찬가지로 하나님의 선물이라는 것을 잊어서는 안 된다. 벵겔은 회개가 슬프고 암울한 행위가 아니라 하나님이 주시는 기쁜 선물이라고 말한다. 그러면서 사도행전 5장 31절, 11장 18절, 디모데후서 2장 25절을 그 근거로 제시한다.

웨스트민스터 소교리문답 강해

"자신의 죄를 진정으로 알고"

제14, 31, 84문의 답을 보라. "죄를 진정으로 안다"는 것은 죄가 하나님을 거슬러, 즉 성경과 예수 그리스도 안에서 계시된 하나님을 거슬러 저질러 졌음을 알고 느끼는 것이다. 죄를 진정으로 안다는 것은 회개하는 자가 자신과 이웃에 대해 지금까지 행한 잘못을 늘 자기 앞에 두고, 그것을 배상하고 회복하기 위해 자기가 할 수 있는 모든 것을 행하는 가운데, "내가 주께만 범죄하여 주의 목전에 악을 행하였사오니"(시 51:4)라고 끊임없이 부르짖는 것이다. "죄를 진정으로 안다"는 것은 죄가 지닌 죄성을 알고, 그 죄가 얼마나 가증스러운지를 아는 것이다. 성경에 나오는 모든 경험은 죄를 진정으로 아는 것으로 가득하고, 성경으로부터 영적인 통찰과 지각을 가져온 글을 제외하고는, 죄를 진정으로 아는 것이 없다. 성경의 모든 글 중 죄를 진정으로 깨닫는 참된 회개를 가장 온전히 표현하고 있는 글은 시편 51편이다.

"그리스도 안에 있는 하나님의 자비를 깨달아"

"깨닫다"(apprehend)는 원래 손으로 붙잡는 것을 의미했다. 이 문답에서는 지각으로 붙잡는다는 이차적인 의미를 지닌다. "하나님의 자비를 깨닫는다"는 것은 하나님의 자비를 마음으로 확신하고 받아들여 고수하는 것이다 (빌 3:12).

　"하나님의 자비"는 하나님이 우리의 비참한 처지(misery)를 불쌍히 여기시는 것이다. "자비(라틴어로 misericordia[미세리코르디아])는 '비참한 처지' (misery)로부터 온 단어다. 즉, 자비는 다른 사람의 비참한 처지를 마음에 두는 것이다." "그리스도 안에 있는" 하나님의 자비라고 한 것은 그리스도 께서 죄인들을 향한 하나님의 자비를 계시하시고 실제로 이루셨기 때문 이다. 하나님은 그리스도 안에서 죄인들을 받으셔서 자신과 화해하게 하 셨다.

"자신의 죄를 비통해하고 미워하여"

"죄를 미워하고 자신이 지은 죄를 깊이 후회하고 자책함 없이는 아무도 하나님의 은혜를 맛볼 수 없다"(칼뱅).

"회개하는 자들은 해가 그들을 비추는 것이나 땅이 그들을 떠받치는 것이나 공기가 그들의 목숨을 부지하게 해주는 것이나 포도주가 그들에게 새로운 힘을 주는 것이나 음식이 그들에게 자양분을 제공하는 것 같은 유익을 받을 자격이 없다고 느낀다. 그들은 하나님을 거슬러 범죄했는데, 앞서 말한 모든 것이 하나님의 피조물이자 종이기 때문이다"(퍼시).

"그 죄에서 떠나 하나님께로 돌이켜"

성경적이고 신앙적인 의미에서 회심은 죄에서 떠나 하나님께로 돌이키는 것이다. 매튜 헨리(Matthew Henry)는 사람들을 망치는 것은 죄를 짓는 것이 아니라, 죄를 짓고도 회개하지 않는 것이라고 말한다.

"온전한 결심과 노력으로 새롭게 순종하게 하는"

"파르나케스는 반역함과 동시에 왕관을 카이사르에게 보냈다. 하지만 카이사르는 그 왕관을 돌려보내면서 다음과 같은 메시지도 함께 보냈다. '먼저 다시 돌아와서 복종하라'"(플루타르코스).

"크리스천: 당신은 삶을 고치려고 노력했습니까? 소망: 예. 죄를 피했을 뿐만 아니라 죄악된 무리도 피했고, 기도와 성경 읽기, 죄로 인해 우는 것, 이웃들에게 참된 말을 하는 것과 같은 신앙적인 의무도 다 행했습니다. 너무 많아 여기에서 다 열거할 수 없지만, 다른 것도 많이 행했습니다."

모든 순종이 "새로운 순종"인 것은 아니다. 생명에 이르게 하는 회개와 그 새로운 열매들만 새로운 순종이고, 그렇지 않은 것들은 단지 이전의 행실을 개혁한 것일 뿐이다. 외적인 개혁은 복음적인 회개가 아니다. 삶과 습관을 개혁하기 위해서는 참된 회개까지 갈 필요가 없기 때문에, 그런 개혁은 참된 회개에 미치지 못하는 경우가 비일비재하다. 삶을 개혁한 사람이 진정으로 회개한 사람이 되기 위해서는 먼저 자신의 죄를 비통해하고 미워하지 않으면 안 된다. 다른 사람들이 그를 용서하고 그의 과거를 잊어버릴수록, 그는 더욱 더 날카롭고 쓰라리게 자신의 죄를 기억해야 한다. 자신의 죄를 변명하고 묵인하며 잊어버리는 대신에, 다음과 같은 시편 기자의 고백을 지속적으로 행해야 한다. "우리의 죄를 따라 우리를 처벌하지는 아니하시며 우리의 죄악을 따라 우리에게 그대로 갚지는 아니하셨으니"(시 103:10).

성경에서 에스라는 참된 회개의 전형이다. "우리의 악한 행실과 큰 죄로 말미암아 이 모든 일을 당하였사오나 우리 하나님이 우리 죄악보다 형벌을 가볍게 하시고 이만큼 백성을 남겨 주셨사오니"(스 9:13). 이 문답에서 말하는 "새로운 순종"은 그런 토양과 뿌리로부터 생겨나는 개혁과 고침이다.

"진정으로 순종하는 마음은 필연적으로 자기 자신에 대하여 만족할 수 없고, 순종이 자기가 감당할 수 없을 정도로 큰일이라는 것을 알기 때문에, 외부로부터의 도우심을 구하게 된다. 달리 말하면, 사람이 순종하면 할수록, 자신의 순종에 내재하는 결함을 치료하기 위해 더욱 더 믿음으로 나아가지 않을 수 없게 된다"(뉴먼).

적용

1. 생명에 이르게 하는 회개를 다루는 웨스트민스터 신앙고백 제15장은 이렇게 말한다. "일반적인 회개로 만족해서는 안 된다. 자신의 구체적인 죄를 구체적으로 회개하려고 노력하는 것이 각 사람의 본분이다."

   서로 다른 교파를 대표하는 표준적인 신학자들인 후커와 테일러는 이런 신앙고백서의 내용에 동의한다. 후커는 이렇게 말한다. "당신이 죄인이라는 일반적인 확신으로는 당신의 영혼을 낮추어 재갈을 물릴 수 없다. 그렇게 하기 위해서는 당신이 저지른 죄의 목록을 하나하나 개별적으로 검토해 지속적으로 당신의 마음과 생각에 두지 않으면 안 된다." 제러미 테일러는 『한 가지 꼭 필요한 일』(Unum Necessarium)이라는 글에서 이렇게 말한다. "당신이 고의적이고 의도적으로 뻔히 다 알면서 행한 모든 악을 하나하나 구체적으로 회개해야 한다. 일반적인 회개는 당신이 돌이키는 데 도움을 주지 못한다."

사도는 "내가 전에는 비방자요 박해자요 폭행자였다"(딤전 1:13)라고 구체적으로 고백한다. 그러므로 진정으로 회개하려고 하는 사람은 "나는 죄인이다"라는 손쉽고 무익한 고백으로 만족하고 자신을 속여서는 안 된다. "내 죄가 크오니 내 죄를 용서해주십시오"라고 고백하고서는, 하나님 앞에서 회개를 다했다고 생각하지 말라. 진정으로 회개하고자 하는 사람은 자신의 죄를 어둠으로부터 끌어내어, 자신이 지금까지 저지른 죄를 조목조목 구체적으로 하나님과 자신의 양심 앞에서 말하고, 그 죄들이 얼마나 가증스러운지를 고백해야 한다. 최후의 심판이 있을 큰 날에 심판주 앞에서 낱낱이 고백해야 할 것을 지금 미리 하라. 그렇게 하면 그날에 정죄를 받지 않을 것이다.

2. 우리가 관계를 맺으면서 죄를 범해온 특정한 사람들과 관련해 회개를 적용하는 것은 참된 회개라는 위대한 원칙의 연장이다. 이에 대해 신앙고백서는 다음과 같은 입장을 취한다. "각 사람은 자신의 죄를 하나님께 개인적으로 고백해야 하는 것처럼, 형제나 그리스도의 교회에 대하여 잘못을 저지른 사람은 자신의 죄를 개인적으로나 공적으로 기꺼이 고백하고, 자신이 잘못을 저지른 사람들에게 자신의 회개를 밝힘으로써, 그와 화해하고 사랑 가운데 그를 받아들일 수 있게 해야 한다."

3. 하지만 우리는 우리가 지금까지 행한 것을 끊임없이 회개해야 할 뿐만 아니라, 지금 우리 모습에 대해서도 한층 더 회개해야 한다. 가장 온전한 회개를 하는 사람들은 후자를 목표로 하고, 어느 정도 그 목표를 달성한다. 그들은 자신의 마음으로부터 나온 죄 때문이 아니라, 그런 죄들의 원천인 보이지 않는 죄성(sinfulness) 때문에 낮아진다.

4. "참된 회개를 하는 사람은 자기 자신을 잊지도 않고 용서하지도 않는다. 그가 자신을 용서하지 않는 것은 하나님이 그를 용서하셨기 때문이다. 모든 회개하는 사람들은 그들이 천국에서 높임을 받아 바울처럼 가장 높은 반열에 있게 되리라는 것을 위로로 삼고 힘을 내야 한다"(뉴먼).

5. "황홀한 기쁨이 믿음에 필수적이거나 본질적이지 않은 것처럼, 하나님의 진노를 깊이 느끼고 괴로워하는 것도 우리를 낮추는 데 사용되기는 하지만, 우리가 낮아지는 데 필수적이지는 않다. 황홀한 기쁨은 믿음이 차고 넘치는 것이고, 하나님의 진노를 느끼는

것은 낮아짐이 차고 넘치는 것이기 때문이다"(굿윈).

제88문

문   그리스도께서 구속의 유익을 우리에게 전해주시기 위해 마련하신 외적인 수
단은 무엇입니까?

답   그리스도께서 구속의 유익을 우리에게 전해주시기 위해 마련하신 외적이고
통상적인 수단은 그의 규례, 특히 말씀, 성례전, 기도인데, 이것들은 모두 택하신
자들의 구원에 효력이 있습니다.[180]

"외적이고 통상적인 수단"

제85문의 답을 보라. 우리는 그리스도께서 구속의 유익을 우리에게 전해
주시기 위해 마련하신 내적인 수단인 믿음과 회개에 대해서는 이미 살펴
보았는데, 이제 여기에서는 외적인 수단에 대해 말하면서, "말씀, 성례전,
기도"라고 말한다. 소교리문답의 남은 부분에서는 은혜와 구원의 이 세
가지 수단을 차례로 다룬다.

"은혜의 수단이 하나님께서 자신의 자녀들을 영적으로 세우는 수단으
로 사용하시는 모든 도구를 의미하지는 않는다. 이 어구는 하나님이 은혜
의 통상적인 통로, 즉 사람의 영혼에 대한 성령의 초자연적인 감화를 위
한 통상적인 통로로 정하신 제도를 가리킨다. 우리 교회의 표준 문서에

---

180 "그러므로 너희는 가서 모든 민족을 제자로 삼아 아버지와 아들과 성령의 이름으로 세례
를 베풀고 내가 너희에게 분부한 모든 것을 가르쳐 지키게 하라 볼지어다 내가 세상 끝날
까지 너희와 항상 함께 있으리라 하시니라"(마 28:19-20), "그들이 사도의 가르침을 받아
서로 교제하고 떡을 떼며 오로지 기도하기를 힘쓰니라……날마다 마음을 같이하여 성
전에 모이기를 힘쓰고 집에서 떡을 떼며 기쁨과 순전한 마음으로 음식을 먹고 하나님을
찬미하며 또 온 백성에게 칭송을 받으니 주께서 구원 받는 사람을 날마다 더하게 하시니
라"(행 2:42, 46-47).

의하면, 은혜의 수단은 말씀, 성례전, 기도이다……개혁교회는 성령의 활동이 말씀과 성례전에만 절대적으로 국한되는 것은 아니라고 가르친다. 성령은 자신이 합당하다고 여기는 때와 장소에서 일하신다. 구약 시대와 사도 시대에 성령의 특별한 은사들이 진리를 매개로 주어지지 않았던 것처럼, 지금도 교회의 직분을 위한 은사나 유아들의 거듭남도 그런 수단을 통해 주어지지 않는다"(찰스 하지).

제89문

문 말씀은 어떻게 구원에 효력이 있게 됩니까?

답 하나님의 성령은 말씀을 읽는 것, 특히 말씀의 설교를 죄인들로 하여금 죄를 깨닫고 회심하게 하여, 거룩함과 위로로 그들을 세워, 믿음으로 말미암아 구원에 이르게 하는 유효한 수단으로 만듭니다.[181]

---

181 "하나님의 율법책을 낭독하고 그 뜻을 해석하여 백성에게 그 낭독하는 것을 다 깨닫게 하니"(느 8:8), "그 마음의 숨은 일들이 드러나게 되므로 엎드리어 하나님께 경배하며 하나님이 참으로 너희 가운데 계신다 전파하리라"(고전 14:25), "그 눈을 뜨게 하여 어둠에서 빛으로, 사탄의 권세에서 하나님께로 돌아오게 하고 죄 사함과 나를 믿어 거룩하게 된 무리 가운데 기업을 얻게 하리라 하더이다"(행 26:18), "여호와의 교훈은 정직하여 마음을 기쁘게 하고 여호와의 계명은 순결하여 눈을 밝게 하시도다"(시 19:8), "지금 내가 여러분을 주와 및 그 은혜의 말씀에 부탁하노니 그 말씀이 여러분을 능히 든든히 세우사 거룩하게 하심을 입은 모든 자 가운데 기업이 있게 하시리라"(행 20:32), "무엇이든지 전에 기록된 바는 우리의 교훈을 위하여 기록된 것이니 우리로 하여금 인내로 또는 성경의 위로로 소망을 가지게 함이니라"(롬 15:4), "또 어려서부터 성경을 알았나니 성경은 능히 너로 하여금 그리스도 예수 안에 있는 믿음으로 말미암아 구원에 이르는 지혜가 있게 하느니라 모든 성경은 하나님의 감동으로 된 것으로 교훈과 책망과 바르게 함과 의로 교육하기에 유익하니 이는 하나님의 사람으로 온전하게 하며 모든 선한 일을 행할 능력을 갖추게 하려 함이라"(딤후 3:15-17), "그런즉 그들이 믿지 아니하는 이를 어찌 부르리요 듣지도 못한 이를 어찌 믿으리요 전파하는 자가 없이 어찌 들으리요……그러므로 믿음은 들음에서 나며 들음은 그리스도의 말씀으로 말미암았느니라"(롬 10:14, 17), "내가 복음을 부끄러워하지 아니하노니 이 복음은 모든 믿는 자에게 구원을 주시는 하나님의 능력이 됨이라 먼저는 유대인에게요 그리고 헬라인에게로다"(롬 1:16).

웨스트민스터 소교리문답 강해

"하나님의 성령은……말씀을 읽는 것을……만듭니다"

"성령의 내적 증언을 통해 인침을 받을 때까지는 하나님의 말씀이 사람들의 마음에서 온전한 신뢰를 얻지 못한다. 따라서 하나님이 말씀을 맡기신 자들이 신실하게 메시지를 전달했음을 우리가 깨닫고 확신하기 위해서는 선지자들의 입을 통해 말씀했던 그 동일한 성령이 우리의 마음을 관통해야 한다……그러므로 성령에 의해 내적으로 가르침을 받는 사람들은 성경이 그 자체로 증거를 지녀 외적인 증거와 논증에 의해 좌지우지되지 않기 때문에, 우리가 성경의 말씀을 온전한 확신으로 받는 것은 성령의 증언 때문임을 인정할 수밖에 없다"(칼뱅).

"여러분이 반드시 기억해야 할 것이 있다. 만일 그리스도께서 자신의 성령을 제거해버리시면, 그 어떤 가르침이나 말씀, 성례전에서도 우리가 하나님의 감동을 받을 수 없다는 것이다. 그러므로 여러분이 가르침과 말씀을 듣거나 성례전에 참여할 때마다, 하나님이 성령을 통해 거기에 계시기를 간절히 기도하라. 그렇지 않으면, 하나님의 모든 가르침이 이 세상에서 여러분에게 아무런 소용도 없게 될 것이다"(로버트 브루스).

"특히 말씀의 설교"

"단지 성경에 관한 좋은 주석서와 강해서 그리고 훌륭한 신학 서적들을 갖고 있는 것만으로는 하나님이 설교의 직분을 제정하신 목적을 달성할 수 없다. 그런 것들은 설교와 더불어 하나님의 말씀을 교리적으로나 사변적으로 잘 이해하게 해주긴 하지만, 하나님의 말씀이 사람들의 마음과 정서에 새겨져 감화를 끼치는 데는 동일한 효력을 발휘하지 못하기 때문이다"(조나단 에드워즈).

"설교는 지금까지 초대 교회와 개신교 예배의 핵심적인 특징이었고, 지금도 여전히 복음적인 기독교를 제의 중심적인 기독교로부터 구별해주는 역할을 한다"(쉴즈).

"기독교 신앙이 계속 사람들의 눈에 두드러지고, 많은 사람이 인정하는 현실이 될 수 있었던 것은 주로 설교 제도 덕분이다……그렇게 된 것은 공예배 덕분이라고 말해야 한다고 주장하는 사람들이 있지만, 설교가 없는 공예배는 신앙에 주는 유익이 아주 적다. 예배를 인도하는 사람들이 설교하기에 충분한 지식과 신앙을 가지고 있지 않을 때, 그 예배는 형식적인 의식들을 반복해 행하는 것에 지나지 않는다"(존 포스터).

"죄인들로 하여금 죄를 깨닫고 회심하게 하여"

제31문의 답을 보라. 사보나롤라(Savonarola)는 『십자가의 승리』(*Triumph of the Cross*)에서 자기가 말씀을 전하는 일을 소홀히 하고 철학 담론에 열중했을 때, 사람들의 마음을 거의 얻지 못했는데, 성경을 예시하고 설명하자, 사람들의 마음이 놀라울 정도로 불타오르고 고양되었다고 말한다. 또한 철학적으로 강론을 했을 때는 배우지 못한 사람뿐 아니라 배운 사람들도 아무런 관심을 보이지 않다가 성경의 진리를 전하자 사람들이 진심으로 크게 기뻐했고, 하나님의 진리에 깜짝 놀랐으며, 죄를 깨닫고 회개하며 자신들의 삶을 고쳤는데, 이것은 말씀의 능력이 인간의 온갖 이성보다 더 강력하게 역사함을 보여준다.

"하나님의 말씀이 바울의 양심에 왔을 때, 그는 죽었다. 어떤 광석이 다른 광석과 만날 때까지는 녹지 않는 것처럼, 죄는 말씀이 불로 와서 그 죄와 섞일 때까지는 양심 속에서 녹거나 해체되지 않는다. 하지만 하나님이 말씀으로 역사하시면, 그 말씀은 우박이나 수은처럼 영혼을 관통하며 죄를 녹인다. 당신은 허리케인이나 태풍이 높은 탑을 기초까지 무너뜨리고, 작은 산을 뿌리까지 뽑아 바닷속으로 던져버리며, 닻이 내려간 배를 테니스 공처럼 들어올려 육지로 던지는 것을 본 적이 있는가? 비록 눈으로 보이지는 않지만, 말씀의 능력도 그 정도로 강력하다. 말씀은 악에 뿌리내린 사람들의 마음에서 그들이 가장 소중히 여기는 욕망을 뽑아내버리고, 끓어오르는 솥단지 같고 포효하는 큰 물결 같은 양심을 말씀 한마디로 잔잔하게 해서 순종하게 만들기 때문에, 그들의 마음은 평안을 얻는다……말

웨스트민스터 소교리문답 강해

씀은 한마디 한마디가 그러하다. 그러므로 여러분이 말씀을 어떻게 듣고 있는지를 주의해서 살펴보라. 사람들이 말씀을 듣거나 전할 때 하나님이 그들에게 어떤 뜻을 두고 계시는지는 아무도 알 수 없고, 짐작할 수도 없다. 하나님은 다른 세계로 가는 기차를 준비하고 계신다. 그리고 말씀이라는 도구는 하나님의 말씀에 순종하지 않는 불경건한 자들을 향해 하나님이 갖고 계신 모든 뜻을 이루는 데 사용된다"(굿윈).

적용

"물론 당신은 성경을 주기적으로 읽을 것이다. 하지만 이제는 성경을 깨달으려고 애써보라. 그리고 성경을 느끼려고 한층 더 애써보라. 한 번에 한 부분이 아니라 여러 부분을 읽어보라. 예컨대 당신이 창세기를 읽고 있다면, 시편도 읽어보라. 당신이 마태복음을 읽고 있다면, 서신서도 조금 읽어보라. 성경이 당신의 기도가 되게 하라"(맥체인).

제90문

문　말씀이 구원에 효력이 있게 하기 위해서는 어떻게 읽고 들어야 합니까?

답　말씀이 구원에 효력이 있게 하기 위해서는 부지런함[182]과 준비[183]와 기도[184]로 말씀에 집중하고, 믿음과 사랑으로 말씀을 받으며,[185] 마음에 말씀을 간직하고,[186]

182　"누구든지 내게 들으며 날마다 내 문 곁에서 기다리며 문설주 옆에서 기다리는 자는 복이 있나니"(잠 8:34).

183　"그러므로 모든 악독과 모든 기만과 외식과 시기와 모든 비방하는 말을 버리고 갓난 아기들 같이 순전하고 신령한 젖을 사모하라 이는 그로 말미암아 너희로 구원에 이르도록 자라게 하려 함이라"(벧전 2:1-2).

184　"내 눈을 열어서 주의 율법에서 놀라운 것을 보게 하소서"(시 119:18).

185　"그들과 같이 우리도 복음 전함을 받은 자이나 들은 바 그 말씀이 그들에게 유익하지 못한 것은 듣는 자가 믿음과 결부시키지 아니함이라"(히 4:2), "불의의 모든 속임으로 멸망하는 자들에게 있으리니 이는 그들이 진리의 사랑을 받지 아니하여 구원함을 받지 못함이라"(살후 2:10).

삶 속에서 말씀을 실천해야 합니다.[187]

"부지런함으로……경청하고"

트렌치(Trench)는 『단어 연구』 일곱 번째 강의에서 마치 제90문의 답을 염두에 둔 것처럼 이렇게 말한다. "'attentive'(주의를 기울이는)와 'assiduous'(열중하는)라는 단어는 그 의미를 깨닫기 위해 시간을 들일 만한 가치가 있는 단어들이다. 'assiduous'는 꼼짝 않고 앉아 자신의 일에 몰두하는 것이고, 'attentive'는 어떤 사람이 하는 말을 한마디도 놓치지 않기 위해 자신의 귀를 화자에게 가능한 한 가장 가까이 대는 것이다. 다음으로, 'diligence'(부지런함)라는 단어는 얼마나 큰 교훈을 담고 있는가! 이 단어가 라틴어에서 '사랑하다'를 뜻하는 '딜리고'(diligo)에서 나왔음을 아는 것은 대단히 유익하다. 우리가 어떤 일에 진정으로 성실하게 힘쓰고 애쓸 수 있는 유일한 비결은 그 일을 사랑하는 데 있음을 알려주기 때문이다!"

트렌치는 일(work)에 대해 말한 것이지만, 그의 말은 성경을 듣고 읽는 것에도 그대로 적용된다. 누가는 하나님이 루디아의 마음을 열어, 바울이 말하는 것들을 경청하게 하셨다고 말한다. 마찬가지로 루터는 우리에게 성경의 한 절을 읽고 잠시 묵상하는 시간을 가지라고 권하면서, 마치 어떤 나무의 열매를 따기 위해서는 그 나무의 가지를 흔들어야 하듯 말씀도 마찬가지로 말한다.

"뉴잉글랜드 사람들은 흔히 신앙 부흥을 '신앙적인 집중'(religious attention) 또는 '신앙에 대한 전체적인 집중'이라고 불렀는데, 이것은 신앙 부흥의 성격을 잘 보여준다……즉, 신앙 부흥이라는 것은 다름 아닌 비상한 집중의 직접적인 결과다"(에드워즈).

---

186 "내가 주께 범죄하지 아니하려 하여 주의 말씀을 내 마음에 두었나이다"(시 119:11).
187 "좋은 땅에 있다는 것은 착하고 좋은 마음으로 말씀을 듣고 지키어 인내로 결실하는 자니"(눅 8:15), "자유롭게 하는 온전한 율법을 들여다보고 있는 자는 듣고 잊어버리는 자가 아니요 실천하는 자니 이 사람은 그 행하는 일에 복을 받으리라"(약 1:25).

"준비와 기도"

거룩한 안식일에 대한 유대인들의 경외심은 대단해서, 금요일 오후를 신성하게 여기며 그것을 "준비일"(the Preparation)이라고 불렀다. 요세푸스는 『유대고대사』(생명의말씀사, 2006)에서 자신의 동포들은 금요일 제9시, 즉 오후 3시 이후에는 생업과 관련된 그 어떤 일도 하지 않았다고 말한다. 동방의 많은 지역에서는 오늘날까지도 금요일을 준비일이라고 부른다. 우리 가운데 신앙이 잘 정립되어 있는 많은 가정에서는 다가오는 주일을 경건하게 맞이할 준비를 하면서 토요일 저녁을 보낸다. 그리고 소교리문답은 하나님의 말씀을 읽기 전에, 특히 하나님의 말씀이 선포되는 것을 듣기 위해 하나님의 집에 가기 전에, 합당한 마음 상태를 준비하는 습관을 길러야 한다고 가르친다.

　"문: 어떤 본분을 행하기 위한 마음의 준비가 제대로 되어 있지 않은 경우에는 그 본분을 행하지 않아야 하는가? 답: 아니다. 그렇게 하는 것은 전자의 죄에 새로운 죄를 더해 죄를 한층 더 가중시키는 것이 되기 때문이다. 문: 말씀을 들을 준비가 되어 있지 않으면, 언제나 말씀이 마음에 역사하지 않는가? 답: 아니다. 하나님은 종종 그를 찾지 않는 사람들에게도 자신을 나타내신다. 하지만 준비를 소홀히 하는 것은 죄이기 때문에, 하나님의 용서를 받을 필요가 있다"(플라벨).

"믿음과 사랑으로 말씀을 받으며"

"회의주의가 물려준 유산은 회의주의를 밑받침하기 위해 축적된 많은 논증이 아니라 뿌리 깊은 의심의 영이다"(웨스트코트).

"마음에 말씀을 간직하고"

"사람의 감정은 생각에 따라 불타오른다. 어떤 것에 대해 많이 생각할 때 감정이 불타오르고, 불타오른 감정은 많은 생각을 하게 만든다"(오웬).

"삶에서 말씀을 실천해야"

행위는 마음에서 나오기 때문에, 진리가 마음에 자리 잡고 있지 않으면, 삶 속에서 진리를 실천하는 것은 불가능하다. 실천은 모든 성경 읽기와 설교의 목적이다(마 7:24-27).

적용

"어리석은 사람에게는 성경을 주어도 제대로 활용하지 못하지만, 지혜로운 사람에게는 별 쓸데없을 것 같은 소책자를 주어도 잘 활용한다"(밀턴).

제91문

문 성례전은 어떻게 유효한 구원의 수단이 됩니까?

답 성례전이 유효한 구원의 수단이 되는 것은 성례전이나 집례자 안에 있는 어떤 효력 때문이 아니라, 오직 그리스도의 복 주심[188]과 믿음으로 성례전을 받는 사람 안에서 이루어지는 그리스도의 성령의 역사 때문입니다.[189]

"유효한 구원의 수단"

"유효한"에 대해서는 제31문의 답을 보라. "구원의 수단"은 무엇인가? "구

---

188 "물은 예수 그리스도께서 부활하심으로 말미암아 이제 너희를 구원하는 표니 곧 세례라 이는 육체의 더러운 것을 제하여 버림이 아니요 하나님을 향한 선한 양심의 간구니라"(벧전 3:21), "나는 너희로 회개하게 하기 위하여 물로 세례를 베풀거니와 내 뒤에 오시는 이는 나보다 능력이 많으시니 나는 그의 신을 들기도 감당하지 못하겠노라 그는 성령과 불로 너희에게 세례를 베푸실 것이요"(마 3:11), "나는 심었고 아볼로는 물을 주었으되 오직 하나님께서 자라나게 하셨나니 그런즉 심는 이나 물 주는 이는 아무 것도 아니로되 오직 자라게 하시는 이는 하나님뿐이니라"(고전 3:6-7).

189 "우리가 유대인이나 헬라인이나 종이나 자유인이나 다 한 성령으로 세례를 받아 한 몸이 되었고 또 다 한 성령을 마시게 하셨느니라"(고전 12:13).

원의 수단"은 하나님이 우리의 영혼을 구원하시고자 하는 계획을 촉진하고 이루기 위하여 정하신 것을 가리킨다. 즉, 구원의 수단은 로마서 1장 16절을 이루기 위한 수단이다. "유효한 구원의 수단"은 무엇을 의미하는가? "유효한 수단"은 어떤 목적을 온전히 이루어낼 수 있는 수단을 의미한다. 데살로니가전서 2장 13절을 보라(플라벨).

"성례전에······있는 어떤 효력 때문이 아니라"

"성례전에 있는 어떤 능력 때문이 아니라"(대교리문답).

"우리는 성례전에 어떤 효력이 내재해 성례전 자체가 우리에게 성령의 은사를 수여한다고 생각해서는 안 된다. 하나님이 성례전에 부여하신 유일한 소임은 우리를 향하신 하나님의 선하심과 인자하심을 확증하는 것이다"(칼뱅).

"이 주제에 관한 로마 가톨릭의 교리는 성례전이 그 자체로 은혜를 지니고 있어서, 사람들이 방해만 하지 않는다면, 성례전 자체가 은혜를 수여한다는 것이다. 그리고 성례전은 '행하기만 하면 그 자체로 효력을 발생하고'(라틴어로 ex opere operato[엑스 오페레 오페라토]), 모종의 물리적이고 내재적인 능력을 지니고 있기 때문에 성례전을 받는 사람들의 마음 상태와는 상관없이 그들에게 효력을 미친다는 것이다. 따라서 그들은 세례가 죄 용서와 거듭남을 비롯한 칭의의 도구적 원인이고, 성찬은 언제나 영적인 자양분을 준다고 말한다"(커닝엄).

방금 인용한 말을 통해 제91문의 답이 논쟁적인 형태로 구성되어 먼저 어떤 것을 부정한 후에 어떤 것을 적극적으로 제시하고 있는 이유를 알 수 있다.

"집례자 안에"

"또는 성례전을 집례하는 사람의 경건이나 의도로부터 오는 어떤 효력"(대교리문답). "집례하는 사람이 누구냐로 성례전을 평가해서는 안 된다. 성례전은 그것을 실질적으로 주관하시는 하나님으로부터 받는 것이기 때문이다. 성례전의 권위와 위엄은 집례자가 누구냐에 의해 좌우되지 않는다."

"오직 그리스도의 복 주심과……그리스도의 성령의 역사 때문입니다"

성례전은 우리의 내면을 주관하시는 성령이 함께 역사할 때만 자신에게 주어진 소임을 제대로 수행할 수 있다. 오직 성령의 능력만이 우리의 마음을 꿰뚫고 감동시켜, 우리 영혼으로 하여금 성례전에 합당하게 나아갈 수 있도록 한다. 성령이 함께 역사하지 않을 때, 성례전은 맹인의 눈에 햇빛이 비치거나 귀 먹은 사람의 귀에 어떤 소리를 들려주는 것같이 우리에게 아무 소용도 없다"(칼뱅).

"성례전이 외적으로 인치는 동안에, 하나님의 성령이 함께 역사해 당신의 마음에 동일한 진리를 인치지 않는다면, 이 세상에서 인침은 일어나지 않는다. 오직 성령만이 당신의 내면에 역사하여 마음의 눈을 밝게 하고 당신의 마음을 감화시켜, 말씀과 성례전이 맺어야 할 합당한 열매가 맺어지게 한다. 성경 전체는 성령의 그런 역사로 가득하다"(로버트 브루스).

제92문

문   성례전이 무엇입니까?

답   성례전은 감각적인 표징을 통해 그리스도와 새 언약의 유익을 신자에게 나타내고 인치며 적용하기 위해 그리스도께서 제정하신 거룩한 규례입니다.[190]

---

190 "내가 내 언약을 나와 너 및 네 대대 후손 사이에 세워서 영원한 언약을 삼고 너와 네 후손의 하나님이 되리라……너희 중 남자는 다 할례를 받으라 이것이 나와 너희와 너희 후손 사이에 지킬 내 언약이니라"(창 17:7, 10), "내가 너희에게 전한 것은 주께 받은 것이니 곧 주 예수께서 잡히시던 밤에 떡을 가지사……너희가 이 떡을 먹으며 이 잔을 마실 때마다 주의 죽으심을 그가 오실 때까지 전하는 것이니라"(고전 11:23, 26).

"성례전"

"성례전"(sacrament)은 신학과 교회에서 사용하는 단어이지, 성경적인 단어는 아니다. 성경에 "성례전"이라는 말은 나오지 않는다. 이 점에서 성례전은 삼위일체, 성육신, 동일본질 같은 신학 용어와 동일한 범주에 속한다. "성례전"이라는 단어는 매우 흥미롭고 교훈적인 역사를 지니고 있다. 신앙적인 의미로 사용하기 이전에 이 단어가 어디에서 왔고 원래 어떤 의미를 지녔는지를 추적하기 위해서는 성경뿐 아니라 기독교회의 역사 전체를 뛰어넘어, 고대 로마의 사법과 군사 분야에서 이 단어가 어떻게 사용되었는지를 살펴보아야 한다. 라틴어에서 "신성한 것" 또는 "신에게 바쳐진 것"이라는 뜻을 지닌 '사크라멘툼'(sacramentum)은 원래 로마 법정에 소송을 제기한 당사자가 공탁한 돈을 가리켰다. 그것은 자신의 소송이 옳음을 보이기 위한 일종의 보증금이었다. 이 돈은 그 사람이 소송에서 졌을 때 신전이나 신성한 기관에 귀속되었다. 이것은 오늘날 자신의 몰수된 돈을 병원이나 공적인 자선단체에 기부하는 데 동의하는 것과 비슷했다.

다음으로는 로마 군대에 들어간 신병이 지휘관이나 황제에게 행한 서약을 의미하게 되었고, 그 후 용법이 더욱 확장되어 모든 엄숙한 약속이나 보증을 가리키는 데 사용되었다. 그리고 교회는 신비와 내면성, 심오한 요소를 담고 있는 신앙적 교리와 규례를 지칭하는 데 이 단어를 사용했다. 따라서 불가타 역본에서는 신약성경에 "신비"라는 헬라어가 나올 때마다 그 단어를 라틴어로 번역하면서 '사크라멘툼'이라는 단어를 사용했다. 그래서 히에로니무스는 요한계시록에 대해 말할 때 "이 책에 있는 모든 단어는 신비를 담고 있다"(라틴어로 tot verba, quot sacramenta[토트 베르바, 쿠오트 사크라멘타])라고 말했다. 세례와 성찬은 이렇게 유구하고 교훈적인 역사를 거쳐 성례전으로 불리게 되었다. 그리스도께서 그것들이 그리스도와 새 언약의 유익을 신비로운 방식으로 나타내고 인치며 적용하도록 정하셨기 때문이다.

"그리스도께서 제정하신"

"그리스도께서 자신의 교회 안에서 제정하신"(대교리문답). "하나님이 직접 제정하신"(신앙고백서). "제정하다"는 "설치하다, 정하다, 창시하다"라는 뜻이다. 그리스도께서 이 두 성례전을 제정하신 것에 관한 기사는 복음서에 반복적으로 나온다. 바울도 고린도전서에서 그리스도께서 친히 성찬을 제정하셨음을 우리에게 보여준다. 그는 주님으로부터 성찬이라는 성례전을 받았다고 말한다. 그리스도께서는 성찬의 규례를 친히 제정하시면서, 표징과 그 표징이 나타내는 것들을 성례전으로 한데 묶어놓으셨고, 성찬을 올바르게 베풀고 받을 때마다 그 결합이 효력을 나타내게 하셨다.

칼뱅은 "성례전"이라는 용어가 일반적으로는 하나님이 사람들에게 그의 약속의 참됨을 확신시키시기 위해 사용하라고 명하신 모든 표징을 포함한다고 말한다. 하나님은 종종 자연물을 취하셔서 성례전적인 의미와 가치를 부여하기도 하셨다. 아담에게 생명나무가 그러한 성례전이었고, 노아에게는 무지개가 그러한 성례전이었다. 생명나무는 원래 나무에 지나지 않았고, 무지개는 무지개일 뿐이었다. 하지만 그것들에 하나님의 말씀이 결합되었을 때, 새로운 용도가 생겨나 하나님의 언약을 나타내고 인치는 표징이 되었다. 즉, 성례전이 되었다.

하나님은 자신의 말씀을 인치고 확증하시기 위해 종종 이적을 일으키기도 하셨다. 아브라함이 보았던 불타는 풀무, 기드온의 믿음을 강화해주었던 양털, 히스기야의 해시계 그림자가 거꾸로 간 것 등이 그런 것이었다. 그리고 그 모든 것은 성례전의 성격을 지니고 있었다.

이 주제에 대해 플라벨은 이렇게 말한다. "성례전에는 두 종류가 있다. 하나는 비상하고 일시적인 것인데, 불기둥과 만나, 반석에서 나온 물이다. 다른 하나는 통상적이고 지속적인 것인데, 그리스도 이전의 할례와 유월절, 그리스도의 죽으심 이후의 세례와 성찬이다."

하지만 칼뱅의 말이 플라벨의 말보다 성례전의 정확한 정의와 참된 성격에 더 부합한다. 만나와 반석에서 나온 물은 은혜의 이적으로, 하나님과 그의 약속에 대한 이스라엘의 믿음을 강화해주었다. 하지만 그것들은 직접적으로 하나님의 말씀에 대한 표징과 인침으로 이스라엘에게 주어진 것은 아니었다.

"나는 이 단어의 모호성을 제거하기 위해서, '성례전'이라는 단어를 하나님의 교회에서 사용해왔던 의미, 즉 하나님이 하신 말씀과 결합되어 그 말씀에 담겨 있는 진리를 인치고 확증하는 거룩한 표징과 인침이라는 의미로 사용한다. 따라서 나는 말씀과 분리된 인침을 성례전이라고 부르지 않는다……따라서 말씀만으로는 성례전일 수 없다. 또한 표징의 요소만으로도 성례전일 수 없다. 말씀과 표징의 요소가 결합될 때만 성례전이 된다. 따라서 아우구스티누스가 '말씀이 표징의 요소에 임하면, 너희는 성례전을 갖게 될 것이다'라고 말한 것은 옳다. 그러므로 나는 말씀과 그 인침이 함께 결합된 것을 성례전이라고 부른다"(로버트 브루스).

"지각할 수 있는 표징을 통해"

"지각할 수 있는"(sensible). 감각(senses)은 사람 또는 정도의 차이는 있지만 사람보다 저급한 동물로 하여금 몸의 기관으로 외부 물체를 인식하게 하는 기능이다. 통상적으로 감각은 다섯 가지라고 말한다. 시각, 청각, 미각, 후각, 촉각. 그리고 그 감각에 작용하는 특질이나 속성을 지닌 것을 "지각할 수 있는" 것이라 부른다. 따라서 세례에서는 "물"이, 성찬에서는 "떡"과 "포도주"가 "지각할 수 있는" 표징이다. 즉, 그것들은 몸의 감각과 기관을 통해 인식되고 지각될 수 있다.

"표징"(signs). "표징"은 어떤 것을 나타내는 표이다. 성경에 나오는 이 단어의 주요 용례를 살펴보면, 그 의미를 쉽게 알 수 있다.

"나는 성례전에서 나의 외적인 감각, 특히 내 눈으로 인식하고 지각할 수 있는 것을 표징이라고 부른다……떡이 그리스도의 몸을 표상하고, 포도주가 그리스도의 피를 표상하는 것처럼 단지 그것들이 어떤 것을 표상하기 때문은 아니다. 또한 그것들이 어떤 것을 나타내기 때문만도 아니다.

내가 그것들을 표징이라고 부르는 것은 그것에 그리스도의 몸과 피가 결합되어 있기 때문이다……그것들은 자신들이 표상하는 것을 전해주고 드러내는 도구들이다. 만일 그것들이 단지 어떤 것을 나타내거나 표상할 뿐이라면, 성례전은 단지 그림이나 죽은 이미지일 뿐이다……왕을 그린 그림은 당신에게 왕을 전해줄 수 없다. 그러므로 그림은 성례전일 수 없다……따라서 내가 성례전을 표징이라고 부르는 것은 하나님이 성례전을 어떤 것을 표상하고 나타낼 뿐만 아니라 그것을 우리에게 전해줄 도구로 삼으셨기 때문이다"(로버트 브루스).

"그리스도와 새 언약의 유익"

행위를 통해 생명을 얻게 한 옛 언약에 대해서는 제12문의 답을 보라. 그리고 은혜 언약인 새 언약에 대해서는 제20문의 답을 보고, "그리스도와 새 언약의 유익"에 대해서는 제20문에서 제38문까지의 답을 포괄적으로 보라.

"이제 나는 표상된 것으로 나아가, 그것을 성례전의 표징이라고 부른다. 옛 저술가인 이레나이우스가 하늘에 속한 신령한 것이라고 부른, 내 영혼에 적용되는 그리스도와 그리스도의 선물, 유익, 은혜다……나는 그 표상된 것을 단지 그리스도로부터 흘러나오는 은혜와 효능이라고 부르지도 않고, 그러한 효능과 은혜를 배제한 채 단지 그리스도와 그의 본질이라고 부르지도 않는다. 그것은 신성과 인성이 분리되지 않은 가운데 하나님이자 사람이신 그리스도의 본질과 은혜가 결합된 것으로, 그리스도의 본질과 그리스도의 은혜가 분리되지 않는다"(로버트 브루스).

"성례전은 신자들이 계속 저지르는 죄의 용서, 하나님의 용서하시는 자비에 대해 점점 증가하는 지각, 시험을 이기고 본분을 수행하며 특권을 사용하고 거룩함에서 더욱 진보하는 데 필요한 은혜와 힘을 전해주기 위한 보조적이거나 도구적인 것이다. 소교리문답의 표현을 사용하자면, 성례전은 하나님의 사랑에 대한 확신, 양심의 평안, 성령 안에 있는 기쁨, 은혜의 증가, 그 안에서 끝까지 견디는 인내를 전달해준다"(커닝엄).

"나타내고"

"나타내다"(represent)는 반복적으로 드러내는 것이다. 성례전의 표징은 성례전의 요소와 행위를 통해 그리스도와 새 언약의 유익을 나타낸다. 여기에서 이 단어는 표징의 역할을 설명함과 동시에 성례전이 "그것이 표상하는 은혜를 담고 있다"는 교황주의자들의 주장을 반박하는 변증적인 의미도 지니고 있다.

"하나님은 우리의 체질을 생각하셔서, 우리가 하나님의 말씀 속에서 복음과 그리스도의 구속에 관한 위대한 일을 듣고 배울 수 있도록 하셨을 뿐만 아니라 그것들을 더욱 생생하게 느끼고 알게 하시기 위하여 지각할 수 있는 표상을 통해 나타내셨다"(에드워즈).

"인치며"

"사람들이 계약을 할 때 행하는 행위로부터 가져온 비유"(벵겔). "인치는" (seal) 것은 어떤 것이 확실하고 참됨을 보증하기 위해 표시하거나 날인하는 것을 가리킨다. 따라서 어떤 약속이나 합의를 확증하고 인정하는 것이다. 이 단어는 많은 성경 본문에서 그런 의미로 사용된다.

"표징"과 "인침"의 성례전적인 용법을 보여주는 고전적인 본문은 로마서 4장 2절이다. 샤프(Schaff)는 랑게의 말을 보완해 이렇게 말한다. "여기에는 성례전의 진정한 개념이 무엇인지를 암시한다. 즉, 성례전은 표징이고 인침이며 은혜의 수단이지만, 은혜 자체는 아니다. 할례는 언약 자체가 아니고, 세례는 거듭남 자체가 아니다. 표징과 인침은 표상되는 것과 인쳐진 것을 결코 대신할 수 없고, 믿음이나 소망의 근거로 삼아서도 안 된다. 하지만 그것은 문서에 찍힌 정부의 인처럼 하나님이 재가하셨음을 보여주기에 우리가 행하는 어떤 주장에 법적인 효력을 부여한다."

이것에 대한 브루스의 설명은 명쾌하고 참되다. "성례전은 다음과 같은 목적, 즉 말씀 안에 있는 진리를 인치고 확증하는 목적에도 기여한다. 인침의 기능은 그 자체로 참되지 않거나 명백하지 않은 것을 참되거나 명백하다고 확증하는 것이 아니다. 여러분이 어떤 것이 명백하다고 생각할 때, 인침은 그것을 더욱 확실히 믿을 수 있게 해준다. 마찬가지로 성례전은 진리가 아닌 것이나 말씀 안에 담겨 있지 않은 것을 확신시켜 주지 않는다. 성례전은 이미 진리인 말씀을 인치기 때문에, 그 말씀이 진리임을 더욱 확신하게 해준다. 외적인 감각이 일깨워질수록, 내면의 마음과 지성은 더욱 더 확실하게 믿고 확신하기 때문이다. 성례전은 눈이나 손, 다른 모든 외적인 감각을 일깨운다. 이 외적인 감각이 하나님의 성령의 역사와 함께할 때, 우리 마음이 더욱 더 큰 감화를 받는다."

"적용하기"

대교리문답에는 "표시하고(signify), 인치며(seal), 드러내다(exhibit)"로 되어 있다. 얼핏 보면 "드러내다"는 "표시하다"의 반복인 것 같지만, 이 단어를 주의 깊게 보면, 전에는 "적용하다"(apply)라는 의미로 잘 알려져 있었음을 알게 된다. 오늘날 "exhibit"는 "나타내다(represent)나 "표시하다"(signify)와 거의 동일한 의미이지만, 옛 스코틀랜드어와 영어에서는 "넘겨주다, 집행하다, 적용하다"를 의미했고, 전문적인 의학 용어로는 지금도 그렇게 사용하며, 대교리문답에서도 그런 의미로 사용했다.

그래서 브루스는 이렇게 말한다. "성례전은 그것이 표시하는 것을 영혼과 마음에 적용하고(exhibit) 전해준다. 그런 점에서 주님은 성례전을 수단으로 정하셨다." 가드너 주교는 "이 성례전 안에서 우리에게 주어지는 그리스도의 인성을 통해 우리는 그리스도의 신성에 참여한다"라고 말한다. 조지 길레스피(George Gillespie)는 개신교 저술가들이 말하는 "드러내는 표징들"(exhibitive signs)이 무엇을 의미하는지 설명하면서 이렇게 말한다. "exhibition'이 신자의 영혼에 머물며 그를 힘 있게 하고 확증하며 위로하기 위해 그리스도와 그의 모든 유익을 실제로 생생하고 효력 있게 적용한다."

"신자에게"

"신자"는 그리스도의 참된 제자이고 하나님의 참된 자녀인 사람에 대한 성경적인 명칭이자 묘사다. 사도행전 5장 14절과 디모데전서 4장 12절을 보라. 이 명칭은 구원과 영생을 위하여 믿음으로 예수 그리스도를 영접하고 의지하며 의뢰하는 사람에게 적용된다. 소교리문답에서는 하나님이 오직 그런 사람들을 위해 성례전을 정하셨다고 가르친다.[191]

적용

1. "우리가 성례전을 통해 얻는 것은 말씀 안에서도 얻을 수 있는데, 하나님이 우리에게 말씀 외에 성례전을 더하신 이유가 무엇인가 하는 의문을 가질 수 있다. 당신에게 하늘과 땅의 왕이신 하나님의 아들이 주어져 있다면, 당신의 마음은 그보다 더 큰 선물을 원할 수도 없고 생각할 수도 없다. 하나님이 성례전을 세우신 것은 그리스도를 더 잘 받아들이게 하기 위함이고, 이것은 말씀만으로는 충분하지 않다. 즉, 하나님은 우리 영혼이 그리스도를 온전히 받아들이고, 그리스도께서 우리 안에 더 잘 계시게 하기 위해 성례전을 정하셨다. 명료한 말씀에도 불구하고 하나님이 성례전을 더하신 이유는 이것이다"(브루스).

2. "따라서 성례전의 소임은 하나님의 말씀에 주어진 소임과 다르지 않다. 성례전은 그리스도를 우리에게 제시하고, 그리스도 안에서 하늘에 속한 은혜의 보화를 우리에게 제시한다"(칼뱅).

---

191 성례전이 사람을 거듭나게 하고 회심시키는 규례인지의 여부에 관한 문제는 조지 길레스피의 『아론의 싹 난 지팡이』(*Aaron's Rod Blossoming*)에서 자세하게 다룬다. 또한 조나단 에드워즈도 그의 독보적인 지성과 통찰을 통해 이 문제를 자세하게 다룬다. 커닝엄은 "츠빙글리와 성례전 교리"(Zwingle and the Doctrine of the Sacraments)에 관한 글에서 길레스피의 논증을 요약했는데, 그 글은 성례전에 관한 개혁교회의 교리를 이해하고자 하는 모든 사람이 주의 깊게 읽어야 한다. 나는 신학생들에게 로버트 브루스의 "성례전에 관한 다섯 편의 설교"(Five Sermons on the Sacraments)를 숙독하기를 강력하게 추천한다. 그렇게 한 신학생들은 이 중요한 주제를 명료하고 풍부하게 알고 강해하며 권면할 수 있을 것이다. 제임스 캔들리쉬 교수가 쓴 아름다운 편람도 모든 사람이 활용할 수 있다.

제93문

문　신약의 성례전으로는 어떤 것들이 있습니까?

답　신약의 성례전으로는 세례[192]와 성찬[193]이 있습니다.

성례전과 관련해 사도의 가르침과 실천을 떠난 로마 교회는 세례와 성찬에 견진, 고해, 신품, 혼인, 병자 성사라는 다섯 가지를 추가했다. 제92문에서 제시된 성경적인 가르침을 주의 깊게 연구해보면, 왜 로마 교회가 추가한 다섯 가지 규례와 제도와 관행이 성례전으로서의 참된 성격과 기능을 지니지 않는지 알 수 있다.

제94문

문　세례가 무엇입니까?

답　세례는 성부와 성자와 성령의 이름으로 물로 씻어[194] 우리가 그리스도에게 접붙여진 것과 은혜 언약의 유익에 참여하게 된 것과 우리가 주님의 것이 되기로 약속한 것을 표시하고 인치는[195] 성례전입니다.

---

192 "그러므로 너희는 가서 모든 민족을 제자로 삼아 아버지와 아들과 성령의 이름으로 세례를 베풀고"(마 28:19).

193 "그들이 먹을 때 예수께서 떡을 가지사 축복하시고 떼어 제자들에게 주시며 이르시되 받아서 먹으라 이것은 내 몸이니라 하시고 또 잔을 가지사 감사 기도 하시고 그들에게 주시며 이르시되 너희가 다 이것을 마시라 이것은 죄 사함을 얻게 하려고 많은 사람을 위하여 흘리는 바 나의 피 곧 언약의 피니라"(마 26:26-28).

194 "그러므로 너희는 가서 모든 민족을 제자로 삼아 아버지와 아들과 성령의 이름으로 세례를 베풀고"(마 28:19).

195 "그러므로 우리가 그의 죽으심과 합하여 세례를 받음으로 그와 함께 장사되었나니 이는 아버지의 영광으로 말미암아 그리스도를 죽은 자 가운데 살리심과 같이 우리로 또한 새 생명 가운데 행하게 하려 함이라"(롬 6:4), "누구든지 그리스도와 합하기 위하여 세례를 받은 자는 그리스도로 옷 입었느니라"(갈 3:27).

리델(Liddell)과 스코트(Scott)는 자신들이 편찬한 헬라어 사전에서 "세례"(baptism)의 고전적인 의미만을 제시한다. 예컨대 호메로스의 글에서 한 용례를 가져와, 이 단어가 대장장이가 뜨겁게 달구어진 철을 물에 집어넣어 담금질하는 것을 의미함을 보여준다. 또한 이 단어는 염색공이 직물을 큰 통에 담그는 것을 가리키는 데도 사용되고, 배가 물속으로 가라앉는 것을 가리키는 데도 사용되며, 배를 진수시키며 물속으로 집어넣는 것을 가리키는 데도 사용된다. 이것들이 "세례"라는 단어에 내재된 근원적인 관념이다.

이 단어가 성경과 교회에서 사용될 때의 의미는 우리 주님의 전령으로 온 세례 요한의 사역을 통해 모든 사람에게 알려졌다. "세례자"(The Baptist)라는 별칭은 그의 주된 사역이 세례를 주는 것이었음을 보여준다. 그의 사역에서 세례는 회개하는 자의 더러운 마음과 성품을 깨끗하게 해서 더 순결하고 거룩한 삶으로 들어가게 함을 상징했다. 바울 서신에서 기독교 세례를 언급한 모든 본문의 뿌리에는 세례 요한의 세례 개념이 있다. 기독교회가 그리스도께서 이 땅에 오셔서 행하신 일을 온전히 깨닫게 된 후에는, 좀 더 복음적이고 성례전적인 개념이 원래 개념과 가르침에 더해졌다. 하지만 소교리문답은 이 단어의 온전한 내용을 놀라울 정도로 분명하고 완벽하게 제시한다.

"물로 씻어"

"세례받는 사람을 완전히 물에 잠기게 하느냐, 그것을 한 번 또는 세 번 하느냐, 단지 물을 뿌리기만 하느냐 하는 것은 전혀 중요하지 않다. '세례를 주다'(baptize)라는 용어는 완전히 물에 잠기게 하는 침례를 의미하고, 그것이 초대 교회에서 채택한 형태였음은 분명하다. 하지만 교회는 각 형편과 처지에 따라 어느 쪽이든 선택할 자유가 있다"(칼뱅).

"반드시 세례받는 사람이 물속에 완전히 잠겨야 하는 것은 아니다. 세례받는 사람 위에 물을 붓거나 뿌리는 세례 방식도 올바르다"(신앙고백서).

"성부와 성자와 성령의 이름으로"

소교리문답에서 "이름으로"는 "in the name"으로 되어 있지만, 거기에는 "unto the name"이라는 의미도 내포되어 있다. 즉, 물로 씻거나 물에 잠기게 하거나 물을 뿌리는 것은 세례받는 사람을 악한 과거로부터 분리하고, 성부와 성자와 성령 안에서(in) 및 성부와 성자와 성령과 합하여(unto) 새 생명의 삶으로 들어가게 함을 상징한다. 그들의 이름이 곧 그들 자신이기 때문이다. 캔들리쉬가 지적했듯이, 그들의 이름은 "그들 자신에 대해 알게 해온" 모든 것이다. 세례 받는 사람은 바로 그 모든 것으로 넘겨진다. 버틀러(Butler)는 계시의 경륜이 발전하면서 이전에 알려지지 않았던 새로운 본분과 의무가 계시된다고 지적하면서, 성부와 성자와 성령의 이름으로 세례를 주라고 하신 것을 그 예로 든다. 하지만 복음주의 체계에서는 세례로 새로운 본분과 의무로 들어가기보다는 새로운 특권과 복으로 들어감이 허락되고 거기에서 본분과 능력이 생겨난다.

"표시하고 인치는"

성례전 체계에서 이 용어의 참된 의미에 대해서는 제92문의 답과 거기에서 추천한 저작들을 보라. 커닝엄은 "세례를 통한 거듭남에 관한 가르침은 사탄이 지금까지 고안해낸 그 어떤 가르침만큼이나 강력하고 광범위한 치명적인 오류를 불러일으켰다"라고 말했다. 교회사를 읽었고, 오늘날 교회 생활을 지켜보았으며, 성경에서 도출되어 개혁교회와 청교도의 신조에 표현된 성례전에 관한 진리를 배운 사람이라면, 커닝엄의 말이 조금도 과장이 아니라고 생각할 것이다.

"우리가 그리스도에게 접붙여진 것"

이 은유를 사용한 성경의 고전적인 본문은 두말할 필요도 없이 요한복음 15장과 로마서 11장 16-24절이다. 그리고 바울은 로마서 6장1-6절에서는 접붙임이라는 은유를 세례와 연결시킨다. 세례가 우리를 그리스도게

웨스트민스터 소교리문답 강해

로 접붙이는 효력을 지니는 것은 아니다. 단지 그것을 표시하고 인친다. 접붙임은 우리를 생명이자 머리이며 뿌리이신 그리스도와 하나가 되게 하는 것으로서, 거듭남을 통해 이루어진다.

"세례를 받은 사람은 둘째 아담이신 그리스도로 옷 입는다. 그는 그리스도 전체와 합하여 세례를 받고, 그리스도의 죽으심과 합하여 세례를 받는다. 세례를 받는 순간에, 그리스도께서는 그 사람을 위해 고난을 받으시고 죽으시고 장사되시고, 그 사람은 그리스도와 함께 고난을 받고 죽고 장사된다"(벵겔).

"우리가 주님의 것이 되기로 약속한 것"

"전적으로 오직 주님의 것이 되기로 공개적이고 공공연하게 약속한 것"(대교리문답).

"그가 새 생명의 삶 가운데 행하기 위해 예수 그리스도로 말미암아 하나님께 자신을 내어드린 것"(신앙고백서).

"참으로 담대한 마음으로 내게 가까이 올 자가 누구냐 여호와의 말씀이니라"(렘 30:21).

"우리 편에서 볼 때 세례는 우리에게 언약의 의무를 지우는 표시이자 약속이다. 즉, 우리가 그렇게 하겠다고 고백한 표시이고, 그 고백으로 인해 부과된 의무를 지키겠다고 하는 우리의 약속이다"(맨턴).

제95문

문   세례는 누구에게 베풉니까?

답   그리스도를 믿는 믿음과 그리스도에 대한 순종을 고백할 때까지는 보이는 교회 밖에 있는 사람에게 세례를 베풀어서는 안 됩니다.[196] 하지만 보이는 교회에 속한 지체들의 유아들에게는 세례를 베풀 수 있습니다.[197]

"그리스도를……베풀어서는 안 됩니다"

이 대답은 두 부분으로 이루어져 있다. 첫 번째로 성인을 다루고, 두 번째
는 유아를 다룬다. 성인의 세례에 관한 소교리문답의 가르침이 그리스도
의 뜻과 부합함은 우리 주님이 제자들에게 세례를 명하실 때 하신 말씀과
사도들의 변함없는 실천으로부터 분명하게 드러난다. 성인의 경우, 그리
스도를 믿는 믿음을 고백하는 사람에게 세례를 주고 보이는 교회로 받아
들였다.

"보이는 교회"

신앙고백서에서는 교회를 보이지 않는 교회와 보이는 교회로 구분해 다
음과 같이 정의하고 설명한다. "보이지 않는 보편 교회는 머리이신 그리
스도 아래에서 하나였고 지금도 하나이며 장래에도 하나일 택하신 자들
의 총 수로 구성되고, 만유 안에서 만유를 충만하게 하시는 이의 신부이
자 몸이며 충만이다. 보이는 교회는 전 세계에 걸쳐 참된 신앙을 고백하
는 모든 사람과 그들의 자녀로 구성된다."

　칼뱅은 이렇게 말한다. "나는 성경이 교회에 대해 두 가지 방식으로 말
함을 앞에서 언급했다. 성경이 교회라고 말할 때, 그것은 종종 하나님 앞
에 있는 교회를 의미한다. 이 교회는 양자 삼으심의 선물로 말미암아 하

196　"길 가다가 물 있는 곳에 이르러 그 내시가 말하되 보라 물이 있으니 내가 세례를 받음에
　　무슨 거리낌이 있느냐 [빌립이 당신이 온 마음으로 믿는다면 세례를 받을 수 있으리라고
　　말하자 그 내시가 대답하여 말하되 예수 그리스도께서 하나님의 아들이심을 내가 믿노라
　　고 하나라ー KJV]."(행 8:36-37), "베드로가 이르되 너희가 회개하여 각각 예수 그리스도
　　의 이름으로 세례를 받고 죄 사함을 받으라 그리하면 성령의 선물을 받으리니"(행 2:38).
197　"베드로가 이르되 너희가 회개하여 각각 예수 그리스도의 이름으로 세례를 받고 죄 사함
　　을 받으라 그리하면 성령의 선물을 받으리니 이 약속은 너희와 너희 자녀와 모든 먼 데
　　사람 곧 주 우리 하나님이 얼마든지 부르시는 자들에게 하신 것이라 하고"(행 2:38-39),
　　창세기 17장 10절과 골로새서 2장 11-12절을 비교해보라. "믿지 아니하는 남편이 아내
　　로 말미암아 거룩하게 되고 믿지 아니하는 아내가 남편으로 말미암아 거룩하게 되나니
　　그렇지 아니하면 너희 자녀도 깨끗하지 못하니라 그러나 이제 거룩하니라"(고전 7:14).

나님의 자녀가 되고 성령의 거룩하게 하심으로 그리스도의 참된 지체가 된 사람만이 속해 있는 교회다. 또한 교회라는 이름은 전 세계에서 세례를 통해 신앙으로 입문해 한 분 하나님과 그리스도를 예배하기로 고백한 모든 사람의 무리를 가리키는 경우가 흔하다."

따라서 사도들은 그리스도를 전할 때 언제나 그리스도를 믿는 믿음을 고백하게 한 후에야 그리스도의 이름으로 세례를 베풀었다. 우리 선교사들도 변함없이 그런 원칙 위에서 세례를 행하고 있다.

"하지만 유아들"

유아세례(infant baptism)는 종종 헬라어로 "유아"를 뜻하는 '파이데스'를 사용해 "paedo-baptism"이라고 부르기도 한다. 예배규칙서에서는 신앙을 고백한 부모의 자녀들이 그리스도인이고, 세례를 받기 이전에 이미 부모와의 연합으로 말미암아 거룩하기 때문에, 세례를 받는다고 말한다. 그들에 대한 세례는 그들이 교회의 지체임을 전제하기 때문에 세례를 통해 그들이 교회의 지체가 되는 것은 아니다. 조나단 에드워즈는 『친교의 자격요건들』(*Qualifications for Communion*)에서 자녀로 하여금 세례를 받게 하고자 하는 부모에게는 세례를 받는 성인에게 요구되는 것과 동일한 자격요건이 요구되는 것이 개신교 신학자들의 일반적인 견해라고 말한다.

여기에서는 수많은 그리스도인 부모가 자신의 자녀들을 세례받게 하려고 만들었던 성경의 근거와 고찰을 살펴보지는 않는다. 상당히 많은 문헌이 그 문제를 다루고 있다. 그리고 독자들은 기독교의 실천과 소교리문답의 가르침들을 밑받침해주는 근거에 대해서는 칼뱅, 커닝엄, 찰스 하지, 맥크리(M'Crie), 에드워즈의 글을 참조할 수 있다.

자녀의 이름을 짓는 것과 그들에게 주는 세례 간의 상관관계에 대해 알포드(Alford)는 이렇게 말했다. "자녀의 이름은 할례 때 주어진다. 하나님이 할례 예식을 제정하실 때 아브람과 사래의 이름을 아브라함과 사라로 바꾸셨기 때문이다." 좀 더 가까운 예로, 이교도들은 회심하여 세례를 받고 공적으로 교회로 들어올 때 새로운 이름을 수여받았다. "자녀에게 이름을 주는 것은 하나님이 원래 의도하신 할례의 한 부분이 아니었고, 세례의 한 부분도 아니었고, 단지 관습에 의해 추가되었을 뿐이다. 따라서 세례를 베풀 때는 먼저 그 아이에게 이름을 수여하고, 그 후에 아이를 그 이름으로 불러 세례를 준다는 것을 분명하게 해야 한다"(도드리지).

적용

1. "우리 자녀들이 태어나면서부터 하나님에 의해 하나님의 자녀로 여겨지고 인정받았음은 그들을 하나님을 경외하고 하나님의 법을 지키는 자들로 키우는 데 중요한 동기가 된다"(칼뱅).

2. 신약성경에는 유아에게 세례를 주라는 명시적인 명령이 나오지 않는다. 사실 새삼스럽게 그런 명령을 하실 필요가 없었다. 그러한 특권은 이미 오래전부터 확립되어 있었고, 그리스도나 사도들은 그것을 한 번도 뒤집지 않고, 도리어 구약시대부터 유아들에게 주어져 있던 그 권리가 신약시대에도 그들에게 지속되는 것으로 선언했다. 즉, "이 약속은 너희와 너희 자녀에게 하신 것"(행 2:39)이라고 말했다.

3. 하지만 세례 받은 유아 중에서 다수는 세례가 아무 소용이 없는 것으로 증명되었다. 그리고 이것은 나이가 들어 세례를 받은 사람들 중에서도 마찬가지다. 세례를 받았다고 해서 저절로 그리스도인으로서의 본분을 지키게 되는 것은 아니다(플라벨).

제96문

문   성찬이 무엇입니까?

답   성찬은 그리스도께서 정하신 대로 떡과 포도주를 주고받음으로써 그의 죽으심을 나타내 보이는 성례전입니다. 성찬을 합당하게 받는 사람은 물질적이고 육신적인 방식이 아니라 믿음으로 그리스도의 몸과 피에 참여하는 자가 되어, 그가 주신 모든 유익을 자신의 영적인 자양분으로 삼아 은혜 안에서 성장합니다.[198]

"성찬"

신약의 두 번째 성례전은 성경이 그것을 바라보는 방식 그리고 이 규례가 지닌 특징 중 어떤 특징을 주목하느냐에 따라 여러 이름으로 불린다.

(1) 성찬을 지칭할 때 누가가 선호하는 명칭은 "떡을 떼는 것"(눅 24:30; 행 2:42, 20:7을 보라)이다.

(2) 이 성례전을 지칭하는 두 번째 성경적인 명칭은 "그리스도의 몸과 피에 참여함"(고전 10:16)이다. 이 명칭은 이 규례의 본질적인 요소인 영적 공동체 및 믿음과 사랑의 교제라는 개념을 드러내준다.

(3) 세 번째 성경적인 명칭은 "유카리스트"(Eucharist) 또는 "감사"이다 (마 26:26-27; 고전 11:24; 14:16). 서방 교회는 헬라어 '유카리스트'를 라틴어 '악티오 그라티아룸'(actio gratiarum)으로 번역했다. 이 라틴어의 영향을 받아서 아직도 성찬을 "행위 설교"(action sermon), "행위 전의 설교"(the sermon before the action)라고 부르기도 한다.

(4) 네 번째이자 가장 보편적이고 친숙한 명칭은 주님의 만찬(Lord's Supper) 또는 주님의 식탁(Lord's Table)이다. 이것을 "만찬"(Supper)이라고 부르는 이유는 유월절 만찬을 신약 교회로 가져온 것이기 때문이다. 이것을 "주님의 만찬"이라고 부르는 것은 우리 주님이 이 제도를 제정하셨고, 그리스도와 그의 모든 유익을 신자들에게 나타내고 인치며 적용하는 것이기 때문이다.

"성찬은 속된 만찬과 구별하기 위해 '주님의 만찬'이라 불리기도 한다. 이것은 속되거나 일상적인 만찬이 아니라, 주님의 만찬, 거룩한 만찬, 우

---

198 "내가 너희에게 전한 것은 주께 받은 것이니 곧 주 예수께서 잡히시던 밤에 떡을 가지사 축사하시고 떼어 이르시되 이것은 너희를 위하는 내 몸이니 이것을 행하여 나를 기념하라 하시고 식후에 또한 그와 같이 잔을 가지시고 이르시되 이 잔은 내 피로 세운 새 언약이니 이것을 행하여 마실 때마다 나를 기념하라 하셨으니 너희가 이 떡을 먹으며 이 잔을 마실 때마다 주의 죽으심을 그가 오실 때까지 전하는 것이니라"(고전 11:23-26), "우리가 축복하는 바 축복의 잔은 그리스도의 피에 참여함이 아니며 우리가 떼는 떡은 그리스도의 몸에 참여함이 아니냐"(고전 10:16).

리의 영혼을 더욱 거룩하게 하기 위하여 영혼에 양식을 공급하고, 영혼을 먹여 영생으로 나아가도록 하기 위해 정하신 만찬이기 때문이다. 성경에서는 이것을 '주님의 식탁'(Table of the Lord)이라고도 부른다. 사도는 '주님의 제단'이라고 부르지 않는다. 사람들이 서서 섬기는 '제단'이 아니고, 함께 앉아서 먹는 식탁이다. 이것은 제사를 드리고 죄를 속하는 제단이 아니라 받아서 먹는 식탁이다"(브루스).

"떡과 포도주를 주고받음으로써"

"나누어주는 것." "이것을 받아 너희 가운데 나누라." "떡이 하나요 많은 우리가 한 몸이니 이는 우리가 다 한 떡에 참여함이라"(고전 10:17).

"떡과 포도주는 그리스도의 몸과 피를 나타내기에는 너무 흔하고 보잘것없지 않은가? 떡 한 조각과 포도주 한 모금은 그 자체로는 값비싼 것이 아니겠지만, 용도와 목적 측면에서는 그 가치가 엄청나다. 한 페니짜리 밀랍은 그 자체로는 보잘것없지만, 막대한 유산을 봉인하는 데 사용되면 수천 파운드의 가치를 지닌다"(플라벨).

"그리스도께서 정하신 대로"

복음서와 고린도전서에 나오는 성찬 제정 기사들을 보라. 벵겔은 요한복음 6장에 대해 이렇게 말한다. "예수께서는 자신의 말씀을 아주 완벽하게 표현하셨기 때문에, 그리스도를 영적으로 향유함에 있어 이 말씀을 엄격하게 적용할 수 있다. 이 말씀은 성찬이 제정되었을 때 성찬이 지닌 엄청난 신비를 표현하는 데도 적합했……그리스도의 살과 피에 관한 말씀은 예수의 수난 그리고 성찬을 염두에 둔 것이다."

하지만 몇몇 유능한 복음적인 개신교 신학자들은 우리 주님이 요한복음 6장에 나오는 긴 강론에서 성찬에 대해 언급하셨음을 부인해왔다. 이 강론에 대한 교황주의자들과 고교회파의 해석이 그리스도의 교회에 끼친 재앙에 가까운 폐해들을 생각할 때, 우리는 벵겔의 말을 받아들여야 한다.

"그의 죽으심을 나타내 보이는"

"나타내 보이다"(show forth)는 "나타내다"(represent)라는 뜻이다. 제92문의 답과 갈라디아서 3장 1절을 보라.

"성찬을 합당하게 받는 사람"

엄밀히 성찬을 받기에 "합당한" 사람은 아무도 없다. 하지만 성찬을 받는 사람이 그 자체로 합당한 것과 그리스도께서 자기 안에 있는 자들을 합당한 자로 보시고 그들을 성찬에 초대하시는 것은 서로 별개이다. 행위 언약에 비추어 한 개인의 공로의 가치를 평가해 합당하다고 하는 것과 은혜 언약에서 그리스도께서 이루신 일과 공로 그리고 믿음으로 그리스도와 연합된 자들로서의 신분에 비추어 어떤 사람을 합당하다고 하는 것은 전혀 다르다. 스스로 자기 자신을 합당하다고 여기는 사람은 성찬에 합당하지 않은 사람이다. 반면 자기는 전혀 합당하지 않은 사람이라고 느끼는 것은 성찬에 합당한 사람임을 보여주는 하나의 증표이다.

"도덕적으로 정직하고 건전한 사람들이 성례전에 참여할 자격이 있는가? 아니다. 예의바르고 도덕적인 것은 성찬에 참여할 자격 요건이 될 수 없다. 그런 것들이 아니라, 사람을 거듭나게 하는 은혜와 믿음이 바로 예복이다"(플라벨).

부도덕함은 말할 것도 없지만, 도덕성은 성찬에 참여하기에 합당한 조건이 될 수 없다. 만일 도덕성을 조건으로 한다면, 모든 사람이 성찬에 합당하지 않은 사람이 되고 만다. 이 주제에 대해서는 대교리문답을 보라.

"물질적이고 육신적인 방식이 아니라 믿음으로 그리스도의 몸과 피에 참여하는 자가 되어"

이것은 교황주의자들의 화체설을 겨냥한 것이다. 화체설에 의하면, "떡과 포도주가 그리스도의 살과 피로 변화되기 때문에, 성찬을 받는 모든 사람은 문자 그대로 실제 그리스도의 살과 피에 참여하게 된다." 반면에 소교리문답에서는 성찬에 관한 성경적이고 성례전적인 교리를 가르친다. 여기에서 성찬을 먹고 마시는 것은 몸이 아니라 영혼이다. 성찬을 받는 사람은 보이는 것이 아니라, 보이지 않는 것에 집중한다. 단지 영혼이 몸 안에 있어서, 지적이고 영적인 것을 몸을 통해 받는 것처럼 성찬도 마찬가지이다. 성찬에는 몸이 필요로 하는 것이 아무것도 없다. 성찬에 있는 모든 것은 영혼을 위함이다. 그리고 그것을 유형적인 방식으로 주고받는다. 그렇게 할 때 참된 만찬이 더욱 생생하고 감동적으로 영혼에게 주어지기 때문이다. "살리는 것은 영이니 육은 무익하니라 내가 너희에게 이른 말은 영이요 생명이라"(요 6:63).

"그가 주신 모든 유익을"

제92문의 답에서 주어진 설명을 보라. (시 68:19; 103:2-5; 116:12을 참조하라.)

"자신의 영적인 자양분으로 삼아"

이것이 "영적인" 이유는 하나님의 성령이 영적인 사람에게 주시는 것이기 때문이다. "육신적인"과 "영적인"의 대비는 단순히 유형과 정신이라는 설명만으로는 그 의미를 온전히 전달할 수 없다. 여기에서 "영적인"은 교황주의자들의 물질적 참여와 반대됨과 동시에 영적이지 않은 사람의 육신적 참여와도 반대된다.

"성찬에서 그리스도의 살은 영적인 양식으로서 영적 삶에 도움이 되기 때문에 영적이라고 불린다. 그것은 나의 몸과 영혼에 영적으로 도움을 주기 때문에 영적이라고 불린다. 그리스도의 살과 피는 현세적인 삶이 아니라 하늘에 속한 영적인 삶을 사는 데 자양분이 되기 때문에 영적이라고 불린다"(브루스).

"은혜 안에서 성장합니다"

세례나 성찬을 통해 영혼에 은혜가 시작되는 것은 아니다. 영혼에 이미 은

웨스트민스터 소교리문답 강해

혜가 있는 상태에서 이 성례전에 참여하는 것이 합당하고, 그렇게 했을 때
만 선한 결과를 거둘 수 있다. 조지 길레스피는 칼뱅을 비롯한 종교개혁자
들을 따라, 성찬이 사람을 회심시키는 규례가 아니고, 이미 시작된 은혜의
삶에 자양분을 공급하고 풍성하게 하기 위해 주어졌음을 자세하게 논증
한다. 그리고 그는 성례전이 "무릇 있는 자는 받아 풍족하게 되고 없는 자
는 그 있는 것까지 빼앗기리라"는 준칙의 예일 뿐이라는 말을 덧붙인다.

적용

1. 플라벨은 이 주제를 연구하는 사람들에게 여기에서 그리스도를 기념하라고 하신 것은
   단지 역사상의 그리스도를 기억하고 생각하라는 것이 아니라, 그 그리스도를 기억하며
   사랑을 가지고 영접하라는 것임을 지적한다.
2. "이 성례전은 그들이 그리스도와 한 몸을 이루어 그리스도께 속한 모든 것이 그들의 것
   임을 증언하고 있기 때문에, 경건한 영혼들은 이 성례전으로부터 큰 확신과 기쁨을 얻
   을 수 있다"(칼뱅).
3. "당신은 우리가 이 성례전에서 새로운 것을 얻었느냐고 묻는가? 우리는 이 성례전을 통
   해 이전에 얻었던 그리스도보다 더 나은 것을 결코 얻지 못한다. 단지 그리스도를 더
   잘 붙잡게 될 뿐이다. 당신은 말씀을 들음으로써 얻었던 바로 그것을 성례전에서 더 생
   생하게 얻는다. 성례전은 믿음에 자양분을 더해주고, 영혼의 경계를 넓혀준다. 전에
   는 그리스도를 나의 손가락으로 붙잡고 있었다면, 이제는 거룩한 손 전체로 붙잡게 된
   다. 믿음이 자라갈수록, 나는 더욱 더 그리스도 예수를 굳게 붙잡게 되기 때문이다"
   (로버트 브루스).

제97문

문   성찬을 합당하게 받기 위해서는 무엇이 요구됩니까?
답   성찬에 합당하게 참여하려고 하는 사람에게 요구되는 것은 주님의 몸을 분별

하는 지식,[199] 주님을 양식으로 삼는 믿음,[200] 회개[201]와 사랑[202]과 새로운 순종[203]이 있는지를 스스로 살피는 것입니다. 그렇게 하지 않고 합당하지 않게 나아왔을 때는 자신에게 임할 심판을 먹고 마시게 됩니다.[204]

"요구되는"

이것은 그리스도와 그의 교회가 요구하는 것이다.

"스스로 살피는 것"

"하나님에 대한 당신의 마음이 어떠하고, 이웃에 대한 당신의 마음이 어떤지를 살펴보라. 다른 사람은 당신의 마음을 살펴볼 수 없지만, 당신은 할 수 있다……언제든지 당신의 마음에 있는 어둠을 빛 가운데로 드러냄으로써, 하나님의 자비하심 가운데 당신 안에 있는 어둠이 떠나가게 함을 주님이 기뻐하신다는 사실을 늘 기억하고 명심하라. 본성적인 지각의 어둠이 빛이 되게 하는 것이 성령의 역사인지 아닌지를 생각해보라.

하나님은 당신이 빛의 자녀, 낮의 자녀가 되게 하고, 사도가 말한 것처럼 주 안에서 빛이 되게 하신다. 하나님은 어느 때라도 당신 마음의 눈을 밝히셔서 당신의 참상과 추악한 본성을 보게 하시고, 본성 안에 머물러

---

199 "사람이 자기를 살피고 그 후에야 이 떡을 먹고 이 잔을 마실지니 주의 몸을 분별하지 못하고 먹고 마시는 자는 자기의 죄를 먹고 마시는 것이니라"(고전 11:28-29).
200 "무례히 행하지 아니하며 자기의 유익을 구하지 아니하며 성내지 아니하며 악한 것을 생각하지 아니하며"(고후 13:5).
201 "우리가 우리를 살폈으면 판단을 받지 아니하려니와"(고전 11:31).
202 "우리가 축복하는 바 축복의 잔은 그리스도의 피에 참여함이 아니며 우리가 떼는 떡은 그리스도의 몸에 참여함이 아니냐 떡이 하나요 많은 우리가 한 몸이니 이는 우리가 다 한 떡에 참여함이라"(고전 10:16-17).
203 "너희는 누룩 없는 자인데 새 덩어리가 되기 위하여 묵은 누룩을 내버리라 우리의 유월절 양 곧 그리스도께서 희생되셨느니라 이러므로 우리가 명절을 지키되 묵은 누룩으로도 말고 악하고 악의에 찬 누룩으로도 말고 누룩이 없이 오직 순전함과 진실함의 떡으로 하자"(고전 5:7-8).
204 고린도전서 11:28-29.

있는 것이 얼마나 흉악한 죄인지를 알게 하신다. 이는 하나님이 당신에게 자신을 볼 수 있는 통찰력을 주시기 때문이다. 하나님이 당신에게 그리스도 예수 안에 있는 하나님의 은혜를 보게 하셔서, 당신이 그리스도의 은혜의 부요하심을 보게 되었다면, 성령께서 당신 안에서 선한 일을 시작하셨음에 틀림없다!"(로버트 브루스).

"우리가 얼마나 비참한지를 느끼지 못하면, 자신의 흉악하고 기형적인 모습을 알지 못하기 때문에 자신이 괜찮은 사람이라고 생각하기가 너무나 쉽다. 또한 우리가 자신을 그렇게 생각하는 정도가 심할수록 그것들을 제거하고자 하는 마음을 가질 수 없게 된다. 하나님이 양날의 칼같이 날카로운 율법을 우리에게 들이대셔서, 본성의 법이나 인간의 법으로는 결코 닿을 수 없는 깊고 은밀한 마음을 파헤치시지 않는다면, 거기에서 곪을 대로 곪은 종기들은 어떻게 고침 받을 수 있겠는가? 이것을 통해 우리는 은밀한 욕망조차 죄임을 알게 되고, 우리 속에서 아른거리는 생각조차도 범죄할 수 있음을 알고 두려워하게 된다"(후커).

"다른 사람들에게서는 미덕을 찾아내고, 자신에게서는 악덕을 찾아내라"(토머스 풀러).

"기꺼이 죽고자 하는 사람이 아니라면 성찬에 참여하기에 합당하지 않다"(제러미 테일러).

"주님의 몸을 분별하는 지식"

"분별하다"(discern)는 성경에 나오는 단어이고, 언제나 "제대로 이해하다, 구별해내다, 구분하다"를 의미한다. 여기에서 "주님의 몸을 분별한다"는 것은 주님과 주님의 몸을 받는 것이 무엇인지를 알고, 우리가 그렇게 하기에 합당한지 아닌지를 살피는 것이다.

다음과 같은 질문을 자신에게 던져 대답할 수 있는 사람은 주님의 몸을 분별하는 사람이다. 갈보리 한가운데 있던 십자가에 달리신 것은 누구의 몸인가? 그 몸이 왜 거기에 있었는가? 주님이 "내 몸이 너를 위해 부서졌다"라고 말씀하신 것은 무슨 의미인가? 성찬에서 주어지는 주님의 몸은 어떤 의미이고 어떤 결과를 가져오는가? 내가 어떻게 해야 주님의 몸과 올바르게 하나가 되는가?

우리가 주님의 몸을 이런 질문으로 바라본다면, 그 몸을 올바르게 분별할 수 있다.

"주님을 양식으로 삼는 믿음"

"심판을 먹고 마신다"에 대한 설명을 보라. "믿음이 없이는 언약도 없다. 언약이 없이는 인침도 없다. 인침이 없이는 성례전도 없다"(레이놀즈). 믿음은 눈에 비유되기도 하고, 발에 비유되기도 하며, 손에 비유되기도 한다. 여기에서 믿음은 영혼의 입으로 묘사된다. '먹는다'는 은유는 구약성경에 자주 나온다. 이 비유는 요한복음 6장에 나오는 주님의 긴 강론과 성찬 규례를 통해 그리스도인의 생각과 마음에 친숙해졌다. 믿음은 먹고 소화시켜 자양분을 취하는 기관이고, 그리스도 및 그의 말씀과 일과 은혜는 믿음의 고유한 양식이다. 성찬을 합당하게 받는 사람들은 영적으로 그리스도를 먹고, 스스로를 올바르게 살핀 사람들은 자신들이 그렇게 하고 있음을 안다.

"회개"

"회개"에 대해서는 제87문의 답을 보라.

"사랑"

"사랑"에 대해서는 제42문의 답을 보라.

"새로운 순종"

"새로운 순종"에 대해서는 제87문의 답을 보라.

웨스트민스터 소교리문답 강해

"자신에게 임할 심판을 먹고 마시게"

제임스 캔들리쉬 교수는 이를 신약성경의 공인역에서 "damnation"(저주를 받아 지옥에 떨어지는 것)으로 번역한 것보다 소교리문답에서 "심판"(judgment)이라고 번역한 것이 더 정확하다고 지적한다. 개역판은 소교리문답을 따라 "심판"으로 번역한다.

맥클리어(Maclear) 박사는 마가복음 12장 40절에 대해 주석하면서 고린도전서 11장 29-32절에서 "판단, 분별함, 정죄함" 등으로 번역된 단어가 모두 헬라어로는 하나의 단어에서 파생했거나 그 부분이라고 지적한다. 그러면서 그는 위클리프(Wycliffe)가 이를 보여주기 위해 다음과 같이 여러 형태로 번역했다고 말한다. "합당하지 않게 먹고 마시는 자는 주의 몸을 지혜롭게 판단하지 않아 자신에 대한 심판을 먹고 마시는 것이다[개역개정에는 '주의 몸을 분별하지 못하고 먹고 마시는 자는 자기의 죄를 먹고 마시는 것이니라 우리가 우리를 살폈으면 판단을 받지 아니하려니와']…… 우리가 지혜롭게 판단한다면 우리는 세상과 함께 심판을 받지 않게 될 것이다['우리가 판단을 받는 것은 주께 징계를 받는 것이니 이는 우리로 세상과 함께 정죄함을 받지 않게 하려 하심이라']."

은혜를 멸시함이 클수록 죄도 크다. 다른 죄에 성찬을 멸시하여 합당하지 않게 받는 죄를 더한 자들에 대한 형벌은 더 무거울 것이다. 합당하게 받는 사람들이 얻는 유익이 클수록 말씀과 성례전을 멸시하고 더럽힌 자들의 죄는 더 크다.

로버트 브루스의 강력하고 향기로운 설교들을 보라. "세상 왕들은 통상적으로 자신의 위엄과 관련된 것이라면 아주 작은 부분이 훼손되는 것도 용납하지 않음을 여러분도 잘 안다. 세상 왕들의 봉인은 단지 밀랍에 불과한데 무엇이 그것보다 더 작을 수 있겠는가? 하지만 당신이 그 봉인을 멸시하여 경멸하고 발로 짓밟았다면, 당신은 마치 왕을 짓밟은 것처럼 여겨져 합당한 형벌을 받게 될 것이다. 그런데 당신이 그리스도의 몸과 피라는 봉인을 훼손함으로써 그 몸과 피를 범하는 죄를 저질렀다면 어떻게

되겠는가?⋯⋯ 당신이 성찬을 하찮게 여기고 멸시한다면 머지않아 그 성
찬에 참여하지 못하게 될 것이다. 당신이 제멋대로 성찬을 받아먹을 수
있을 때 받아먹으라. 그러면 당신이 성찬을 달라고 울부짖어도 받지 못하
게 될 때가 머지않아 오게 될 것이다. 은혜와 자비 대신에 심판과 보응과
진노가 임할 것이다."

적용

자기성찰, 즉 스스로를 살피는 것에 대한 최고의 책은 조나단 에드워즈의『신앙감정론』
(부흥과 개혁사, 2005)이다. 진정으로 은혜롭고 거룩한 감정을 보여주는 증표가 무엇인지
를 다루는 제3부는 지금까지 쓰인 실천신학의 글 가운데 최고의 걸작이다. 에드워즈는 확
신에 대해 설명하면서 이렇게 말한다. "사람들이 부패함을 죽이고, 은혜 안에서 자라가며,
은혜의 생생한 활동을 느끼는 것 외에 다른 방식으로 확신을 얻는 것은 하나님이 정하신
뜻이 아니다. 스스로를 살피는 것은 아주 유용하고 중요한 일이고, 결코 소홀히해서는 안
되는 의무다. 하지만 그것은 성도들이 자신의 선한 상태에 대해 만족을 얻는 주된 수단이
아니다. 확신은 스스로를 살핌으로써가 아니라 행위로 얻어야 한다⋯⋯바울은 생각이나
묵상을 통해서가 아니라 끊임없이 달리는 것을 통해 장차 상을 얻게 될 것이라는 확신을
얻었다. 엄격하게 스스로를 살피는 것이 아니라 신속하게 달려 승리의 확신을 향하여 더
가깝게 나아갈 수 있었다."

제98문

문 기도가 무엇입니까?
답 기도는 우리 죄를 고백하고,[205] 하나님이 베풀어주신 자비를 인정하고 감사하

---

205 "내가 이르기를 내 허물을 여호와께 자복하리라 하고 주께 내 죄를 아뢰고 내 죄악을 숨
     기지 아니하였더니 곧 주께서 내 죄악을 사하셨나이다(셀라)"(시 32:5), "내 하나님 여호

는 가운데,[206] 하나님의 뜻과 부합하는 것[207]에 대한 우리의 소원을 그리스도의 이름으로[208] 하나님께 올려드리는[209] 것입니다.

이제 우리는 제88문의 답에 열거된 기독교의 세 규례 중 마지막인 "기도"라는 주제에 도달하게 되었다. 소교리문답의 구조에서 제88문답은 새로운 단원의 시작이다. 이 단원은 말씀과 성례전과 기도가 "그리스도께서 우리에게 구속의 유익을 전해주시는 통상적인 수단"임을 가르친다. 읽고 전하는 말씀에 대해서는 이미 살펴보았고, 성례전에 관한 교리도 방금 살펴보았기 때문에, 이제 마지막으로 기도를 살펴볼 차례다. 여기에서는 소교리문답의 일관되고 주의 깊은 방법론에 따라, 기도에 대한 정의 또는 설명을 묻고, 거기에 대한 대답이 제시된다.

"기도는 우리의 소원을 하나님께 올려드리는 것입니다"

모든 기도는 결핍이 있다는 것과 결핍된 것을 갖고자 하는 소원을 전제한다. 그러한 소원은 참된 기도에 필수불가결하다. 많은 성경 본문에서 참된 소원은 기도가 하나님께 받아들여지고 응답을 받게 하는 데 필요한 것으로 제시된다. 진지한 소원을 대신할 것은 아무것도 없다. 하나님은 마음을 드려 간구하지 않는 사람의 기도에는 응답하지 않으신다.

"모든 선하고 거룩한 소원은 그 자체로 실체이고, 사람의 마음의 애통

와께 기도하며 자복하여 이르기를 크시고 두려워할 주 하나님, 주를 사랑하고 주의 계명을 지키는 자를 위하여 언약을 지키시고 그에게 인자를 베푸시는 이시여"(단 9:4).

206 "아무 것도 염려하지 말고 다만 모든 일에 기도와 간구로, 너희 구할 것을 감사함으로 하나님께 아뢰라."(빌 4:6).

207 "그를 향하여 우리가 가진 바 담대함이 이것이니 그의 뜻대로 무엇을 구하면 들으심이라"(요일 5:14).

208 "그날에는 너희가 아무 것도 내게 묻지 아니하리라 내가 진실로 진실로 너희에게 이르노니 너희가 무엇이든지 아버지께 구하는 것을 내 이름으로 주시리라"(요 16:23).

209 "백성들아 시시로 그를 의지하고 그의 앞에 마음을 토하라 하나님은 우리의 피난처시로다 (셀라)"(시 62:8).

함과 신음과 탄식을 보시는 하나님 앞에서 능력 있는 기도가 되게 한다. 간구하는 기도는 우리 안에 우리가 간구하는 것이 결여되어 있음을 전제한다. 그리고 우리가 그 결핍을 느낀다는 것을 전제한다. 세 번째로는 그 결핍에서 벗어나고자 하는 간절한 마음, 마지막으로 하나님 앞에서 우리의 소원을 드러냄을 전제한다"(후커).

"하나님의 뜻과 부합하는 것에 대한"

우리는 기도로 하나님의 뜻과 부합하지 않는 것을 구해서는 안 되고, 무엇이 하나님의 뜻과 부합하는지를 알아내기 위해 최선의 노력을 기울여야 한다. 기도를 통해서든 다른 노력이나 시도를 통해서든 하나님의 뜻과 부합하지 않는 것을 얻으려고 해서는 안 된다. 우리는 기도하기 전에 우리가 소원하는 것들에 대한 하나님의 뜻을 가능한 한 알아야 하고, 그에 따라 기도를 드리거나 드리지 않아야 한다. 우리는 기도에서 우리의 지침이 되어줄 하나님의 계시된 뜻을 이미 가지고 있다.

"따라서 기도의 첫 번째 단계는 기도의 헌장이라고 할 수 있는 하나님의 약속들을 아는 것이다. 이 계시된 뜻을 넘어서는 하나님의 뜻은 우리가 도저히 알 수 없는 신비이다"(어빙). (제2, 39, 99문의 답을 보라.)

실천 신앙 저술가들은 우리가 절대적으로 구할 수 있고 구해야 하는 것들이 있고, 오직 어떤 조건에서만 구해야 하는 것들이 있음을 가르치고, 성경을 근거로 이 두 가지를 자세하게 예시해준다.

"그리스도의 이름으로"

(대교리문답 제180, 181문의 답을 보라.)

중보는 모세 경륜의 기본적인 원리였고, 그 경륜이 "쇠퇴하여 낡아지자마자" 하나님과 사람 사이에 한 중보자가 나타나 이 하나님의 원리가 그 중보자 안에서 드러나기 시작했다. 그는 자신의 피를 가지고 지성소로 들어가기 전, 그의 제자들이 그것을 알아들을 수 없었던 때에도, 그 집의 아들이자 길이고 문이며 유일한 통로로서 하나님과 사람 사이에서 자신의 유일무이한 지위를 분명하게 밝히셨다.

우리가 성령의 조명을 받은 지각과 믿는 마음을 가지고 그리스도의 이름으로 기도드리는 것은 그리스도를 하나님 앞에서 유일하신 제물이자 중보자로 인정하고 영접함을 의미한다. 이것은 "그리스도와 그의 중보를 의지해 기도할 용기와 담대함과 힘 그리고 기도가 받아들여질 것이라는 소망을 갖는다"는 의미에서, "입으로만 그리스도의 이름을 말하는 것"과는 완전히 다르다. 참된 신자의 기도에서 "그리스도의 이름"은 문자나 공허한 말이 아니라, 우리가 그리스도라고 부르는 분의 신성과 성육신과 희생제사와 중보에 대해 성경이 가르치는 모든 것을 우리 마음 깊은 곳에서 인정하고 입으로 고백하는 말이다. "하나님의 이름이 무엇이고, 하나님의 아들의 이름이 무엇인지를 말할 수 있는가?" 그리스도는 하나님이 택하신 자들을 속하신 구속주가 아니신가? (제21-28문의 답을 보라.)

대교리문답에서는 "그리스도의 이름으로"라는 어구에 "그의 성령의 도우심으로 말미암아"를 덧붙인다. 이 위로가 되는 어구는 많은 성경 본문과 그리스도인의 경험에 비추어볼 때 참되다. 대교리문답은 소교리문답에 대한 최고의 주석서로서 이 어구를 놀랍고 성경적인 방식으로 확장하고 예시한다.

"우리에게 내주하셔서 우리를 위해 중보 기도를 하는 성령, 하나님의 깊은 것을 다 아시는 성령은 우리가 기도할 때 하나님의 마음에 있는 뜻을 우리에게 가르쳐주시고, 우리로 하여금 그 뜻에 소원을 두고 기도하게 함으로써, 가련한 피조물이 하나님의 마음에 있는 것을 기도하게 하고, 하나님이 그 기도에 응답하지 않을 수 없게 한다"(굿윈).

우리가 다른 일에서 성령의 역사를 의지하는 것에 대해서는 제22, 24, 30, 31, 89, 91문의 답을 보라.

"우리 죄를 고백하고"

죄인이 자신의 부패함과 죄책을 깨닫고 그 죄를 고백하고 그 죄로 애통해함이 없이는 기도를 통해 진정으로 하나님 앞에 나아갈 수 없다. 학습자는 기도에 관해 말하는 성경 본문을 잘 살펴보고, 이러한 마음이 하나님 앞에서 받아들여지는 마음임을 명심해야 한다. 죄를 고백하고 통회자복하는 것보다 죄악된 사람들에게 더 합당한 것은 없다. 그것은 하나님의 자녀임을 증명해주는 "증표"이다.

"하나님이 베풀어주신 자비를 인정하고 감사하는 가운데"

"우리는 하나님의 위엄을 인식하고 경외하며, 우리 자신의 무가치함과 궁핍함과 죄를 깊이 깨닫는 가운데 기도해야 한다. 회개하고 감사하며 너그러운 마음, 지각과 믿음과 진실함과 간절함과 사랑, 하나님의 뜻에 겸손히 순복하며 오래 참음으로 하나님을 기다려야 한다." "기도와 감사는 폐의 두 가지 활동과 같다. 기도를 통해 흡입한 공기는 감사를 통해 배출된다"(옛 저술가).

적용

1. 올바른 소원을 가지라. 그리고 그 소원이 불타오르게 해달라고 구하라.

2. "내가 진실한 소원이라고 느끼지 않는 것들은 기도로 구하지 않도록 조심하는 것이 상책이다. 그런 기도는 진실함이 약해 하나님께 받아들여지지 않을 수 있고, 그 결과 내게 유익이 되지 않기 때문이다"(에드워즈).

3. "기도의 내용이 하나님의 뜻과 부합하는 것만으로 그 기도가 응답되기에 충분한가? 그렇지 않다. 기도의 내용뿐 아니라 방식도 하나님의 뜻과 부합해야 한다. 내가 마음속에 죄악을 품고 있다면, 하나님은 내 기도를 듣지 않으실 것이다"(플라벨의 교리문답).

4. 기도할 때 "그저 입으로만" 그리스도의 이름을 말해서는 안 되고, 자신이 기도하고 있는 내용과 어울리는 그리스도의 성품이나 일을 붙잡고 기도해야 한다. 올바른 소원을 간구하기만 한다면, 그리스도의 충만 속에는 하나님 앞에서 그 소원을 밑받침해줄 수 있

는 성품이나 일이 반드시 존재한다. 계속 그런 식으로 기도하고 구한다면, 어느 정도 시간이 흐른 뒤에 당신은 모든 선생보다 더 지혜로워질 것이다.

제99문

문 우리의 기도를 지도하시기 위해 하나님이 주신 준칙은 무엇입니까?

답 하나님의 모든 말씀이 우리의 기도를 지도하기에 유익하지만,[210] 우리의 기도를 지도하시기 위해 주신 특별한 준칙은 그리스도께서 제자들에게 가르쳐주시고, 일반적으로 주기도문이라 불리는 기도 형태입니다.[211]

"하나님의 모든 말씀"

하나의 시편 또는 기도가 다른 시편이나 기도에 더해져 성경과 교회의 삶이 성장해나가고, 거기에 따라 기도의 내용과 언어도 어떻게 성장했는지 추적하는 것은 매우 흥미롭고 유익한 연구이다. 우리 주님이 친히 제자들에게 가르쳐주신 주기도문도 사실 구약성경에 흩어져 있던 몇몇 간구를 하나의 짧고 기억하기 쉬운 형태로 취합한 것뿐이다. 하나님의 모든 말씀은 우리의 기도를 지도하기에 유익하기 때문에, 하나님의 말씀을 잘 알수록 기도를 지도해주는 특별한 준칙에 의지할 필요가 줄어든다. "그리스도의 말씀이 너희 속에 풍성히 거하여 모든 지혜로 피차 가르치며 권면하고 시와 찬송과 신령한 노래를 부르며 감사하는 마음으로 하나님을 찬양하고" (골 3:16).

---

210 "그를 향하여 우리가 가진 바 담대함이 이것이니 그의 뜻대로 무엇을 구하면 들으심이라" (요일 5:14).

211 주기도문은 마태복음 6장 9-13절과 누가복음 11장 2-4절에 나온다. 둘을 비교해보라.

"우리의 기도를 지도하시기 위해 주신 특별한 준칙"

"주기도문은 어떻게 사용해야 하는가? 주기도문은 기도를 위한 하나의 본이기 때문에, 그 본을 따라 다른 기도를 해야 한다. 하지만 주기도문 자체를 하나의 기도로 사용할 수도 있다. 따라서 기도의 본분을 올바르게 수행하는 데 필수적인 깨달음과 믿음과 경외하는 마음과 그 밖의 다른 은혜를 가지고 주기도문을 하나의 기도로 드려야 한다." 교회사를 공부했다면 공예배의 예전적인 형태를 남용하고 악용하는 것에 반대하는 청교도의 주장이 이 표현에 반영되어 있음을 알 것이다.

"그리스도께서 제자들에게 가르쳐주시고"

"예수께서 한 곳에서 기도하시고 마치시매 제자 중 하나가 여짜오되 주여 요한이 자기 제자들에게 기도를 가르친 것과 같이 우리에게도 가르쳐 주옵소서 예수께서 이르시되 너희는 기도할 때 이렇게 하라 아버지여 이름이 거룩히 여김을 받으시오며 나라가 임하시오며 우리에게 날마다 일용할 양식을 주시옵고 우리가 우리에게 죄 지은 모든 사람을 용서하오니 우리 죄도 사하여 주시옵고 우리를 시험에 들게 하지 마시옵소서 하라"(눅 11:1-4).

　"세례 요한의 제자들과 그리스도의 제자들은 각자 스승에게 어떻게 기도해야 하는지를 배우고 싶어했다. 후자에게 회개를 전하고, 전자에게 믿음을 전한 것은 아무 소용이 없었다. 그들은 진리를 알고 있었지만, 사용할 수 없었다. 신앙으로 가르침을 받는 것과 신앙을 삶 속에 익혀서 완전히 자신의 것이 되게 하는 것은 전혀 다른 문제이다"(뉴먼, i. 257).

"일반적으로 주기도문이라 불리는"

"주기도문"은 일반적으로 그렇게 불리기는 하지만, 다소 부적절한 명칭이다. 엄밀하게 이것은 제자들의 기도이기 때문이다. 요한복음 17장에 기록된 기도를 "주기도문"이라고 부르는 것이 더 적절하다.

적용

1. "그러면 어떻게 할까 내가 영으로 기도하고 또 마음으로 기도하며 내가 영으로 찬송하고 또 마음으로 찬송하리라"(고전 14:15).

2. "우리가 주기도문을 자주 반복할 때가 아니라 우리 기도의 감정과 표현을 그 본이 되는 주기도문에 맞출 때, 주기도문의 목적이 달성된다. 즉, 우리의 기도가 주기도문과 동일한 의미, 동일한 진지함, 동일한 인식, 하나님의 계시가 가지는 영광의 동일한 합치로 충만할 때, 주기도문의 목적은 이루어진다"(에드워드 어빙).

3. "어린이나 영적으로 어린 사람, 경건 생활의 초보 단계에 있는 그리스도인이 생각이 혼란하고, 분명한 생각과 적절한 단어, 무엇보다도 믿음이 부족해 기도하기가 겁나고 그 어떤 말도 할 수 없을 때 주기도문으로 기도하는 것이 도움이 된다"(A. B. 브루스).

제100문

문   주기도문의 머리말이 우리에게 가르치는 것은 무엇입니까?

답   "하늘에 계신 우리 아버지여"[212]라는 주기도문의 머리말이 우리에게 가르치는 것은 자녀가 아버지에게 나아가는 것처럼 모든 거룩한 공경과 확신을 가지고 우리를 도와주실 수 있고 도울 준비가 되신 하나님께 나아가라는 것[213]과 우리가 다른 사람들과 함께 그리고 다른 사람들을 위하여 기도해야 한다는 것입니다.[214]

---

212 "그러므로 너희는 이렇게 기도하라 하늘에 계신 우리 아버지여 이름이 거룩히 여김을 받으시오며"(마 6:9).

213 "너희는 다시 무서워하는 종의 영을 받지 아니하고 양자의 영을 받았으므로 우리가 아빠 아버지라고 부르짖느니라"(롬 8:15), "너희가 악할지라도 좋은 것을 자식에게 줄 줄 알거든 하물며 너희 하늘 아버지께서 구하는 자에게 성령을 주시지 않겠느냐 하시니라"(눅 11:13).

214 "이에 베드로는 옥에 갇혔고 교회는 그를 위하여 간절히 하나님께 기도하더라"(행 12:5), "그러므로 내가 첫째로 권하노니 모든 사람을 위하여 간구와 기도와 도고와 감사를 하되"(딤전 2:1).

"머리말"

주기도문은 세 부분으로 이루어져 있다. 머리말, 몇 가지 간구, 맺음말. 머리말은 "하늘에 계신 우리 아버지여"이다.

"하늘에 계신 우리 아버지여"

"이 몇 글자 안 되는 머리말에서 하나님은 사랑이 가득한 음성으로 '그가 우리의 참된 아버지이시고, 우리는 진정으로 그의 자녀라는 것'을 믿으며, 자녀들이 확신을 가지고 부모에게 무엇인가를 요구하는 것보다 더 큰 확신과 담대함으로 그의 이름을 부르라고 우리를 초대하신다"(루터).

"하나님이 우리에게 그를 아버지라고 부르게 하시고, 그리스도를 맏형이라고 부르게 하신 것은 그 이름이 하나님과 그리스도께서 우리에게 품고 계시는 애정의 본질을 어느 호칭보다도 더 생생하게 전달해주기 때문이다"(어빙).

"여호와는 나의 목자시니"가 그리스도인 자녀의 첫 번째 시편인 것과 같이 "하늘에 계신 우리 아버지여"는 그리스도인 자녀의 첫 번째 기도다. 기독교회가 시작되었을 때부터 이 기도 또한 계속 사용되었다. 열두 제자 중 한 사람이 예수께 나아와서 "주여 내게 기도를 가르쳐주옵소서"라고 요청했던 바로 그 복된 날 이후 예수 그리스도의 제자들은 날마다 이 기도를 드려왔다.

그리스도께서는 교회의 유년기에 처음으로 주기도문을 제자들에게 가르쳐주셨고, 지금도 여전히 모든 그리스도인 가정의 자녀들이 주기도문을 배우지만 주기도문을 오직 아이들만 드리는 기도로 여겨서는 안 된다. 주기도문은 짧은 시간에 암기할 수 있고, 아무리 바빠도 드릴 수 있으며, 아무리 이해력이 약해도 충분히 이해할 수 있고, 믿음이 아무리 약해도 편안하게 드릴 수 있다. 하지만 이 모든 것이 다 사실이라 해도, 하나님의 일에 대한 지각이 아주 뛰어난 사람의 경험이 더해갈수록 이 기도의 깊이도 더해져, 주기도문이 하나님의 말씀의 모든 충만과 인간의 모든 필요를

다 담아내고 있음을 느낄 수 있다.

성경에서 하나님을 "아버지"라고 할 때, 그 의미는 여러 가지다. 어떤 때는 하나님이 단지 만물의 창조주시라는 이유로 아버지라 불린다. 또한 하나님은 사람을 자신의 형상을 따라 지으시고 자신의 영적인 자녀로 삼으셨기 때문에 인류의 아버지라 불리기도 한다. 반면, 하나님이 거듭난 사람들의 아버지라 불리는 것은 특별하다. 그들은 거듭나서 그리스도와 연합되고 하나님의 가족에 속함으로써 은유를 넘어 진정으로 하나님의 자녀가 되고, 하나님은 그들의 아버지가 되시기 때문이다.

"우리는 하나님의 자녀들의 수에 들고, 하나님의 자녀들의 모든 특권을 갖습니다"(제34문의 답을 보라). 하지만 이 모든 것 외에도 진정으로 참된 의미, 영원하고 신령한 의미에서의 "아버지"가 있는데, 그것은 하나님이 자신의 독생자의 "아버지"시라는 것이다. (이것에 대해서는 제6, 21문의 답을 보라.)

우리는 주기도문을 해설하는 모든 단계에서 이 일련의 간구를 주기도문, 즉 "주님의 기도"(Lord's Prayer)라고 부르는 것이 잘못되었음을 지적할 것이다. 주기도문의 머리말은 우리로 하여금 하나님을 예수 그리스도의 아버지라고 할 때와 우리 아버지라고 할 때의 의미를 구별하게 만든다. 우리 주님은 이 기도문을 통해 제자들에게 기도의 본을 가르쳐주시는 내내 그 구별을 유지하신다. 주님은 하나님을 부를 때 단 한 번도 거기에 우리를 포함해 "우리 아버지"라고 부르신 적이 없다. 언제나 "아버지," "거룩한 아버지," "의로우신 아버지," "나의 아버지"라고 부르셨고, 결코 "우리 아버지"라고 하시지 않았다. 한번은 "내 아버지 곧 너희 아버지"(요 20:17)라고 말씀하심으로써 분명하게 구별하셨다. "하나님은 예수 그리스도와 우리의 아버지이시지만, 예수 그리스도의 아버지시라는 것과 우리의 아버지시라는 것은 서로 의미가 다르다"(피어슨).

"하늘"은 하나님이 계시는 곳이고, 우리 아버지의 집이다. 하늘은 지극히 영적인 개념으로 하나의 장소나 위치로 제한되지 않지만, 하늘이 우리 위에 있다고 생각하는 것은 옳고, 그렇게 해야 한다. 그래서 성경은 예수께서 기도하실 때 "눈을 들어 하늘을 우러러 보셨다"라고 말한다. 하늘은 별들 가운데 있거나 별들 위에 있는 것이 아니다. 하나님이 우리 위에 높으시고, 선이 악 위에 있으며, 복이 저주와 참상 위에 있는 것처럼, 하늘도 우리 위에 높이 있다. 물질 세계가 있듯, 영적인 세계가 있다. 물질적인 기하학이 있듯이, 영적인 기하학이 있다. "'우리 아버지'로서의 하나님의 선하심만을 의지한다면, 우리는 오직 절반밖에 확신할 수 없다, '하늘에 계신'이라는 어구를 통해 주님은 하나님의 능력이 지극히 크심을 우리에게 보여주신다"(칼뱅).

"하나님께 나아가라는 것"

우리는 기도하기 전에, 우리가 하나님과 가까이 있어야 하고 가까이 있고자 하지만, 사실은 하나님으로부터 멀리 있음을 생각해야 한다. 기도는 하나님께 나아가는 것이다. 아우구스티누스의 말 중 성경 주석자들과 경건서적 저술가들이 가장 자주 인용한 말은 이것이다. "하나님은 높은 곳에 계시기 때문에, 당신은 내가 저 높이 솟은 산에서 기도한다면 하나님께 더 가까이 다가갈 수 있지 않을까 하고 생각할지도 모르겠다. 하나님이 높은 곳에 계신다는 것은 맞다. 하지만 하나님은 겸손한 자들을 존중하신다……당신이 하나님의 성전에서 기도하고자 한다면, 하나님의 성전인 자신 속에서 기도하라. 하지만 먼저 당신이 하나님의 성전이 되게 하라."

"모든 거룩한 공경"

"공경"은 자녀가 부모에 대해 지니는 애정이다. 그것은 사랑하는 마음과 두려워하는 마음이 반반인 감정이다. "하나님의 이름은 거룩하시고 공경을 받아 마땅하다……우리는 공경하는 마음과 경외하는 마음으로 하나님이 받으실 만하게 하나님을 섬기게 해줄 은혜를 받아야 한다."

"우리가 행하는 것 중 가장 거룩하고 가장 선한 것을 생각해보라. 우리는 기도할 때 하나님의 감동과 감화를 가장 강력하게 받는다. 하지만 우

웨스트민스터 소교리문답 강해

리가 기도할 때 하나님에 대한 우리의 감정이 산만하고 흐트러진 적이 얼마나 많았던가! 우리 자신의 비참한 모습에 대해 회개한 적이 얼마나 적었던가! 하나님의 자애로우심의 감미로운 감화를 맛본 적이 얼마나 적었던가!"(후커).

"확신"

"확신"은 "믿음"이라는 단어의 또 다른 형태이다. 확신은 어린아이 같은 신뢰다. 대교리문답 제189문의 답에서는 이것을 "어린아이 같은 성품"으로 번역한다. "대저 여호와는 네가 의지할 이시니라 네 발을 지켜 걸리지 않게 하시리라"(잠 3:26).

믿음을 사용하지 않는 예배에는 생명이 없고, 예배를 통해 얻는 만족도 없다. 그러므로 사람들로 하여금 자신의 마음을 드리고 그들의 열심을 불러일으켜줄 것이 예배 속에 있어야 한다. 그래서 다양한 형태의 기도가 고안되었다. 믿음의 사용 없이는 마음이 계속 영적인 것을 추구할 수 없기 때문이다. 또한 의상과 자세와 경배의 몸짓으로 이루어진 외적인 예식이 동일한 목적으로 추가되었다. 그런 것들은 사람들로 하여금 마음과 감정을 드림으로써, 외적인 예배에서 만족을 얻게 한다. 신자들이 드리는 예배의 영혼과 생명은 믿음의 사용이기 때문이다"(오웬).

"우리를 도우실 수 있으시고 도울 준비가 되신"

하나님은 전능하시기 때문에 "도우실 수 있으시고," 은혜를 베풀어주실 수 있는 때만을 기다리고 계시기 때문에 "도울 준비가 되신다." "다시 다른 종들을 보내며 이르되 청한 사람들에게 이르기를 내가 오찬을 준비하되 나의 소와 살진 짐승을 잡고 모든 것을 갖추었으니 혼인 잔치에 오소서 하라 하였더니"(마 22:4). "그러나 주께서는 용서하시는 하나님이시라 은혜로우시며 긍휼히 여기시며 더디 노하시며 인자가 풍부하시므로 그들을 버리지 아니하셨나이다"(느 9:17). "주는 선하사 사죄하기를 즐거워하시며 주께 부르짖는 자에게 인자함이 후하심이니이다"(시 86:5).

"어부는 갈고리로 자신의 배를 해변에 정박한다. 마찬가지로 우리는 기도에서 하나님의 자비를 우리에게로 끌어오는 것이 아니라, 우리 자신을 하나님의 자비 앞으로 이끈다"(매튜 헨리). 해변은 어부의 갈고리를 받을 준비가 되어 있다.

"우리가 다른 사람들과 함께 그리고 다른 사람들을 위하여 기도해야 한다는 것"

"함께 기도하라는 명령에 큰 강조점이 있다. 개인 기도는 영적인 삶에 필수적이고, 개인 기도 없이는 생명도 없다. 하지만 개인 기도는 함께 기도하는 것을 대신할 수 없다. 혼자 드리는 기도는 수백 명의 사람들의 간절한 마음과 뜻과 열망이 한데 어우러져 보좌 앞으로 올라가는 기도에 비하면 연약하다……공동 기도의 가치와 능력은 주로 인간 본성의 공감 작용으로 인한 신비로운 영향 때문인 것으로 보인다"(로버트슨).

"다른 사람들을 위하여." "우리는 누구를 위하여 기도해야 하는가? 우리는 이 땅에 있는 그리스도의 교회 전체를 위하여, 위정자와 사역자를 위하여, 우리 자신과 형제 그리고 원수를 위하여, 지금 살아가고 있거나 앞으로 살아갈 온갖 사람을 위하여 기도해야 한다"(대교리문답).

"두 맹인은 각각 자신을 위하여 기도하여 '나를 불쌍히 여겨주소서'라고 간구하지 않고, 자신과 상대방을 하나로 묶어 '우리를 불쌍히 여겨주소서'라고 간구했다"(매튜 헨리).

적용

1. "주기도문에서 '우리 아버지여'라고 말하는 것은 쉽지만, 그 기도에서 처음 두 단어를 영으로 말할 수 있는 사람, 즉 거듭남이 무엇인지 알고, 하나님의 성령으로 말미암아 태어나는 경험을 하고, 하나님을 아버지라고 부를 수 있는 사람은 극소수다"(존 번연).

2. "모든 거룩한 공경을 가지고." "크리스티아나(『천로역정』에서 크리스천의 아내)는 장녀였기 때문에, 다른 사람에게 문을 열어주셨던 하나님이 자기에게도 그 문을 열어주시기

를 열망하며 문을 두드렸다."

3. 칼뱅은 히스기야가 자신의 얼굴을 벽으로 돌리고 기도한 것에 대해 주석하면서 이렇게
   말한다. "사실 기도하는 자세는 중요하지 않다. 하지만 우리의 눈이나 감각에 느껴지는
   어떤 것들이 우리를 산만하게 해서, 하나님 앞에 소원을 허심탄회하게 쏟아놓는 것을 방
   해하지 않게 하는 것은 대단히 중요하다. 우리는 본성적으로 잘 집중하지 못하고, 쉽게
   한눈을 팔기 때문에, 우리 마음을 집중시키는 일에는 아무리 많은 주의를 기울인다고 해
   도 충분하지 않다." 이것이 기도할 때 눈을 감는 것이 보편적인 관행이 된 이유다. 우리가
   그렇게 하는 것은 "우리 눈에 아무것도 들어오지 않게 해서 기도에 집중하기 위함"이다.

4. "이것으로부터 도출되는 마지막 결론은 무엇인가? 신자에게는 하늘에 아버지가 계시기
   때문에, 살아 있는 동안에 결핍을 두려워할 필요가 없고, 죽더라도 아버지의 집인 하늘
   에 가기 때문에 죽음을 두려워할 필요가 없다"(플라벨).

제101문

문   첫 번째 간구에서 우리는 무엇을 기도합니까?

답   "이름이 거룩히 여김을 받으시오며"[215]라는 첫 번째 간구에서 우리는 하나님
     이 자신을 알게 하시는 모든 것에서 우리와 다른 사람들이 하나님을 영화롭게 해
     드릴 수 있게 하시고,[216] 하나님이 모든 것을 자신의 영광을 위하여 행하시기를 기
     도합니다.

"이름이 거룩히 여김을 받으시오며"

여기에서 사용된 "거룩히 여기다"(hallow)라는 단어는 우리가 앞에서 살펴

---

215 마태복음 6:9.
216 "주의 도를 땅 위에, 주의 구원을 모든 나라에게 알리소서 하나님이여 민족들이 주를 찬
     송하게 하시며 모든 민족들이 주를 찬송하게 하소서"(시 67:2-3).

본 제4계명에 나왔었다. 거기에서 하나님의 날에 적용되었을 때나 여기에서 하나님의 이름에 적용될 때나 이 단어의 의미는 동일하다. 이 간구에서 우리는 하나님의 이름이 모든 사람, 특히 그리스도 안에서 그의 자녀가 된 사람에 의해 공경과 거룩히 여김과 찬송과 영광을 받게 해달라고 기도한다. 크루덴은 성화에 관해 쓴 글에서 '이것과 반대되는 모습을 살펴보면, 하나님의 이름을 거룩하게 한다는 것이 무엇인지를 더 잘 알게 된다'고 말하면서, 하나님의 이름에 대해 불경스러운 태도를 취하고, 모독하며, 망령되게 일컫고, 욕되게 하는 것이 무엇인지를 생각해보라고 말한다. 하나님의 이름을 거룩하게 한다는 것은 우리가 그 이름을 읽거나 듣거나 말할 때 하나님과 그의 이름을 향하여 경외하고 공경하며 경배하는 마음을 갖는 것이다. "하나님의 이름은 거룩하시고 공경받아 마땅하다."

"하나님이 자신을 알게 하시는 모든 것에서 우리와 다른 사람들이 하나님을 영화롭게 해드릴 수 있게 하시고"

제3계명에 대한 설명을 보라. "이름"은 어떤 사람 또는 사물을 알게 하기 위해 글이나 소리로 이루어진 단어를 가리킨다. 이 기본적인 의미로부터 이 문답에서 사용한 의미, 즉 하나님이 자신을 알게 하시는 모든 것이라는 의미가 생겨났다. 칼뱅은 이렇게 말한다. "하나님의 이름은 문자와 음절로 이루어져 있지 않다." 사실 이름은 단지 글이나 소리로 이루어진 문자와 음절이 아니라 그 이상이다. 우리의 이름은 우리 자신이고, 우리의 명성이며, 가치이고, 인격이다. 우리는 선하거나 악한 이름을 갖는다. 사람들의 이름에 관한 원리가 하나님의 이름에는 더 엄격하게 적용된다. 하나님의 이름은 하나님이 자신을 알게 하시는 모든 것이다. 따라서 이 간구에서 하나님의 이름은 성경에 나오는 하나님의 이름과 속성만 가리키는 것이 아니라 하나님이 우리에게 말씀하시고 자신을 나타내실 때 사용하시는 모든 사람과 섭리와 규례와 제도와 예식과 일을 포괄한다.

기도하는 사람이 "이름이 거룩히 여김을 받으시오며"라는 간구를 드리는 것은 하나님을 공경하고 경외하게 만드는 은혜를 모든 사람의 마음에 심어달라고 구하는 것이다. 하나님의 이름이 불경스럽고 속된 자들로부터 보호를 받게 해달라고 구하는 것이다. 속된 자들은 어디에서도 하나님을 인정하지 않는다. 그런 자들에게는 하나님을 공경하고 두려워하는 것이 없고, 겸손함이 없으며, 죄와 죄책에 대한 인식이 없다. 따라서 그런 자들에게는 은혜 또는 심판 속에 하나님이 존재하시거나 가까이 계신다는 인식이 전혀 없다. 속된 자는 완고하고 세속적이며 신앙심이 전혀 없고 불경스러운 자다. 주기도문에서 이 간구를 제대로 드리는 사람은 그런 마음과 생각이 자기를 지배하지 못하게 해달라고 구한다.

"하나님이 모든 것을 자신의 영광을 위하여 행하시기를"

"하나님은 모든 것을 피조물에게 유익이 되게 지으셨고 또한 그런 방향으로 모든 것이 이루어지게 하시지만, 궁극적으로 모든 것은 하나님 자신을 위한 것이다. 하나님이 하시는 모든 일의 궁극적인 원인이자 목적은 하나님 자신이기 때문이다"(피어슨).

"'이름이 거룩히 여김을 받으시오며'는 그리스도께서 복음서에서 우리에게 가르쳐주신 기도 중 가장 먼저 나오는 간구다······우리가 '이름이 거룩히 여김을 받으시오며'라고 기도하는 것은 우리를 비롯해 모든 사람이 하나님이 자기 이름을 위하여, 특히 하나님이 어떤 분이신지를 알게 하시기 위하여 행하시는 모든 것에서 오직 하나님께만 영광을 돌리게 해달라는 의미이다······이 목적은 이 세상에서 어느 정도 달성된다"(굿윈). (제1 문에 대한 설명을 보라.)

적용

1. "이 첫 번째 간구는 너무 당연한 것인데도, 주님이 우리로 하여금 이 간구를 드리게 하셨다는 것은 우리의 큰 수치다"(칼뱅). "우리와 다른 사람들이 하나님을 영화롭게 해드릴 수 있도록 기도하는 것은 우리가 하나님의 은혜의 도우심 없이는 그렇게 할 수 없음

을 암묵적으로 고백하는 것이다. 타락한 인간은 스스로의 힘으로 그 어떤 선한 생각이나 말이나 행위를 할 수 없음은 하나님의 감동으로 된 성경 말씀이 우리에게 가장 분명하게 가르쳐주는 진리다"(그린).

2. 우리가 하나님의 이름이 거룩히 여김을 받게 해주시라고 기도하는 것은 우리 자신이 하나님의 도우심으로 하나님의 이름을 거룩하게 하겠다고 약속하는 것이다. 우리는 이 큰 의무를 명심해야 하고, 특히 공적이거나 사적인 모든 예배에서 그렇게 해야 한다. 하나님이 예배를 창설하신 주된 목적은 하나님의 자녀들 가운데 이 은혜를 만들어내고 발전시키며 훈련시키기 위함이었다. 그러므로 우리는 성경이나 시편이나 기도를 통해 하나님의 이름을 들을 때마다 우리의 마음을 들어 올려 하나님을 바라보는 습관을 들여야 한다. 우리는 하나님을 언제나 우리 앞에 두어야 한다.

제102문

문   두 번째 간구에서 우리는 무엇을 기도합니까?

답   "나라가 임하시오며"[217]라는 두 번째 간구에서 우리는 사탄의 나라가 멸망하게 하시고,[218] 은혜의 나라가 확장되게 하셔서,[219] 우리와 다른 사람들이 거기로 들어가 보호하심을 받게 하시며,[220] 영광의 나라가 속히 오게 하시기를 기도합니다.[221]

---

217   마태복음 6:10.

218   "하나님이 일어나시니 원수들은 흩어지며 주를 미워하는 자들은 주 앞에서 도망하리이다……주께서 높은 곳으로 오르시며 사로잡은 자들을 취하시고 선물들을 사람들에게서 받으시며 반역자들로부터도 받으시니"(시 68:1, 18).

219   "내가 또 들으니 하늘에 큰 음성이 있어 이르되 이제 우리 하나님의 구원과 능력과 나라와 또 그의 그리스도의 권세가 나타났으니 우리 형제들을 참소하던 자 곧 우리 하나님 앞에서 밤낮 참소하던 자가 쫓겨났고 또 우리 형제들이 어린 양의 피와 자기들이 증언하는 말씀으로써 그를 이겼으니 그들은 죽기까지 자기들의 생명을 아끼지 아니하였도다"(계 12:10-11).

220   "끝으로 형제들아 너희는 우리를 위하여 기도하기를 주의 말씀이 너희 가운데와 같이 퍼져 나가 영광스럽게 되고"(살후 3:1), "형제들아 내 마음에 원하는 바와 하나님께 구하는 바는 이스라엘을 위함이니 곧 그들로 구원을 받게 함이라"(롬 10:1), "내가 그들을 위하

"나라가 임하시오며"

경험이 최고의 교사라는 속담이 있다. 이 속담은 지금도 참되다. 제자들에게 주어진 모든 가르침 중 하나님의 나라가 임하는 것과 관련된 문제보다 더 그들이 깨닫지 못했던 가르침은 없었다. 다윗의 나라는 이 땅에서 하나님의 나라가 나타나 발전한 첫 번째 단계였다. 그들의 스승이 모든 것을 말씀하시고 행하셨는데도, 제자들은 여전히 수명이 다하여 폐기된 다윗의 나라의 관점에서 하나님의 나라가 임하기를 간구했다. "하늘에 계신 우리 아버지여……가이사의 통치를 깨뜨리시고, 지금은 멸망하고 없는 다윗의 나라가 회복되게 하소서." 하지만 깨닫는 것이 둔했던 이 제자들조차도 자신들이 드리는 "나라가 임하시오며"라는 기도가 얼마나 위대한 기도인지를 나중에 깨닫게 되었다(롬 8:26-27).

"처음 세 복음서에 의하면, 우리 주님의 가르침 속에 가장 두드러지게 등장한 것이 하나님의 나라 또는 천국이라는 개념이었다. 이 나라는 옛적에 선지자들이 예언했고, 예수님 시대의 사람들이 대망하고 있던 나라였다. 예수께서 선포하신 복음은 그 나라의 복음이었고, 그 나라는 하늘과 땅을 포괄하는 종교적이고 도덕적인 제도로 범위에서 무한하고, 영원하며, 인류를 연합시키고 거룩하게 하며 구원하고자 하는 목적을 지닌 나라였다"(오우스터제이).

"사람들 가운데 있는 하나님의 나라는 행복한 삶의 회복, 참되고 영원한 행복이다"(칼뱅).

여 비옵나니 내가 비옵는 것은 세상을 위함이 아니요 내게 주신 자들을 위함이니이다 그들은 아버지의 것이로소이다……내가 비옵는 것은 이 사람들만 위함이 아니요 또 그들의 말로 말미암아 나를 믿는 사람들도 위함이니"(요 17:9, 20).
221 "이것들을 증언하신 이가 이르시되 내가 진실로 속히 오리라 하시거늘 아멘 주 예수여 오시옵소서"(계 22:20).

"사탄의 나라가 멸망하게 하시고"

"사탄과 싸우고 계셨던 그리스도께서는 사탄이 나라를 소유하고 있다는 것을 인정하신다(마 12:26). 아니, 그리스도께서 이 세상에 오시기 전부터 사탄은 왕이 되어 이 세상을 지배하고 있었다"(굿윈).

"사탄은 영혼이 그리스도에게서 멀어지게 하기 위해서는 모든 수단을 사용할 것이다. 그는 영혼이 깨어나는 것을 좋아하지 않는다. 안일함, 눈 멂, 어둠, 오류는 악한 자의 나라이고 거처이다"(존 번연).

영혼 안에서 사탄의 나라를 멸망시키기 위한 여러 단계는 제31, 35, 36 문의 답에 훌륭하게 설명되어 있다.

"은혜의 나라가 확장되게 하셔서"

바울은 하나님의 나라를 은혜의 지배라고 말하고, 소교리문답은 이를 따른다. 죄인이 회심하고, 신자가 거룩하게 되며, 복음이 이방 땅에 전파될 때 은혜의 나라가 온다. 대교리문답에서는 이 어구를 확장하여 상세하게 설명한다.

"우리와 다른 사람들이 거기로 들어가"

우리는 거듭나고 유효한 부르심을 받아 이 나라로 들어간다. 유대인의 지도자이자 다윗 가문의 왕족이었던 니고데모가 다윗의 자손(子孫)의 입에서 들었던 것이 바로 이 경악할 만한 말씀이었다. "사람이 거듭나지 아니하면 하나님의 나라를 볼 수 없느니라"(요 3:3). 지극히 고귀하고 유서 깊은 명문가의 혈통에서 태어나, 인격적으로 대단히 훌륭하며, 성례전의 인침이 있고, 교회에서 높은 직위나 직분에 있으며, 거룩한 학문에서 대단한 업적을 이루고, 거룩한 일에서 성취가 있더라도, 그런 것으로는 천국에 들어갈 수 없다는 말이다. 오직 하나님만이 하실 수 있는 것, 즉 하나님이 어떤 사람에게 역사하셔서 거듭나게 하실 때만 천국 시민으로서의 자격을 얻을 수 있다. "너는 이스라엘의 선생으로서 이러한 것들을 아느냐?"

"보호하심을 받게 하시며"

"거룩하신 아버지여 내게 주신 아버지의 이름으로 그들을 보전하사 우리와 같이 그들도 하나가 되게 하옵소서 내가 그들과 함께 있을 때 내게 주신 아버지의 이름으로 그들을 보전하고 지키었나이다 그 중의 하나도 멸망하지 않고……내가 비옵는 것은 그들을 세상에서 데려가시기를 위함이 아니요 다만 악에 빠지지 않게 보전하시기를 위함이니이다"(요 17:11-12, 15).

"너희는 말세에 나타내기로 예비하신 구원을 얻기 위하여 믿음으로 말미암아 하나님의 능력으로 보호하심을 받았느니라"(벧전 1:5).

"이로 말미암아 내가 또 이 고난을 받되 부끄러워하지 아니함은 내가 믿는 자를 내가 알고 또한 내가 의탁한 것을 그 날까지 그가 능히 지키실 줄을 확신함이라"(딤후 1:12).

"영광의 나라가 속히 오게 하시기를"

이것은 "복스러운 소망과 우리의 크신 하나님, 구주 예수 그리스도의 영광이 나타나심을 기다리는"(딛 2:13) 사람들의 기도다. 참된 지각을 가지고 영으로 이 기도를 드리는 사람은 그 영광이 올 날을 하나님이 이미 정하셨기 때문에, 기도나 사람의 노력으로는 문자적으로 속히 오게 할 수 없음을 알면서 이 기도를 드린다. 하지만 그들이 거룩한 조급함 가운데 이렇게 기도하는 것은 "하나님의 날이 임하기를 바라보고 간절히 사모하는"(벧후 3:12) 사람들이기 때문이다. "이것들을 증언하신 이가 이르시되 내가 진실로 속히 오리라 하시거늘 아멘 주 예수여 오시옵소서"(계 22:20).

적용

1. 하나님 나라의 구성 및 경영과 관련해서는 성경에서 많은 것을 다루지 않는다. 성부와 성자 간에 오고간 대화 중에서 우리가 알지 못하는 것이 많음은 두말할 필요가 없다. 하지만 우리가 지금 알지 못하는 것을 나중에는 알게 된다고 믿는 것은 순종함에 있어 결코 작은 부분이 아니다. 그리고 하나님의 모든 경륜 속에서 예수 그리스도의 제자와 신

민은 평안하고 기쁜 마음으로, 우리의 입법자이시고 왕이신 주님이 우리를 구원하실 것이라고 말할 수 있다.

2. "모든 사람은 그리스도의 나라 혹은 사탄의 나라에 속해 있다. 이 시간, 이 순간에도 우리는 실제로 전자 또는 후자의 시민의 신분으로 행한다. 장차 우리가 갈 세 번째 장소가 없듯이 세 번째 나라는 없다"(굿윈).

3. 만왕의 왕이신 분의 명령은 "먼저 그의 나라를 구하라"(마 6:33)는 것이다. 솔로몬이 다른 모든 것에 앞서 지혜롭고 명철한 마음을 먼저 구했듯, 젊은이들은 먼저 그 나라를 구해야 한다. 나이가 많든 적든 모든 사람은 천국 비유에서 기름을 구했던 다섯 처녀처럼 천국을 구해야 한다. 다만 우리는 그 처녀들보다 더 일찍 더 지혜롭게 그 나라를 구해야 한다. 우리는 졸다가 너무 늦게 깨어 그 나라를 구하지 말고, 지금 당장 일어나 그 나라를 구해야 한다. 만왕의 왕이신 분이 친히 "두드리라 그리하면 너희에게 열릴 것이니"(마 7:7)라고 말씀하지 않으셨던가.

4. "나는 이 세상에서 그리스도의 나라가 확장되기를 간절히 열망한다. 내가 은밀하게 드리는 기도의 상당 부분은 거기에 관한 것이다. 이 세계에서 그리스도의 나라의 확장에 유리한 일이 일어났다는 말을 들으면, 내 영혼은 몹시 기뻐 큰 활력과 새 힘을 얻는다. 내가 대중적인 신문을 열심히 읽는 목적도 이 세계에서 신앙을 촉진시키는 데 유리한 새 소식을 발견할 수 있을까 해서다"(에드워즈).

제103문

문　세 번째 간구에서 우리는 무엇을 기도합니까?

답　"뜻이 하늘에서 이루어진 것 같이 땅에서도 이루어지이다"[222]라는 세 번째 간구에서 우리는 하나님이 은혜로 말미암아 우리로 하여금 하늘에서 천사들이 하듯이[223] 모든 일에서 기꺼이 하나님의 뜻을 알고 순종하며 복종하게 하시기를 기도

222　마태복음 6:10.

합니다.[224]

"뜻이 이루어지이다"

칼뱅은 바로 앞 질문과 이 질문을 연결지어, "하나님 나라의 가장 중요한 부분은 하나님의 뜻이 이루어지는 데 있다"라고 말한다. 신학자들은 하나님의 뜻에 관한 성경의 가르침으로부터 작정하신 뜻과 명령하신 뜻, 절대적인 뜻과 조건적인 뜻을 구별해왔다. 이 문답에서 말하는 것은 하나님이 명령하신 뜻 또는 소교리문답에서 이미 사용한 표현을 따르면 하나님의 "계시된 뜻"이다.

"은혜로 말미암아"

대교리문답에서는 "그의 성령으로 말미암아"라고 말한다. (소교리문답 제20문의 답을 보라.)

"우리로 하여금 기꺼이 하나님의 뜻을 알고 순종하며 복종할 수 있게 하시기를"

하나님 자신이 선하신 것처럼 하나님의 뜻도 선하다. 하나님은 우리가 행위뿐 아니라 의지에 있어서도 하나님을 본받기를 원하시고 명령하신다. 하지만 부패함과 저주가 우리 위에 임하였기 때문에, 우리는 본성적, 필연

---

223 "능력이 있어 여호와의 말씀을 행하며 그의 말씀의 소리를 듣는 여호와의 천사들이여 여호와를 송축하라 그에게 수종들며 그의 뜻을 행하는 모든 천군이여 여호와를 송축하라" (시 103:20-21).

224 시편 67편 전체. "내 마음을 주의 증거들에게 향하게 하시고 탐욕으로 향하지 말게 하소서" (시 119:36), "조금 나아가사 얼굴을 땅에 대시고 엎드려 기도하여 이르시되 내 아버지여 만일 할 만하시거든 이 잔을 내게서 지나가게 하옵소서 그러나 나의 원대로 마시옵고 아버지의 원대로 하옵소서 하시고"(마 26:39), "왕이 사독에게 이르되 보라 하나님의 궤를 성읍으로 도로 메어 가라 만일 내가 여호와 앞에서 은혜를 입으면 도로 나를 인도하사 내게 그 궤와 그 계신 데를 보이시리라"(삼하 15:25), "이르되 내가 모태에서 알몸으로 나왔사온즉 또한 알몸이 그리로 돌아가올지라 주신 이도 여호와시요 거두신 이도 여호와시오니 여호와의 이름이 찬송을 받으실지니이다 하고"(욥 1:21).

적으로 악한 것을 원하게 된다. 우리는 그럴 수밖에 없는 존재다. 우리는 그런 자신과 싸울 수 있지만, 싸워봐야 소용이 없다. 우리의 의지가 이기적이고 교만하며 비인간적이고 경건하지 않은 것은 우리 내면의 십자가다. 그것은 우리를 죄책감과 죄의 종이 되어 옴짝달싹할 수 없는 신세에 대한 한탄으로 가득 채우고, 우리 마음에서는 말로 표현할 수 없는 신음이 절로 새어나온다. 우리는 일의 깊은 것들과 그 결국을 알지 못한다. 그리고 그것은 종종 사람과 사람, 사람과 하나님 사이에 생각의 분열과 의지의 불화를 야기한다. 하지만 지각의 한계와 판단력의 불완전성을 감안하더라도, 우리 마음 안에 있는 죄악은 도무지 풀 수 없는 지독한 신비다. 그런데도 우리 주님은 이렇게 죄에 지배되어 괴롭힘당하는 우리의 입에 참회와 복종의 기도를 두셨다.

하지만 우리는 이 의지를 하나님의 뜻을 반대하는 쪽으로 사용하는 방법 외에도 하나님의 자녀로서 하나님께 참회와 복종의 기도를 드릴 기회를 갖게 된다. 모든 인간의 의지는 이렇게 두 종류의 활동 방식을 가지고 있는데, 하나는 본능적이고 자연발생적인 것이고, 다른 하나는 후천적이고 의도적인 것이다. 내 의지의 본능적인 활동은 의도적으로 악을 도모하지 않아도 저절로 나에 대한 하나님의 뜻과 목적에 반대한다. 나의 의지가 한동안 그렇게 반대한다고 해도, 그것은 죄가 아니다. 나의 더 나은 의지, 영적으로 교육받고 강화된 의지가 모든 반대를 잠재우고 즉각적이고 전적인 복종을 선택할 때까지 본능적인 의지는 계속 활동한다.

우리 주님에게서 이 모든 것을 볼 수 있다. 우리 주님의 의지가 보이는 상반된 활동은 복음서에서 생생하게 제시된다. 주님의 의지가 본성적이고 본능적으로 활동했을 때, 주님은 다가올 죽음, 즉 죽음을 수반한 저주에 대한 깊은 공포 속에서 강력한 거부감을 표현하셨다. 하지만 그다음에 주님의 더 고귀한 의지, 교육받고 의도적이며 단호하고 헌신된 주님의 의지가 활동하자 주님은 자신의 모든 연약함과 두려움을 아버지의 손에 맡겨드린다. 이렇게 말해도 될지 모르겠지만 주님은 고뇌에 찬 첫 번째 기

웨스트민스터 소교리문답 강해

도를 바로잡고 취소하셨다. 억압되고 압도되어 있던 본성은 먼저 깜짝 놀라고 경악했지만, 그 다음에는 은혜와 아들로서의 본분이 곧 그 자리를 차지하였다.

은혜의 하나님은 먼저 본성의 하나님이시고, 본성은 하나님 앞에서 자신이 마땅히 해야 할 일을 가지고 있고, 하나님은 본성이 행하는 그 일을 부정하지 않으신다. 본성이 해야 할 일 가운데 가장 필수적인 것 중 하나는 은혜로부터 물러가고 은혜에 대하여 항변하는 것이다. 우리는 여기에서 우리 주님을 본받고 따라야 한다. 즉, 본성적으로는 죽음을 거부하고 물러나 항변하다가, 믿음으로 승리하고 복종해 우리에게 주어진 십자가와 잔을 받아들여야 한다.

"모든 일에서"

한 청교도 설교자는 "우리는 일반적으로 하나님의 뜻을 행하는 체하지만, 정작 구체적인 일에 부딪쳤을 때는 하나님의 뜻을 행하기를 망설인다"라고 말한다. 이 크고 일반적인 간구를 그 부분과 구성요소, 즉, 우리의 잔을 채우는 각 방울과 우리의 십자가가 만들어내는 각 고통으로 잘게 구분해 순종하는 법을 배우는 것은 정말 탁월하고 유익한 일이다.

"하늘에서 천사들이 하듯이"

"시편 103편은 '능력이 있어 여호와의 말씀을 행하며 그의 말씀의 소리를 듣는 여호와의 천사들이여'라고 말한다. 하늘에 올라갔다 온 단테는 수많은 천사와 영화롭게 된 사람들이 노래하는 것을 들었다고 말한다.

우리는 각각의 지위를 얻어
모든 기쁨 중에 이 천국 전체에 배치되어 있다네.
거기에는 자신의 뜻을 우리 안에 심으신 우리의 왕이 계시고,
그의 뜻 안에 우리의 평화가 있다네.

이것은 천군천사 가운데는 반역도 없고, 실망도 없으며, 불만도 없고, 시기도 없다는 말이다. 우리 주님은 자신의 뜻을 이루시기 위하여 가브리엘과 미가엘을 불러 지극히 영광스러운 일을 위해 이 땅으로 보내신다. 이 천사들은 호출되어 임무를 부여받고, 임무를 끝낸 후에는 상을 받지만, 그렇지 않은 천사들은 더 높은 지위에서 더 존귀한 대우를 받는 형제에 대해 어떤 시기심이나 악감정도 품지 않는다.

하나님의 거룩한 천사들이 그러하듯이, 영화롭게 된 하나님의 성도도 마찬가지다. 하나님은 그들 안에도 자신의 뜻을 심으셨고, 그들의 평안은 하나님의 뜻 안에 있다. 각 성도는 아버지의 집에서 자신을 위해 마련된 자리에 배치된다. 그들은 하나님이 정해주신 것보다 더 높은 자리를 탐내지 않고, 더 낮은 자리로 가지도 않는다. 우리는 이 세상에서 야망과 다툼과 시기와 질투 가운데 있는데도, 우리 주님은 우리를 복종시켜 '뜻이 하늘에서 이루어진 것 같이 땅에서도 이루어지이다'라고 간구할 수 있게 하신다."

"천사들은 물질이 아닌 지성적인 영이고, 오직 빛과 복된 불멸만 있는 거룩한 왕궁의 영광스러운 주민이다. 거기에는 눈물과 불만족과 비탄과 불쾌한 격정들의 그림자도 없고, 모든 기쁨과 평화와 평안만이 영원토록 거한다. 천사들은 거대하고 막강한 왕의 군대이고, 자신들이 경배하고 사랑하며 본받는 지존자께서 그들에게 부과한 법에 완전한 순종을 드리는 군대다. 그렇기 때문에, 우리 구주께서는 우리가 이 땅에서 소원하고 기도할 것의 완전한 이상을 제시하시면서, 천사들이 하늘에서 그렇게 하고 있는 것처럼 우리도 이 땅에서 그렇게 되기를 기도하고 소원하라고 가르치셨다"(후커).

아이작 월턴(Isaac Walton)은 위대한 신학자인 후커가 침상에 누워 임종을 기다리고 있을 때, "사라비아 박사가 그를 방문했는데, 그가 깊은 묵상에 잠겨 있는 것을 보고 지금 무슨 생각을 하시냐고 물었더니, 후커가 이렇게 대답했다"라고 말한다. "나는 지금 천사들의 본질과 수, 그들의 복된 순종과 질서에 대해 묵상하고 있습니다. 그런 것 없이는 천국에 평화가 존재할 수 없기 때문입니다. 그런 것들이 이 땅에서도 이루어진다면 얼마나 좋겠습니까!"

적용

1. 로버트 트레일(Robert Traill)은 "절제하며 겸손하게 기도하는 법을 배우라"라고 말한다. 제러미 테일러(Jeremy Taylor)는 이 주제에 대해 이렇게 말한다. "영적인 복을 구할 때는 특히 끈질기고 지속적이며 오랜 시간에 걸쳐 기도해야 한다. 반면에 현세적인 복을 구할 때는 일반적으로 짧고 잠정적이며 적절한 수준에서 기도해야 한다."

2. "너의 길을 하나님께 맡기라. 사람의 발걸음을 지도하는 것은 사람에게 있지 않다. 너를 위해 너의 발걸음을 지도하실 분은 하나님이시다. 하나님은 모든 것을 자신의 뜻을 따라 행하시기 때문이다. 만일 이 세상에 어떤 사람이 있어, 그의 지각과 뜻은 결코 틀리는 법이 없고, 그것들을 나의 준칙으로 삼을 수 있다면, 나는 분명 모든 길을 그의 지각과 뜻에 맡길 것이다. 너는 지갑을 갖고 있는 사람을 따를 것이라고 말한다. 그렇다면, 너는 지각을 지닌 분을 따를 것이라고도 말해야 한다"(굿윈).

3. "신학적 진리를 견고하게 붙잡을 수 있는 것은 개인적 경건이 습관화되어 있을 때다. 사람들은 하나님을 생각하는 가운데 자신의 모든 일을 시작해, 하나님을 위하여 행하고, 하나님의 뜻을 이루려고 할 것이다. 또한 그들은 삶에 하나님의 복이 임하기를 구할 것이고, 자신들이 바라는 것들을 하나님께 기도할 것이며, 그들의 기도 때문이든 다른 이유 때문이든 결국 하나님을 보게 될 것이다. 그래서 그들은 자신의 생각 속에 생생하게 존재하는 하나님에 관한 진리가 이 땅에 속한 것이 아니라 초자연적인 것이라고 할지라도, 자신에게 일어나는 모든 일이 그 진리를 확증함을 경험할 것이다."

제104문

문   네 번째 간구에서 우리는 무엇을 기도합니까?

답   "오늘 우리에게 일용할 양식을 주시옵고"[225]라는 네 번째 간구에서 우리는 하나님이 값없이 주시는 선물로 현세에서 좋은 것들의 적절한 분깃을 받아, 그것을 통해 하나님의 복 주심을 누리게 해주시기를 기도합니다.[226]

레이턴 대주교는 네 번째 간구에 대해 이렇게 말한다. "노련한 대중 연설가들은 통상적으로 자신의 연설에서 가장 중요하지 않은 내용을 중간에 배치한다. 반면에 주기도문은 영적으로 시작해서 영적으로 끝난다."

"오늘 우리에게 일용할 양식을 주시옵고"

이 간구를 온전히 이해하기 위해 내디뎌야 하는 첫 걸음은 이 기도를 처음 드린 제자들에게 이 간구가 무엇을 의미했는지를 묻는 것이다. 그 질문에 대답하려면, 그들의 스승이 그들을 부르셔서 어떤 새롭고 특별한 상황에 두셨는지를 기억하고, 그 후에 주님이 그들에게 선교 임무를 부여하시면서 주신 특별한 "명령"을 생각해야 한다. 주님이 자신의 몇몇 제자에게 명시적으로 말씀하신 것은 열두 제자 모두에게 하신 말씀이라고 볼 수 있기 때문이다. "그들이 모든 것을 버려두고 예수를 따르니라"(눅 5:11). 빈곤한 상태에 있던 제자들에게 우리 주님은 다음과 같이 명령하셨다. "금이나 은이나 동을 너희의 지갑에 두지 말고, '오늘 우리에게 일용할 주소서'라고 날마다 기도하라." 주님이 그들을 부르시자, 그들은 자신의 생업을 영원토록 버렸다. 그런데 그들이 하나님 나라의 복음을 일생에 걸쳐 전하는 새로운 소임을 맡게 되자, 주님은 그들에게 날마다 특별히 드리는 기

---

225 마태복음 6:11.

226 "곧 헛된 것과 거짓말을 내게서 멀리 하옵시며 나를 가난하게도 마옵시고 부하게도 마옵시고 오직 필요한 양식으로 나를 먹이시옵소서 혹 내가 배불러서 하나님을 모른다 여호와가 누구냐 할까 하오며 혹 내가 가난하여 도둑질하고 내 하나님의 이름을 욕되게 할까 두려워함이니이다"(잠 30:8-9), "야곱이 서원하여 이르되 하나님이 나와 함께 계셔서 내가 가는 이 길에서 나를 지키시고 먹을 떡과 입을 옷을 주시어"(창 28:20), "하나님께서 지으신 모든 것이 선하매 감사함으로 받으면 버릴 것이 없나니 하나님의 말씀과 기도로 거룩하여짐이라"(딤전 4:4-5).

도와 그들이 이 땅에서 행하는 메시아적인 수고의 열매로 생계를 유지하라고 명령하신다. 물론 일용할 양식을 구하는 기도를 드려야 한다고 해서, 어떤 것들을 미리 준비해두는 습관을 완전히 버려야 한다는 것은 아니다. 머지않아 우리는 이 적은 무리가 공동의 지갑을 두고, 그 지갑 맡을 자를 정해 주어진 돈을 받아두었다가, 필요한 것을 사거나 그들이 만나는 가난한 사람들을 돕는 데 사용하는 것을 보게 되기 때문이다. 사실 이것만큼 주님의 명령이 지닌 영적인 성격, 즉 융통성 있는 성격을 더 잘 드러내주는 것도 없다.

"현세에서 좋은 것들의 적절한 분깃을 받아"

"적절한 분깃"은 상대적인 표현이다. "적절한 분깃"은 사람들의 상황과 성격에 따라 달라지기 때문이다. 이지키얼 홉킨스(Ezekiel Hopkins)는 "백향목은 관목보다 더 많은 수액을 필요로 한다"라고 말했다. 이 은유는 어떤 사람에게는 궁핍인 것이 어떤 사람에게는 풍부함과 부요함일 수 있음을 의미한다. 명문가에서 태어나 높은 지위에 있는 사람들이 이 기도를 드릴 때 구하는 일용할 양식은 입에 겨우 풀칠이나 하며 살아가는 사람들이 구하는 일용할 양식과는 비교할 수 없을 정도로 많은 것을 포함한다. 즉, 그들은 하나님이 그들을 두신 지위와 신분을 유지하는 데 필요한 모든 것을 구한다. 만일 그들의 지위와 신분에서 필요한 재정적인 수단이 그들에게 주어지지 않는다면, 그것은 그들의 목숨을 빼앗는 것과 같을 것이다. 백향목은 넓은 가지를 흠뻑 적셔줄 정도로 많은 비를 필요로 하지만, 작은 관목들은 그 비로 말미암아 물에 잠겨 죽을 수도 있다.

매튜 헨리는 "본성은 적은 것으로 만족하고, 은혜는 그것보다 더 적은 것으로 만족하지만, 욕망은 그 어떤 것에도 만족하지 않는다"라고 말한다. 그리고 또 다른 곳에서는 "먼저 천국을 구하는 사람은 먹을 것과 입을 것을 차고 넘치게 받게 될 것인데, 물건을 사는 사람에게는 그것을 포장할 수 있는 종이와 끈도 주어지는 법이기 때문이다."

"그것을 통해 하나님의 복 주심을 누리게 되기를"

"그리스도인들은 그리스도의 모범을 따라 식사 때 감사 기도를 드리는 것이 관행인데(마 14:19; 15:36), 이러한 관행은 고대 교회에서도 일반적으로 행해졌다(행 27:35). 이것은 도덕적으로 깊은 의미를 지닌다. 즉, 이것은 단순히 본성적으로 먹고 마시는 일을 도덕적인 영역으로 승화시킨다"(부트케).

보충 설명

여기에서 "일용할"(daily)으로 번역된 헬라어는 주목할 만한 단어다. 이 단어는 신약성경 전체에서 오직 한 번만 나오고, 헬라어로 쓰인 다른 모든 문헌을 샅샅이 찾아보아도 단 하나의 용례조차 찾아낼 수 없기 때문이다. 그렇다면 이 단어가 어떤 의미인지를 어떻게 확신할 수 있는가? 통상적으로 어떤 단어의 의미를 확정할 때 다른 본문에 나오는 용법을 연구해 결론을 도출해내는데, 헬라어로 쓰인 모든 문헌에서 오직 한 번밖에 사용되지 않은 단어의 의미를 그런 식으로는 알아낼 수 없기 때문이다. 하지만 어떤 단어의 의미를 알아내는 또 다른 방법이 있다. 그 단어의 어원을 추적해, 그 단어가 나온 어근의 의미를 조사하는 방법이다. 하지만 이 방법을 사용해도 난관에 부딪친다. 최고의 전문가들조차 이 단어가 어떤 어근에서 유래했는지에 대해 서로 견해가 일치하지 않기 때문이다.

문맥과 성경의 유비에 의거해 다수의 번역자와 주석가들은 이 유일무이한 단어를 "일용할"이라는 친숙한 단어로 번역해왔다. 그들은 단순하게 우리 주님이 순회 전도를 위해 자신의 제자들을 보내시면서 그들에게 필요한 매일의 양식을 하나님께 구하라고 하셨고, 그것이 이 기도를 처음 그들에게 가르쳐주셨을 때의 의도였을 것이라고 믿는다.

아울러 그리스도의 마음과 영을 자신 안에 지니고 있는 사람들은 이 기도를 드릴 때 여기에 언급된 "양식"을 오븐에서 구워낸 빵으로 제한하지 않을 것이다. 영적인 사람이라면, 그가 기록된 말씀을 해석할 때 아무리 철저하게 문법적이고 문자적인 의미를 고집한다고 할지라도, 성경의 이 간구를 읽을 때나 공기도나 개인 기도에서 이 간구를 드릴 때, 단지 육신에 필요한 양식만을 떠올리는 것이 아니라 그것보다 훨씬 더 귀한 양식을 떠올릴 것이다. 위대한 성경 번역자인 히에로니무스는 이 간구가 지닌 영적인 의미에 큰 감동을 받아서, 이 단어를 "초물질적인" 또는 "초월적인" 양식으로 번역하였다. 그는 신명기 8장 3절, 욥기 23장 12절, 예레미야 15장 16절, 마태복음 4장 4절, 요한복음 4장 8절, 31-34절, 6장 35절, 51절 같은 본문에 의거해 자신의 성경 번역본에서 이 단어를 신비적이고 영적으로 해석했다.

적용

1. 이것으로부터 도출되는 첫 번째 결론은 무엇인가? 우리는 우리 자신을 위해 대단한 것들을 구해서도 안 되고, 그런 것들을 하나님께 기도할 내용으로 삼거나 사람들 가운데 우리의 수고와 부르심의 목적으로 삼아서도 안 된다.

2. 이것으로부터 도출되는 두 번째 결론은 무엇인가? 우리에게 먹을 것과 입을 것이 있다면, 우리는 그것으로 만족하고 감사해야 한다.

3. 세 번째 결론은 무엇인가? 우리는 이 세상에서 우리의 성공을 우리 자신의 실력과 노력 덕분이 아니라 하나님이 우리에게 값없이 주신 복이라고 생각해야 한다. 아무리 지혜롭고 온 힘을 다해 노력하더라도 고생만 잔뜩 하고, 줄줄 새어나가 실제로 손에 쥐는 것은 없는 경우도 종종 있기 때문이다(플라벨).

제105문

문   다섯 번째 간구에서 우리는 무엇을 기도합니까?

답   "우리가 우리에게 죄 지은 자를 사하여준 것 같이 우리 죄를 사하여주시옵고"[227]라는 다섯 번째 간구에서 우리는 하나님이 그리스도로 말미암아 우리의 모든 죄를 값없이 용서해주시기를 기도합니다.[228] 우리는 하나님의 은혜로 말미암

아 다른 사람들을 진심으로 용서할 수 있기 때문에, 더욱 담대하게 그렇게 구할 수 있습니다.[229]

"우리가 우리에게 죄 지은 자를 사하여준 것 같이 우리 죄를 사하여주시옵고"

"우리는 이제 탄원으로 나아가게 된다. 간구는 우리가 선한 것을 얻기 위해 하나님께 구하는 것인 반면에, 탄원은 우리에게서 악한 것을 제거달라고 구하는 것이다"(맨턴).

여기에서 "debt"("채무, 빛," 개역개정에는 "죄"로 번역되어 있다—옮긴이)는 하나님의 말씀 속에서 인간의 죄와 죄책을 가리키는 데 사용되는 "비통할 정도로 많은" 명칭 중 하나다. 이 단어는 악한 명칭들이 풍기는 역겹고 가증스러운 냄새를 거의 지니고 있지 않지만, 그 자체로 심각하고 중대한 의미를 지니고 있다. "빛"은 우리가 마땅히 갚아야 할 것이다. "빛"은 빛 진 사람을 채권자에 대한 의무와 책임에 종속시킨다. 빛은 돈일 수도 있고, 섬김일 수도 있으며, 고난일 수도 있지만, 그 지배적인 개념은 언제나 의무와 책임이다. 다만 우리는 빛에 대한 정의로부터 돈이나 상업적인 거래와 관련된 모든 것을 배제해야 한다. 여기에서 빛으로 말미암은 책임은 이 세상에서 장사나 거래로 인해 생겨난 것과는 비교할 수 없을 정도로 엄청나고 무시무시하다. 여기에서 우리가 지고 있는 빛은 하나님의 율법과 정의에 대하여 진 빛이다.

---

227 마태복음 6:12.

228 "하나님이여 주의 인자를 따라 내게 은혜를 베푸시며 주의 많은 긍휼을 따라 내 죄악을 지워 주소서 나의 죄악을 말갛게 씻으시며 나의 죄를 깨끗이 제하소서……우슬초로 나를 정결하게 하소서 내가 정하리이다 나의 죄를 씻어 주소서 내가 눈보다 희리이다……주의 얼굴을 내 죄에서 돌이키시고 내 모든 죄악을 지워 주소서"(시 51:1-2, 7, 9), 다니엘서 9:17-19.

229 "우리가 우리에게 죄 지은 모든 사람을 용서하오니 우리 죄도 사하여 주시옵고 우리를 시험에 들게 하지 마시옵소서 하라"(눅 11:4), "너희가 각각 마음으로부터 형제를 용서하지 아니하면 나의 하늘 아버지께서도 너희에게 이와 같이 하시리라"(마 18:35).

"우리가 저지르는 잘못이나 죄는 우리로 하여금 꼼짝없이 형벌을 받지 않을 수 없게 만든다. 그러므로 죄는 빚이라고 불린다. 우리가 원래 지고 있던 빚은 순종이다. 그리고 그 빚을 갚지 못했을 때 그 다음으로 우리가 지는 빚은 형벌이다"(맨턴).

"문: 왜 죄는 빚이라 불리는가? 답: 우리가 하나님께 마땅히 드려야 할 것을 드리지 않고, 하나님이 우리에게 주신 의무를 행하지 않은 것이 죄 인데, 그 죄는 우리로 하여금 반드시 죽음에 붙잡히게 하고, 장차 지옥의 감옥에 떨어질 수밖에 없게 만들기 때문이다"(플라벨의 교리문답).

"우리는 하나님이 그리스도로 말미암아……기도합니다"

우리는 소교리문답이 성경에 나오는 더 많고 자세한 말씀에 의거해 주기 도문의 두 원본에 나오지 않는 어구를 이 문답에 삽입하고 있는 것을 볼 수 있다. "그리스도로 말미암아"는 성경적으로 모든 기도에 반드시 들어 가야 하는 어구이긴 하지만, 우리 주님이 이 땅에 계시는 동안에는 기도 에 들어가지는 않았다.

"오늘날 우리의 기도는 '그리스도로 말미암아'라는 문구로 끝나는 것 이 보통이지만, 주기도문은 그런 식으로 끝나지 않고, 그럴 수도 없었다. 그리스도께서 죽으시기 전에 제자들로 하여금 사용하게 하기 위해 주신 기도문이 그런 식으로 끝날 수는 없었다. 주기도문의 모든 간구의 토대 가 그리스도의 죽으심임을 그 사건이 실제로 일어나기 전에는 알 수 없었 기 때문이었다. 제자들은 우리 주님이 승천하신 후에 성령이 그들에게 내 려와 그리스도의 지상 사역의 참된 의미를 계시해주기 전에는 '그리스도로 말미암아'라는 어구의 의미를 알 수 없었다"(A. B. 브루스). (요 16:24, 14:6, 롬 5:2; 엡 4:32을 보라.)

벵겔은 고린도후서 13장 13절에 대해 주석하면서, "그리스도를 가장 먼저 언급하는 것은 우리는 그리스도의 은혜를 힘입어 아버지 하나님께 로 나아가기 때문"이라고 말한다.

"우리의 모든 죄를 값없이 용서해주시기를"

제33문의 답과 설명을 보라. 던(Donne)은 죄를 용서해주시겠다는 하나님의 약속을 고찰하면서 이렇게 묻는다. "하나님이 말씀하시는 나의 모든 죄는 무엇을 의미하는가? 하나님은 원죄가 무엇인지를 아시지만, 나는 알지 못한다. 그런데도 하나님은 그 뿌리에 있는 죄와 가지인 죄를 모두 용서해주시는가? 하나님은 나의 은밀한 죄를 아시지만, 나는 알지 못한다. 하나님은 나의 드러난 죄와 은밀한 죄를 둘 다 용서해주시는가? 하나님은 내가 이미 회개한 죄로 다시 빠진다는 것을 아신다. 하나님은 내가 연약해서 다시 죄에 빠져드는 것과 반역하는 마음으로 다시 죄에 빠져드는 것을 둘 다 용서해주시는가? 하나님의 자비하심이 내 마음 깊은 곳으로 들어와 거기에 있는 죄악된 생각을 용서해주시고, 나의 입술에 있는 신성모독적인 말을 용서해주시며, 몸의 지체에 있는 더러운 행위를 용서해주시는가? 나의 죄가 내게는 희미하게만 보이고, 거의 죄로 보이지도 않는데, 하나님은 그런 죄를 용서해주시는가? 나는 사탄의 확대경을 통해 나의 죄를 보고 절망해 그 죄가 하나님의 자비하심보다 더 크게 보이는데, 하나님은 그런 죄를 용서해주시는가?"

"사람들은 좁은 마음으로 인색하게 마지못해 우리의 잘못을 절반만 용서해주지만, 하나님의 용서하심은 하나님의 본성과 지극히 뛰어나신 성품에 걸맞게 값없이 주시는 온전하고 무한하며 끝없는 절대적인 용서다"(오웬).

"우리는······더욱 담대하게 그렇게 구할 수 있습니다"

다른 사람들에게 앙심을 품고 용서하지 않는 사람이 하나님의 용서하심을 기대하는 것은 불가능하다(마 6:15, 18:35, 약 2:13). 반면에, 이 "무시무시한 간구"가 다른 사람들을 용서하고 사랑하는 온유한 마음을 지닌 사람들에게는 하나님이 그들을 용서해주실 것이라는 확신의 근거가 된다. 성경 어디에서도 우리가 우리의 원수들을 용서해주어야만 하나님도 우리를 용서해주실 것이라고 말하지는 않지만, 우리가 그렇게 하는 것이 하나님이 우리를 용서해주실 것임을 확신할 수 있는 근거가 된다.

예수 그리스도의 십자가는 우리가 우리의 죄책과 하나님으로부터 소외된 상태에서 벗어나기 위해 사용할 수 있는 유일한 문이다. 그런데 십자가에 달리신 그리스도께서 그를 죽인 자들을 위해 기도하셨던 바로 그 마음이 우리 안에서 조금이라도 발견된다면, 우리는 십자가의 큰 문으로는 들어갈 엄두를 낼 수 없어도, 그 큰 문 옆에 있는 쪽문으로 들어가려는 마음은 가질 수 있게 된다.

칼뱅은 우리가 다른 사람들을 용서하고자 하는 마음을 지닌 것은 하나님이 우리를 용서해주실 것이라는 소망을 품을 수 있게 해주는 일종의 인침이라고 말한다. "성령이 친히 우리의 영과 더불어 우리가 하나님의 자녀인 것을 증언하시나니"(롬 8:16).

"다른 사람들을 진심으로 용서할 수 있기 때문에"

아우구스티누스는 이것을 "무시무시한 간구"라고 부른다. 이 간구를 깊이 생각해보면, 우리 역시 그의 말이 옳음을 느낀다. 내가 나의 가장 사악한 이웃과 내게 아주 큰 해악을 끼치는 원수에게 행하듯이, 하나님이 내게 똑같이 행해달라고 기도하는 것이 무시무시한 간구가 아니면 무엇이겠는가? 오거스터스 헤어(Augustus Hare)는 자신의 설교집에서 이 개념을 "복수심에 불타는 사람의 기도"로 확장시켰다.

"이 간구에는 모든 적개심으로부터 자유로운 마음을 지닌 사람이 아니라면 하나님께 나아가서 용서를 구할 생각을 해서는 안 된다는 조건이 붙어 있다……하나님의 성령이 우리의 마음을 지배한다면, 복수심이나 앙심이나 악의 같은 것들이 사라질 것이다. 성령은 우리가 하나님의 자녀임을 증언하는 증인이다. 따라서 이것은 단지 하나님의 자녀와 외인을 구별하기 위한 증표로 제시된다"(칼뱅).

"나는 지금까지 인간의 격언 중 가장 큰 자비와 지혜를 담은 격언을 당신에게 전해주고자 한다. 그것은 '용서하고 잊어버리라'(forgive and forget)는 격언이다. 용서하는 것과 잊어버리는 것은 우리가 하나님께 구하는 것이고, 사람에게 행해야 할 것이다"(헤어).

적용

1. "이 명령은 펠라기우스로부터 현재에 이르기까지 완전한 행실을 주장해왔던 자들에게 늘 걸림돌이 되었다. 성경 전체에 걸쳐 하나님의 거룩한 사람들은 하나님 앞으로 나아와 언제나 자신의 죄와 불완전한 것들을 고백하고 하나님의 자비하심을 구했을 뿐만 아니라, 우리 주님은 자신의 제자들에게 그들이 하늘에 계신 그들의 아버지께 기도할 때 '우리의 죄를 용서해달라'고 간구할 것을 가르치셨기 때문이다"(찰스 하지).

2. "여기에서 우리가 하나님의 용서하심을 받았는지 받지 않았는지를 검증해볼 수 있는 하나의 시금석이 제시된다. 복수는 우리에게 너무나 본성적이고 우리가 너무나 좋아하는 성향인데, 우리 속에 그런 성향이 죽어 있는가? 그것은 우리가 하나님으로부터 용서받았는지 아닌지를 보여줄 하나의 시금석이자 증거이다. 우리는 진심으로 다른 사람들을 기꺼이 용서해줄 수 있는가?"(맨턴).

3. 우리는 마음에서 모든 분노와 미움과 악의와 복수심을 세심하고 꼼꼼하게 제거해야 한다. 사람들을 모욕하고 사람들에게 해악을 끼치는 모든 것을 깊은 바닷속으로 던져버려야 한다. 하나님으로 하여금 우리의 죄를 기록해놓으신 책에서 다 지워버리시게 하기 위해서는 원수들이 우리의 마음에 남겨둔 흔적을 씻어내는 데 온 힘을 기울여야 한다. 또한 우리는 원수들을 기꺼이 그리고 온전히 용서하는 것으로 만족해서는 안 되고, 그들이 잘되기를 바라고, 기회가 주어지면 그들에게 호의를 베풀어야 한다.

   그리고 하나님이 자신의 원수인 우리에게 하셨던 것을 우리도 우리의 원수들에게 하고자 한다면, 그런 기회를 적극적으로 만들어야 한다. 하나님은 우리를 용서하시고 은혜를 베푸시며 우리의 친구가 되시기 위하여 그런 기회들을 적극적으로 만드셨기 때문이다. 하나님은 그런 사람이 없는 것을 보셨고, 아무런 중보자가 없는 것을 의아하게 여기셨다. 그래서 하나님은 친히 자기 아들을 중보자로 보내셔서 우리를 구원하시고 자신의 의를 이루셨다.

제106문

문 여섯 번째 간구에서 우리는 무엇을 기도합니까?

답 "우리를 시험에 들게 하지 마시옵고 다만 악에서 구하시옵소서"[230]라는 여섯 번째 간구에서 우리는 하나님이 우리를 지켜주셔서 죄에 이르는 시험을 당하지 않게 해주시고,[231] 시험을 당할 때는 우리를 붙들어주시고 건져주시기를 기도합니다.[232]

"우리를 시험에 들게 하지 마시옵고"

"시험"이라는 친숙한 단어는 성경에서 두 가지 의미로 사용된다. 창세기 22장에서는 "하나님이 아브라함을 시험하시려고 그를 부르시되"(창 22:1)라고 말하고, 야고보서에서는 "내 형제들아 너희가 여러 가지 시험을 당하거든 온전히 기쁘게 여기라"(약 1:2)고 말한다. 이 두 본문에서 "시험"이라는 단어는 좋은 의미로 사용된다. 거기에서 "시험"은 영적인 힘과 도덕적인 온전함을 드러내는 것을 목적으로 한다. 용광로는 진짜 금인지 아닌지를 시험한다. 폭풍은 어떤 나무의 뿌리가 깊은지 그렇지 않은지를 시험한다. 그리고 "여러 가지 시험"은 신실하고 인내하는 영혼을 강하게 하고 온전하게 하여 부족함이 없게 만든다.

하지만 하나님의 말씀에서는 나쁜 의미로 사용되는 "시험"이 좀 더 친숙하다. 그리고 이것이 이 문답에서 사용된 이 단어의 의미다. 존 오웬은 자신의 『시험』(부흥과 개혁사, 2009)에서 나쁜 의미의 시험을 이렇게 정의한다. "어떤 수단을 사용해서든 사람의 생각과 마음을 유혹하거나 이끌어, 하나님이 그에게 요구하시는 순종에서 벗어나 온갖 죄를 저지르게 만드는 힘을 지닌 모든 상태나 길이나 조건이다."

---

230 마태복음 6:13.
231 "시험에 들지 않게 깨어 기도하라 마음에는 원이로되 육신이 약하도다 하시고"(마 26:41).
232 "이것이 내게서 떠나가게 하기 위하여 내가 세 번 주께 간구하였더니"(고후 12:8).

따라서 시험은 선할 수도 있고 악할 수도 있으며, 구원을 위한 것일 수도 있고 멸망을 위한 것일 수도 있다. 그것은 상황과 시험의 의도와 시험에서 만나는 영에 따라 달라진다. 시험은 조심성 없는 영혼을 죽음의 방으로 이끌 수도 있고, 어떤 사람을 영생의 면류관을 얻는 길에 둘 수도 있다. 시험을 당한 사람이 시험을 극복하고 벗어났을 때는 더 강하고 거룩하며 복된 사람이 될 수 있다. 욥은 시험을 당할 때 정금처럼 나올 수도 있고, "시험하는 자의 화살 아래에서 부서져 가루가 되고," 제련하는 자의 불에서 찌꺼기처럼 되어 나올 수도 있다고 말한다. 우리 주님이 제자들에게 "우리를 시험에 들게 하지 마시옵고"(마 6:13)라고 날마다 기도하라고 가르치신 것은 사람들은 대체로 약하고 부패해서 시험을 당했을 때 그 결과가 좋지 않기 때문이었다.

"다만 악에서 구하시옵소서"

"이 마지막 구절은 석의를 필요로 한다." 주기도문에 나오는 이 구절과 관련해 석의적으로 두 가지 문제가 논란이 되어 왔다. 이 구절은 별개의 추가적인 간구로 보아야 하는가? 즉, 이것은 일곱 번째의 새로운 간구인가? 아니면 여섯 번째 간구를 다른 식으로 반복한 것인가? 즉, 이것은 "우리를 시험에 들게 하지 마시옵고"라고 말한 후에, 그것을 뒤집어서 "다만 악에서 구하시옵소서"라고 말한 것인가? 이것이 이 구절과 관련해 제기되어 온 첫 번째 문제이고, 두 번째 문제는 이것이다. 원문을 "악에서"로 번역해야 하는가, 아니면 "악한 자에게서"로 번역해야 하는가? 이 문제는 최근에 개정역이 출간되고, 신약성경에 개정 작업 과정에서 후자의 읽기를 자세하게 다룬 전문적인 연구들이 나오면서 전면에 부각되었다.

"우리를 지켜주셔서 죄에 이르는 시험을 당하지 않게 해주시고, 시험을 당할 때는 우리를 붙들어주시고 건져주시기를"

모든 시험은 자신의 때가 있고, 자신의 경로를 달려간다. 어떤 시험으로 여전히 죄를 지을 가능성이 존재하는 때가 시험의 때이고, 그때는 짧을 수도 있고 길 수도 있다. 그 시험을 거부하기가 쉽지 않고, 적어도 그 시험으로 인해 죄를 지을 가능성이 있다면, 시험의 때는 여전히 지속되고 있는 것이다. 영혼 문제의 대가인 토마스 아 켐피스는 이렇게 말한다. "처음에는 단순히 악한 생각이 마음에 떠오른다. 그 후에는 그 생각이 강해지고, 나중에는 기쁨이 오며, 마음이 악한 쪽으로 움직이고, 결국에는 동의하게 된다." 따라서 이 기도를 드리는 사람들은 늘 깨어 자신의 생각을 감시해야 한다. 악한 생각을 불러일으키는 때와 장소와 마음 상태를 조심해야 한다. 아무 생각이 없거나 할 일 없이 빈둥거리는 삶은 시험이 들어오는 문이라는 것을 경험으로 금방 알게 될 것이다. 하나님의 복 주심으로 바쁘게 살아가는 삶이 안전한 삶이다. 악과 금지된 것들에 대한 호기심은 영혼을 공격하는 많은 시험의 원인이다. 사람의 마음에서 죄악된 호기심을 죽이는 것은 불가능하다. 불행한 일이지만, 일단 죄를 알면, 그 지식은 결코 잊히지 않는다. 또한 반발의 때, 고립되고 정신적으로 우울한 때도 흔히 시험으로부터 마음을 지키기가 대단히 어렵다. 고독도 시험에 발판을 제공해준다.

바로 그러한 때 주님은 우리에게 하늘을 우러러보고, "우리를 시험에 들게 하지 마소서" 또는 우리가 시험을 당할 때 우리를 붙들어주시고 건져주시기를 기도하라고 격려하신다. 하나님은 종종 섭리적인 개입을 통해 우리를 시험에서 건져주신다. 그리고 어떤 때는 그 시험으로 말미암아 죄를 지을 생각을 하지 못하게 우리의 마음을 갑자기 두렵게 하시거나, 우리의 영혼을 하나님의 은밀한 처소로 이끄셔서 시험의 폭풍이 완전히 지나갈 때까지 있게 하심으로써 시험에서 우리를 건져주신다.

적용

1. "시험을 처음 만났을 때 그것은 삼손에게 포효하며 덤벼든 사자와 같다. 하지만 그 시험을 이기고 나서 그 안을 들여다보면 거기에는 꿀이 가득 차 있다"(존 번연).

2. "여기에서 '악'은 무엇을 의미하는가? 어떤 이들은 그것을 마귀라고 이해한다. 하지만 죄를 가리키는 단어라고 이해하는 것이 가장 좋은 해석이다. 죄는 모든 악 중에서 가장 나쁜 악이고, 마귀를 악한 것으로 만들며, 마귀가 우리에게 줄 수 있는 모든 악 중에서 가장 나쁜 악이기 때문이다. 성경은 통상적으로 '악'을 그런 의미로 이해한다"(플라벨).

3. 당신이 죄를 잉태했는데, 하나님이 죄를 지을 당신의 힘을 약화시키셨거나, 당신에게 죄를 지을 기회를 주지 않으셨거나, 당신의 욕망의 대상을 없애버리셨거나, 새로운 섭리를 통해 당신의 생각을 다른 곳으로 돌리셨는가? 그것은 하나님이 당신에게 은혜를 주신 것임을 확실히 알라……만일 하나님이 그렇게 하지 않으셨다면, 지금 당신은 스스로에게 공포가 되어 있을 것이고, 당신의 혈육들에게 수치가 되어 있을 것이며, 흉악한 죄에 합당한 형벌에 놓여 있을 것이다"(오웬).

제107문

문 주기도문의 맺음말은 우리에게 무엇을 가르칩니까?

답 "나라와 권세와 영광이 아버지께 영원히 있사옵나이다 아멘"[233]이라는 주기도문의 맺음말은 우리가 기도할 담력을 오직 하나님으로부터만 얻고,[234] 기도할 때는 나라와 권세와 영광을 하나님께 돌림으로써 하나님을 찬송하라고 가르칩니다.[235] 그리고 우리는 우리의 기도를 들어주시기를 바라고 확신한다는 증표로 "이멘"이라고 말합니다.[236]

---

233 마태복음 6:13.

234 다니엘서 9:4-19.

235 "다윗이 온 회중 앞에서 여호와를 송축하여 이르되 우리 조상 이스라엘의 하나님 여호와여 주는 영원부터 영원까지 송축을 받으시옵소서 여호와여 위대하심과 권능과 영광과 승리와 위엄이 다 주께 속하였사오니 천지에 있는 것이 다 주의 것이로소이다 여호와여 주권도 주께 속하였사오니 주는 높으사 만물의 머리이심이니이다"(대상 29:10-11).

236 "그렇지 아니하면 네가 영으로 축복할 때 알지 못하는 처지에 있는 자가 네가 무슨 말을 하는지 알지 못하고 네 감사에 어찌 아멘 하리요"(고전 14:16), "이것들을 증언하신 이가

"나라와 권세와 영광이 아버지께 영원히 있사옵나이다"

접속사 for은 주기도문 전체를 두 번째 간구에서 기도한 "나라"가 하나님의 나라이고, 거기와 여기에서 제시된 "권세"가 하나님의 권세이며, 모든 간구가 하나님의 영광을 위한 것이라는 토대 위에 올려놓는 역할을 한다. 이것은 하나님이 이 기도를 들어주셔야 할 충분하고 최종적인 이유로 제시된다.

신약에서 그리스도인이 드리는 기도의 최종적이고 온전한 근거는 예수 그리스도의 이름과 공로와 중보다. 하지만 나중에 가서야 그리스도의 이름으로 구하는 것이 정립되었고, 우리 주님이 이 기도를 제자들에게 가르치셨을 때는 그 이전이었다. 따라서 지금 그리스도인은 아버지 하나님이 우리의 기도를 들어주실 유일한 근거이신 주 예수의 이름으로만 기도를 드릴 수 있다.

"우리가 기도할 담력을 오직 하나님으로부터만 얻고"

"그리스도의 공로에 대한 믿음이 없이는 우리 자신의 무가치함을 알 수 없다. 후자를 알고 참된 두려움을 가질 때만 전자로부터 오는 참된 담대함과 담력을 얻을 수 있다. 우리의 무가치함을 알고 침묵할 때만 그리스도의 공로를 의지해 그의 은혜를 확신하며 담대하게 구할 수 있다. 우리 자신을 바라보았을 때는 침묵할 수밖에 없다. 하지만 그리스도의 공로를 바라보면 담대하게 하나님 앞에 나아가 말할 수 있게 된다"(후커).

"기도할 때는 나라와 권세와 영광을 하나님께 돌림으로써 하나님을 찬송하라"

"믿음, 자기 부인, 거룩한 삶, 인내로 십자가를 지는 것은 모두 하나님이 기뻐하시는 제사다. 하지만 진정으로 드려지는 찬송이 마음의 거룩함을

이르시되 내가 진실로 속히 오리라 하시거늘 아멘 주 예수여 오시옵소서 주 예수의 은혜가 모든 자들에게 있을지어다 아멘"(계 22:20-21).

나타내고, 기도는 믿음의 제사이며 언제나 인내와 죄 죽임을 수반하기 때문에, 이 두 가지를 사용해 예배 전체를 나타내는 것을 의아해할 필요가 전혀 없다"(칼뱅).

"감사는 기도보다 더 고귀하고 깊은 본분이다. 자기애는 우리로 하여금 유익을 위해 기도하게 하지만, 감사는 더 자유롭고 순수한 행위이기 때문이다"(굿윈).

랍비들 사이에서는 메시아 시대에 모든 기도는 그칠 것이지만 감사는 그치지 않을 것이고, 모든 봉헌은 그칠 것이지만 감사의 봉헌은 그치지 않을 것이라는 격언이 있다.

"우리는 우리의 기도를 들어주시기를 바라고 확신한다는 증표로 '아멘'이라고 말합니다"

야고보서 5장 17절의 난외주에 문자 그대로 번역된 이 히브리어 관용어는 야고보가 무엇을 간절하게 소원했는지를 잘 드러낸다. 그리고 기도한 내용이 진심임을 확인해준다. 소원(바라는 것)은 기도의 생명이고 능력이다. 이 문답에 언급된 "확신"은 제36문의 답에 나오는 "확신"이 아니다. 거기에서의 "확신"은 하나님이 우리를 받아들이셔서 자녀로 삼으셨다는 확신인 반면에, 여기에서는 하나님이 약속하신 바에 따라 우리가 구하는 것을 받을 것이라는 확신이다. 이것은 히브리서 10장 22절에 나오는 "믿음의 온전한 확신"(KJV, 개역개정에는 "온전한 믿음")이다. 올바르게 이해되고 제대로 사용된 "아멘"은, 하나님이 우리의 기도를 들어주시기를 바라는 소원과 반드시 들어주실 것이라는 확신 모두를 표현한다.

"우리에게 친숙한 '아멘'은 어떤 사람의 간청을 들은 상대방이 그 사람의 모든 간청을 들어주겠다는 표시로 말한 짧은 단어로서, 영어에서 오직 'yes'만이 이 단어와 정확히 부합한다. 나중에 이 단어는 다양하게 응용되었지만 용법은 이 공동체의 가장 초기로 거슬러 올라간다"(에발트).

"아멘"은 히브리어를 그대로 음역해 영어화된 단어로서, 번역하면 "참된, 신실한, 믿을 만한"이다. 우리 주님은 아람어를 사용하셨지만, 이 단어는 히브리어를 그대로 음역해 사용하셨다. 우리 주님은 좀 더 무게감 있고 엄숙한 말씀을 시작하시기 전 서두에서 이 단어를 하나의 전형적인 도입어로 계속 사용하신다. "진실로 진실로(아멘 아멘) 내가 너희에게 말하노니." 라오디게아 교회에 보내는 서신에서 우리 주님은 자기 자신을 "아멘이시요 충성되고 참된 증인"(계 3,14)이라고 부르신다. 그리고 사도는 고린도후서에서 "하나님의 약속은 얼마든지 그리스도 안에서 예(아멘)가 되니 그런즉 그로 말미암아 우리가 아멘 하여 하나님께 영광을 돌리게 되느니라"(고후 1:20)라고 말한다.

아우구스티누스는 신실한 사람들이 이 단어를 사용하는 것은 지금까지 말해진 모든 것을 인치고 동의함을 가리킨다고 말한다. 히에로니무스는 "이 단어는 우리의 동의를 인치는 것"이라고 말한다. "호세아 2장 23절에 의하면, 믿음은 침묵 가운데 하나님의 말씀에 귀를 기울이다가, 마침내 입을 열어 아멘이라고 대답한다"(칼뱅). 우리는 종종 어떤 말을 마무리한다는 부차적이고 관습적인 의미로 이 단어를 사용하지만, 그것은 느슨한 용법일 뿐이고 성경에서는 이 단어를 결코 그런 식으로 사용하지 않는다.

해제

1. 웨스트민스터 회의와 소교리문답

이 책에서 말하는 소교리문답은 웨스트민스터 소교리문답을 가리킨다. 이 소교리문답은 1643년 7월 1일부터 1649년 2월 22일까지 열린 웨스트 민스터 회의(Westminster Assembly)에서 작성된 장로교의 신앙문답서이고, 그 내용은 칼뱅주의의 주요 교리, 십계명, 주기도문에 대한 해설이다. 소 교리문답 외에도, 목회자들이 회중에게 교리를 가르치는 용도로 사용하 게 하기 위한 대교리문답이 있다. 즉, 대교리문답은 설교자들이 강단에서 교리를 체계적으로 선포할 수 있게 한 것으로서 196개의 문답으로 되어 있다. 대교리문답의 초안을 작성하는 데 가장 큰 기여를 한 인물은 청교 도 목회자였던 터크니(Anthony Tuckney, 1599-1670년)였다. 소교리문답은 어 린이들에게 체계적으로 교리 교육을 시킬 목적으로 대교리문답을 요약하 여 만든 것이고, 107개의 문답으로 되어 있다. 우리나라에서도 1907년 독 노회(제1회 독노회)에서 웨스트민스터 교리문답을 교회의 표준문서로 채택 했다.

웨스트민스터 회의는 "장기의회"라고 불린 영국 의회에 의해 소집되었다. 이 시기는 국교회를 지지했던 잉글랜드와 스코틀랜드의 국왕 찰스 1세와 청교도들 사이에 적대감이 고조되던 때였다. 국교회는 16세기에 이른바 영국 종교개혁이라 불리는 일련의 사건들, 특히 영국 국왕을 "잉글랜드 교회의 이 땅에서의 최고의 머리"로 규정한 1534년의 수장령(Act of Supremacy)에 의해 로마 가톨릭으로부터 분리되었다. 국교회는 처음에는 청교도적인 색채를 강하게 띠고 있다가, 국왕들의 성향에 따라 그 색채가 달라졌는데, 찰스 1세는 1633년에 윌리엄 로드(William Laud)를 캔터베리 대주교로 임명해 국교회를 가톨릭적으로 만드는 데 박차를 가했다. 반면, 청교도는 모든 것을 성경에 의거해 개혁할 것을 강력하게 주장했다. 한편 이런 성향을 지닌 찰스 1세는 장로교 체제를 채택하고 있던 스코틀랜드와도 충돌했다.

이런 상황에서 청교도들과 청교도에 동조하는 의원들이 다수였던 장기의회도 조금씩 목소리를 내기 시작했다. 1640년에 15,000명가량의 런던 시민이 국교회의 감독제를 완전히 폐지할 것을 요구하는 "뿌리와 가지 청원서"(Root and Branch Petition)를 하원에 제출하자, 하원은 종교 개혁 법안을 만들기 위한 위원회를 설치했고, 결국에는 청교도 박해에 대한 책임을 물어 윌리엄 로드 대주교와 지지자들을 런던탑에 감금하였고, 마침내 웨스트민스터 회의를 소집하기에 이르렀다.

웨스트민스터 회의는 목회자 121명, 의회에서 임명한 평신도 대표 30명이 참석해서, 1,163회 이상의 모임을 가졌는데, 영국 의회는 당시 국제적으로 저명한 신학자였던 윌리엄 트위스(William Twisse, 1578-1646년)를 의장으로 지명했다. 마침내 1643년 7월 1일에 웨스트민스터 성당의 대예배실에서 의장인 윌리엄 트위스의 설교로 첫 번째 회의가 시작되었다. 이회의는 처음에는 헨리 8세 예배실, 나중에는 예루살렘 예배실에서 모였다. 1643년 7월 6일에 영국 의회가 이 회의에 명령한 과제는 영국 국교회의 신앙고백서였던 39개조 신조(Thirty-Nine Articles) 중 처음 열 개의 신조를 검토하라는 것이었다. 하지만 이 회의는 그 신조 전체를 성경에 비추어 검증할 필요가 있다는 결론을 내렸다.

39개조 신조를 대체할 새로운 신앙고백서를 작성하고 검토하는 일은 1646년 8월에 시작되었고, 의회는 교회 검열, 교회 회의, 결혼에 관한 자들을 수정해 1648년 6월 20일에 최종적으로 이 신앙고백서를 승인했다. 반면에 스코틀랜드 교회 총회에서는 이미 1647년에 이 신앙고백서를 초안대로 아무런 수정 없이 채택했다. 웨스트민스터 회의는 교리문답에 대한 검토를 1643년 12월부터 계속 진행해왔기 때문에 1647년에 끝마칠 수 있었다. 먼저 작성된 대교리문답은 "더 정확하고 포괄적인" 교리를 제시하기 위한 것이었고, 대교리문답을 토대로 작성된 소교리문답은 "초신자들이 쉽게 읽을 수 있도록 간결하게" 교리를 제시한 것이었다.

웨스트민스터 회의는 영국 종교개혁 전통의 산물로, 39개조 신조 그리고 아일랜드의 아르마그 대주교였던 제임스 어셔(James Ussher, 1581-1656년)와 그가 1615년에 작성한 아일랜드 신조를 근간으로 신앙고백서와 대소교리문답을 만들어냈다. 거기에 참석한 신학자들은 자신들이 유럽의 종교개혁 전통의 테두리 안에서 활동하고 있다고 생각했다. 그래서 유럽의 종교개혁 신학자들과의 빈번한 서신 교환을 통해 그들의 의견을 구했다. 또한 그들은 성경적 지식을 강조하고 아우구스티누스 신학 전통의 영향을 받았던 종교개혁 이전의 영국 신학 전통 위에서 활동했다. 이 회의의 의사록은 교부들과 중세 스콜라주의적인 신학자들의 글을 인용한 것들로 가득하다.

2. 알렉산더 화이트와 『소교리문답 강해』

알렉산더 화이트(Alexander Whyte, 1836-1921년)는 19세기와 20세기 초에 활동한 스코틀랜드 출신의 교회 지도자였다. 그는 에든버러에 있는 영광스러운 스코틀랜드 성 조지 자유교회의 강단을 책임진 사람이었다. 그의 전임자는 유명한 설교자이자 신학자였던 로버트 캔들리쉬(Robert S.

Candlish, 1806-1873년)였다. 그는 1909년부터 에든버러에 있는 뉴칼리지의 학장을 지내기도 했다.

화이트는 다작의 저술가였다. 그의 저서로는 『소교리문답 강해』(*Exposition of the Shorter Catechism*) 외에도 『성경의 인물들』(*Bible Characters*), 『번연의 인물들』(*Bunyan's Characters*), 『예수의 생애와 언행』(*The Life, Walk and Conversation of Jesus*), 『사도 바울』(*The Apostle Paul*) 등이 있다. 또한 그는 새뮤얼 러더포드(Samuel Rutherford), 브레아의 제임스 프레이저(James Fraser of Brea), 토머스 굿윈(Thomas Goodwin), 토머스 셰퍼드(Thomas Shepherd)를 비롯한 여러 인물의 전기를 쓰기도 했다.

화이트는 소교리문답을 해설하는 이 책에서 자신의 전임자였던 캔들리쉬와 자신이 전기를 쓴 여러 인물을 비롯해 많은 청교도 및 개혁교회 신학자와 저술가의 글을 인용했다. 따라서 그의 강해는 우리로 하여금 소교리문답에 대해 많은 신학자가 어떻게 생각하고 말하였는지를 입체적으로 알 수 있게 해준다.

"크리스천의 영적 성장을 돕는 고전"
세계기독교고전 목록